十三經清人注疏

公羊義疏

三

〔清〕陳立 撰
劉尚慈 點校

公羊義疏二十五

南菁書院　　句容陳立卓人著

莊二十八年盡三十年

○二十有八年，春，王三月，甲寅，齊人伐衛。衛人及齊人戰，衛人敗績。

伐不日，此何以日？【注】据鄭人伐衛不日。【疏】包氏慎言云：「經三月有甲寅，月之朔日。」○注「据鄭」至「不日」。○見隱二年冬。舊疏云：「按，彼文雖在十二月『乙卯，夫人子氏薨』之下，不蒙其日月，故得据。」

至之日也。【注】用兵之道，當先至竟侵責之，不服乃伐之。今日至，便以今日伐之，故日以起其暴也。【疏】通義云：「釋甲寅爲戰日也，必舉伐于日下戰上者，明師至之日即戰也。」○注「用兵」至「暴也」。○上十年注云：「將兵至竟，以過侵責之，服則引兵而去，用意尚疏。」又云：「侵責之不服，推兵入竟，伐擊之益深，用意稍精密。」是淺侵不服乃更深伐，今一至即伐，故舉日以起其暴。

戰不言伐，此其言伐何？　至之日也。【注】至日便伐，明暴，故舉伐。【疏】上十年傳云：「戰不言伐，爲舉重也。」此明暴，故戰伐並舉。

春秋伐者爲客，【注】伐人者爲客，讀伐長言之，齊人語也。【疏】舊疏云：「謂伐人者必理直而兵强，故引聲唱伐，長言之，喻其無畏矣。」○注「伐人」至「語也」。○錢氏大昕養新録云：「長言，若今讀平聲；短言，若今讀入聲。廣韻平聲不收伐字，蓋古音失傳者〔一〕多矣。」通義云：「長言者，若今去聲；短言者，若今入聲矣。周官音義劉昌宗讀伐爲扶〔二〕廢反，是伐人之伐古皆去聲。詩曰：『韋顧既伐，昆吾夏桀。』短言之，與桀爲韻。六弢曰：『日中必彗，執斧必伐。』長言之，與彗爲韻。高誘注呂氏春秋慎行篇：『闂〔三〕讀近鴻，緩氣言之。』彼亦謂鴻去聲也，氣緩則言長。」段氏玉裁説文注云：「按，今人讀房越切，此短言也。劉昌宗周禮大司馬、大行人、輈人皆房廢切，此長言也。劉係北音，周顒、沈約韻書皆用南音，去入多强爲分別，而不合於古矣。」陳氏壽祺左海文集云：「公羊注所謂長言、短言、内言、外言及高誘注淮南緩氣言、急氣言、籠口言、閉口言、急舌言，作江淮間人言。劉熙釋名以舌腹言、以舌頭言、横口合脣言、踧口開脣言。此自漢儒音切之學，有所師承，非由肊造。後世四聲五音、九弄反紐之法，即源於此。」盧氏文弨鍾山札記云：「長言之、短言之，蓋同一字而讀法有異。高注國策、呂氏春秋、淮南子諸書有急氣、緩氣、籠口、

〔一〕「者」字原脱，叢書本同，據十駕齋養新録校補。
〔二〕「扶」，原訛作「抉」，叢書本同，據公羊通義校改。
〔三〕「闂」，原訛作「閲」，叢書本同，據公羊通義及呂氏春秋校改。「闂」同「閧」。

閉口之異讀。劉熙釋名，於『天』有以舌腹言、有以舌頭言者；於『風』有以横口合脣言者，有以踧口開脣、推〔一〕氣言之者，各方不同。漢書王子侯表『襄嚵侯建』，晉灼曰：『音内言嚵説〔二〕。』又『猇節侯起』，灼亦云：『内言鴞。』内言，亦是讀法。明人刻監本，疑内言是詩巧言，遂改説字爲巧，以附會之。毛本作嚵説，蓋即書之讒説也。」齊人語者，公羊子，齊人，就其俗，音有長短別之也。

伐者爲主，【注】見伐者爲主，讀伐短言之，齊人語也。【疏】舊疏云：「謂被伐主，必理曲而寡援，恐得罪於鄰國，故促聲短言之，喻其恐懼也。」

故使衛主之也。【注】戰序上言及者爲主。【疏】此舉長言伐者爲客，短言伐者爲主，道春秋通例。春秋戰不言伐，但舉戰，孰序上則首兵者可知。此衛序上言及，故知使衛主之也。繁露竹林云：「會同之事，大者主小；戰伐之事，後者主先。苟不惡，曷爲使起之者居下？是其惡戰伐之辭已。」然則，春秋惡齊，所以使衛爲主，而以齊居下也。

曷爲使衛主之？【注】据宋襄公伐齊，宋主齊。【疏】注「据宋」至「主齊」。○僖十八年「宋公會曹伯、衛人、邾婁人伐齊」，下云「宋師及齊師戰于甗，齊師敗績」，傳：「戰不言伐，此其言伐何？宋公與伐

〔一〕「推」，原訛作「攝」，據釋名校改。
〔二〕「説」，叢書本同，顔師古注漢書作「莬」，下同。

而不與戰，故言伐。春秋伐者爲客，見伐者爲主，曷爲不使齊主〔一〕之？與襄公之征齊也。曷爲與襄公之征齊？桓公死，豎刁、易牙争權不葬，爲是襄公征之。」是也。

衞未有罪爾。【注】蓋爲幽之會，服父喪未終而不至故。【疏】注「蓋爲」至「至故」。○上二十七年「公會齊侯、宋公、陳侯、鄭伯同盟于幽」，是衞未與會也。齊桓之會，兩鄄、兩幽，唯此幽會不至，故知爲父喪未除也。計衞侯朔卒于二十五年夏五月，幽會在二十七年六月，始二十六月，尚在禫服以内，故傳以爲衞未有罪也。史記衞世家云：「惠公朔卒，子懿公赤立。」蓋懿公也。

敗者稱師，衞何以不稱師？【注】据桓十三年己巳，燕人戰敗績稱師也。【疏】注「据桓」至「師也」。○即彼經云「公會紀侯、鄭伯。己巳，及齊侯、宋公、燕人戰。齊師、宋師、燕師敗績」之文也。是戰稱人，敗稱師也。

未得乎師也。【注】未得成列爲師也。詐戰不言戰，言戰者，衞未有罪，方欲使衞主齊，見直文也。不地者，因都主國也。【疏】注「未得」至「師也」。○齊人至日便伐，衞倉卒禦敵，故知未得成列爲師。通義云：「方至遽戰，則尚未深造衞地。蓋邊鄙之人聚而拒敵，非國起軍衆，故不得成列爲師。」按：若係衞之邊鄙，何爲不地？孔説非。○注「詐戰不言戰」。○舊疏云：「通例如此。」繁露竹林云：「春秋之書戰伐

〔一〕「主」，原譌作「王」，叢書本同，據公羊注疏校改。

也，惡詐擊而善偏戰。」又云：「春秋愛人，而戰者殺人，君子奚説善殺其所愛哉？故春秋之於偏戰也，比之詐戰則謂之義，比之不戰則謂之不義。不義之中有義，義之中有不義。」蓋偏戰者，結日；偏戰是不加暴之義。詐擊則出其不意，傷害多。故不言戰，以惡之。此衛未成列，故爲詐戰。〇注「言戰」至「文也」。〇繁露滅國下云：「魯莊公二十七年，齊桓爲幽之會，衛人不來。其明年，桓公怒而大敗之。」是衛未有罪也。使衛主齊，見直，故以戰書。穀梁傳：「戰則是師也，其曰人，何也？微之也。何爲微之也？今授之諸侯，而後有侵伐之事，故微之也。其人衛，何也？以其人齊，不可不人衛也。」亦貶齊直衛之義也。〇注「不地」至「國也」。〇穀梁傳：「於伐與戰，安戰也？戰衛。」亦謂在衛都也。通義云：「不地者，至日便戰。與結日、地期者異，是以不與偏戰常辭。」孔不以不地爲國都也。杜云：「不地者，史失之。」沈氏欽韓駁之云：「不地者，齊聲罪致討，已薄其國都，城門之外即爲戰場，可不言地，非史失之。」是也。

〇夏，四月，丁未，邾婁子瑣卒。【注】日者，附從霸者朝天子，行進。【疏】包氏慎言云：「夏四月有丁未，月之二十四日。」通義云：「春秋首褒邾婁，故遂得常卒。於所傳聞之世，示與滕、薛尤加異焉。克猶未日，至此乃日者，録之以漸。」〇注「日者」至「行進」。〇舊疏云：「欲決上十六年『冬，十有二月，邾婁子克卒』不書日故也。正以行進而書日，故知附從霸者朝天子，賢於會霸者於北杏而已。但外相如例所不書，故無其文。何氏以理知之。」按：何氏或别有所見。

○秋，荆伐鄭。公會齊人、宋人、邾婁人救鄭。【注】書者，善中國能相救。【疏】穀梁傳：「荆者，楚也。其曰荆，州舉之也。」此與上十年書「荆敗蔡」、十六年書「荆入鄭」同。上二十三年來聘，已進稱人。今伐中國，故州舉以惡之。左氏、穀梁無邾婁人。此傳，唐石經、諸本同。按：邾婁子瑣始卒于四月，其嗣子背殯用兵，三傳不宜無説，疑此傳涉上「邾婁」而衍也。差繆略云：「左氏、穀梁無公字。」與今本異。○注「書者」至「相救」。○穀梁傳曰「善救鄭也」，此注「善中國能相救」所本。

○冬，築微。【疏】左氏作郿。杜云：「郿，魯下邑。」按：公、穀釋文皆云：「左氏作麋。」則陸所見本作麋也。水經注濟水篇：「濟水又北，逕微鄉東，春秋莊二十八年『冬築郿』。京相璠曰：『公羊傳謂之微。東平壽張縣西北三十里，有故微鄉，魯邑也。』杜預曰：『有微子冢。』」按：釋例土地名：「小國地。僖六年『微』：東平壽張縣西北有微鄉，微子冢。」則杜以郿、微爲二地。一統志：「壽張故城在今兖州府壽張縣東南五十里，微鄉今在縣南。」大事表云：「在今兖州府壽張縣東南。」按：古微、眉、麋俱通。禮士冠禮「眉壽萬年」，注：「古文眉作麋。」少牢饋食禮「眉壽萬年」，注：「古文眉爲微。」詩小雅巧言「居河之麋」，釋文：「麋本又作湄，音眉。」左傳僖二十八年傳「余賜女孟諸之麋」，正義引釋水云：「水草交爲湄。」是古字皆得通用也。養新録云：「古音微如眉。少牢禮『眉壽萬年』，注：『古文眉爲微。』春秋莊二十八年『築郿』，公羊作微。詩『勿士行枚』，傳：『枚，微也。』」

○大無麥禾。【疏】漢書食貨志云：「董仲舒曰：春秋他穀不書，至於麥禾不成則書之。以此見聖人之於五穀，最重麥禾也。」左疏引服虔云：「陰陽不和，土氣不養，故禾麥不成。」漢書五行志：「嚴公二十八年冬，大水，無麥禾。」王氏念孫讀書雜志云：「景祐本無『水』字，是也。後人以下文云：『董仲舒以爲夫人哀姜淫亂，逆陰氣，故大水也。』衍有水字〔一〕，不知三家經文皆無水字，且下文云：『不書水旱，而曰大亡麥禾。』則大下本無『水』字明矣。董仲舒獨言大水者，其意言無麥禾由於大水，大水由於夫人之淫亂。此是揣度之辭，非經文實有水字也。何注公羊傳云：『此蓋秋水所傷，夫人淫泆之所致。』即是仲舒之說也。」

冬既見無麥禾矣，曷爲先言築微而後言無麥禾？諱以凶年造邑也。【注】諱使若造邑而後無麥禾者，惡愈也。此蓋秋水所傷，就築微下俱舉水，則嫌冬水，推秋無麥禾，使若冬水所傷者，但言無麥禾，則嫌秋自不成，不能起秋水。因疾莊公行類同，故加大，明有秋水也。此夫人淫泆之所致。【疏】校勘記云：「唐石經、鄂本、宋本、閩本同。監、毛本『後言』作『後書』，誤。按，桓二年引此傳正作『言』。」周禮大司徒職「以荒政十有二聚萬民」，「四曰弛力」，先鄭云：「弛力，息徭役也。」又均人職：「凡均力政，以歲上下。豐年，則公旬用三日焉；中年，則公旬用二日焉；無年，則公旬用一日焉。凶札，則無力政〔二〕。」經義述聞云：「旬當如字讀。經云以歲上下，則在農功既畢之後可知。以豐年計之，一月用九

〔一〕「衍有水字」，叢書本同，讀書雜志原文作「遂增入水字」。
〔二〕「政」，原訛作「征」，叢書本同，據周禮校改。

日，三冬亦直二十七日耳。而歲不皆豐，亦不皆凶，則中年一月用六日，三冬共十八日者，其常也。王制雖云用民之力，歲不過三日，然治城郭宮室道渠，亦有非三日所能成事者。」然則，無年之歲亦有必不得已而用民力者，故周官定「旬用一日」之限，其城邑大役則止也。玉藻云：「年不順成，則土功不興。」逸周書糴匡篇：「成年穀足，賓祭以盛，餘子務藝，宮室城郭修爲備。年儉穀不足，賓祭以中盛，樂唯鐘鼓，不服美，三牧五庫補攝，餘子務穡。年饑，則勤而不賓，舉祭以薄，樂無鐘鼓，車不雕攻，以救窮乏，匡困綏無。大荒，有禱而無祭。君親巡方，卿參告糴，餘子倅運，民不藏糧。」此大無麥禾，大荒也。年之上下，豐年爲成，次爲儉，次爲薄，至大荒極凶矣。築邑乃成年之事，而行之於大荒，故春秋諱之也。○注「諱使」至「愈也」。○下二十九年云：「凶年不修。」修舊且不可，況造邑乎？故退無麥禾在築微下。若造邑在先，無麥禾在後，惡少輕也。○注「此蓋」至「水也」。○校勘記云：「監、毛本『推』誤『惟』。」舊疏云：「既言無麥，是建未之前事，故知秋水所傷。若經云『冬築微，大水無麥禾』，大水在冬下，嫌是冬水，嫌推尋此秋無麥禾之事，若使冬水傷殺之者矣。若不言大而但言無麥禾，則嫌此秋但地氣不養而麥禾不成，不能起見此秋實有水矣。因欲疾莊公之行，不制夫人，令其陰盛，類同於水，故加大以見之。」按：穀梁傳：「大者，有顧之辭也。於無禾及無麥也。」春秋一災不書，故至無禾，並書無麥。楊疏云：「莊七年麥苗同時爲水而死，故繫大水言之，此至冬始書大無麥禾，則禾之死未必繇大水，故不繫之。」是也。○注「此夫」至「所致」。○漢書五行志：「嚴公二十八年冬，大水無麥禾。董仲舒以爲，夫人哀姜淫亂，逆陰氣，故大水也。劉向以爲，水旱當書，不書水旱而曰『大亡麥禾』者，土氣不養，稼穡不成者也。是時，夫人淫於二叔，內外無別，又因凶飢，一年而三築臺，故應是而稼穡不成，飾臺榭、内淫亂之罰云。遂不改寤，四年而死。旤流二世，奢淫之罰也。」通義云：「大無麥禾，淫亂之罰也。」

○**臧孫辰告糴于齊。**【疏】差謬略云：「『辰』，穀梁作『臣』。辰、臣同部。」按：今本及石經穀梁作「辰」。

告糴者何？請糴也。【注】買穀曰糴。【疏】穀梁傳曰：「告，請也。糴，糴也。」爾雅釋詁云：「告，請也。」故告糴爲請糴也。○注「買穀曰糴」。○國語魯語云：「君盍以名器請糴于齊？」注：「市穀曰糴。」説文入部：「糴，市穀也。从入从糴。」

何以不稱使？【注】据上大無麥禾，知以國事行，當言如也。【疏】注「當言如也」。○舊疏云：「正以如者，内稱使文故也。」左疏引服虔云：「不言如，重穀急辭，以其情急於糴，故不言『如齊告糴』。乞師則情緩于穀，故云『如楚乞師』。」非公羊義。通義云：「据内稱使文，當云臧孫辰如齊告糴。」按：禮記曲禮云：「凡爲君使者，已受命，君言不宿於家。」注：「言，謂有故所問也。」聘禮曰：『若有言，則以束帛如享禮。』」疏引鄭彼注云：「有言，謂有所告請，若有所問也。」記曰：有故則束帛加書以將命。春秋臧孫辰告糴于齊、公子遂如楚乞師、晉侯使韓穿來言汶陽之田，是其類也。」

以爲臧孫辰之私行也。【疏】穀梁傳曰：「不正，故舉臧孫辰以爲私行也。」又曰：「不言如，爲内諱也。」通義云：「實爲國使，春秋以其私行之辭言之。」按：繁露玉英云：「故告糴于齊者，實莊公爲之，而春秋詭其辭，以予臧孫辰。以酅入于齊者，實紀侯爲之，而春秋詭其辭，以予紀季。所以詭之不同，其實一也。」俞氏樾云：「爲，衍文。『以臧孫辰之私行』者，言以私事行，不以國事行也。今衍爲字，失其義矣。下文曰『曷爲以臧孫辰之私行』，可證此文爲字之衍。」

曷爲以臧孫辰之私行？【注】据國事也。

君子之爲國也，必有三年之委，一年不熟告糴，譏也。【注】古者三年耕，必餘一年之儲；九年耕，必有三年之積。雖遇凶災，民不饑乏。莊公享國二十八年，而無一年之畜，危亡切近，故諱，使若國家不匱，大夫自私行糴也。【疏】穀梁傳曰：「諸侯無粟，諸侯相歸粟，正也。臧孫辰告糴于齊，告然後與之。言内之無外交也。古者税什一，豐年補敗，不外求而上下皆足也。雖累凶年，民弗病也。一年不艾而百姓饑，君子非之。」委者，周禮遺人職：「掌邦之委積。」注：「少曰委，多曰積。」對文異，散則通。漢少府有屬官，郡置轉輸，開委府於京師，以籠貨物，是也。○注「古者」至「饑乏」。○校勘記云：「鄂本『饑』作『飢』。」禮記王制云：「國無九年之蓄曰不足，無六年之蓄曰急，無三年之蓄曰國非其國也。三年耕，必有一年之食；九年耕，必有三年之食。以三十年之通，雖有凶旱水溢，民無菜色。」新書憂民云：「王者之法，國無九年之蓄謂之不足，無六年之蓄謂之急，無三年之蓄曰國非其國也。」穀梁傳曰：「國無九年之畜曰不足，無六年之畜曰急，無三年之畜曰國非其國也。」漢書食貨志云：「民三年耕，則餘一年之畜。衣食足而知榮辱，廉讓生而争訟息，故三載考績。孔子曰『苟有用我者，期月而已可也，三年有成』，成此功也。三考黜陟，餘三年食，進業曰登；再登曰平，餘六年食；三登曰泰平，二十七歲，餘九年食。然後以德流洽，禮樂成。故曰『如有王者，必世而後仁』，繇此道也。」又魏相傳：「臣謹按：王法必本於農而務積聚，量入制用以備凶災，無六年之畜，尚謂之急。」墨子引周書曰：「國無三年之食者，國非其國也。家無三年之食者，子非其子也。」周書文傳解：「夏箴曰：小人無兼年之食，遇天饑，妻子非其有也。大夫無兼年之食，遇天饑，臣妾輿馬非其有也。」○注「莊公」至「糴也」。○繁露王道〔一〕云：「故臧孫辰請糴于齊，孔子曰：『君子爲國，必有三年之積。一年不熟乃請糴，失君之職也。』」穀梁傳曰：「國無三年之畜，曰國非其國也。一年不升，告糴諸侯。」皆譏莊公享國之久，無一年之畜也，故深爲諱，若大夫之自爲私行告糴也。通義云：「蓋以爲春秋之文，非徒見刺譏而已。將使後之王者，觀於告糴之譏，知未荒而備之有道；觀於築微之譏，知既荒而救之有政。觀於大無麥禾之記災，又思所以飭己勤民，內無色荒，外卑宮室，崇尚節儉，應是而水旱不侵。天道若於上，農時不違，人事盡於下，豈有饑饉荐臻之患矣？」沈氏彤左傳小疏云：「周禮大司徒職：『大荒、大札，則令邦國移民、通財。』小行人職：『若國凶荒，則令〔二〕賙委之。』不聞有告糴之禮。外傳稱爲古制，其始於西周之衰乎？逸周書糴匡篇云：『大荒，卿參告糴。』蓋亦記衰周之制。」

〔一〕「王道」，原誤記爲「玉英」，以下引文實出於王道篇，據校改。

〔二〕「令」，原訛作「會」，叢書本同，據周禮校改。

○二十有九年，春，新延廄。【疏】校勘記云：「釋文、唐石經廐作廄。」

新延廄者何？修舊也。【注】舊，故也。繕故曰新，有所增益曰作，始造曰築。【疏】注「舊，故也」。○詩大雅抑云：「告爾舊止。」箋云：「舊，故也。」荀子王制云：「械用則凡非舊器者舉毁。」注：「舊，謂三代故事。」○注「繕故曰新」。○此是也。穀梁傳：「其言新，有故也。」又定二年傳：「言新，有舊也。」又僖二十年傳：「言新，有故也。」詩邶風新臺序引釋文引馬注云：「修舊曰新。」又魯頌閟宮箋云：「修舊曰新。」左傳杜注云：「言新者，皆舊物不可用，更造之辭。」彼以傳文有作字，故如此解。○注「有所」至「曰作」。○僖二十年「新作南門」、定二年「新作雉門及兩觀」是也，穀梁兩傳並云：「作，爲也。有加其度也，非作也。」范注：「更加使大，責其改舊制也。」左傳此年亦有作字，彼疏引劉、賈云：「言新，有故木；言作，有新木。延廄不書作，所用之木，非公命也。」按：左氏有作字，或後人因僖二十年、定二年而增。五行志亦無作字。○注「始造曰築」。○上築微之屬是也。釋名釋言語云：「築，堅實稱也。」是也。

修舊不書，此何以書？【注】据新宮災，後修不書。【疏】注「据新」至「不書」。○成二年「新宮災，三日哭」，此後不見修文也。

譏。何譏爾？凶年不修。【注】不諱者，繕故，功費差輕於造邑。延廄，馬廄也。【疏】繁露王道云：「新延廐，譏。驕溢不恤下也。」穀梁傳云：「有故則何爲書也？古之君人者，必時視民之所勤。民勤於力，則功築罕；民勤於財，則貢賦少；民勤於食，則百事廢矣。冬築微，春新延廐，以其用民力爲已悉矣。」注：「凶荒殺禮。」「悉，盡。」皆責凶年不宜修也。左傳僅譏不時，非。○注「不諱」至「造邑」。○上二十八年「冬，築微。大無麥禾」，傳：「曷爲先言築微而後言無麥禾？諱以凶年造邑也。」此新延廄，在大無麥禾後書，故知不諱也。繁露竹林〔一〕云：「春秋之法，凶年不修舊，意在無苦民爾。苦民尚惡之，況傷民乎？傷民尚痛之，況殺民乎？故曰：凶年修舊則譏，造邑則諱。是害民之小者，惡之小也。害民之大者，惡之大也。」功費差輕之義也。○注「延廄，馬廄也」。○穀梁傳：「延廄者，法廄也。」注：「周禮：『天子十二閑，馬六種。邦國六閑，馬四種。』每廄一閑。言『法廄』者，六閑之舊制也。」左傳云：「凡馬日中而出，日中而入。」是爲馬廄，惟彼以書「不時」爲異耳。

○夏，鄭人侵許。

○秋，有蜚。

何以書？記異也。【注】蜚者，臭惡之蟲也，象夫人有臭惡之行。言有者，南越盛暑所生，非中國之所有。【疏】注「蜚者」至「蟲也」。○毛本「蟲」作「虫」，非。穀梁注引：「穀梁説曰：『蜚者，南方臭惡之氣

〔一〕「竹林」，原誤記作「玉英」，以下引文實出自竹林篇，據校改。

所生也，象君臣淫泆，有臭惡之行。』」蓋穀梁家師説。説文蟲部：「蠹，臭蟲，負蠜也。」段注云：「臭蟲下有奪字。當云臭蟲也，一曰負蠜也。畫然二説，如虫部蝝下之並載二説。春秋『秋，有蜚』，左氏傳曰『爲災』，公羊傳曰『紀異』，穀梁傳曰『一有一無曰有』。五行志所載劉歆説，蓋演左氏説也。劉向説，蓋演穀梁説也。而何休、范甯皆從之也。許列臭蟲於前，而負蠜次之，許意子政説長也。負蠜與蠜畫然二物。釋蟲曰：『阜螽，蠜也。』毛傳同，許同，此一物也。釋蟲又曰：『草螽，負蠜也。』毛傳則云：『草蟲，常羊也。』常羊即負蠜。鄭箋云：『草蟲鳴，則阜螽躍而從之，是以謂之負蠜也。』劉子駿及許之負蠜即草蟲也，即常羊也。左氏之所以釋蜚也。至於臭蟲生南越而有於中國，子政之説則然。亦如『有蜮』、『有鸜鵒來巢』皆本非所有，公、穀之所以釋蜚也。釋蟲云：『蜚，蠦蜰。』郭云：『臭蟲，負盤也。』考本草經蜚蠊，注家云：『辛辣而臭，漢中人食之。一名盧蜰，一名負盤。』郭注亦謂此。而許虫部蜰下但言盧蜰，不言蜚也。似許不以盧蜰與臭蟲爲一物。本草之蜚蠊非必淫氣所生。劉向所以説經者，又未必蜚蠊也。」按：廣雅釋虫云：「蛪蠙，蜰也。」又：「飛蠦，飛蠊也。」即本草之蜚蠊。別録云：「形似蠶蛾，腹下赤。」陶注：「形亦似蠦蟲，而輕小能飛。本在草中，八月、九月知寒，多入人家屋裏逃爾。有兩三種，以作廉薑氣者〔一〕爲真。南人亦噉之。」唐本注云：「此蟲味辛辣而臭，漢中人食之，言下氣，名曰石薑。一名盧蜰，一名負盤。」則以蠦蜰之蜚爲春秋之蜚矣。郝氏懿行爾雅義疏云：「此蟲氣如廉薑，故名飛廉。圓薄如盤，故名負盤。今俗人

〔一〕「者」字原脱，叢書本同，據證類本草校補。

呼之臭般蟲。其大如錢，輕薄如葉，黄色解飛，其氣臭惡。」蓋即此與？○注「象夫」至「之行」。○漢書五行志：「嚴公二十九年『有蜚』。劉歆以爲，負蠜也，性不食穀。食穀爲災，介蟲之孽。劉向以爲，是時嚴公取齊淫女爲夫人，既入，淫於兩叔，故蜚至，天戒若曰：『今誅絶之尚及，不將生臭惡，聞於四方。』嚴不寤。其後，夫人與兩叔作亂，二嗣以殺，卒皆被辜。董仲舒指略同。」穀梁注所引穀梁説亦同。○注「言有」至「所有」。○五行志又云：「劉向以爲，蜚色青，近青眚也，非中國所有。南越盛暑，男女同川澤，淫風所生，爲蟲臭惡。」惠氏士奇春秋説云：「蜮潛于水，麋處于澤，蜚生於盛暑。後世多有之，非災亦非異〔一〕，曷爲『多麋』、『有蜮』、『有蜚』〔二〕亦書於策？周禮與春秋皆經世大典，先王盡人性以盡物性。「苟一官之未備，必一物之爲災，故契爲司徒，所以盡人性；益爲朕虞，所以盡物性。人物之性有未成，故又爲一一設官以成之。周公作六典，孔子修春秋，皆所以盡人物之性、撥亂世而反諸正者也。君子讀春秋，見書『多麋』，則知周禮獸人之官廢矣。見書『秋螟』、『冬蝝』、『八月螽』，則知周禮庶氏、翦氏之官廢矣。見書『有蜚』、『有蜮』，則知周禮蟈氏、壺涿氏之官廢矣。見書『鸛鵒來巢』，則知周禮哲蔟氏、庭氏之官廢矣。見書『獲麟』，則知周禮山虞、澤虞、迹人之官廢矣。官失於朝，故變生於野。其官載於周禮，其變著于春秋。」

〔一〕「非災亦非異」句原脱，叢書本同，據春秋説校補。
〔二〕「『多麋』、『有蜮』、『有蜚』」句原脱，叢書本同，據春秋説校補。

○冬，十有二月，紀叔姬卒。【注】國滅卒者，從夫人行，待之以初也。【疏】杜、范並云：「紀國雖滅，叔姬執節守義，故繫之紀，賢而録之。」是也。○注「國滅」至「以初〔一〕」。○内女嫁于大夫不書卒，爲媵亦不書。今從夫人行故也。桓七年「夏，穀伯綏來朝，鄧侯吾離來朝」，傳曰：「皆何以名？失地之君也。其稱侯朝何？貴者無後，待之以初也。」此叔姬其國已滅而書卒，正以本爲夫人，今雖國滅，猶以夫人禮恩録之，故云待之以初也。隱七年注云：「叔姬者，伯姬之媵也。」此從夫人行者，蓋上四年伯姬卒後，紀尚未滅，立叔姬爲夫人。國滅後，歸魯。至十二年歸于酅也。惠氏士奇春秋説云：「紀伯姬、紀叔姬，一嫡一娣，同繫之紀，嫡貴而娣賤，若是班乎？白虎通曰：『伯姬卒，伯姬之娣叔姬升爲嫡。』一説嫡死不更立嫡，防篡奪也。祭宗廟，攝而已。且媵不聘，不聘爲妾，明不升。兩説並通，後説爲允。禮有攝女君。伯姬死，叔姬攝女君之事，故曰攝女君，謂之貴妾，禮同於嫡，餘妾莫敢並焉。娣不稱歸，又焉能書卒葬？叔姬守節而賢，故與伯姬同書卒葬。紀侯去國，莫審存亡，伯叔二姬獨詳于册，春秋所以貴婦人之節也。」按：白虎通嫁娶云：「伯姬卒，叔姬升于嫡，經不譏也。」是春秋家以嫡死可以更立嫡。故白虎通又云：「嫡夫人死，更立〔二〕夫人者，不敢以卑賤承宗廟也。」其不更立嫡者，禮家説。白虎通所載「或曰嫡死不復更立，明嫡無二，防篡殺」者，是也。通典引鄭駁異義云：「女君卒，貴妾攝其事耳，不得復立爲夫

〔一〕「以初」，原訛作「如初」，叢書本同，據上面【注】文校改。
〔二〕「立」下原衍一「嫡」字，叢書本同，據白虎通校刪。

人。魯僖得立妾母爲夫人者，乃緣莊公哀姜有殺子般、閔公之罪，應貶故也。」又云：「緦麻章：庶子爲後爲其母。此義自天子下至大夫士同，不得三年。魯宣所以得尊其母敬嬴爲夫人者，以夫人姜氏大歸齊不返故也。」皆禮家説。左氏隱元年「繼室以聲子」，杜注：「諸侯始娶，則同姓之國以姪娣媵。元妃死，則次妃攝治其事，猶不得稱〔一〕夫人，故謂之繼室。」杜氏説經雖無家法，然必劉、賈、鄭、服相傳之精意。則嫡死不更立嫡，或古文春秋家説與禮家〔二〕説同與？公羊以春秋改周文從殷質，或與禮經不同，故宣十六年「郯伯姬來歸」，注：「嫁不書者，爲媵也。來歸書者，後爲嫡也。」亦不以升嫡爲譏，蓋今文説如此也。

○**城諸及防。**【注】諸，君邑。防，臣邑。言及，别君臣之義。君臣之義正，則天下定矣。【疏】杜云：「諸、防，皆魯邑。諸，今城陽縣。」大事表云：「在今青州府諸城縣治西南三十里。」齊氏召南考證云：「諸縣，漢屬琅邪，晉屬城陽。」陸氏耀通四書釋故：「魯有二防，一是隱九年『公會齊侯于防』，杜云：『防，魯地，在琅邪華縣東南。』今山東費縣東北有華城，故華縣也。一是隱十年『取防』，杜云：『高平昌邑縣西南有西防城。』今西防城在山東金鄉縣西。臧孫紇奔邾，由邾如防，致防而奔齊。防當是琅邪之防，乃邾、魯

〔一〕「稱」，原訛作「繼」，叢書本同，據左傳正義校改。
〔二〕「家」字原脱，據上下文意徑補。

之北，齊之南。按，何氏以防爲臣邑，則此防或已爲臧氏采邑與？」○注「言及」至「定矣」。○舊疏云：「知如此者，正以昭五年『莒牟夷以牟婁及防、兹來奔』，傳云：『其言及防、兹來奔何？不以私邑累公邑也。』彼注云：『公邑，君邑也。私邑，臣邑也。累，次也。義不可使臣邑與君邑〔一〕相次序，故言及以絶之。』然則都邑言及别公私，故知此言及是君臣邑故也。」按：穀梁傳曰：「以大及小也。」左疏引賈逵云：「言及，先後之辭。」皆非春秋垂教之義。通義云：「此推『莒牟夷以牟婁及防、兹來奔』傳言之，彼特爲以邑奔者，或據其私邑，或更竊公邑。故漆、閭丘不言及，防、兹乃言及，别見罪輕重耳，不可通之於城。凡城兩邑悉有及文，豈必一君邑一臣邑乎？」取賈逵之説。按：此城二邑外，文十二年城諸及運〔二〕、定十四年城莒父及霄皆言及，固不必皆有君邑臣邑之别。或此二邑並城，適有君臣之别，故春秋假以示君臣之義，所謂因事見義，不必通之於彼也。舊疏云：「所以君臣之義正則天下定，可以爲王者之法矣。」易雜卦傳云：「有君臣，然後有上下；有上下，然後禮義有所錯。」是也。

○三十年，春，王正月。

〔一〕「邑」，原訛作「義」，叢書本同，據公羊注疏校改。
〔二〕「運」，原訛作「制」，叢書本同，據公羊傳校改。

○夏，師次于成。【疏】左氏無「師」字。杜云：「將卑師少，故直言次。」趙氏坦異文箋云：「謹案，左氏莊三年傳：『凡師，一宿爲舍，再宿爲信，過信爲次。』則次爲師再宿以後之辭。此年經，左氏無師字，或脱字。」差繆略云：「次于成，公羊、穀梁作『師次于郕』。」與唐石經異。按：今公羊亦作「成」。

○秋，七月，齊人降鄣。

鄣者何？紀之遺邑也。【疏】穀梁傳同。杜云：「鄣，紀附庸國。東平無鹽縣東北有鄣城。」疏引劉、賈依二傳，以爲鄣，紀之遺邑。釋例曰：「計紀侯去國至此二十七年，紀侯猶不堪齊而去，則邑不得獨存。此蓋附庸小國，若邿、鄟者〔一〕也。」知不然者，齊襄雖暴，猶能禮葬伯姬，紀國已滅，僅餘一鄣爲之附庸，何必不爲齊襄所容？八年而後，桓公方事招懷，何不得獨存之有？通義云：「紀之亡二十餘年矣，而鄣猶孤存，蓋其守邑大夫抗節不降，若安陵不入于秦、莒即墨不下于燕者也。」大事表云：「今東平州六十里有鄣城集。」一統志：「章縣故城在東平州東六十里。今爲鄣城集。」差繆略云：「鄣，左氏作障〔二〕。」按：注疏本及唐石經左氏亦作鄣。説文邑部：「鄣，紀遺邑也。」段注云：「公、穀皆曰『紀之遺邑』，賈、服

〔一〕「者」，原訛作「是」，叢書本同，據左傳正義校改。
〔二〕「障」，原訛作「鄣」，叢書本同，據唐陸淳春秋集傳纂例卷九三傳春秋差繆略校改。

從之，許說同。杜云：「紀附庸國。東平無鹽縣東北有郚城。」距紀太遠，非許意也。古紀國在今山東青州府壽光縣西南三十里紀城，郚邑當附近，即昭十九年左傳之紀郚也。紀郚者，本紀國之郚邑，猶齊語紀鄑，謂本紀國之鄑邑也。公、穀云「紀之遺邑」，與左傳云紀郚合。杜云：「紀郚在東海贛榆。」是也。莊三十年之郚即此，杜分爲兩地，非。今海州贛榆縣之北七十五里有故紀郚城，亦曰紀城。」按：許氏多用左氏說，必鄭、賈舊義也。

降之者何？取之也。取之則曷爲不言取之？爲桓公諱也。【注】時霸功足以除惡，故爲諱。言降者，能以德見歸，自來服者可也。【疏】注「時霸」至「爲諱」。○上十三年「齊人滅遂」，注云：「不諱者，桓公行霸，不任文德而尚〔一〕武功，又功未足除惡。」則此注云者，決上十年、十三年書「滅譚」、「滅遂」故也。○注「言降」至「可也」。○此解辟取言降之意也。論語季氏篇：「故遠人不服，則修文德以來之。」是也。穀梁傳曰：「降猶下也。」上三年左傳：「紀侯不能下齊。」亦謂不能降齊也。此年杜注云：「小國孤危，不能自固，蓋齊遥以兵威脅使降附。」彼以爲附庸國故也。

外取邑不書，此何以書？盡也。【注】襄公服紀以過，而復盡取其邑，惡其不仁之甚也。月者，重於取邑。【疏】隱六年：「宋人取長葛。」傳云：「外取邑不書，此何以書？久也。」又四年：「莒人伐杞，

〔一〕「尚」，原訛作「有」，叢書本同，據公羊注疏校改。

取牟婁。」傳：「外取邑不書，此何以書？ 疾始取邑也。」內取邑書，外取邑不書。 取邑小惡，故凡書者皆有爲爾。○注「襄公」至「甚也」。○通義云：「紀亡二十餘年，鄣城獨存，桓公必將脅之以威，屈其志而窮其力以取其土地，故不曰鄣降于齊，而曰齊人降鄣，閔鄣而甚桓見乎辭矣，是皆所謂諱其文不没其實者也。齊稱人者，貶也。 雖不言取而斥齊人，是時未有存亡繼絶之功，與之未醇，故諱不若滅項之深也。」深得經義。○注「月者，重於取邑」。○決隱六年「冬，宋人取長葛」不書月也。 此書月者，惡其盡，故重於他取邑也。 隱四年「莒人伐杞，取牟婁」，雖在二月下，不蒙上月。 彼月，自爲下「戊申，衛州吁弒其君完」發，有日，不得不繫之月也。

○八月，癸亥，葬紀叔姬。

外夫人不書葬，此何以書？ 隱之也。 何隱爾？ 其國亡矣，徒葬乎叔爾。

【疏】包氏慎言云：「經書『八月，癸亥，葬紀叔姬』，閏月之二十四日。 閏分八月，止二百十二，數在得半以上，故可置閏。 下有『九月，庚午，朔，日有食之』，知時閏八月也。 劉歆以爲八月朔，推曆是年宜閏十一月，癸亥爲九月之廿四日，庚午爲十月朔，非八月也。」穀梁傳曰：「不日卒而日葬，閔紀之亡也。」舊疏云：「謂不得與夫合葬，故言徒。 徒者，空也。 上四年書『齊侯葬紀伯姬』，傳云：『外夫人不葬，此何以書？ 隱之也。 何隱爾？ 徒葬于齊爾。』而此重發之者，正以彼則于齊，此則于叔，故重言之。」按：內女嫁爲外夫人書葬，此及紀伯姬、襄三十年宋共姬，傳皆爲隱辭，紀伯姬、紀叔姬閔其國之亡，宋共姬閔其歿於災，恩禮宜皆有加焉，故重録之。舊疏謂不得與夫合葬，故言徒，徒者，空也。俞云：「四年傳曰『徒葬於齊爾』，解詁曰：『徒者，無臣子辭也。國滅無臣子，徒爲齊侯所葬。』然則，此云『徒葬乎叔爾』，亦是無臣子之辭，非謂不得與夫合葬也。十二年傳曰『徒歸於叔爾也』，豈謂不得與夫同歸乎？可知疏義之謬。」

○九月，庚午，朔，日有食之。鼓，用牲于社。【注】是後魯比弑二君，狄滅邢、衛。【疏】唐志：「大衍合朔議曰：莊公三十年九月庚午朔，襄公二十一年九月庚戌朔，定公五年三月辛亥朔，當以盈縮、遲速爲定朔。殷曆雖合，適然耳，非正也。」○注「是後」至「邢衛」。○釋文作「比殺，申志反」。魯弑二君，下三十二年「子般卒」、閔公二年「公薨」是也。「狄滅邢、衛」，僖元年「齊師、宋師、曹師次于聶北，救邢」、閔二年「狄入衛」是也。漢書五行志云：「嚴公三十年九月庚午朔，日有食之。董仲舒、劉向以爲，後魯二君弑，夫人誅，兩弟死，狄滅邢，徐取舒，晉殺世子，楚滅弦。劉歆以爲〔一〕，八月秦、周分。」

〔一〕「爲」字原脱，叢書本同，據漢書校補。

○冬，公及齊侯遇于魯濟。【疏】毛本脱「濟」字。杜云：「濟水歷齊、魯界，在齊界爲齊濟，在魯界爲魯濟。蓋魯地。」釋例：「濟水自滎陽卷縣東，經陳留至濟陰，北經高平東平至濟北，東北經濟南至樂安博昌縣入海。」正義云：「高平東平，魯西界也。濟南樂安，齊竟内也。」大事表云：「水經注：『濟水過定陶西，東流濟陰乘氏縣西，分爲二瀆。』其南瀆爲荷水，東南流至山陽湖陸縣，與泗水合而入淮。其東北流入鉅野澤，又東北過東郡壽良縣西界，北經須昌穀城，又東北經盧縣華不注山、臺縣、菅縣、梁鄒、臨濟、樂安而入于海。杜氏所謂歷齊、魯界者，即東北分流一支，其在鉅野、壽良、須昌則穿曹、魯之境，謂之魯濟。其在穀城以下，則穿齊、魯、衛之境，所謂齊濟也。鉅野今亦爲縣，屬曹州府壽良，即今兖州之壽張縣。須昌在今東平州，穀城在今東阿縣，俱屬泰安府。此齊、魯分界也。」馬氏宗槤〔一〕左傳補注云：「按，水經濟水注：濟水又北逕微鄉東，又北逕清亭東，又北過穀城縣西，又北逕周首亭西。魯濟蓋在微鄉、清亭之間。微鄉即莊二十八年所築郿，公羊作微。清亭即『公及宋公遇于清』是也。此皆魯地，濟水所經，故謂之魯濟。若過穀城，則謂之齊濟。穀即小穀，與周首亭，王子成父敗榮如處，皆齊濟所經。又案，郡國志濟北國齊地爲多。是魯濟又在濟水以南。」通義云：「斥言魯者，名山大澤天子不以封，故謂之魯濟則可，謂之我濟則不可。」

〔一〕「槤」，原訛作「連」，叢書本同，清史稿本傳及藝文志著録左傳補注均作馬宗槤，據改。

○齊人伐山戎。【疏】杜云：「山戎即北戎。」正義曰：「土地名以北戎、山戎、無終三名爲一。北平有無終縣。」大事表云：「今直隸永平府玉田縣治有古無終城。」史記注引服虔云：「山戎、北狄名，今鮮卑也。」漢書匈奴傳：「山戎越燕伐齊。齊釐公與戰于齊郊。後四十四年，而山戎伐燕。燕告急齊，齊桓公北伐山戎。」齊世家：「北伐山戎、離支、孤竹。」管子小問篇：「桓公北伐孤竹，未至卑耳之谿十里。」韓非說林：「管仲、隰朋從乎桓公而伐孤竹。」蓋皆此年之役也。方輿紀要：「永平府，春秋爲山戎、肥子二國地。會支城在府東北，離支即會支之譌也。孤竹在府南十五里。」

此齊侯也，其稱人何？【注】据下言齊侯來獻戎捷。【疏】注「据下」至「戎捷」。○下三十一年「齊侯來獻戎捷」是也。

貶。【疏】後漢書西羌傳云：「昔桓公伐戎而無仁惠，故春秋貶曰『齊人』。」用公羊義。

曷爲貶？【注】据齊侯伐北戎不貶。【疏】注「据齊」至「不貶」。○僖十年「齊侯、許男伐北戎」是也。舊疏云：「不道許男者，以解齊人伐山戎之故，省文。」

子司馬子曰：「蓋以操之爲已蹙矣。」【注】操，迫也。已，甚也。蹙，痛也。迫殺之甚痛。【疏】隱十一年傳「子沈子曰」，注云：「沈氏稱子冠氏上者，著其爲師也。」此稱子司馬子宜同。操，蹙，校勘記云：「唐石經、諸本同。武億云：『操，古本作躁。』詩江漢正義引此注『躁，迫也』。按，蹙，當本作戚。何訓爲痛也，是傷戚之意。考工記『不微至，無以爲戚速也』，注引春秋傳曰：『蓋以操之爲已戚也。』可證鄭本作戚。」又：「按，説文有戚無蹙。」公羊古義云：「考工記云：『凡察車之道，不微至，無以爲戚速也。』康成云：『齊人有名疾爲戚者。』春秋傳曰『蓋以操之爲已蹙矣』，疏云：『鄭氏以蹙爲疾。』與何别，非也。古戚蹙同音。詩小明云：『曷云其歸，政事愈蹙。歲聿云莫，采蕭穫菽。心之憂矣，自貽伊戚。』是戚讀爲蹙。公羊作蹙，故訓爲痛。戚有蹙音，故訓爲疾。」公羊問答云：「詩江漢箋云：『非可以兵病害之也，非可以兵急躁切之也。』孔沖遠引公羊傳何注云：『躁，迫也。已，甚也。蹙，痛也。』蓋戰迫之而甚痛。其意言齊侯殺傷過多，甚可痛蹙。是齊桓之兵急躁之也。鄭言急躁意，亦出於彼。又兔爰箋：『急者，有所躁蹙也。』按，操與躁通。鄭作躁切，漢書貢禹傳『勇猛能操切百姓者』可證。但孔氏所見公羊本作躁字。」讀書叢録云：「詩江漢正義引公羊作『蓋以躁之爲已蹙矣』，何注『躁，迫也』。兔爰鄭注：『有所躁蹙也。』義亦本於公羊。正義躁，定本作操，是後人所改。」按：詩江漢云：「匪疚匪棘。」箋云：「棘，急也。王於江漢之水上命召公，使以王法征伐開辟四方，治我疆界於天下，非可以兵病害之也，非可以兵急躁切之也。」「齊桓公經陳、鄭之間，及伐北戎，則違此言者。」彼言經陳、鄭之間，用僖四年左傳義。言伐北戎，則用此爲説也。彼疏引此傳，操作躁。江漢箋之躁切，即王風箋之躁蹙，皆本此之操蹙也。○注「操，迫也」。○説文手部：「操，把持也。」貢禹傳注：「操，持也。」持之急則有逼迫之義。廣韻：「迫，急也。」詩江漢釋文所載箋文作操，音七刀反。彼正義引本或作慘者，誤也。兔爰釋文云：「本亦作懆，沈七感反。」蓋沈重作慘也。躁，説文作趮，疾也，義亦近。○注「已，甚也」。○禮記檀弓云「毋乃已疏乎」，注：「已，猶甚也。」又禮器「不然則已慤」，注：「已，猶甚也。」○注「蹙痛」至「甚痛」。○蹙，當依武億説作戚。釋文正作戚也。論語八佾篇「喪，與其易也，甯戚」，禮記檀弓「愠斯戚」，皆痛傷之義。迫殺之甚，故痛傷也。詩兔爰釋文云：「蹙，子六反。本亦作戚，七歷反。」江漢箋：「非可以兵急躁切之也。」疑正義本無切字，故申之云：「是齊桓之兵急躁之也。」可證定本亦同。蓋操戚者，正字也。作蹙作蹙〔一〕者，别體也。作切者，同聲借字，貢禹傳注「切，刻也」是也，與戚痛微殊，義皆相因。俞云：「詩江漢篇正義引此文作『蓋以躁之爲已蹙矣』，操與躁並叚字，其正字當作剿。説文刀部：『剿，絶也。』周書曰：『天用剿絶其命。』然則剿之爲已蹙者，言齊桓之伐山戎，剿絶之太痛也。故何解爲迫殺之。若操爲操持，躁爲躁疾，並非其義。」

此蓋戰也，何以不言戰？【注】据得捷也。【疏】注「据得捷也」。〇下三十一年「來獻捷」，故知也。

春秋敵者言戰，桓公之與戎狄，驅之爾。【注】時桓公力但可驅逐之而已，戎亦天地之所生，而乃迫殺之甚痛，故去戰貶見其事，惡不仁也。山戎者，戎中之别名，行進故録之。【疏】舊疏云：「謂軍人衆寡相敵者，不謂將之尊卑等，是以僖二十八年『晉侯以下及楚人戰于城濮』、宣十二年『晉荀林父帥師及楚子戰于邲』之屬，雖君與大夫亦言戰矣。」此山戎力不等敵，桓公可驅之爾，故不言戰。〇注「時桓」至「而已」。〇詩小雅六月云：「薄伐玁狁，至于太原。」傳：「言逐出之而已。」正義：「不言與戰，經云『至于太原』，是宣王德盛兵强，玁狁奔走，不敢與戰，吉甫直逐出之而已。采芑、出車皆言『執訊獲醜』，此無其

〔一〕疑「作蹙」二字誤重。

事，明其不戰也。」並引此傳云：「時齊桓力但可驅逐之而已。」與此同。繁露精華云：「春秋慎辭，謹於明倫等物者也。是故小夷言伐而不言戰，大夷言戰而不得言獲，中國言獲而不得言執，各有辭也。」○注「戎亦」至「仁也」。○通義云：「胡康侯曰：北戎病燕職貢不至，桓公内無因國，外無從諸侯，越千里之險爲燕辟地，可謂能修方伯連帥之職，何以譏之？桓不務德勤遠，不正王法，以譏其罪，則將開後世之君勞中國而事外夷，捨近政而圖遠略，困吾民之力，争不毛之地。其患有不可勝言者，故特貶而稱人，以爲好武功而不修文德者戒也。然則，伐楚之役，何以美之？其謂退師召陵，責以大義，不務交兵，而强楚自服乎？觀此，可以見聖人强本治内、柔服遠人之意矣。」○注「山戎」至「録之」。○國語齊語：「遂北伐山戎。」韋注：「山戎，今之鮮卑，以其病燕，故伐之。」又云：「刜令支、斬孤竹而南歸。」注：「二國，山戎之與也。刜，擊也。斬，伐也。令支今爲縣，屬遼西，孤竹之城存焉。」上十年傳云：「州不若國，國不若氏。」稱山，是由國而氏者也。

公羊義疏二十六

南菁書院　句容陳立卓人著

莊三十一年盡三十二年

○三十有一年，春，築臺于郎。

何以書？譏。何譏爾？臨民之所漱浣也。【注】無垢加功曰漱，去垢曰浣，齊人語也。譏者，爲瀆下也。禮，天子外屏，諸侯內屏，大夫帷，士簾，所以防泄慢之漸也。禮，天子有靈臺，以候天地；諸侯有時臺，以候四時。登高遠望，人情所樂，動而無益於民者，雖樂不爲也。四方而高曰臺。【疏】校勘記云：「唐石經、鄂本、閩本漱作漱。釋文及注、疏同。」按：十行本、監本、毛本作漱，誤。通義云：「十年『宋師次于郎』，左傳言『自雩門出』，敗之，明郎在南門外，其地有逵泉，臺下臨水，泉臺所由名也。」故十六年傳云：「泉臺者何？郎臺也。未成爲郎臺，既成爲泉臺。」○注「無垢」至「語也」。○禮記內則注：「手洗爲漱，足爲浣。」說文水部：「瀚，濯衣垢也。或作浣。」「涑，瀚也。」段注云：「涑，亦叚漱爲之。公羊注『無垢加功曰漱，去垢爲浣』，解云『無垢加功』，謂但用手斗漱，去垢蓋用足物。故內則云：『冠帶垢，和灰請漱。衣裳垢，和灰請澣。』鄭云：『手曰漱，足曰澣。』是也。若然，則涑〔一〕與澣別。而許不別者，許渾言，何析言也。詩周南箋云：『汙，煩也。』煩撋之用功深，澣謂濯之耳。是則澣對汙言，又分淺深矣。實則何之去垢，即毛詩之汙；何之無垢加功，又似毛詩之澣矣。」舊疏云：「既無垢而加功者，蓋亦少有，但無多垢，故謂之無，非全無也。又取其斗漱耳。浣者，舊説云用足曰浣是也。」○注「禮天」至「漸也」。○舊疏云：「禮説文也。」禮記郊特牲云「臺門而旅樹」，注：「旅，道也。屏謂之樹，樹所以蔽行道。管氏樹塞門，塞猶蔽也。禮，天子外屏，諸侯内屏，大夫以簾，士以帷。」後漢書注引白虎通云：「屏，所以自障也，示不極臣下之敬也。天子德大，故外屏；諸侯德小，所照見近，故内屏。」意林引風俗通亦云：「天子外屏，令臣下氣泄。」亦即不極敬之意。郊特牲疏引禮緯文作「大夫以簾，士以帷」，下云：「南本及定本皆然，或云大夫以帷、士以簾者，譌也。」按：廣韻引風俗通云：「屏，卿大夫以帷，士以簾。」與此所引禮説正合。釋名釋牀帳云：「帷，圍也，以自障圍也。㡘，廉也，自障蔽爲廉恥也。」則帷簾之制大同。漢書梁平王襄傳：「谷永上疏曰：臣聞『禮，天子外屏，不欲見外』也。是故帝王之意，不窺人閨門之私，聽聞中冓之言。」後漢書齊武王縯傳：「詔曰：朕聞人君正屏，有所不聽。」淮南主術訓：「天子外屏，所以自障。故所〔二〕理者遠，而所在者邇。所治者大，則所守者少。」禮記曲禮云：「帷薄之外不趨。」疏：「禮，天子外屏，諸侯内屏，

〔一〕「涑」，原作「漱」，叢書本同，據段注校改。
〔二〕「所」，原訛作「取」，叢書本同，據淮南子校改。

卿大夫以簾，士以帷。外屏，門外爲之。内屏，門内爲之。『邦君樹塞門』是也。臣來朝君，至屏而加肅敬。今言帷薄，謂大夫士也。」按：薄，亦簾屬，左傳僖二十三年「薄而觀之」是也。説文竹部：「簾，堂簾也。」通俗文：「户幃曰簾。」聲類：「户閉也。」甘氏星經云：「闕丘二星，在南河南。」注：「闕丘，闕外象魏也。天子謂之闕，諸侯謂之兩觀。天子外屏，罘罳在宫門外；諸侯内屏，罘罳在宫門内，所以別尊卑也。」〔一〕蓋皆防泄慢之義。○注「禮天」至「四時」。○舊疏云：「皆禮説文。文王受命之後，乃築靈臺，亦是天子曰靈臺之義。正以候天地，故以靈言之；諸侯候四時，故謂之時臺。」白虎通辟雍云：「天子所以有靈臺者何？所以考天人之心，察陰陽之會，揆星辰之正驗，爲萬物獲福無方之元。詩云：『經始靈臺。』」御覽引禮統云：「所以制靈臺何？以尊天重民，備災禦〔二〕害，預防未然也。明王者當順承天地，禦節陰陽也。」詩大雅靈臺箋云：「天子有靈臺，所以觀氛祲，察妖祥也。」彼疏引：「異義：公羊説：天子三臺，諸侯二。天子有靈臺以觀天文，有時臺以觀四時施化，有囿臺以觀鳥獸魚鼈。諸侯當有時臺、囿臺。諸侯卑，不得觀天文，無靈臺。皆在國之東南二十五里。東南少陽用事，萬物著見。用二十五里者，吉行五十里，朝行暮反也。左氏説：天子靈臺在太廟之中，壅之靈沼，謂之辟雍。諸侯有觀臺，亦在廟中。皆以望嘉

〔一〕「甘氏星經」及「注」見於開元占經卷七十甘氏外官引「甘氏曰」及注文。注中「闕外象魏」當作「門外象魏」。「天子謂之闕」，史記正義及宋史天文志皆作「天子謂之雙闕」，當據正。

〔二〕「禦」字原脱，叢書本同，據太平御覽校補。

祥也。毛詩説：靈臺，不〔一〕足以監視。靈者，精也，神之精明稱靈，故稱臺曰靈臺，稱囿曰靈囿，稱沼曰靈沼。韓詩説：辟雍者，天子之學，員如璧，雍之以水，示圓，言辟，取辟有德。不言辟水言辟雍者，取其雍和也。所以教天下春射秋饗，尊〔二〕事三老五更。在南方七里之内，立明堂於中，五經之文所藏處，蓋以茅葦，取其潔清也。謹案，公羊傳、左氏説皆無明文。説各有以〔三〕，無以正之。鄭曰：玄之聞也，禮記王制：『天子命之教，然後爲學。小學在公宮南之左，大學在郊。天子曰辟雍，諸侯曰頖宮。天子將出征，受命于祖，受成于學。出征執有罪，反，釋奠于學，以訊馘告。』然則，太學即辟雍也。詩頌泮水云：『既作泮宮，淮夷攸伏。矯矯虎臣，在泮獻馘。淑問如臯陶，在泮獻囚。』此復與辟雍同義之證也。大雅靈臺一篇之詩，有靈臺，有靈囿，有靈沼，有辟雍。其如是也，則辟雍及三靈皆同處在郊矣。囿也、沼也，同言靈。於臺下爲囿、爲沼，可知。」按：左傳僖五年云「公既視朔，遂登觀臺以望」，彼疏引服虔云：人君入太廟視朔，「天子曰靈臺，諸侯曰觀臺」，在明堂之中，是則與公羊同，皆以諸侯無靈臺也。若然，乾鑿度云「伐崇，作靈臺」，然則作靈臺時，仍爲諸侯。後周公制禮，多因文王創建，即定爲一代天子之禮，如造舟、臯門之類矣。故御覽引禮統云：「夏所以爲清臺何？明明相承，太平相續，故爲清臺。殷爲神臺、周爲

〔一〕「不」字原脱，叢書本同，據五經異義及毛詩正義校補。
〔二〕「尊」，原訛作「首」，叢書本同，據毛詩正義校改。
〔三〕「有以」二字原脱，叢書本同，據毛詩正義校補。

靈臺何？質者据天而王，天者〔一〕稱神；文者据地而王，地者〔二〕稱靈。」明夏、殷無靈臺之稱矣。僖十五年左傳「乃舍諸靈臺」，杜注以爲周靈臺故址。其即伐崇後所作與？又按：漢書地理志：「濟陰成陽，有堯冢、靈臺。」水經注：「成陽城西二里有堯陵。陵南一里有堯母慶都陵，稱曰靈臺。」彼爲陵墓之名，自取神靈義言之，與此别也。○注「登高」至「爲也」。○孟子梁惠王篇「無非事者」，趙注：「言天子、諸侯出，必因王事，有所補助於民，無非事而空行者也。」彼爲孟子述晏子語對齊宣王，時宣王遊雪宫，謂孟子曰：「賢者亦有此樂？」明以登高望遠爲樂，故孟子引以箴之也。○注「四方而高曰臺」。○詩大雅靈臺篇「經始靈臺」，毛傳：「四方而高曰臺。」

○夏，四月，薛伯卒。【注】卒者，薛與滕俱朝隱公，桓弑隱而立，滕朝桓公，薛獨不朝，知去就也。

【疏】注「卒者」至「就也」。○舊疏云：「所傳聞之世，小國卒例不合書，而今書之，故解之爾。薛與滕俱朝隱公者，隱十一年『滕侯、薛侯來朝』是也。滕朝桓公，桓二年書『滕子來朝』是也。」通義云：「即隱之篇來朝〔三〕所稱薛侯者。伯，其本爵也。所傳聞之世，未卒小國而卒之，則加録已明，故不復褒也。克卒名

〔一〕「者」字原脱，叢書本同，據太平御覽校補。
〔二〕「者」字原脱，叢書本同，據太平御覽校補。
〔三〕「來朝」二字原脱，叢書本同，據公羊通義校補。

而不日，宿男日而不名，於滕、薛不日又不名者，來親隱，緩恩殺。」按：隱元年注云：「不言先者，亦爲所褒者德，明當積漸，深知聖德灼然之後乃往，不可造次，陷於不義。」故薛知去惡就善，得加録也。桓弒，釋文作「桓殺，音申試反」。

○築臺于薛。【疏】杜、范並云：「薛，魯地。」大事表云：「今兗州府滕縣東南有薛城。」方輿紀要云：「薛陵城在東平州陽穀縣西南。」史記田齊世家：「威王七年，衛伐我，取薛陵。」又：「威王語阿大夫：衛取薛陵，子不知。」蓋其地與阿近。沈氏欽韓左傳補注云：「以下文『築臺于秦』例之，莊公侈心遠略，必非滕縣之薛城也。」

何以書？譏。何譏爾？遠也。【注】禮，諸侯之觀不過郊。【疏】注「禮諸」至「過郊」。○通義云：「五經異義：公羊說：天子有三臺，靈臺以觀天文，時臺以觀四時施化，囿臺以觀鳥獸魚鼈。諸侯卑，不得觀天文，無靈臺，但有時臺、囿臺，皆在國之東南二十五里。東南少陽用事，萬物著見。用二十五里者〔一〕，吉行五十里，朝行暮返也。」此注「諸侯之觀不過郊」所本。

〔一〕「者」字原脱，叢書本同，據公羊通義校補。

○六月，齊侯來獻戎捷。【注】戰所獲物曰捷。【疏】説文手部作齊人。按：三傳俱無説，恐許書誤。○注「戰所」至「曰捷」。○穀梁傳：「軍得曰捷。」又僖二十一年彼傳云：「捷，軍得也。」杜云：「捷，獲也。」按：捷有勝義，戰勝所得，故亦曰捷。

齊，大國也，曷爲親來獻戎捷？【注】据齊未嘗朝魯。

威我也。【注】以威恐怖魯也。如上難知爲威魯書之。【疏】國語吴語：「夫固知君王之蓋威以好勝也。」以威加人，即恐怖義。○注「以威恐怖魯也」。○説苑權謀篇：「齊桓公將伐山戎，使人請助於魯。魯君進羣臣而謀，皆曰：『師行數千里，入蠻夷之地，必不反矣。』於是魯許助之而不行。齊已伐山戎、孤竹，而欲移兵于魯。管仲曰：『不可。』」此威我之所由來與？且山戎在北，齊又在魯北，無緣行至魯境，蓋爲威魯，故還道過我與？○注「如上」至「書之」。○即上「齊大國也，曷爲親來獻捷」，故知爲威我書。

其威我奈何？旗獲而過我也。【注】旗，軍幟名，各有色，與金鼓俱舉，使士卒望而爲陳者。旗獲，建旗縣所獲得以過魯也。不書威魯者，恥不能爲齊所忌難，見輕侮也。言獻捷繫戎者，春秋王魯，因見王義。古者方伯征伐不道，諸侯交格而戰者，誅絶其國，獻捷於王者。楚獻捷時，此月者，刺齊桓憍慢持盈，非所以就霸功也。【疏】注「旗軍」至「有色」。○禮含文嘉云：「牙旗者，將軍所建也。旗有九名：日月爲常，交龍爲旂，通帛爲旃，雜帛爲物，熊虎爲旗，鳥隼爲旟，龜蛇爲旐，全羽爲旞，析羽爲旌。黄帝出軍，決曰：『有所攻伐，作五采牙幢：青牙旗引住東方，赤牙旗引住南方，白牙旗引住西，黑牙旗引住北，黄牙旗引住東。』」墨子旗幟篇：「守城之法，木爲蒼旗，火爲赤旗，薪樵爲黄旗，石爲白旗，水爲黑旗。」是各有色也。軍幟，釋文云：「本又作織。」校勘記云：「疑當作軍識，本又作織，同。毛詩、禮記、周禮注旗幟字皆作識。」按：詩小雅六月云：「織文鳥章。」箋云：「織，徽織也。將帥以下衣皆著焉。」周禮疏引作「識文鳥章」，鄭彼注並作「徽識」。左傳昭二十一年云：「揚徽〔一〕者公徒也。」杜云：「徽，識也。」蓋本字作識，所以題別衆臣也。或作織，漢書食貨志：「治樓舡十丈餘，加旗織於其上。」或作幟，史記淮陰侯「拔趙幟，樹漢赤幟」是也。按：徽識之用有三：一爲在朝所用。禮覲禮：「公侯伯子男各就其旂而立。」稽命徵云：「天子之旗九仞，十二旒曳地。諸侯七仞，九旒齊軫。卿大夫五仞，七旒齊較。士三仞，五旒齊首。」而徽織之制無明文。鄭注大司馬云：「在國以表朝位，在軍又象其制爲之。」是在朝與在軍同，所異者，在朝不畫雲氣耳。墨子旗幟云：「亭尉各爲幟，竿長二丈五，帛長丈五，廣〔二〕半幅。」此其制與？亭尉大夫之職，不知天子諸侯之異同也，其廣〔三〕一用之於喪禮。禮記檀弓：「銘，明旌也，以死者不可別己，故以其旗識之。」其一用之於軍禮。軍禮之幟有二，一則負之於肩。文選西京賦：「戎士介而揚揮。」薛注：「揮，爲肩上絳幟，如燕尾。」揮、徽同也，國策齊策「章子乃變其徽章」是也。一則被之於衣。周禮大司馬職：

〔一〕「徽」，阮刻本作「徽」。杜預注曰：「徽，許歸反。説文作徽。」

〔二〕「廣」字原脱，叢書本不誤，據補。

〔三〕「廣」字衍。上脱之「廣」字誤置於此。

「辨號名之用，帥以門名，縣鄙各以其名，家以號名，鄉以州名，野以邑名。」注：「被之以備死事。」墨子旗幟云：「吏卒男女，皆葕異衣章。」「城上吏卒置之背，卒於頭上；城下吏卒置之肩，左軍於左肩，右軍於右肩，中軍置之胸。」皆是也。此注云「軍幟」，蓋兼之矣。禮記大傳：「殊徽號。」注云：「旌旗之名〔一〕。」又周禮司常：「各有屬。」注云：「屬，謂徽識也。今城門僕射所被，及亭長著絳衣，皆其舊象。」又注：「皆畫其象焉，百官各象其事，州里各象其名，家各象其號。」云：「事、名、號者，徽識所以題別衆臣，樹之於位，朝各就焉。」「或謂之事，或謂之名，或謂之號，異外内也，三者旌旗之細也。士喪禮云：『爲銘，各以其物。亡，則衣緇長半幅，赬末長終幅，廣三寸。書名於末。』此蓋其制。徽識之書，則云某某之事，某某之名，某某之號。今大閲禮象而爲之。兵凶事，若有死事者，亦當以相別也。」然則徽幟蓋皆長三尺，以同著於衣，不宜差降。書名於末，廣三寸，如明旌然。司常所載，在朝之幟；大司馬所載，軍中之幟也。○注「與金」至「陳者」。○管子兵法篇：「一曰鼓：鼓所以任〔二〕也，所以起也，所以進也。二曰金：所以坐也，所以退也，所以免也。三曰旗：所以立兵也，所以利兵也，所以偃兵也。此之謂三官。」「九章：一曰舉日章，則晝行；二曰舉月章，則夜行；三曰舉龍章，則行水；四曰舉虎章，則行林；五曰舉鳥章，則行陂〔三〕；六曰舉蛇

〔一〕「名」，原訛作「細」，叢書本同，據禮記正義校改。
〔二〕「任」，原訛作「住」，叢書本同，據管子校改。
〔三〕「陂」，原訛作「波」，叢書本同，據管子校改。

章，則行澤；七曰舉鶡章，則行陸；八曰舉狼章，則行山；九曰舉韓章，則載食而駕〔一〕。」是與金鼓俱舉，士卒望而爲陳者也。禮記曲禮云：「行，前朱鳥而後玄武，左青龍而右白虎，招搖在上。」又云：「前有水，則載青旌。前有塵埃，則載鳴鳶。前有車騎，則載飛鴻。前有士師，則載虎皮。前有摯獸，則載貔貅。」注：「載謂舉於旌首以儆衆。」是皆爲士卒望，故云進退有度，左右有局也。何以幟説旗，統旗幟言之，非專謂幟也。下云「建旗縣所獲得以過魯」可證。○注「旗獲」至「魯也」。○穀梁傳曰：「戎菽也。」彼疏引：「一解云：齊侯此時克山戎，并得胡豆來，故傳云『戎菽』，謂克戎之菽，齊侯此時并得戎菽。」按：管子戒篇云：「出冬蔥與戎菽，布之天下。」似戎菽亦伐戎所得與？説苑權謀又云：「管仲曰：不可。諸侯未親，今又伐遠而還誅近鄰，鄰國不親，非伯主之道。君之得山戎之寶器者，中國之所鮮也，不可以進周公之廟乎？桓公乃分山戎之寶，獻之周公之廟。」蓋亦獻捷之一也。然則齊侯此獻，亦以威魯，亦所以修好與？俞氏樾平議〔二〕云：「閔二年左傳『佩，衷之旗也』，杜注：『旗，表也。』然則旗獲而過我，謂表陳其所獲之物而過我也。素問四氣調神大論篇王注曰：『表，謂表陳其狀也。』是其義也。蓋旌旗之屬，本所以表示行列。國語晉語：『車無退〔三〕表。』韋注：『表，旌旗也。』故旌與旗並有表義。僖二十四年左傳『旌善人』，哀十六年傳『猶將旌君以徇於國』，杜注並云：『旌，表也。』旗之爲表，猶旌之爲表也。若旗獲而過我，爲縣

〔一〕「載食而駕」，原訛作「載而鳶」，叢書本不誤，據改。
〔二〕「平議」，即指「羣經平議」，原訛作「平義」，叢書本同，徑改。
〔三〕「退」，原訛作「進」，叢書本同，據國語校改。

所獲於旗，豈旌君以徇於國亦將縣之於旌乎？又旌旗謂之章，晉語：『變弗聲章，弗能移也。』注：『章，旌旗也。』而章亦有表義，詩抑篇：『維民之章。』毛傳：『章，表也。』學者習知旌表章表，而尠知旗之爲表，故於此傳旗獲之文失其解矣。」按：如舊解，義自得通。○注「不書」至「侮也」。○解經書獻義，言獻則非成，所以深諱見輕侮也。○注「言獻」至「主者」。○左傳云：「凡諸侯有四夷之功，則獻于王。王以警于夷。」周禮玉府云：「凡王之獻，金玉、兵器、文織、良貨賄之物。」注：「古者致物於人，尊之則曰獻，通行曰饋。」春秋曰『齊侯來獻戎捷』，尊魯也。」是獻爲尊辭。諸侯有四夷之功，獻捷于王，今託王于魯，故爲齊侯獻捷文也。通義云：「實威我而言來獻戎捷，尊内文也。」舊疏云：「注言獻捷繫戎，見王義，正決僖二十一年『冬，楚人使宜申來獻捷』無所繫矣。」又云：「格，猶距也。謂與交戰而距王。今人謂不順之處爲格化之類。」意謂方伯奉王命征伐不道諸侯，有不順者誅絶之，大司馬職所謂「以九伐之灋正邦國」，注：「諸侯有違王命，則出兵以征伐之，所以正之者。」是也。○注「楚獻捷時」。○僖二十一年，「冬，楚人使宜申來獻捷」，是其事也。○注「此月」至「功也」。○校勘記云：「宋本同。閩、監、毛本誤『驕慢恃盈』。按，解云：『持盈者，謂自持盈滿之道。』閩、監、毛本疏亦誤『恃』矣。十行本修改者，『憍』亦作『驕』。」繁露滅國下云：「及伐山戎，張旗陳獲，以驕諸侯。」

○秋，築臺于秦。【疏】杜云：「東平范縣西北有秦亭。」大事表云：「在今曹州府范縣南三里。」水經注：「河水又東北，逕范縣之秦亭西，春秋書『築臺于秦』是也。」續漢郡國志：「東郡：范縣有秦亭。」即莊三十一年「築臺于秦」。地道記：「在縣西北。」是也。一統志：「古秦亭在曹州府范縣南二里。」按：諸家皆宗左氏杜説。公羊以爲臨國，則爲國内街市地名，非都邑矣。

何以書？譏。何譏爾？臨國也。【注】言國者，社稷、宗廟、朝廷皆爲國，明皆不當臨也。臨社稷、宗廟則不敬，臨朝廷則泄慢也。【疏】繁露王道云：「築臺，譏驕溢不恤下也。」又云：「魯莊公好宫室，一年三起臺。夫人内淫兩弟，弟兄子父相殺，國絶莫繼，爲齊所存，夫人淫之過也。妃匹貴妾，可不慎耶！此皆内自强從心之敗已。見自强之敗，尚有正諫而不用，卒皆取亡。」又云：「觀乎魯莊之起臺，知〔一〕驕奢淫泆之失。」國語楚語云：「伍舉曰：先王之爲臺榭也，榭不過講軍實，臺不過望氛祥。故榭度于大卒之居，臺度于臨觀之高。其所不奪穡地，其爲不匱財用，其事不煩官業，其日不廢時務。瘠磽之地，于是乎爲之；城守之木，于是乎用之；官寮之暇〔二〕，于是乎臨之；四時之隙，于是乎成之。」並築三臺，故與此違，故書以示譏。○注「言國」至「臨也」。○周禮小宗伯之職：「掌建國之位，右社稷，左宗廟。」宗廟、社稷皆在雉門内，與朝廷近，故皆爲國。宗社祭祀所在，朝廷政治所出，故皆不當臨。

○冬，不雨。

〔一〕「知」，原訛作「肆」，叢書本同，據春秋繁露校改。
〔二〕「暇」，原訛作「服」，叢書本同，據國語校改。

何以書？記異也。【注】京房易傳曰：「旱異者，旱久而不害物也。斯禄去公室，福由下作，故陽雖不施，而陰道獨行，以成萬物也。」先是比築三臺，慶、牙專政之應。【疏】注「京房」至「物也」。○漢書藝文志：「易云：孟氏京房十一篇。災異孟氏京氏六十五篇。京氏段嘉十二篇。」又京房傳：「治易，事梁人焦延壽。」「其説長於災變，分六十四卦，更直日用事，以風雨寒濕爲候。各有占驗。房用之尤精。」此所引當災異六十五篇中語也。又五行志云：「庶徵之恒陽，劉向以爲春秋大旱也。其夏旱雩祀，謂之大雩。不傷二穀，謂之不雨。京房易傳曰：『欲德不用茲謂張，厥災荒。荒，旱也，其旱陰雲不雨，變而赤，因而除。師出過時茲謂廣，其旱不生。上下皆蔽茲謂隔，其旱天赤三月，時有雹殺飛禽。上緣求妃茲謂僭，其旱三月大温亡雲。居高臺府茲謂犯陰侵陽，其旱萬物根死，數有火災。庶位踰節茲謂僭，其旱澤物枯，爲火所傷。』」按：僖三年左傳曰：「不書旱，不爲災。」蓋不害物也。○注「斯禄」至「物也」。○論語季氏篇：「禄之去公室五世矣。」集解引：「鄭曰：魯自東門襄仲殺文公之子赤而立宣公，於是政在大夫，爵禄不從君出，至定公爲五世矣。」然則禄去公室，宣公而後。此注云然者，魯莊蔽於淫泆，夫人不制，二叔專政，權由下出，是亦禄去公室也。僖、文之世，君道少振，宣、成而後，乃專由季氏矣。五行志又云：「故不雨而生者，陰不出氣而私自行，以象施不由上出，臣下作福而私自成。一曰，不雨近常陰之罰，君弱也。」○注「先是」至「之應」。○比築三臺，上于郎，于薛、于秦是也。慶、牙專政，即上二十七年傳云：「公子慶父、公子牙通乎夫人，以脅公。季子起而治之，則不得與于國政。」下三十二年傳云：「季子至，而授之以國政。」然則，上言二子脅公，季子不得與于政，下始言授季子國政，明是時慶、牙專政矣。五行志又云：「嚴公三十一年冬，不雨。是歲一年而三築臺，奢侈不恤民。」是也。

○三十有二年，春，城小穀。【疏】舊疏云：「二傳作『小』字，與左氏異。」按：今左氏亦作「小」字。据疏，蓋二傳作「城小穀」，左傳作「城穀」也。杜云：「小穀，齊邑，濟北穀城縣，城中有管仲井。」范云：「小穀，魯邑。」大事表云：「孫氏復謂此宜從穀梁注，爲魯邑。曲阜縣西北有小穀城。左傳杜注謂爲齊邑，爲管仲城之，非也。」水經注濟水篇：「濟水又北，過穀城縣西，濟水側岸有尹卯壘，南去魚山四十餘里，是穀城縣界，故春秋之小穀城也。齊桓公以魯莊三十二年城之，邑管仲也。」按：此猶牽涉杜氏之説，若果齊城之，則非春秋所得書矣。顧氏炎武左傳杜解補正云：「春秋有言穀，不言小者。莊二十三年『公及齊侯遇于穀』，僖二十六年『公以楚師伐齊，取穀』，文十七年『公及齊侯盟于穀』，成五年『叔孫僑如會晉荀首于穀』，四書穀，一書小穀，別於穀也。春秋四書之穀，及管仲所封，在濟北穀城。而此之小穀自爲魯邑。」又云：「史記高帝『以魯公禮葬項王穀城』，當即此也。」按：一統志：「今泰安府東阿縣治。」左傳校勘記云：「日知録据范甯穀梁注以小穀爲魯邑，而疑左氏之誤。孫志祖云：春秋之言穀者，除炎武所引外，尚有宣十四年『公孫歸父會齊侯于穀』，襄十九年『晉士匄侵齊，至穀』，又成十七年傳『齊國佐殺慶克，以穀叛』，則齊地名穀，不名小穀灼然矣。小穀應屬魯邑。左氏不應謬誤若此。後讀公羊疏云二傳作小穀，與左氏異，始悟左氏經本作城穀。此與申無宇所言齊桓公城穀而置管仲焉語正合，故杜以爲齊邑，又引濟北穀城縣有管仲井以實之。今經傳及注皆作小穀，乃後人據二傳文而誤加之左氏也，惜杜氏手定本已亡，無從校正。」按：城外邑之見經者，唯襄二年「遂城虎牢」，上下俱有起文。此若齊邑，不應無傳，上下俱無與齊相涉事。齊桓城穀，置管仲，不過列國爵賞之常，夫子何必書之？經若謂魯城之，時魯難未見，管仲存魯之功未見，魯莊無緣爲之城，故左氏說不若二傳爲得其實。若以左氏傳說，左氏經自宜作城穀爲是。

○夏，宋公、齊侯遇于梁丘。

【疏】杜云：「梁丘在高平昌邑縣西南。」穀梁傳：「梁丘在曹、邾之閒，去齊八百里。」大事表云：「今曹州府城武縣東北三十里有梁丘城，蓋齊、宋接壤處。」又云：「張氏曰：齊不以伯主自居，以梁丘近宋而先之也。今山東曹州府城武縣東北三十里有梁丘山，東有梁丘城，與兗州府金鄉縣接界。」水經注濟水篇：「又東北經梁山城西。地理志曰：昌邑縣有梁丘鄉。春秋『宋人、齊人會于梁丘』者也。」漢書地理志山陽郡「昌邑」下云：「有梁丘鄉。春秋傳曰：『宋、齊〔一〕會于梁丘。』」一統志：「梁丘城在曹州府城武縣東北二十五里，與金鄉接界。」舊疏云：「隱八年注云：『宋公序上者，時衛侯要宋公，使不虞者爲主，明當戒慎之。』然則宋公序上，亦爲齊侯所要故也。」通義云：「宋序上者，遇禮，近者爲主，遠者爲賓，故使宋主之也。」義並通。

〔一〕「宋、齊」原誤倒，據漢書校乙。宋序上，說見下引「舊疏云」、「通義云」。

○**秋，七月，癸巳，公子牙卒。**【疏】包氏慎言云：「經秋七月有癸巳，曆爲八月之六日。」

何以不稱弟？【注】据公弟叔肹卒。【疏】注「据公」至「肹卒」。○校勘記云：「閩、監、毛本『肹』作『肸』，非。釋文作『肹』。」宣〔一〕十七年書「公弟叔肹卒」是也。解詁箋云：「牙爲公弟，經無明文，未可執問。桓、莊之世，大夫皆不卒，因非賢君，假以見所傳聞世恩殺文也。傳當云『其稱公子牙卒何？殺也』，解詁當云『据公子慶父不卒』，於義爲合。」按：劉説非是。經所不見者多矣，不得以經無明文，傳文即不得執以相問。春秋据百二十國寶書而作，作傳者自必猶見魯史記，知牙爲莊公弟，故上二十七年傳云：「公子慶父、公子牙、公子友皆莊公之母弟也。」此即据不稱弟以問也。傳中所載季友誅牙事，與史記、左傳合，固非傳家擬度。可知公弟叔肹以賢而書，弟叔牙以罪而去弟，各不相妨，不必定据慶父爲難。且慶父亦弟，又出奔而死，亦不得据以難。

殺也。殺則曷爲不言刺？【注】据公子買有罪殺之，言刺不言卒。【疏】校勘記云：「鄂本下有之，此脱。唐石經之字刓滅，以字數計之，本有。下疏引傳云『曷爲不言刺之』。」○注「据公」至「言卒」。○即僖二十八年：「公子買戍衛，不卒戍，刺之。」傳云：「不卒戍者何？不卒戍者，内辭也，不可使往也。不可使往，則其言戍衛何？遂公意也。」是其有罪殺之言刺者也。成十六年「乙酉，刺公子偃」不据者，正

〔一〕「宣」，原訛作「定」，叢書本同，據春秋校改。

以無罪大夫書〔一〕，曰偃無罪故也。

爲季子諱殺也。曷爲爲季子諱殺？【注】据叔孫得臣卒不日者，惡不發揚公子遂弑也。【疏】注「据叔」至「弑也」。○即宣五年「九月，叔孫得臣卒」是也。彼注云：「不日者，知公子遂欲弑君，爲人臣知賊而不言，明當誅也。」是也。注意得臣不發遂惡，故卒去日，以起其當誅。今季子發揚牙惡，誅之得正宜，不必諱也，故据以難。

季子之遏惡也，【注】遏，止。【疏】注「遏，止」。○爾雅釋詁：「遏，止也。」注云：「以逆相止爲遏。」書湯誓云：「夏王率遏衆力。」馬注：「遏，止也。」通義云：「遏惡者，未作而弭之之謂。」

不以爲國獄，【注】不就獄致其刑，故言卒。【疏】注「不就」至「言卒」。○十行本作「致獄」，誤倒，依鄂本正。毛本亦誤。通義云：「季子之心，不欲彰其事，使國存爲罪案也。」按：禮記王制云：「刑人于市，與衆棄之。」又文王世子：「公族其有死罪，則磬于甸人。」此皆爲國獄。今牙不然，故知季子不爲也。

緣季子之心而爲之諱。【注】季子過在親親，疑於非正，故爲之諱，所以別嫌明疑。【疏】注「季子」至「非正」。○舊疏云：「季子仁者，不忍用刑其兄，是失事君之道。然則，季子之過，在於親其親者，故曰過在親親。春秋以掩遏牙之惡，與周公行誅於兄異，是以疑其非正禮耳。」按：左傳隱四年云「大義滅

〔一〕「無罪大夫書」句疑有脱誤，據穀梁傳「先刺後名，殺無罪也」，「無罪」上似脱「殺」字，「書」下似脱「刺」字。

親」，季子顯滅其親，故疑其非正耳。管、蔡監殷，本公所使，作亂在外，不得不興東征之師聲罪致討。詩豳風鴟鴞傳所云「甯亡二子，不可使毀周室」。叔牙始以内亂，繼助慶父奪嫡，罪在隱微，孔子不直誅之，恩義兼盡，故春秋賢而爲之諱，所以如其意也。○注「故爲」至「明疑」。○舊疏云：「故爲之諱刺文。所以別嫌者，謂諱刺別於親親，失臣道之嫌。明疑者，明於掩惡非正禮之疑耳。」按：傳義宜謂推季子親親之心，不忍顯揚其罪之故，爲之諱刺言卒，若不以罪見殺然。

季子之遏惡奈何？莊公病，將死，以病召季子。【注】召之於陳。【疏】注「召之於陳」。○上二十七年傳云：「因不忍見也，故於是復請至於陳，而葬原仲也。」是時季子在陳也。繁露精華云：「以莊公不知季子賢耶？安知病將死，召而授以國政？」是也。是莊公將死，始召之於陳也。

季子至，而授之以國政，【注】至不書者，内大夫出與歸，不兩書。【疏】注「至不」至「兩書」。○舊疏云：「謂通例如此。宣八年『公子遂如齊，至黄乃復』，書其乃復者，傳云：『何言乎有疾乃復？譏。何譏爾？大夫以君命出，聞喪，徐行不反。』彼注云：『喪尚不當反，況于疾乎？』宣十八年『秋，公孫歸父如晉。冬，歸父還自晉』，書其還者，彼傳云：『還者何？善辭也。何善爾？歸父使于晉，還自晉，至檉，聞君薨家遣，墠帷，反命于介，自是走之齊。』注：『主書者，善其不以家見逐怨懟，成踊哭君，終臣子之道，起時莫能然也。』昭十四年『隱如至自晉』，昭二十四年『叔孫舍至自晉』，皆書至者，正由被執而得歸，是以重而書至，猶非正歸當書之例也。閔二年『秋，季子來歸』，書者，初出亦不書，不得難此也。」按：季子如陳，雖通乎私行，書法與尋常出聘同。不書至，仍不兩書之舊也。

曰：「寡人即不起此病，【疏】即，猶若也。漢書西南夷傳注：「即，猶若也。」是也。言若不起此病也。僖三十三年傳〔一〕「爾即死」、襄二〔二〕十七年傳「我即死」，皆宜作若解。

吾將焉致乎魯國？」【注】致，與也。【疏】注「致，與也」。○一切經音義引三蒼云：「致，到也，又與也。」言國將誰與也。

季子曰：「般也存，君何憂焉？」【疏】經傳釋詞云：「焉，猶乎也。詩杕杜『胡不比焉』，儀禮喪服云『野人何算焉』，禮記檀弓云『子何觀焉』，隱元年左傳『君何患焉』，國語『先王豈有賴焉』，公羊傳『君何憂焉』，皆是也。」般，魯世家作斑。

公曰：「庸得若是乎？」【注】庸，猶傭傭無節目之辭。【疏】注「庸猶」至「之辭」。○説文：「庸，用也。」古庸與傭通，詩小雅「昊天不傭」，釋文引韓詩作「庸」，是也。傭爲無節目辭，蓋當時語如此。按：庸亦語詞，莊十四年左傳「庸非貳乎」，僖十五年云「晉其庸可冀乎」，宣十二年「庸可幾乎」，襄十四年「庸知愈乎」，昭十年「庸愈乎」，十二年「其庸可棄乎」，晉語「吾庸知天之不授晉且以勸荆乎」，魯語云「庸何傷」，皆與此「庸得若是」語氣相似。

〔一〕「三十三年傳」，原脱訛作「三十二年」，叢書本同，據公羊傳校補。

〔二〕「襄二」二字原脱，叢書本同，據公羊傳校補。

牙謂我曰：『魯一生一及，君已知之矣！』【注】父死子繼曰生，兄死弟繼曰及。言隱公生，桓公及，今君生，慶父亦當及，是魯國之常也。【疏】校勘記云：「魯一生一及，唐石經、諸本同。盧文弨曰魯世家作一繼一及。裴解引何休云：『父死子繼，兄死弟及。』疑此傳本作『一世一及』。按，生謂己所生子也，及謂兄弟相踵者也。傳文不誤。」魯世家：「莊公病，問嗣於弟叔牙。叔牙曰：『一繼一及，魯之常也。』」通義云：「世家自魯公以下，考公生，煬公及，幽公生，魏公及，厲公生，獻公及，真公生，武公及，故事則然。而季子必不欲立慶父者，爲其淫亂爾。」○注「父死子繼曰生」。○生，猶世也。國語周語：「昔我先世后稷。」史記注引唐固云：「父子相繼曰世。」又晉語「世及武王」，注：「父子曰世。」列子言：「子又生孫，孫又生子。」故父子相生爲一世。○注「兄死弟繼曰及」。○荀子儒效篇：「周公屏成王而及武王。」楊注：「及，繼也。」謂周公以弟繼兄攝政，故曰及。漢書高惠高后文功臣表：「子繼弟及。」注：「弟代兄位謂之及也。」○注「言隱」至「常也」。○世家云：「魯之常也。」注本此爲説。

慶父也存。』」【注】時莊公以爲牙欲立慶父。【疏】左傳云：「公疾，問後于叔牙，對曰：『慶父材。』問于季友，對曰：『臣以死奉般。』公曰：『鄉者牙曰慶父材。』」世家云：「叔牙曰慶父在，可爲嗣君，何憂焉？」此傳敘公告季友，述叔牙語，故爲公以牙欲立慶父也。

季子曰：「夫何敢！是將爲亂乎？夫何敢！」【注】再言夫何敢者，反覆思惟，且欲以安病人也。孔子曰：「君子有九思：視思明、聽思聰、色思温、貌思恭、言思忠、事思敬、疑思問、忿思難、見得思義。」【疏】注「再言」至「人也」。○舊疏云：「謂反覆思惟踟躕之閒，故再言『夫何敢』，使病者意安耳。」○注「孔子」至「思義」。○論語季氏篇文。舊疏云：「引之者，欲言季子反覆思惟，合於君子之道。」

俄而，牙弒械成，【注】是時牙實欲自弒君，兵械已成，但事未行爾。有攻守之器曰械。【疏】校勘記云：「弒，唐石經、諸本同。釋文『弒』作『殺』，云『申志反』。注及下親弒同。按，今本注作『弒君』，下作『親弒』，皆後人所改。陸本則皆作『殺』也。」○注「是時」至「行爾」。○通義云：「此弒械，蓋即謀弒子般者。牙弒不成，慶父成之。」○注「有攻」至「曰械」。○公羊問答云：「問：大傳鄭注：『械，禮樂之器及兵甲也。』莊三十二年注有『攻守之器曰械』，未審所從[一]。曰：三蒼云：『械，器之總名。』荀子：『彼王者之制也。觀形勢而制械用，稱遠邇而等貢獻。豈必齊哉？故魯人以榶，衛人用柯，齊人用一革。土地形勢不同者，械用備飾不可不異也。』亦有專指攻守之器者，墨子曰：『公輸般爲雲梯之械，將以攻宋。』呂氏春秋曰：『蚩尤作兵也，利其械。』淮南子：『古之兵，弓劍而已矣。槽矛無擊，修戟無刺。晚世之兵，隆衝以攻，渠蟾以守，連弩以射，銷車以鬭。』周禮天官冢宰：『三歲大計羣吏之治，以知民器械之數。』鄭注：『械，猶兵也。』注與何氏又未嘗不合。蓋望文生義也。」按：說文木部：「械，桎梏也。一曰器之總名。」孟子滕文公云：「以粟易械器者。」趙注：「械，器之總名。」蓋械本器總名，此云弒械，故注解爲「有攻守之器」，非械爲兵甲之專名也，故荀子王制言「喪祭械用」，禮記王制「器械異制」，注：「謂作務之用。」是也。

[一]「所從」，原作「何從」，叢書本同，據公羊問答校改。

季子和藥而飲〔一〕之，【注】藥者，酖毒也，傳曰「酖之」是也。時季子亦有械，故能飲之。傳不道者，從可知。【疏】左傳：「成季使以君命命僖叔待于鍼巫氏，使鍼季酖之。」○注「藥者」至「是也」。○杜注左傳云：「酖，鳥名，其羽有毒，以畫酒，飲之則死。」史記注引服虔云：「鴆鳥一曰運日鳥。」正義〔二〕：「説文云：『酖，毒鳥也。一名運日。』廣雅云：『鴆鳥，雄曰運日，雌曰陰諧。』廣志云：『鴆鳥形似鷹，大如鴞，毛黑，喙長七八寸，黄赤如金，食蛇及橡實，常居高山巔。』晉諸公讚云：『鴆鳥食蝮，以羽翮擽酒水中，飲之則殺人。舊制，鴆不得渡江，有重法。石崇爲南中郎，得鴆鳥，與王愷，養之，大如鵝，喙長尺餘，純食蛇虺。司隸傳祗於愷家得此鳥，奏之，宣示百官，燒於都街。』是説鴆鳥之狀也。以其因酒毒人，故字或作『酖』。」釋文：「酖，本又作鴆。」淮南繆稱訓：「暉日知晏。」注：「暉日〔三〕，鴆鳥也。」或作䲰，亦作雲。吴都賦劉逵注：「鴆鳥一名雲日。」是也。○注「時季」至「可知」。○魯世家云：「季友以莊公命，命牙待于鍼巫氏，使鍼季劫飲叔牙以鴆。」明亦有械，故得劫也。

曰：「公子，【疏】通義云：「斥呼公子，外之之詞。」

從吾言而飲此，則必可以無爲天下戮笑，必有後乎魯國。【注】時世大夫，誅不宣揚，子

〔一〕「飲」，原訛作「進」，叢書本同，據公羊傳校改。
〔二〕正義指春秋左傳正義。
〔三〕「日」，原訛作「曰」，經解本、叢書本均不誤，據淮南鴻烈解校改。

當繼體如故。【疏】校勘記云：「笑〔一〕」，唐石經、鄂本同。閩、監、毛本『笑』改『笑』。疏及下同。」左傳云：「飲此，則有後於魯國。」魯世家云：「飲此，則有後奉祀。」是也。○注「時世大夫」。○舊疏云：「欲道古禮，大夫不世矣。」

不從吾言，而不飲此，則必爲天下戮笑，必無後乎魯國。」【疏】左傳云：「不然，死且無後。」魯世家亦云：「不然，死且無後。」蓋以罪顯誅，惡必宣揚，故爲衆所戮笑。戮猶辱也。禮記大學云：「辟則爲天下僇矣。」此之謂也。

於是從其言而飲之。飲之無傫氏，至乎王堤而死。【疏】舊疏云：「無傫氏，或是大夫家，或是地名。言飲酖毒之藥于無傫氏矣。舊云飲之無傫氏者，言飲此毒不累其子孫，謂當立其氏族也者，非也。」按：釋文：「無，本又作巫。」其即左傳之「鍼巫氏」與？通義云：「巫傫氏，魯巫官名，傫者之家也。左傳曰『鍼巫』，鍼蓋傫之氏。」左傳又云：「飲之，歸及逵泉而卒。」未知即王堤否也？舊疏云：「王堤，蓋地名。」

公子牙今將爾，【注】今將欲殺。【疏】注「今將欲殺」。○「殺」當作「弒」。釋文本「弒」多作「殺」。此或沿陸本也。下傳文「辭曷爲與親弒者同」可證。

〔一〕「笑」，原訛作「笑」，據阮元公羊注疏校勘記校改。笑、笑同。

辭曷爲與親弑者同？【注】辭，傳序經辭。親，躬親也。【疏】注「辭，傳序經辭」。○此解傳自序辭意，謂經書公子牙卒，無誅殺文。傳云：「殺則曷爲不言刺之？爲季子諱殺。」又云：「是將爲亂乎？」是與親弑者同宜見誅之辭同。○注「親，躬親也」。○禮記祭義云：「其親也慤。」注：「親，謂身親。」又文王世子云：「世子親齊玄而養。」注：「親，自也。」

君親無將，將而誅焉。【注】親謂父母。【疏】釋文：「無將，如字。或子匠反，非也。」史記淮南王安傳：「膠西王[一]議曰：淮南王安廢法行邪，懷詐僞心，以亂天下，熒惑百姓，背畔宗廟，妄作妖言。春秋曰『臣無將，將而誅』。安罪重於將，謀反形已著。」又叔孫通傳：「博士諸生三十餘人前曰：人臣無將，將即反罪，死無赦。」王莽傳：「春秋之義，君親無將，將而誅焉。」越絶書敘外傳記：「易之卜將，春秋無將。子謀父，臣殺主，天地所不容載。」經傳釋詞云：「而，猶則也。」言將則誅焉。易繫辭傳：「見幾而作。」言見幾則作也。僖十五年左傳：「何爲而可？」言何爲則可也。襄十八年左傳：「若可，君而繼之。」言君則繼之也。○注「親謂父母」。○禮記奔喪云：「始聞親喪。」注：「親，父母也。」問喪[二]：「親始死。」注：「親，父母也。」說苑敬慎云：「不可再見者，親也。」皆屬父母也。

〔一〕「王」，原訛作「主」，叢書本不誤，據改。

〔二〕「問喪」，原訛作「聞喪」，叢書本同，據禮記正義校改。

然則善之與？曰：然。殺世子母弟，直稱君者，甚之也。【疏】僖五年「晉侯殺其世子申生」、襄二十六年「宋公殺其世子痤」，是殺世子直稱君者也。隱元年「鄭伯克段于鄢」、襄三十年「天王殺其弟年夫」，是殺母弟直稱君者。皆所以甚之也。僖五年注：「甚之者，甚惡殺親親也。」

季子殺母兄何善爾？誅不得辟兄，君臣之義也。【注】以臣事君之義也。唯人君然後得申親親之恩。【疏】注「以臣」至「義也」。○白虎通誅伐篇：「誅不避親戚何？所以尊君卑臣，强幹弱枝，明善善惡惡之義也。春秋傳曰：『季子煞其母兄，何善爾？誅不避母兄，君臣之義也。』尚書曰：『肆朕誕以爾東征。』誅弟也。」漢書董賢傳云：「蓋君親無將，將而誅之。是以季友鴆叔牙，春秋賢之；趙盾不討賊，謂之弒君。」後漢袁紹傳云：「季友欷歔而行叔牙之誅，何則？義重人輕，事不獲已故也。」亦謂君臣義重也。樊儵傳：「是以周公誅弟，季子鴆兄，經傳大之。」梁統傳：「春秋之誅，不避親戚，所以防患救亂，坐安衆庶。豈無仁愛之恩？貴絶殘賊之路也。」毛氏奇齡春秋毛氏傳云：「徐仲山日記，每以季友酖叔牙爲過急，胡氏極頌之。」「予嘗謂，此事賴公羊解之曰：『君親無將，將而誅焉。』其義遂定。且公羊復有『俄爾，牙弒械成』語，則或牙有弒之形，而友始殺之。左傳略之也。蓋危疑之際，不嫌急決，友既以宗卿與聞國政，而二公子之亂，又事連宮闈，苟非驟起制之，則鮮有不蔓延成勢者。故先誅叔牙，以翦其羽，而後慶父繼亂，可反掌定之。此雖季友專決，然亦見季之能，善於戡亂。故叔牙之酖，先已誅賊，故子般可不言弑，閔公之薨，既已討賊，則慶父之縊〔一〕，并可不必〔二〕言卒。此皆夫子書法，一諱國惡，而一即爲季子諱，使之無所歉於兄弟骨肉之閒。所謂隱而斷，刻而能全，以其決也。」○注「唯人」至「之恩」。○舊疏云：「欲道殺世子母弟，所以直稱君甚之之義。言得申親親之恩而不申之，故甚其惡耳。」按：何氏此注可息千古疑獄。君臣之義，父子之恩，兩不相妨。故公族有死罪，王三宥之，有司舉大辟。亦即人君可以申親親，而人臣不廢法義也。周公誅管、蔡而大誥天下，皆周公辭，無成王語，亦即此義。

然則曷爲不直誅而酖之？行誅乎兄，隱而逃之，使託若以疾死然，親親之道也。

【注】明當以親親原而與之，於治亂當賞疑從重，於平世當罰疑從輕。莊不卒大夫而卒牙者，本以當國將弑君。書日者，録季子遏惡也。行誅親親，雖酖之，猶有恩也。【疏】言行誅乎兄，不顯其罪，使若死於疾然，故曰隱而逃之。謂隱匿之，使逃其罪，所以明親親也。○注「明當」至「與之」。○舊疏云：「明春秋之道，當親其親，而原季子之心而與之，故善之耳。」通義云：「季子大義滅親，變之正也。春秋既善之矣，而又深順其諱文，明乎季子隱之、緩之，不得已而後出於殺者。後若倫罔之徒，苟翦骨肉以自利者，乃不得假季子爲口實也。其遏惡也，破斧之志乎？其親親也，常棣之志乎？於牙不暴其罪，於慶父不探其情。

〔一〕「縊」，原訛作「繼」，叢書本同，據春秋毛氏傳校改。
〔二〕「必」字原脱，叢書本同，據春秋毛氏傳校補。

有愛兄之心，如季子焉，雖殺兄可也；不然，是亂而已矣。曰『鄭伯克段于鄢』，則其忍於殺弟見。曰〔一〕『公子牙卒』，曰『公子慶父如齊』，則季子不忍殺其兄見。故春秋之立言也，董子所謂聖人〔二〕能繫心于微而致之著者也。」○注「於治」至「從輕」。○舊疏云：「春秋撥亂之書，是以原其親親而賞季氏，即賞疑從重也。當所傳聞之世，天下未平，是以升平疑獄不得不誅，故云於平世乃可罰疑從輕矣。」按：所見之世著治太平，至於譏二名，可謂從重之罰矣。故於平世從輕也。僞古文大禹謨云：「罪疑惟輕，功疑惟重。」○注「莊不」至「弒君」。○莊三年傳：「溺者何？吾大夫之未命者也。」彼注云：「所伐大夫不卒者，莊公薄於臣子之恩，故不卒大夫。」是莊不卒大夫，與桓同也。今牙以當國，將弒君，且非實卒，故書之。○注「書日」至「恩也」。○舊疏云：「所傳聞之世，大夫卒，有罪無罪，皆不日以略之，因示其恩淺，即隱元年『冬，十二月，公子益師卒』、隱八年『冬，十二月，無駭卒』之屬是也。今而書日，故解之。言録季子遏惡之故，是以詳録之。」穀梁注引：「何休廢疾曰：傳例：『大夫不日卒，惡也。』牙與慶父共淫哀姜，謀殺子般，而日卒，何也？鄭君釋之曰：『牙，莊公母弟，不言弟，其惡已見，不待去日矣。』」劉氏逢禄廢疾申何云：「牙之爲母弟，經無起文。穀梁不傳張三世諸例，所謂春秋〔三〕之失亂也。」通義云：「所傳聞世，內大夫卒不日。已去弟，起其刺，故從刺例日也。凡內刺，大夫有罪者日，無罪者不日。」非何氏義。范甯云「諸侯

〔一〕「曰」，原訛作「兄」，叢書本同，據公羊通義校改。
〔二〕「聖人」二字原脱，叢書本同，據公羊通義校補。
〔三〕「春秋」，原訛作「穀梁」，據穀梁廢疾申何校改。

之尊，弟兄不得以屬通」，「蓋以禮，諸侯絶期，而臣諸父昆弟。稱昆弟，則是申其私親也。宣十七年『公弟叔肸卒』，傳曰：『其稱公弟叔肸，賢之也。』然則不稱弟，自其常例耳。鄭君之説，某所未詳」。是亦不以鄭君説爲然。禮記郊特牲曰：「大夫强而君殺之，義也，由三桓始也。」注云：「三桓，魯桓公之子，莊公之弟：公子慶父、公子牙、公子友。慶父與牙通乎夫人以脅公，季友以君命鴆牙。後慶父弑二君，又死也〔一〕。」亦言季友奉君命殺之。以遏惡爲義也，酖之猶有恩，謂隱而逃之也。左傳云：「立叔孫氏。」注云：「不以罪誅，故得立〔二〕後，世繼其禄。」亦即有恩之事也。

○**八月，癸亥，公薨于路寢。**【疏】包氏愼言云：「八月有癸亥，曆爲九月之六日。十月有乙未，月之九日。十月有乙未，則八月不得有癸亥矣。左氏『乙』作『己』，曆十月無己未，左氏誤。」按：癸亥，九月之五日。乙未，十月之八日。

路寢者何？正寢也。【注】公之正居也。天子諸侯皆有三寢：一曰高寢，二曰路寢，三曰小寢。父居高寢，子居路寢，孫從王父母，妻從夫寢，夫人居小寢。在寢地者，加録内也。夫人不地者，外夫人不卒，内書薨已録之矣，故出乃地。【疏】注「公之正居也」。○穀梁傳：「路寢者，正寢也。寢疾居正寢，正

〔一〕「也」字原脱，叢書本同，據禮記正義校補。
〔二〕「立」字原脱，叢書本同，據左傳正義校補。

也。男子不絶于婦人之手，以齊終也。」按：此路寢，非齊及疾不居，本人君聽政之處，禮記玉藻所謂「退適路寢聽政」是也。玉藻又云：「將適公所，宿齊戒，居外寢，沐浴。」此外寢即正寢。又祭統云：「君致齊于外，夫人致齊于内。」疏：「外寢，謂君之路寢；内，謂夫人正寢。」是也。大夫士則於適室。故士喪禮「死于適室」，注：「適室，正〔一〕寢之室也。疾者齊，故於正寢焉。」既夕記：「士處適寢。」注：「將有疾，乃寢於適室。」又云：「有疾，疾者齊。」注云：「正性情也。適寢者，不齊不居其室。」士喪禮疏：「按，喪大記云：『君、夫人卒于路寢。大夫、世婦卒于適寢。内子未命，則死于下室，遷尸于寢。士之妻皆死于寢。』鄭注云：『言死者必於正處也。』若非正寢，則失其所。是以僖公薨于小寢，左氏傳云：『即安也。』是譏不得其正。其平居則在燕寢，亦曰小寢。周禮宫人注：『玉藻曰：朝，辨色始入。君日〔二〕出而視朝，退適路寢聽政。使人視大夫，大夫退，然後適小寢，釋服。』是路寢以治事，小寢以燕息焉。」〇注「天子」至「小寢」。〇周禮宫人職：「掌王之六寢之脩。」注：「六寢者：路寢一，小寢五。春秋書魯莊公薨于路寢，僖公薨于小寢，是則人君非一寢明矣。」疏：「天子六寢，則諸侯當三寢。」按：正寢一，天子諸侯不殊，唯燕寢有多少耳。諸侯燕寢二，僖二十年「西宫災」，蓋夫人兼寢之西宫也。此云天子、諸侯皆有三寢者，謂天子、諸侯各有三等寢，非謂天子亦止三寢也。禮記昏義云：「古者天子后立六宫。」注：「天子六寢，而六宫在後。」

〔一〕「正」字原脱，叢書本同，據儀禮注疏校補。

〔二〕「日」字原脱，叢書本同，據周禮注疏校補。

疏云：「六宫在後者，后之六宫在王之六寢之後，亦大寢一，小寢五。」曲禮疏：「按，周禮王有六寢，一是正寢，餘五寢在後，通名燕寢。其一在東北，王春居之；一在西北，王冬居之；一在西南，王秋居之；一在東南，王夏居之；一在中央，六月居之。」蓋据月令「天子所居，每月各異其方」而言，當有所傳。喪大記注：「君謂之路寢，大夫則謂之適寢，士或謂之適室。内子，卿之妻也。下室，其燕處也。」疏：「諸侯三寢：一正者，曰路寢；二曰小寢。卒歸于正，故在路寢也。夫人亦有三寢，一正二小，亦卒正者也。」唯春秋所記高寢，他經不見。何氏所据或是禮説、春秋説文也。但此所云「子居路寢」，即指今君；「父居高寢」，或爲君之父母有故未立者，故喪服爲君之父母制服也。「妻從夫寢」者，謂進御于君。曲禮疏所云「凡后妃以下，更以次序，而上御王於五寢之中也」，則與諸禮文亦通。又按：喪大記疏引：「皇氏云：『君謂女君，而世婦以夫人下寢之上爲適寢。』熊氏云：『諸侯夫人、大夫妻及士之妻卒，皆於夫之正寢。』解此『世婦以君下寢之上爲適寢』者，夫人卒於君之正寢，世婦卒於君之下寢之上者，與皇氏異。雖卒夫寢，皆婦人共視之，是亦婦人不死于男人之手也。按，服虔注左傳與皇氏同。夫人之卒在於夫人路寢，比君路寢爲小寢。故僖八年『夫人不薨于寢，則不殯于廟』，服虔注云：『寢謂小寢也。』皇氏、熊氏其説各異，未知孰是。」「莊公三十二年公羊傳何注：『高寢、路寢、小寢，孫從王父之寢。』按，周禮『掌王之六寢之修』，何云：『天子三寢。』與周禮違，不可用〔一〕。」按：何氏所据，或異代禮，春秋改周之文，從殷之質，故與周制不必强同，亦

〔一〕「用」，原訛作「同」，叢書本同，據禮記正義校改。

無庸偏非也。如何義，則定公之薨高寢，僖公之薨小寢，及此之薨路寢，皆得正。其文之薨于臺下，襄之薨于楚宫，皆爲失處，不言譏，而失禮自見矣。舊疏云：「父居高寢者，蓋以寢中最尊，若父子並薨之時，父殯于高寢矣。其嗣君亦薨，乃居於路寢。若其孫又薨，則從王父母小寢。所以不再言母者，妻從夫寢故也。其夫人若存，定居于寢内之三宫矣。若非有並喪，則三〔一〕寢之中科薨其一。而謂路寢爲公之正居者，以其始正之常處也。」按：此蓋論生時所居之禮。舊疏專主殯言，恐泥。○注「在寢」至「内也」。○舊疏云：「正決外諸侯之卒不地故也。」其宣九年〔二〕「晉侯黑臀卒于扈」，書地者，當又自解也。○注「外夫」至「之矣」。○外諸侯之卒不地，魯公書地，爲加録。外夫人不卒，夫人書薨，即加録。故不必更録地矣。鄂本「地」下有「者」字，据補。○注「故出乃地」。○僖元年「夫人姜氏薨于夷」是也。夷爲齊地，故出乃地也。

○**冬，十月，乙未，子般卒。**【疏】左傳「乙未」作「己未」。趙氏坦異文箋云：「謹按，釋例春秋長曆莊公三十二年十月戊午朔，大。又云：十月己未二日，則十月不得有乙未，乙未爲十一月八日，公、穀作乙未，字之誤。」按：杜氏長曆不可取以説公羊。繁露楚莊王云：「子般殺，而書乙未，殺其恩也。」是公羊

〔一〕「三」，公羊注疏作「從」。
〔二〕「九年」，原誤記爲「十年」，以下引文實出自宣公九年，據改。

作「乙未」。

子卒云子卒，此其稱子般卒何？【注】据子赤不言子赤卒。【疏】注「据子」至「赤卒」。○文十八年「子卒」，傳云：「子卒者孰謂？謂子赤也。」是也。

君存稱世子，【注】明當世父位爲君。【疏】注「明當」至「爲君」。○白虎通爵篇：「父在稱世子何？繫於君也。」又云：「所以名之爲世子何？欲其世世不絶也。」卿大夫以下稱嫡子，喪服「大夫之適子」是也，爲諸侯世大夫不世故也。在喪諸侯之子亦稱適子，禮記檀弓云「君之適長殤」是也。天子、諸侯之子統謂之太子，王制云「王太子」，檀弓云「太子申生」。以古「世」或作「太」故也。其冢子則上下通稱，故内則云「其非冢子則降階一等」，注：「言天子以下至於庶人，是其通稱矣。」若然，曾子問曰「君薨而世子生」，彼「君薨仍稱世子」者，彼疏云：「以其別於庶子，又用世子之禮告殯，故雖君薨，仍稱世子，異於春秋之例也。」舊疏云：「内外同矣。而桓六年『九月，丁卯，子同生』，不言世子者，彼注云『不以世子正稱書者，明欲以正見無正，疾惡桓公』是也。」

君薨稱子某。【注】緣民臣之心，不可一日無君，故稱子某，明繼父也。名者，尸柩尚存，猶以君前臣名也。【疏】注「緣民」至「名也」。○白虎通又云：「父歿稱子某何？屈於尸柩也。」曲禮疏云：「公羊未葬稱子某者，莊三十二年『子般卒』、襄三十一年『子野卒』，皆是君薨未葬稱子某也。」通義云：「按，顧命『逆子釗』，惟未殯前稱之，周禮之文也。經於子般、子野既殯未葬猶稱名，尚〔一〕哀也，春秋之質也。」按：諸侯即位，未葬稱子某，若出會諸侯亦稱子。僖九年「公會宰周公、齊侯、宋子」，注云：「宋未葬不稱子某者，出會諸侯，非尸柩之前，故不名。」則非出會而稱子某，爲尸柩尚在明矣，故爲君前臣名也。若然，曲禮云「君大夫之子不敢自稱曰『予小子』」，注：「避天子之子未除喪之名。」又曰「大夫士之子不敢自稱曰『嗣子某』」，注：「亦辟其君之子未除喪之名。」與此異者，彼疏引：「焦氏問：『按春秋君在稱世子，君殁稱子某，既葬稱子，無言嗣子某者也。又大夫之子當何稱？』張逸答曰：『此避子某也。大夫之子稱未聞。』」孔疏又以「稱嗣子某，或殷禮也」。其緣民臣之心，不可一日無君者，文九年傳文。子者，嗣君之稱。稱子，明其嗣父；稱某，明尸柩尚存，猶君前臣名也。其施之民臣，則但稱子矣。

既葬稱子，【注】不名者，無所屈也。緣終始之義，一年不二君，故稱子也。【疏】注「不名」至「子也」。○先君已葬，更無所屈，故不須名。猶不稱公者，終始之義，一年不二君，故仍稱子也。緣終始之義二語，亦文九年傳文。曲禮疏云：「既葬稱子，則文公十八年子惡卒，經書『子卒』是也。」通義云：「『六月癸亥，葬我君文公』、『冬十月，子卒』是也。」白虎通又云：「既葬稱子者，即尊之漸也。」閻氏若璩孟子生卒年月考云：「春秋公羊傳：『君存稱世子，君薨稱子某，既葬稱子，踰年稱公。』左氏例則未葬稱子，既葬稱君，不待踰年始稱君。此二傳之同異也。及以孟子證，則又有異。君存稱世子，『滕文公爲世子』，是君薨亦稱

〔一〕「尚」，原訛作「當」，叢書本同，據公羊通義校改。

世子。『滕定公薨，世子謂然友』，是未葬稱子，不獨既葬爲然。至於子之身而反之，是若孟子所稱『子力行之』，則在既葬之後，但未踰年耳。何以驗之？滕文公既定爲三年之喪，五月居廬，未有命戒，則亦無禮聘賢人之事可知。惟至葬後始以禮聘孟子至滕而問國事焉。故孟子猶稱之曰子，直至踰年改元，然後兩稱爲君，曰：『君如彼何哉？』曰：『君請擇於斯二者。』然則，孟子於滕行蹤亦略可觀矣。」按：世子謂然友，語緊承滕文公下，猶之曾子問君薨下稱世子也。「至於子之身」，語出於臣下，雖在未葬前，不得直稱君名，故亦止曰子。稱名者，爲其在尸柩前自稱之詞也。又按：禮記雜記云：「君薨號稱子，待猶君也。」鄭注：「謂未踰年也，雖稱子，與諸侯朝會，待如君矣。春秋魯僖公九年夏，葵丘之會，宋襄公稱子，而與諸侯序。」彼疏謂鄭用左氏義。按：通典引異義：「公羊說：諸侯未踰年不出竟，在國内稱子；以王事出亦稱子，非王事而出會同，安父位，不稱子，『鄭伯伐許』是也。」又云：「春秋不得以家事辭王事，諸侯蕃衛之臣，雖未踰年，以王事出，稱爵。」蓋左氏義以出朝會則稱爵。鄭引「宋子」證未踰年稱子之義，則所用者公羊義也。

踰年稱公。【注】不可曠年無君。【疏】注「不可曠年無君」。○文九年傳文。白虎通云：「踰年稱公者，緣民臣之心，不可一日無君也。緣終始之義，一年不可有二君，故踰年即位，所以繫民臣之心也。三年然後受爵者，緣孝子之心，未忍安吉也。」禮記坊記云：「未没喪不稱君，示民不争也。」故春秋傳曰：「諸侯於其封内三年稱子。」至其臣子踰年則謂之君矣。然則，踰年稱君者，臣子之辭，若其自稱，於三年内皆稱子，故周襄王於文八年崩，至九年「毛伯來求金」，頃王不稱使，傳曰：「何以不稱使？當喪未君也。」踰年矣，何以謂之未君矣？即位矣，而未稱王也。」是也。曲禮疏云：「踰年稱君者，則僖公十年『里克弑其君卓』，及文公元年『公即位』，是踰年稱君也。若其君自稱猶稱子，故公羊傳文九年『諸侯於其封内三年稱子』也。按，昭十一年『楚滅蔡，執世子有』，其時蔡君已死，其子仍稱世子者，何氏云：『稱世子者，不許楚之滅蔡也，猶若君存然，故猶稱世子。』文十四年『九月，齊商人弑其君舍』，成舍爲君，惡商人之弑也。襄二十九年『吴子使札來聘』，先君未踰年，吴稱子者，賢季子，故録之。桓十一年『鄭忽出奔衛』，先君既葬而書稱名者，公羊云：『何以名？伯子男一也。辭無所貶。』何氏云：『直以喪降稱名，無餘罪致貶，凡以事之會未踰年皆稱子。』僖九年『會于葵丘』，宋襄公稱子；僖二十八年『會于踐土』，陳共公稱子；定四年『會于召陵』，陳懷公稱子，皆未踰年會王事而稱子也。若未踰年，非王事而稱爵者，皆譏耳，成四年『鄭伯伐許』是也。從上以來，皆公羊之義也。其左氏之義，君薨未葬，未行即位之禮稱子某，子般、子野是也。其出會，未葬之前稱子，故僖九年左傳云：『凡在喪，王曰小童，公侯曰子。』葵丘之會，宋襄公稱子；踐土之會，陳共公稱子是也。葬雖未踰年則稱君，則『晉里克弑其君卓』、『齊商人弑其君舍』是也。文十八年『子惡卒』，先君葬後稱子者，杜預云：『時史畏襄仲，不敢稱君，故云子也。』其王事出會則稱爵，成四年『鄭伯伐許』是也。」是直以春秋爲史策常書，絶無權衡義例。最不可通者，文十八年「子卒」，注：「謂史官畏襄仲，不敢稱君。」夫至孔子作春秋，猶畏襄仲不敢書君與？

子般卒何以不書葬？【注】据定姒俱稱卒書葬。【疏】注「据定」至「書葬」。○即定十五年秋七月書「定姒卒」，下九月書「葬定姒」是也。蓋以哀公即位未踰年，定姒當未稱小君，卒葬並書。今子般不然，故据以難也。

未踰年之君也，有子則廟，【注】則立廟也。

廟則書葬；【注】録子恩也。【疏】注「録子恩也」。○隱十一年傳：「葬，生者之事也。」故書葬即有廟，録子恩也。

無子不廟，不廟則不書葬。【注】未踰年之君，禮，臣下無服，故無子不廟，不廟則不書葬，示一年不二君也。稱卒不地者，降成君也。日者，爲臣子恩録之也。殺不去日見隱者，降子赤也。【疏】通義云：「明無子本不書葬，縱討慶父猶不書葬，就爲子野發通例也。葬從恩録，無子者恩殺，且葬當舉謚，不廟則無謚，不可得書也。有子者當爲之作謚，列於五廟，義已嗣統，與子不得立，立孫者殊也。」○注「未踰」至「君也」。○「示」，毛本誤「是」。舊疏云：「喪服不杖期之内，有爲君之長子，臣下猶服之，況爲嗣君？而言無服者，正以爲長子之時，其臣下從君而服之；若其爲嗣君，則無從服之義，是以知其無服矣。作君長子之時，其臣皆吉，故得爲之服期；若作未踰年之君，臣下皆爲前君服斬，甯得更爲之服？若還服期，即是廢重服輕；若爲斬衰三年，即違一年不二君之義故也。」按：疏論極洽。通典引：「異義：公羊説云：未踰年之君，有子則書葬、立廟；無子則不書葬，恩無所録也。左氏説：臣之奉君，悉心盡恩，不得緣君父有子則爲立廟，無子則廢也。許君按：禮云臣不殤君，子不殤父；君無子而不爲立廟，是背義棄禮，罪之大者也。駁曰：未踰年君者，子般、子惡是也，皆不稱公，書卒不謚，不成於君也。廟者，當序於昭穆，不成於君，則何廟之立？凡無廟者，爲壇祭之。近漢諸幼少之帝，尚皆不廟祭，而祭於陵，云罪之重者，此何故不罪？殤者，十九以下，未踰年之君未冠，引殤欲以何明也？」又引：「異義：大鴻臚眭生説：『諸侯踰年即位，乃奔喪。春秋之義，未踰年君死，不成以人君禮。言王者未加其禮，故諸侯亦不得供其禮於王者相報也。謹按，禮不得以私廢公，以卑廢尊。如禮，得奔喪。今以私喪廢奔天子之喪，非也。又人臣之義，不得計校天子未加禮於我，亦執之不加禮也。』眭生之説，非也。鄭玄按，資於事父以事君，言能爲人子，乃能爲人臣也。服問『嗣子不爲天子服』，此則嫌欲速，不一於父也。喪服四制『門内之治恩掩義，門外之治義斷恩』，此言在父則爲父，在君則爲君也。春秋莊三十二年子般卒時，父未葬也，子者繫於父之稱也，言卒不言薨，未成君也。未成君猶繫於父，則當從『門内之治恩掩義』。禮者在於所處，此何以私廢公，以卑廢尊？」是鄭從公羊義也。按：如注義，臣下無服，示一年不二君義，起於未踰年爾。而傳文分別有子無子，設未踰年君死而有子，則爲之如成君乎？是不可解。故解詁箋云：「君薨，太子號稱子，待猶君也。閔繼弑君，臣子一例也。禮，殤與無後者，從祖祔食，謂大夫士制也。世子主喪，而殤皆正體，禮所云『臣不殤君，子不殤父』也。不稱公赴於天子，命之後而不賜謚，未成君也。祔於祖廟，而以君父之服服之，繼統之義也。其支子之殤與無後者，不得祔也。子般不書葬，未成君也。豈無子之謂哉？」是其義矣。○注「稱卒」至「君也」。○舊疏云：「隱公、閔公皆是成君，而亦不地，故隱十一年傳云：『公薨何以不地？不忍言也。』彼注云：『不忍言其僵尸之處。』今子般亦殺死，正合不書地，而言降成君者，欲道好死者亦不書地，所以降成君故也。其好死者即襄三十一年『子野卒』是也。」按：此道春秋通例。○注「日者」至「赤也」。○此亦道春秋書日通例也。隱十一年注云：「公薨主書者，爲臣子恩痛之。」是内與書，書薨與卒，皆爲臣子恩録之也。子般殺不去日見隱者，所傳聞世也。文十八年：「冬，十月，子卒。」傳云：「子卒者孰謂？子赤也。何以不日？隱之也。何隱爾？弑也。弑則何以不日？不忍言也。」注：「所聞世，臣子恩痛王父深厚，故不忍言其日，與子般異。」然則，此爲所傳聞世，恩殺于子赤，故忍言日也。

○公子慶父如齊。【注】如齊者，奔也。是時季子新酖牙。慶父雖歸獄鄧扈樂，猶不自信於季子，故出也。不言奔者，起季子不探其情，不暴其罪。【疏】注「如齊者，奔也」。○穀梁傳：「此奔也，其曰如何也？諱莫如深，深則隱。」○注「是時」至「出也」。○舊疏云：「其歸獄鄧扈樂事，見閔元年傳。」蓋慶父歸罪于鄧扈樂，猶司馬昭之殺成濟然。季子雖不變究，不能自安焉。○注「不言」至「其罪」。○即閔二年傳云：「既而不可及，因獄有所歸，不探其情而誅焉，親親之道也。」又云：「慶父使弑子般，然後誅鄧扈樂而歸獄焉。季子至而不變焉。」注：「季子知樂勢不能獨弑，而不變正其真僞。」是也。通義云：「推其事，慶父弑般，本欲自立，國人不與，懼而走之齊，但假國事以行，故舊史言如耳。春秋因而不變者，緣季子之心而爲之諱也。後出奔莒，不復諱者，正其罪也。子般之弑〔一〕歸獄于鄧扈樂，季子親親，不探其情。及其再弑閔公，罪益大，乃拒奚斯之請而誅焉。季子之治慶父，先以仁，後以義，春秋所賢也。故季子諱之亦

〔一〕「之弑」二字原脱，叢書本同，據公羊通義校補。

諱之，季子罪之亦罪之也。」

○狄伐邢。【疏】杜云：「邢國在廣平襄國縣。」大事表云：「僖二十五年，衛滅邢，後入于晉。今爲直隸順德府之邢臺縣。後以賜申公巫臣，爲邢大夫。」説文邑部：「邢，周公子所封，地近河内懷。」按：漢書地理志：「趙國：襄國，故邢國。」續漢志〔一〕襄國故城在順德府城西南，與河内絶遠。河内之邢蓋即春秋之邢丘與？又云：「按，自宣十五年以前，凡單者皆赤狄也，其别有六，曰東山皋落氏，曰廧咎如，曰潞氏，曰甲氏，曰留吁，曰鐸辰。」

〔一〕「續漢志」下非續漢志引文。「又云」下亦非出自漢書、續漢書。

公羊義疏二十七

南菁書院　句容陳立卓人著

閔元年盡二年

○**閔公。**【疏】十行本有「春秋公羊〔一〕經傳解詁閔公第四」，校勘記云：「唐石經下有附莊公卷四小字，今據以分卷。」按：二年注云：「繫閔公篇于莊公篇下者，子未三年，無改於父之道。傳曰：『則曷爲於其封內三年稱子？緣孝子之心，則三年不忍當也。』」當仍附莊公第三末。校勘記又云：「十行本〔二〕閔公二大字下，有『起元年盡二年』六小字。閩、監、毛本脱。」史記魯世家：「先時〔三〕慶父與哀姜私通，欲立哀姜娣子開，及莊公卒，而季友立斑，十月己未，慶父使圉人犖殺魯公子斑於黨氏。季友奔陳。慶父竟立莊公子開，是爲湣公。」釋文：「閔公名啓方，莊公之子，母叔姜。史記云名開。謚法：在國遭難曰閔。」左氏疏

〔一〕「公羊」二字原脱，叢書本同，據阮元公羊傳校勘記校補。
〔二〕「十行本」下原衍「又有」二字，叢書本同，據阮元公羊傳校勘記校删。
〔三〕「時」，原訛作「是」，叢書本同，據史記校改。

引：「世族譜云：『名啓方，漢景帝諱啓〔一〕，啓、開因是而亂。』杜譜云：『啓方〔二〕，從世本文。』」

○元年，春，王正月。

公何以不言即位？繼弒君，不言即位。【注】復發傳者，嫌繼未踰年君義異故也。明當隱之如一。【疏】釋文：「繼弒，申志反。」校勘記云：「當本作繼殺。僖元年繼弒同。又此二年弒音試，下及注同。當本作殺，音試。」○注「復發」至「如一」。○莊元年傳云：「公何以不言即位？春秋君弒，子不言即位。君弒則子何以不言即位？隱之也。」此傳義與彼同，復發此傳，故何解之也。穀梁傳曰：「繼弒君不言即位，正也。親之非父也，尊之非君也。繼之如君父也者，受國焉爾。」成君與未成君雖異，受國者視之如一，明臣子皆當隱痛之矣。舊疏云：「莊公繼弒，弒是齊侯；閔公繼弒，弒是慶父。何氏甯知不嫌此異，而知爲所繼之君成與不成者，正以解即位之義，欲道後君痛其見弒，不忍即其位處，明据恩之淺深，無弒者內外之義故也。」

孰繼？【注】据子般弒不見。【疏】注「据子」至「不見」。○莊三十二年書「子般卒」故。

〔一〕「啓」字原脱，叢書本不誤，據校補。
〔二〕「方」字原脱，叢書本不誤，據校補。

繼子般也。孰弒子般？慶父也。【疏】校勘記云：「唐石經此弒字磨改，當是本作殺。按，此作殺，非也。」魯世家：「斑長，悦梁氏女，往觀。圉人犖自牆外與梁女戲，斑怒，鞭犖。莊公聞之曰：『犖有力焉，遂殺之，未可鞭而置也。』斑未得殺。十月己未，慶父使圉人犖殺公子斑。」與左傳同。

殺公子牙，今將爾，【疏】孔氏廣森本「今」作「本」，云：「『本』舊作『今』，据釋文出『本將』音。則陸氏本作『本』。上傳云『今將爾』，此傳云『本將爾』，義各有施。作『本』字者長。今從陸氏，下同。」

季子不免。慶父弒君，何以不誅？將而不免，遏惡也。【疏】言將者，事未形而意先至，故殺之以絶其萌，所以止亂也。

既而不可及，因獄有所歸，不探其情而誅焉，親親之道也。【注】論季子當從議親之辟，猶律親親得相首匿，當與叔孫得臣有差。【疏】繁露王道云：「魯季子之免罪，吴季子之讓國，明親親之恩也。」通義云：「將而縱之，是與成其弒也。既已弒矣，不及得救，季子以愛兄之道，受逸賊之過，其幾於仁乎？」○注「季子」至「首匿」。○周禮大司寇職：「以八辟麗邦法〔一〕，附刑罰：一曰議親之辟。」公羊古義云：「漢書地節四年詔曰：父子之親，夫婦之道，天性也。雖有患禍，猶蒙死而存之。誠愛結於心，仁厚之至也，豈能違之哉！自今，子首匿父母、妻匿夫、孫匿大父母，皆勿坐。其父母匿子、夫匿妻、大父母匿

〔一〕「法」，原訛作「罰」，叢書本同，據周禮校改。

孫，罪殊死，皆上請廷尉以聞。」鹽鐵論周秦云：「自首匿相坐之法立，骨肉之恩廢，而刑罪多。聞父母之於子，雖有罪猶匿之。」唐律疏義名例篇云：「諸同居若大功以上親，及外祖父母、外孫、若孫之婦、夫之兄弟及兄弟妻，有罪相爲隱。」「小功以下相隱，減〔一〕凡人三等。」是親親得相匿也。又云：「即遣人代首，若於法得相容隱者爲首，及相告言者，聽如罪人身〔二〕自首法。」是親親得相首也。今律，有犯罪自首條：遣人代首，若於法得相容隱者爲之首，及彼訐發互相告言，各如自首法。小功緦麻親首告，減罪三等，無服之親減一等。又有親屬相爲容隱條：凡同居若大功以上親，及外祖父母、外孫、妻之父母、女壻、孫之婦、夫之兄弟、兄弟妻，有罪相爲容隱，奴婢雇工人爲家長隱，皆勿論。按：唐律又云：「謀叛以上者不用此律。」今律，親屬首告者，正犯俱免罪，則亦不用容隱律。此慶父弑君，季子得從議親之辟者，謀叛、謀反、謀大逆。始謀尚未成，當先絶其惡，殺公子牙是也。慶父事已成，獄有所歸，亦即因之推親親之義，聽其出走也。下文舍于汶上，使公子魚請，亦不可令入矣。○注「當與」至「有差」。○宣五年「叔孫得臣卒」，注：「不日者，知公子遂欲弑君，爲人臣知賊而不言，明當誅。」則得臣知遂謀逆，不宜容隱，致成其弑，故貶去日。季子因不可及，又獄有所歸，不探其情，故與得臣有差也。按：注云「有差」，亦止謂差於得臣耳。弑君之賊，雖曰親親，究難舍縱。季子之不探其情，似亦未能全謂無過，故解詁箋云：「得臣黨遂弑

〔一〕「減」訛作「臧」，叢書本同，據唐律疏議校改。
〔二〕「身」字原脱，叢書本同，據唐律疏議校補。

赤，季友知賊不誅，坐視子般、閔公之弒，以成其立僖之功。春秋褎其功而誅其意，於不書葬閔公、殺慶父見之。弒君之賊，豈得援親親首匿之律哉！」劉氏此論甚正。

惡乎歸獄？歸獄僕人鄧扈樂。【疏】左傳作「圉人犖」，史記同，彼注引服虔左注云：「圉人，掌養馬者。犖，其名也。」盧氏文弨鍾山札記云：「扈與左氏圉人同義，鄧當其姓爾。」通義云：「養馬者曰扈，見宣十二年注。然則扈即圉也。」周禮：「圉人，掌養馬芻牧之事。」昭七年左傳：「馬有圉，牛有牧。」是也。犖、樂聲同。

曷爲歸獄僕人鄧扈樂？【注】据師還也。【疏】注「据師還也」。○即莊八年「師還」是也，彼傳云：「還者何？善辭也。此滅同姓，何善爾？非師之罪也。」注：「明君之使，重在君。」舊疏云：「莊八年尊者使師滅同姓，而歸善於師，今則尊者使樂殺子般，而反歸惡於樂，故難之。」

莊公存之時，樂曾淫于宫中，【疏】校勘記云：「唐石經亦作于。按，當作於。疏中毛本改於。」舊疏云：「即左氏傳云『雩，講於梁氏，女公子觀之，圉人犖自牆外與之戲』也者，得與此合。」魯世家云：「斑長，説梁氏女，往觀。圉人犖自牆外與梁氏女戲。」按：左氏謂爲女公子，則非梁氏女，故杜云：「子般妹。」彼傳止言與之戲，杜云：「以慢言戲之。」似與此淫異。然以國君女公子，而圉人敢與之戲，則淫可知。曾者，玉篇云：「才登切。經也。」廣韻同。羣經音辨：「曾，嘗也。」樂嘗淫于宫中也。

子般執而鞭之。【疏】左傳云：「子般怒，使鞭之。」世家云：「斑怒鞭犖。」是也。

莊公死，慶父謂樂曰：「般之辱爾，國人莫不知，盍弒之矣？」使弒子般。【疏】左傳：「冬，十月，己未，共仲使圉人犖賊子般于黨氏。」魯世家：「季友竟立子般爲君，如莊公命，侍喪舍于黨氏。慶父欲立哀姜娣子開，使圉人犖殺魯公子斑於黨氏。」校勘記云：「釋文作盍殺。唐石經此弒字磨改，亦本作殺。按，此作殺是也。」按：時般已爲君，作弒亦可。

然後誅鄧扈樂，而歸獄焉。【注】殺鄧扈樂不書者，微也。

季子至而不變焉。【注】至者，聞君弒，從家至朝。季子知樂勢不能獨弒，而不變正其真僞。【疏】校勘記云：「唐石經及諸校本同。惠士奇說易『由辯之不早辯』，釋文載荀爽古文辯作『變』。」棟案，變即辯也，猶言不探其情。古變、辯通。」漢書鄒陽傳：「魯公子慶父使僕人殺子般，獄有所歸，季友不探其情而誅焉。」是也。○注「至者」至「真僞」。○通義云：「至者，自陳至也，即下季子來歸是也。」按：左氏云「成季奔陳」，何氏所不取。史記注引服云：「季子內知慶父之情，力不能誅，故避其難出奔。」蓋不變而出焉。

○齊人救邢。【疏】穀梁傳：「善救邢也。」注：「善齊桓得伯之道。」

○夏，六月，辛酉，葬我君莊公。【疏】包氏慎言云：「夏六月，經有辛酉，曆爲七月之九日。」按：宜八日。穀梁傳：「莊公葬而後舉謚。謚所以成德也，於卒事乎加之矣。」

○**秋，八月，公及齊侯盟于洛姑。**【注】時慶父内則素得權重，外則出奔彊齊。恐爲國家禍亂，故季子如齊聞之，奉閔公託齊桓爲此盟。下書歸者，使與君致同。主書者，起託君也。【疏】左傳作落姑。杜云：「齊地。」穀梁釋文：「洛姑，一本作路姑。」路、洛、落音義通。顧氏炎武唐韻正十九鐸：「落，盧各反。」古音路。漢書揚雄傳「虎路三嵏」，晉灼曰：「路音洛。」大事表云：「在今泰安府平陰縣界。」沈氏欽韓云：「落姑即薄姑，聲之緩耳。在青州博興縣東北十五里。」○注「故季」至「此盟」。○下云「季子來歸」，故知其如齊也。大夫出入不兩書，故不書季子之如齊也。莊三十二年杜注云閔公「年八歲」，是年九歲，未知國事，故知季子如齊，奉閔公託齊桓也。○注「下書」至「致同」。○舊疏云：「正以大夫歸例不書，而下經書歸，故如此解。」○注「主書」至「君也」。○舊疏云：「謂主書此盟，又下文即書『季子來歸』者，欲起季子託君于齊侯矣。所以不書公至自洛姑者，桓之會不致故也。」左傳以爲請復季友。劉氏逢禄左傳考證云：「閔公時年八歲，安得能爲此？何邵公言得其實矣。」按：如左氏以季友奔陳，何爲請之齊侯與？

○**季子來歸。**

其稱季子何？【注】据如陳名不稱季，卒不稱子。【疏】注「据如」至「稱子」。○見莊二十七年、僖十六年。

賢也。【注】嫌季子不探誅慶父有甚惡，故復於託君安國賢之。所以輕歸獄，顯所當任，達其功。不稱季友者，明齊繼魯，本感洛姑之託，故令與高子俱稱子，起其事。【疏】説苑尊賢云：「國家惛亂，而良臣見；魯國大亂，季友之賢見。」○注「嫌季」至「賢之」。○舊疏云：「嫌有趙盾不誅趙穿而獲弑君之惡，故曰甚惡也。」通義云：「先君之母弟，稱季子、王季子是也。莊公之篇，友未稱弟，今以遏惡功大，故特從先君母弟之貴稱稱〔一〕之，顯其賢也。後不恒書季者，其率師盟聘，並以君命，君前臣名，以是内臣，與王季子來聘，得從内録尊敬辭者異。故但於來歸及卒此二事不繫君者，字之而已。」○注「所以」至「其功」。○舊疏云：「所以輕歸獄者，欲輕季子往前縱慶父歸獄之過，顯所當任，謂書季子來歸，明託君而還，欲顯當存國之任。言達其功者，欲達其存國之功矣。」○注「不稱」至「其事」。○決僖十六年卒書季友也。下二年：「齊高子來盟。」傳：「高子者何？齊大夫也。何以不名？喜之也。何喜爾？正我也。其正我奈何？莊公死，子般弑，閔公弑，比三君死，曠年無君。設以齊取魯，曾不興師，徒以言而已矣。桓公使高子將南陽之甲，立僖公而城魯。魯人至今以爲美談，曰：『猶望高子也。』」是高子存魯，故稱子以起其喜。惟齊之所以遣高子存魯，由此季友洛姑之託，故亦書子以喜之，故爲與高子起其事也。穀梁傳曰：「其曰季子，貴之也。」下「齊高子來盟」傳亦曰：「其曰高子，貴之也。」亦見二文相起。

其言來歸何？【注】据召歸不書，隱如言至。【疏】注「据召歸不書」。○莊公三十二年傳云：「莊公召

〔一〕此原脱一「稱」字，叢書本同，據公羊通義校補。

季子，季子至而授之以國政。」彼注云：「至不書者，内大夫出與歸不兩書。」是也。○注「隱如言至」。○昭十四年「隱如至自晉」是也。

喜之也。【注】季子來歸則國安，故喜之。而變至加録云爾，蓋與賢相起。言歸者，主爲喜出。言來者，起從齊自外來。盟不日，公不致者，桓之盟不日，其會不致，信之也。【疏】注「季子」至「云爾」。○左傳：「季子來歸，嘉之也。」杜云：「季子志於社稷，爲國人所思，故賢而字之。」後漢書龐參傳：「季子來歸，魯人喜其舒難。」○注「蓋與賢相起」。○舊疏云：「謂稱字所以賢之。變至言歸，所以喜之，亦起其賢，故與賢相起。」○注「言歸」至「外來」。○解所以不言至言來歸義也。季子會齊侯洛姑無明文，書來以起其自齊來也。○注「盟不」至「之也」。○見莊十三年傳。

○**冬，齊仲孫來。**

齊仲孫者何？公子慶父也。公子慶父則曷爲謂之齊仲孫？繫之齊也。曷爲繫之齊？【注】据欒盈出奔楚，還不繫楚。【疏】注「据欒」至「繫楚」。○襄二十一年「晉欒盈出奔楚」，襄二十三年「欒盈復入于晉，入于曲沃」，不繫楚也。公子慶父亦出奔齊，而還繫齊，故解之。

外之也。【疏】繁露玉英云：「易慶父之名謂之仲孫，變盛謂之成，諱大惡也。」又順命云：「公子慶父罪不當繫國，以親之故，爲之諱，而謂之齊仲孫，去其公子之親也，故有大罪不奉其天命者，皆棄其天倫。」穀梁傳曰：「其曰齊仲孫，外之也。其不目而曰仲孫，疏之也。」注：「不目，謂不言公子慶父。」皆謂絶去公子之親，以外之也。通義云：「慶父既以罪去，則當迸諸齊，絶其公族，使〔一〕常爲齊人，不當令〔二〕復來，故變文不言自齊來，而繫齊於上，以見義也。左氏不達春秋微意，因謫爲『齊仲孫湫來省難』。彼未知高子來盟不言使，我無君也。此時我有君，令實仲孫湫，必無不言齊侯使者也。故知左氏誣爾。」按：仲孫奔齊，天下之惡一也。齊桓宜即代魯行誅，不至閔公又弑。今書自齊來，蓋亦有責齊之義。穀梁傳曰：「其言齊，以累桓也。」注：「言相容，赦有罪。」得聖人之義矣。

曷爲外之？【注】据俱出奔遠也。【疏】注「据俱」至「遠也」。○校勘記云：「鄂本『遠』作『還』，諸本皆誤，當訂正。」謂與欒盈俱出奔，又俱還本國也。

春秋爲尊者諱，【注】爲閔公諱受賊人也。【疏】此道春秋通例，注家但就本事解之爾。説文言部：「諱，誋也。」又：「誋，誡也。」玉篇：「隱也，忌也。」史記秦始皇紀：「秦俗多忌諱之禁。」戰國策：「罰不諱强大。」注：「諱，避也。」通義云：「爲尊者諱，諱所屈也，内不言敗、盟大夫不稱公之類是也。」○注「爲閔」至「人也」。○隱十一年傳：「君弑賊不討，以爲無臣子也。」仲孫復歸，公與有素焉，故爲之諱。

爲親者諱，【注】爲季子親親而受之，故諱也。【疏】通義云：「爲親者諱，諱所痛也，弑而曰薨、奔而言孫

〔一〕「使」，原訛作「便」，叢書本同，據公羊通義校改。
〔二〕「令」字原脱，叢書本同，據公羊通義校補。

之類是也。」漢書梁王襄傳：「谷永上疏曰：春秋爲親者諱。詩云：『戚戚兄弟，莫遠具邇。』」○注「爲季」至「諱也」。○上云「因獄有所歸，不探其情而誅焉，親親之道也」，此推季子親親之故而諱焉。

爲賢者諱。【注】以季子有遏牙、不殺慶父之賢，故爲諱之。【疏】通義云：「爲賢者諱，諱所過也。諱與譏之爲用一也，其事在譏之限，其人在尊親賢者之科，然後從而諱之，三者道通例耳。此則主爲賢者諱也。」漢書師丹傳：「君子作文，爲賢者諱。」○注「以季」至「諱之」。○通義云：「慶父懼討，久稽於齊，聞季子至而不變，乃肆志復入。季子不探其情似也，聽其來，抑過矣。書曰『齊仲孫來』，爲前之弒，惡其來；爲後之弒，痛其來；爲季子之受惡人，諱其來，是以外之之甚也。變言仲孫者，斥慶父則非諱意。」按：弒君之賊，人人得誅。季子蔽於親親，爲之隱忍。致君再弒，季子不能無過，徒以有酖牙遏惡之功，後又相僖定亂，此實親親之過，夫子所謂觀過知仁者，故春秋爲從爲賢者諱科與？

子女子曰：「以春秋爲春秋，【注】以史記氏族爲春秋，言古謂史記爲春秋。【疏】[一]莊二十五年「陳侯使女叔來聘」，女爲氏，故有子女子也。稱子者，隱十一年「子沈子」注云：「著其爲師也。」○注「以史」至「春秋」。○舊疏云：「謂以史記人之氏族而爲春秋。」按：氏族，春秋之一，此明齊無仲孫，故舉氏族言之。漢書藝文志春秋家有世本十五篇，云：「古史官記黃帝以來訖春秋時諸侯大夫。」是也。○注「言古」至「春秋」。○言舊名「史記」爲春秋也。劉知幾史通一云：「春秋家者，其先出於三代，按汲冢瑣語記

[一]「【疏】」，原訛作「【注】」，叢書本不誤，據改。

太丁時事，目爲夏殷春秋。孔子曰：『疏通知遠，書教也；屬辭比事，春秋教也。』璅語又有晉春秋，記獻公二十七年事。國語云：晉羊舌肸習于春秋。左傳昭二年，晉韓宣子來聘，見魯春秋，曰：『周禮盡在魯矣。』又按竹書紀年，其所紀事皆與魯春秋同。孟子曰：『晉謂之乘，楚謂之檮杌，魯謂之春秋，其實一也。』然則，乘與紀年、檮杌，其皆春秋之别名與？故墨子曰：『吾見百國春秋。』蓋指此也。」是古者歷國史記皆號春秋也。又云：「逮仲尼之修春秋也，乃觀周禮之舊法，遵魯史之遺文；據行事，仍人道；就敗以明罰，因興以立功；假日月而定曆數，藉朝聘而正禮樂；微婉其説，志晦其文；爲不刊之言，著將來之法，故能彌歷千載，而其書獨行。」是則言古以對夫子之春秋，不僅如史記然也。孟子離婁下：「魯之春秋。」趙注：「春秋以二始舉四時，記萬事之名。」亦謂古春秋也。

齊無仲孫，其諸吾仲孫與？」【注】齊有高、國、崔，魯有仲孫氏，亦足以知魯仲孫。言仲孫者，以後所氏起其事明。主書者，賊不宜來，因以起上如齊實弑君出奔。【疏】通義云：「言後之讀春秋者，將以春秋之文治春秋之事。則前後經未見齊有仲孫者，其必知爲吾仲孫與？明繫之齊不嫌也。」○注「齊有高、國、崔」。○左傳疏引世本：「高敬仲生莊子，莊子生傾子。」（下文原闕）○注「魯有」至「仲孫」。○即襄、昭經内所書仲孫蔑、仲孫羯、仲孫貜之屬是也。檀弓疏引世本云：「慶父生穆伯敖，敖生文伯穀，穀生獻子蔑。」○注「言仲」至「事明」。○毛本「後」作「后」，謂仲孫蔑以後，孫以王父字爲氏，於此起也。宋氏翔鳳論語發微云：「桓六年子同生。文姜以桓三年入，至六年，中間無適齊之事。齊侯亦未嘗至魯，以明同固桓子。則『同非吾子』之言，乃夫人譖公，非桓公意。公子慶父者，莊公之母弟，其是齊侯之子與？故經於慶父則書曰齊仲孫，以爲魯非有仲孫，彼實齊之仲孫也云爾。慶父欲得魯國，同乎莒人滅鄫，故季友於叔牙，則殺而存其後；於魯慶父，則絶之於齊。魯人世世惡之，其子公孫敖亦不能安於魯。魯之有仲孫氏，以齊人脇之也。仲孫氏之得安於魯，以孟獻子之賢也。魯人諱其爲慶父之後，故不曰仲氏而曰孟氏，若其先人爲莊公異母兄弟者。公羊曰：『其諸吾仲孫與？』是公羊先師未知齊仲孫之義，故爲疑辭也。」○注「主書」至「出奔」。○各本「弒」作「殺」，誤，依鄂本正。舊疏云：「正以經書其來，見不宜來，則知上如齊者，是其犯罪而去矣。」通義云：「何氏之意，得與上相起者，實如者出歸不兩書。今言來，明從出奔復入兩書者例矣。凡春秋之諱，必使文不没實。」然則，書來者，見其不宜來，以見如齊爲實奔，又以見諱奔爲如，爲弒君出奔矣。

○二年，春，王正月，齊人遷陽。【注】不爲桓公諱者，功未足以覆比滅人之惡也。【疏】杜云：「陽，國名。」正義：「世本無陽國，不知何姓。杜世族譜、土地名闕，不知所在。與『宋人遷宿』文同，知陽是國名，蓋齊人偪而遷之。」大事表云：「今沂州府沂水縣南有陽都城。」地理志東海郡都陽縣下云「侯國」，應劭曰：「春秋齊人遷陽，是。」按：漢志：「城陽國陽都縣。」注：「應劭曰：『齊人遷陽』，故陽國，是。」爲陽之舊都，其後齊人遷之，是自城陽陽都遷于東海都陽，故應注：「都陽爲齊人所遷。」酈元水經注亦以陽都爲陽故國，齊人利其地而遷之，與應説同。禮記坊記云：「陽侯猶殺繆侯而竊其夫人。」其此陽與？舊疏云：「莊十年『三月，宋人遷宿』，彼注云：『月者，遷取王封，當與滅人同罪。』」遷陽書月，故從遷王封例，與滅人同罪矣。其自遷者，大國例月，小國例時。僖三十一年十二月「衛遷于帝丘」、昭九年「春，許遷于夷」，是遷國者，不拘此例。故陽小國書月矣，與遷宿同。○注「不爲」至「惡也」。○決僖十七年滅項文也，彼傳云：「孰滅之？齊滅之。曷爲不言齊滅之？爲桓公諱也。春秋爲賢者諱。桓公嘗有存亡繼絶之功，故君子爲之諱。」是也。此與滅譚、滅遂、降鄣同。皆以功未足覆惡，故不爲之諱，直書其遷取王封，明當坐滅矣。

○夏，五月，乙酉，吉禘于莊公。【疏】[一]包氏慎言云：「經五月書『乙酉吉禘于莊公』，月之七日。」

其言吉何？【注】据禘于大廟不言吉。【疏】注「据禘」至「言吉」。○僖八年「禘于大廟，用致夫人」是也。校勘記：「大廟，宋本、鄂本、閩本同。監、毛本大改太，非。疏及下同。釋文：『大，音泰。』」

言吉者，未可以吉也。【注】都未可以吉祭。經舉重，不書「禘于大廟」，嫌獨莊公不當禘。于大廟可禘者，故加吉，明大廟皆不當。【疏】注「都未」至「吉祭」。○廣雅釋詁云：「都，凡也。」言凡廟，皆未可以吉祭也。舊疏云：「在三年之内，莊公及始祖之廟皆未可以吉祭，故言都爾。」穀梁傳：「吉禘者，不吉者

[一]「【疏】」原脱，叢書本同，據全書體例補。

也。喪事未畢，而舉吉祭，故非之也。」孔氏廣森經學卮言云：「禘本常事，未可以吉而吉，故加吉以譏之。此春秋之新義也。後儒乃以吉禘爲祭之正名，謂三年喪畢，合有此審諦昭穆之禘，藉實審諦昭穆當升，合食于太祖，何得就莊公乎？」按：此本譏莊公在三年之中，未可入大廟，先禘於新宫耳，非謂於莊公禘爲得禮也。如得禮，則不書以示譏矣。○注「經舉」至「不當」。○舊疏云：「春秋之義，常事不書，有善惡者，乃始録而美刺之。今既已舉重，特書『于莊公』，不書『于大廟』，則嫌莊公一廟獨不當禘，大廟便可禘矣。然莊公卑于始祖，而言舉重者，言三年之内非吉祭之時，莊公最不宜吉，故言舉重，不謂莊公尊於始祖也。」何意若但書禘于莊公，嫌止禘莊公，失禮，故加吉，明皆不宜。雖大廟，亦不合禘矣。

曷爲未可以吉？【注】据三年也。【疏】注「据三年也」。○舊疏云：「莊三十二年八月公薨，至今年五〔一〕月，已入三年之竟，故言据三年也。」

未三年也。【注】禮，禘祫從先君數，朝聘從今君數，三年喪畢，遭禘則禘，遭祫則祫。【疏】未三年也，謂未滿二十五月也。○注「禮禘」至「君數」。○舊疏云：「謂爲禘祫之祭，合先君死時日月而數之。」按：竹書紀年：「康王三年，定樂歌，吉禘于先王。」此王者喪終之祭也。所謂大禘則終王是也。左傳襄十六年：「冬，穆叔如晉聘，且言齊故。晉人曰：以寡君之未禘祀。」杜云：「禘祀，三年喪畢之吉祭。」是也。○注「朝聘」至「君數」。○舊疏云：「謂從今君即位以後，數其年歲，制爲朝聘之數。」按：朝聘之數，則如禮

〔一〕「五」，原訛作「三」，叢書本同，據公羊注疏校改。

記王制云「比年小聘，三年大聘，五年一朝」之屬。○注「三年」至「則祫」。○何義以三年祫、五年禘、五年而再殷祭。三年已滿後，遭禘則行禘，遭祫則行祫，不拘先祫後禘也。沈氏彤禘祫年月説云：「於魯當從何氏，遭禘祫從先君數等，説者以魯既僭禘，與祫間舉，若春秋所書，僖八年秋七月之禘，上推於二年之秋，承閔禘之後而祫，自僖八年秋七月之禘，下推於文二年之秋八月，歷六祫六禘而祫，自宣八年夏六月之禘，下推於成之二年，歷三祫二禘而禘，俱喪畢所遭故也，其間舉無定月。宣八年以夏六月禘，周之六月，爲夏之四月，雖僭禘，而其月猶從周，與明堂位同。此春秋所僅有者，昭、定之間且有當祫而禘者，昭二十五年、定八年則皆魯禮之變，非常法也。」按：鄭義則異。鄭以爾雅云：「禘，爲大祭。」凡祭之大者，皆謂之禘。祭莫大乎圜丘南郊。祭法曰「周人禘嚳」，圜丘祭也。大傳云「禮，不王不禘」，郊祭也。祭地莫大乎方澤，宜亦謂之禘。其宗廟莫大乎五年之祭，故亦謂之禘也。而宗廟之禘亦有三，大禘而外，其一王制云「宗廟之祭，春曰礿，夏曰禘」，此殷禮也；其一即三年喪畢吉禘，諸侯皆得行之，晉叔向所謂「寡君之未禘祀」是也。惟三年祫、五年禘，乃天子之禮，諸侯得祫而不得禘。祫禘之所以分者，祫則殷廟之主，陳於太祖，未毁廟之主皆升，合食於太祖。禘則太王王季以上遷主祭於后稷廟，文武以下穆之遷主祭於文廟，昭之遷主祭於武廟。未毁之廟，各於其廟祭，不升合食。周禮大宗伯：「以肆獻祼享先王，以饋食享先王。」注云：「肆獻祼，祫也。饋食，禘也。」凡天子三年喪畢，而祫於太廟。明年春，禘於羣廟。自爾之後五年而再殷祭，一祫一禘，祫在秋，禘在夏也。故王制注云：「天子諸侯之喪畢，合先君之主於祖廟而祭之，謂之祫。後因以爲常。天子先祫而後時祭，諸侯先時祭而後祫。祫之歲，春一礿而已。魯禮，三年喪畢而祫於太祖，明年春禘於羣廟是也。」正義引：「禮緯云：『三年一祫，五年一禘。』鄭注云：『百王通義。』則虞、夏、殷、周皆同。而皇氏禮疏以爲虞夏祫祭，每年皆爲者，非也。」彼疏引：「鄭禘祫志云：『閔公之喪，僖三年禘，僖六年祫，僖八年禘。凡三年喪畢，新君二年爲祫，新君三年爲禘，皆祫在禘前。』閔公二年『五月，吉禘于莊公』，則祫當在吉禘之前，故禘祫志云：『四月祫，五月禘。』不譏祫者，慶父作亂，國家多難，故莊公既葬，經不入庫門。閔公早厭其亂，故四月祫，不譏，五月即禘。比月而爲大祭，又於禮少四月，故書譏其速也。志又云：『魯莊三十二年八月公薨，閔二年五月吉禘。時慶父殺子般之後，公懼於難，不得時葬。葬則去首絰於門外〔一〕，乃入，務自尊成以厭其禍。若已練然，免喪又速。二年四月夏則祫。既祫，又即以五月禘於其廟。比月大祭，故譏其速也。閔公之服，凡二十一〔二〕月，於禮少四月，又不禫，云吉禘，譏其無恩也。閔公以二年八月薨，僖二年除喪，始祫太廟，明年禘於羣廟，自此以後，五年而再殷祭，六年祫，故八年禘。僖公以三十三年十二月薨，至文二年七月間有閏，積二十一月，明月即祫。經云「八月，丁卯，大事于太廟，躋僖公」，於文公之服亦少四月，以其逆祀，故特譏之。文公十八年二月薨，宣二年除喪而祫，三年禘於羣廟，自此之後，亦五年再殷祭，與僖同。六年祫，故八年禘。昭十一年五月，齊歸薨，十三年平丘之會，歸，不及祫。冬，公如晉，昭十四年春，歸，乃祫，故十五年乃禘。經云：「二

〔一〕「於門外」三字原脱，叢書本同，據禮記正義校補。
〔二〕「二十一」，原訛作「二十二」，叢書本同，據禮記正義校改。

月，癸酉，有事于武宫。」至十八年祫，二十年禘，二十三年祫。昭二十五年，禘于襄公也。』又曰：『明堂位曰：魯，王禮也。』是鄭以天子之禮與魯同也。」又詩商頌玄鳥箋云：「三年既畢，禘於其廟，而後祫祭於太祖。」更有禘在祫前者。禮疏引熊氏云：「謂三年除喪，特禘新死者於廟。」周禮鬯人職「廟用脩」，注：「謂始禘時。」是也。左氏説禘謂既期之後。故或以玄鳥箋爲練時遷主遞廟，新死者當禘祭於其廟，以安之也。皆與何義不合。通義云：「禘者，殷人夏祭之名。左傳曰：『魯有禘樂。』明堂位曰：『季夏六月，以禘禮祀周公於大廟。』成王、康、周公特於夏祭，假以天子盛禮樂，嫌純同王者，故不謂之禴而謂之禘，以避其名，猶用殷牲〔一〕白牡之義。王制曰：『天子犆礿，祫禘、祫嘗、祫烝。諸侯礿犆禘，一犆一祫，嘗祫，烝祫。』一犆一祫者，非必一年犆一年祫也。一猶或也。若穀梁傳：『一有一無。』爾雅云：『泉一見一否。』夏小正云：『一則在本，一則在末。』其義皆爲或。言春礿則必犆祀一主，嘗烝則必祫祭五廟，禘則犆祫無常。僖八年『禘于大廟』，是祫禘也；『禘于莊公』，是犆禘也，均四時之常祀也。此未可以舉吉祀而舉之，故加吉爾。」則魯無大禘，但就夏祭行之。先儒均無此説。禮疏又云：「左氏説及杜預皆以禘爲三年一大祭，在大祖之廟。傳無祫文。然則，祫即禘也。取其序昭穆謂之禘，取其合集羣祖謂之祫。」非公羊義。

三年矣，曷爲謂之未三年？三年之喪，實以二十五月。【注】時莊公薨至是適二十二月。所以必二十五月者，取期再期，恩倍，漸三年也。孔子曰：「子生三年，然後免於父母之懷。夫三年

〔一〕「牲」字原脱，叢書本同，據公羊通義校補。

之喪，天下之通喪。」禮士虞記曰：「期而小祥，曰薦此常事。又期而大祥，曰薦此祥事。中月而禫，是月也，吉祭，猶未配。」是月者，二十七月也。傳言二十五月者，在二十五月外可不譏。【疏】注「時莊」至「二月」。○莊以前年八月薨，至此年五月，通數二十二月。曲禮云「死與往日」也。○注「所以」至「年也」。○白虎通喪服云：「三年之喪，何以二十五月？以爲古民質，痛於死者，不封不樹，喪期無數，亡之則除。後代聖人因天地萬物有終始而爲之制，以期斷之。父至尊，母至親，故爲加隆，以盡孝子之恩。恩愛至深，加之則倍，故再期二十五月也。禮有取於三，故謂之三年，緣其漸三年之氣也。故春秋傳曰：『三年之喪，其實二十五月也。』」禮記三年問云：「哀痛未盡，思慕未忘，然而服以是斷之者，豈不以送死有已，復生有節也哉？」又云：「然則何以至期也？曰：至親以期斷。是何也？曰：天地則已易矣，四時則已變矣，其在天地之中者，莫不更始焉，以是象之也。然則何以三年也？曰：加隆焉爾也。焉使倍之？故再期也。」又喪服小記云：「再期之喪，三年也。」是爲取期再期恩倍漸三年也。○注「孔子」至「通喪」。○論語陽貨篇文：「宰我問：『三年之喪，期已久矣。』子曰：『予之不仁也！子生三年，然後免於父母之懷。夫三年之喪，天下之通喪也。』」三年問云：「孔子曰：子生三年，然後免於父母之懷。夫三年之喪，天下之達喪也。」注：「達，謂自天子至於庶人。」皇氏義疏：「繆播〔一〕云：爾時禮壞樂崩，三年不行。宰我大懼其往，以爲聖人無微旨以戒將來，故假時人之謂啓憤於夫子，義在屈己以明道也。」按：喪雖止於三年，

〔一〕「播」，叢書本及論語注疏均作「協」。按：繆播著論語旨序，繆協著論語説。

特聖人爲之限制，使賢者俯而就，不肖跂而及，非謂止以三年報三年免懷之恩也，夫子特借此以喻之爾。各本「於」作「于」，依鄂本正。○注「禮士」至「常事」。○彼鄭注云：「小祥，祭名。祥，吉也。檀弓曰：歸祥肉。」又云：「言常者，朞而祭，禮也。古文常爲祥。」禮記喪服小記云：「朞而祭，禮也。期而除喪，道也。祭不爲除喪也。」注：「此謂練祭也。禮，正月存親，親亡至今而期，期則宜用祭。期，天道一變，哀惻之情益衰，衰則宜除，不相爲也。」言常事者，胡氏承珙儀禮古今文疏義云：「此爲小祥，當與大祥辭別，故鄭不從古文。」按：何氏亦用今文也。經義述聞云：「常，當依古文作祥。小祥大祥，皆祥也。大祥曰薦此祥事，小祥不當有異。特以祥常聲近，故誤祥爲常也。曾子問曰：宗子爲士，庶子爲大夫，其祭也，以上牲祭于宗子之家，祝曰：『孝子某，爲介子某薦其常事。』若宗子有罪，居于他國，庶子爲大夫，其祭也，祝曰：『孝子某，使介子某執其常事。』然則，常事乃春秋祭祀之通稱，小祥不得稱常事明矣。」按：小祥古謂之練祭，大祥祭始專祥名，故喪服四制云：「期而練。」檀弓曰：「練，練衣。」喪服小記云：「練，筮日、筮尸、視濯。」雜記曰：「期之喪，十一月而練，十三月而祥。」是凡稱祥，皆大祥也。故此練祭，不得直稱薦此祥事。曾子問偶有「常事」之語，不得据彼難此。吴氏紱儀禮□□〔一〕云：「此即練祭也。以一朞言則曰小祥，以服變除之節言則曰練。左傳『特祀于主』，以此推之，祥、禫皆特祭，則於寢行之可知。敖氏謂『特祭于祖廟』，不可從。其儀節，則雜記云：『自諸侯達諸士，小祥之祭，主人之酢也嚌之；衆賓兄弟，則皆啐之。』是

〔一〕「儀禮□□」，吴紱著有儀禮考證、儀禮臆擬，當爲其中之一。

也。」禮士虞記「祔禮」云：「其他如饋食。」注：「如特牲饋食之事。」徐氏秉義云：「喪之有祭，始於虞，故儀禮有士虞之文。其再虞、三虞及卒哭之祭，皆倣初虞爲之矣。至卒哭之後，尚有祔練祥禫四祭。而儀禮俱無其文，何哉？蓋士虞記篇末，略陳祔祭之禮，而以『其他如饋食』一語括之。所謂饋食者，即『特牲饋食禮』也。士之祔祭，倣之。則練祥禫三祭，自倣特牲可知。」徐氏乾學讀禮通考云：「夫曰饋食，則士虞立尸有『九飯』之文，亦饋食也。此所云饋食，安知非指士虞之禮？」「愚則謂虞爲喪祭，卒哭、祔爲吉祭。至小祥以後，則彌吉矣。豈得復用喪祭之禮乎？故不特祔祭如饋食，即練祥禫之祭，亦莫不如饋食。其異者，唯小祥不旅酬，大祥無無筭爵爾。欲知大小祥祭之詳〔一〕者，尚於特牲饋食篇考之。」按：特牲饋食，諸侯之士祭祖禰之禮。諸侯之禮異同，無文以言之。○注「又期」至「祥事」。○十行本作「薦〔二〕此常事」，校勘記云：「鄂本同。宋本、閩、監、毛本常作祥。按，疏標起訖云注又期至祥事，與今儀禮同。此作常，蓋涉上文而誤。」彼注云：「又，復也。」釋名云：「期而小祥，亦祭名也。孝子除首服，服練冠也。祥，善也，加小善之飾也。又，期而大祥，亦祭名也。孝子除縗服，服朝服縞冠，加大善之飾也。」杜佑通典云：「周制，士喪，周而小祥。」又「周而大祥」。按：喪服小記云：「大祥吉服而筮尸。」注：「主人變除者，必服其吉服以即祭事，不以凶臨吉也。」疏：「吉服，朝服也。」又雜記云：「祥，主人之除也。於夕爲期〔三〕，朝

〔一〕「詳」字原脱，叢書本同，據讀禮通考校補。
〔二〕「薦」，原訛作「篇」，據【注】文改。
〔三〕「期」字原誤迭，叢書本同，據禮記正義校删。

服。祥因其故服。」檀弓云：「祥而縞。」注：「縞冠素紕也。」祥祭之期，主人著朝服謂緇衣素裳，其冠則縞冠也。間傳又云：「期而大祥素縞麻衣」者，祥祭後之服也。喪大記云：「祥而外無哭者。」喪服四制云：「祥之日，鼓素琴。」檀弓：「魯人有朝祥而莫歌者。」單言祥皆大祥也，故祝辭曰「薦此祥事」，異於練祭辭也。○注「中月而禫」。○彼注云：「中猶間也。禫，祭名也。與大祥間一月，自喪至此二十七月。禫之言澹，澹然平安意也。」釋名云：「間月而禫，亦祭名也。孝子之意，澹然哀思益衰也。」檀弓曰：「祥而縞，是月禫，徙月樂。」祥，二十五月也；是月，二十七月也；徙月，二十八月也。白虎通云：「二十五月而大祥，飲醴酒，食乾肉。二十七月而禫，通祭宗廟，去喪之殺也。」鄭志：「答趙商云：祥謂大祥，二十五月；是月禫，謂二十七月，非謂上祥之月也。王肅以是月即在二十五月，禫祥同月，又以士虞記中月爲月中，謂在祥月之中。」故檀弓疏云：「祥禫之月，先儒不同。王肅以二十五月大祥，其月爲禫，二十六月作樂。所以然者，以下云『祥而縞，是月禫，徙月樂』，又與上文『魯人朝祥而莫歌，孔子云：踰月則善』，是皆祥之後月作樂也。又間傳云：『三年之喪，二十五月而畢。』又士虞禮『中月而禫』，是祥月之中也，與尚書『文王中身享國』，謂身之中間同。又文公二年『冬，公子遂如齊納幣』，是僖公之喪，至此二十六月。左氏云：『納幣，禮也。』故王肅以二十五月禫而除喪畢，而鄭康成以二十五月大祥，二十七月而禫，二十八月而作樂復平常。鄭必以爲二十七月禫者，以雜記云『父在爲母爲妻』，十三月大祥，十五月而禫。爲母爲妻尚祥、禫異月，豈容三年之喪乃祥、禫同月？若以父在爲母，屈而不伸，故延禫月，其爲妻亦當不伸祥、禫異月乎？』按，喪服小記云『妾祔於妾祖姑，亡則中一以上而祔』，又學記云『中年考校』，皆以中爲間，謂間隔一年，故以中月爲間隔一月也，下云『祥而縞，是月禫，徙月樂』是也。謂大祥者縞冠，是月禫，謂是此禫。月而禫二者，各自爲義，事不相干。故論語云：『子於是日哭，則不歌。』文無所繼，亦云『是日』。文公二年『公子遂如齊納幣』者，鄭箴膏肓：僖公母成風主婚，得權時之禮，若公羊猶譏其喪娶。其『魯人朝祥莫歌』及喪服四制云『祥之日，鼓素琴』，及『夫子五日彈琴不成聲，十日成笙歌』，並『孟獻子禫縣』之屬，皆据省樂忘哀，非正樂也。其八音之樂，工人所奏，必待二十八月也，即此下文『是月禫，徙月樂』是也。其朝祥莫歌非正樂，是樂之細別，亦得稱樂，故鄭云：『笑其爲樂速也。』其三年問云：『三年之喪，二十五月而畢。』据喪事終，除衰去杖，其餘哀未盡，故更延兩月，非喪之正也。」彼疏又引：「聖證論王肅難鄭云：『若以二十七月禫，其歲末遭喪，則出入四年，喪服小記何以云『再期之喪三年』？如王肅此難，則爲母十五月而禫，出入三年，小記何以云『期之喪二年』？明小記所云，据喪之大斷也。又肅以月中而禫，按曲禮『喪事先遠日』，則大祥當在下旬，禫祭又在祥後，何得云『中月而禫』？又禫後何以容吉祭？故鄭云二十七月也。戴德喪服變除禮『二十五月大祥，二十七月而禫』，故鄭依而用焉。」按：何氏下注云：「是月者，二十七月也。」是與鄭義同。汪氏琬鈍翁類稾云：「按禮，親喪外除，兄弟之喪内除，杖期猶祥禫間月，豈三年重服而反祥禫同月乎？春秋文二年『冬，公子遂如齊納幣』，蓋僖公之喪已二十六月矣，而公羊氏譏其喪娶，由此言之，當從鄭氏無疑。」金氏榜禮箋云：「三年問曰『三年之喪，二十五月而畢』者，謂至親以期斷，加隆焉使倍之，故再期也。明喪三年者爲再期。喪服小記亦云『再期之喪三年也』，據再期言之，爲二十五月，通數禫月爲二十七月，義本相通。杜氏通典載鄭學之徒曰：伯叔無禫，十三月而除；爲母妻有禫，則十五月而畢；爲君無禫，二十五月而畢；爲父長子有禫，二十七月而畢。明所云『喪以期斷』者，禫不在期中也。禮記二十五月畢者，則禫不在祥月。三年之喪二十五月而畢者，論其正；二十七月而禫者，明其加。」又云：「通典承用鄭義，謂二十五月終而大祥，受以祥服素縞麻衣。二十六月終而禫，受以禫服。二十七月終而吉，吉而除。榜謂雜記注云：『祥祭，朝服，始即吉，正祭服也。』喪服小記云：『除成喪者，其祭也，朝服縞冠。』是也。祭猶縞冠，未純吉也。既祭，乃服大祥素縞麻衣。釋禫之禮云『玄衣黄裳』，則是禫祭，玄冠矣；黄裳者，未大吉也。既祭，乃服禫服、朝服、綅冠。踰月吉祭，乃玄冠、朝服。既祭，玄端而居，復平常也。是通典言二十七月終而吉，與鄭義合。祥禫異月，兩漢經師更相傳授者，無異説也。自子雍好爲野言，浮辨蜂起，雖鄭學之徒申明之，學者猶或依違其間。甚矣！禮學之難明易晦也！」胡氏培翬儀禮正義云：「今案，禮記間傳曰：『期而小祥，食菜果；又期而大祥，有醯醬；中月而禫，禫而飲醴酒。始飲酒者，先飲醴酒；始食肉者，先食乾肉。』又曰：『期而小祥，居堊室，寢有席；又期而大祥，居復寢；中月而禫，禫而牀。』又曰：『期而小祥，練冠縓緣，要絰不除。』又：『期而大祥，素縞麻衣；中月而禫，禫而纖，無所不佩。』据間傳，凡三言中月而禫，與期而小祥，又期而大祥，皆爲特起之辭，文不相屬，則禫與大祥異月明甚。若如王肅之説，則必改中月之文爲月中而後可，且一月之中既舉祥祭又舉禫祭，不嫌於數乎？雜記云：『期之喪，十一月而練，十三月而祥，十五月而禫。』是禫與祥異月之明證。不得謂十五月而禫者，禫亦在祥月中也。禮文章顯如是，而後人猶有謂王説實本于禮，親喪宜厚，故鄭説沿用至今，何與？」按：白虎通喪服云：「三年之喪再期二十五月。」又云：「二十七而禫。」亦以禫與祥異月。

宋書禮志：「王準之議：鄭玄喪制二十七月而終，學者多云得禮。晉初用王肅議，祥、禫共月，遂以爲制。江左以來，唯晉朝施用；搢紳之士，猶多遵玄議。宜使朝野一禮。」晉武爲王肅外孫，故有晉用其義，江左搢紳仍遵鄭義也。○注「是月」至「未配」。○已上皆士虞記。又彼注云：「是月，是禫月也。當四時之祭月則祭，猶未以某妃配某氏，哀未忘也。少牢饋食禮：『祝祝曰：孝孫某，敢用柔毛、剛鬣、嘉薦、普淖，用薦歲事于皇祖伯某，以某妃配某氏。尚饗！』」吉祭者，四時之常祭。曰吉者，對祥、禫爲喪祭也。吉祭與禫同月，一月而兩祭。禫在寢，吉祭在廟也。吴氏廷華儀禮章句云：「吉祭必以某妃配。此未配者，爲父祔而母先卒者言之。蓋死者初遷廟，生者初除喪，餘哀尚在，不敢純用吉禮也。」盛氏世佐儀禮集編云：「婦人無廟，其妃之先卒者，歸〔一〕祔于皇祖姑，俟其夫遷廟之後乃合食焉，所謂配也。未配則但祭考而已。」江氏筠讀儀禮私記云：「注引少牢禮祝辭，特以證明配字耳。」又云：「猶未配，蓋主於母之先亡者言。萬季野謂無因子孫之除喪，而去祖妣不配之理，其言是矣。」而又云：「所謂配者，以新死者之主配食于祖禰。此但祫祭祖禰，而不以新死者配之。按，士祫祭之禮未聞，且即祫食于祖禰，亦不得言配，其説非也。」褚氏寅亮儀禮管見云：「吉祭兼祖在内，猶未配，則專指新死者之父而母先歿者言。」儀禮正義云：「前此喪祭，固未以母配。今吉祭在禫月，猶未以母配也。若禫月後而遇吉祭，則當以母配矣。」配字之義，諸家指母先亡者言之，甚是。○注「是月」至「不譏」。○解是月即禫月也。後漢書陳忠傳云：「先聖

〔一〕「歸」字原脱，叢書本同，據儀禮集編校補。

緣人情而著其節，服制二十五月。」故以二十五月爲正服，衰麻既除，故此外可從末減也。故文二年「冬，公子遂如齊」，彼傳曰：「譏喪娶。在三年之外，何以譏？三年之内不圖昏。」注：「僖公以十二月薨，至此冬，未滿二十五月。納采、問名、納吉，皆在三年之内，故譏亦以在二十五月内故也。」

其言于莊公何？【注】据禘于大廟不言周公，祫僖公不言僖公。【疏】注「据禘」至「周公」。○即僖八年「秋，七月，禘于大廟，用致夫人」是也。知大廟周公者，文十三年傳云：「周公稱大廟。」禮記明堂位云：「以禘禮祀周公于太廟。」是也。○注「祫僖」至「僖公」。○校勘記云：「段玉裁校本宫乃公誤。按，疏引定八年注作僖公，彼疏云：『不言從祀僖公。』」今按：定八年「從祀先公」，傳云：「從祀者何？順祀也。」注云：「不書禘者，後祫亦順，非獨禘也。不言僖公者，閔公亦得其順，是以不言僖公也。」彼實禘，而言祫者，明從祀即包有祫。對文二年之躋僖公爲祫時事，故言定八年以後祫祭皆順也。舊疏引文二年傳釋此注，然彼經明云躋僖公，則非不言僖公矣。

未可以稱宫廟也。【注】時閔公以莊公在三年之中，未可入大廟，禘之于新宫，故不稱宫廟，明皆非也。【疏】穀梁疏云：「吉禘于莊公，即是莊公立宫。而不稱宫者，莊公廟雖立訖，而公服未除，至此始二十二月，未滿三年，故不得稱宫也。」○注「時閔」至「非也」。○左傳僖三十三年曰：「凡君薨，卒哭而祔，祔而作主，特祀於主，烝嘗禘於廟。」注：「以新死者之神祔之於祖，尸柩已遠，孝子思慕，故造木主立几筵焉，特用喪禮祭祀於寢，不同之於宗廟。」「宗廟四時常祀自如舊也。三年禮畢，又大禘，乃同之于吉。」正義：「三年喪畢，致新死者之主以進於廟，廟之遠主當遷入祧，於是大祭于太廟，以審定昭穆，謂之禘。自諸侯上達天子之制也。」按：杜、孔謂三年喪畢，乃致新死者入廟，是也。乃以四時常祀自如其舊，則非。禮記王制云：「喪三年不祭。」又喪服小記云：「喪者不祭。」曾子問兩言「緦不祭」。儀禮喪服言：「有死于宫中者，爲之三月不舉祭。」蓋唯天地社稷越紼行事，此外，則遭喪皆不祭也。左傳云「烝嘗禘于廟」者，士虞疏引服注云：「三年喪畢，遭烝嘗則行禘於廟焉。」明此謂三年後也。左氏既云「特祀於主」，此乃指喪中之練祥禫三祭。新死者之主，除喪後乃始遷主於新廟，而行烝嘗禘爾。徐氏乾學云：「左氏原爲作主立傳，則專指新死者而言，何爲泛及於他廟之常祀？故知傳所謂廟，乃謂喪畢遷主之新廟，而非祖宗昭穆之舊廟矣。所以爲是言者，蓋卒哭而祔，但祔祭其主於祖父之廟，祭畢反於寢，而死者未嘗有專廟，故止可稱主，而不可稱廟。至喪畢而入新廟，始可專享一廟之祭，故曰烝嘗禘於廟。」按：徐氏説左傳極爲明晰，何氏此注亦云：「閔公以莊公在三年之中，未可入大廟也，故云『皆非』。」其實新廟亦未可入也，何氏謂三年喪畢，遭祫則祫，遭禘則禘。蓋時適應禘，閔公急欲厭亂，而又未便即禘太廟，故先行之於新宫也。喪尚未畢，得有新宫者，文二年穀梁傳曰：「作主、壞廟有時日，於練焉壞廟〔一〕。壞廟之道，易檐可也，改塗可也。」但言壞舊廟，不言遷新主，蓋練時先遷舊主，三年後納新主。易檐、改塗，非一朝一夕之事，又尚有釁廟諸儀，故徐氏乾學云：「祧遷之時，當行之事非一：遷高祖之主而壞其廟，一事也；改易高祖之廟，而納祖考之主，又一事也。遷祖考之主而壞其廟，一事也；改易祖考之廟，以納新死者之主，又

〔一〕「壞廟」二字原脱，叢書本同，據穀梁傳校補。

一事也。古人知數事不可並舉，故豫其期於練，逮至三年喪畢，而祧禮告成，廟亦堅完，然後可以徐奉吾親之主。此古人用心之慎也。蓋時去除喪已近，新廟應已落成，特故得先奉新主於内行禘禮焉。」徐氏又云：「或疑七廟五廟無虚主，意當謂舊主出即當納新主，無曠日遲久之理。按，曾子問云：『七廟五廟無虚主。』虚主者，唯天子崩、諸侯薨與去其國，與祫祭于祖，爲虚主爾。斯亦姑引其端，其實虚主之事不止此也。國有水旱之災則虚主，昭十八年左傳鄭災，子産『使祝史徙主〔一〕祏於周廟』是也。修廟則虚主，文十三年『世室屋壞』，譏不修也。修廟時，主必納於夾室，不獨壞廟爲然。練時主入夾室，三年審禘昭穆而祧之，又何嫌於虚主乎？成公三年『新宫災』，穀梁傳曰：『禰宫也。迫近不敢稱謚，恭也。』宣公薨已二十九月，猶言迫近，三年入廟之期，迨一定不可易矣。」惠氏士奇春秋説云：「『吉禘于莊公』，不於太廟何也？禘于太廟而致莊公焉。因莊公而行吉禘，故書曰吉禘于莊公。莊公之喪未滿二十五月，故書吉以譏之。吉禘者，新主入廟，與先君相接，因是而爲大祭，故不稱宫，明非新宫〔二〕也，則在太廟何疑？在太廟何爲不書？辟嫌也。何嫌爾？吉禘于太廟致莊公，則嫌莊公不應致，與『禘于太廟，用致夫人』同。夫人不應致，故書致。莊公不應吉，故書吉。用者，謂用禘也。」按：惠説非是。若是禘于太廟而致莊公，則但書吉禘莊公可矣，曰「于」，明在莊公廟也。莊公喪尚未滿，亦不應致，如實致莊公於太廟，有何嫌而

〔一〕「主」字原脱，叢書本同，據左傳校補。
〔二〕「新宫」，原訛作「廟」，叢書本同，據春秋説校改。

不書致乎？故杜亦云：「三年喪畢，致新死者之主於廟。廟之遠者，當遷入祧，因是大祭以審昭穆，謂之禘。莊公喪制未闋，時別立廟，廟成而吉祭。又不於太廟，故詳書以示譏也。」惟杜以爲別立廟，則又杜之臆見耳，未可從。

曷爲未可以稱宮廟？【注】据言禘也。【疏】注「言禘也」。○古者禘必于廟，既言禘，宜言宮廟矣。舊疏云：「正以禘是吉祭之稱，既得言禘，何故不得稱宮廟？」是也。按：僖八年云「禘于太廟」，是禘必稱廟也。而傳言不得稱宮廟，故難之。

在三年之中矣。【注】當思慕悲哀，未可以鬼神事之。【疏】注「當思」至「事之」。○禮記檀弓云：「始死，瞿瞿如有求而弗得；既葬，皇皇如有望而弗至。練而慨然，祥而廓然。」皆思慕悲哀之義也。胡氏培翬儀禮正義云：「死者體魄，以葬爲歸；死者魂氣，以廟爲歸。周制，虞而作祔主，卒哭祔廟，奉新死者之主祭於祖廟，並祭於祖，使魂氣相連屬，故祔不於練，而於卒哭焉，欲其神之早得所歸也。然人子居廬哭泣，不忍遽以爲神而遠之，故祔訖反主於寢，且亦以舊廟未毀，新廟未成，主不可以遽入也。至練更作栗主，於寢祭之，自是而祥禫皆然，以喪祭不可行於祖廟中也。至三年喪畢，乃遷栗主於新廟，而四時之祭行焉。」

吉禘于莊公何以書？譏。何譏爾？譏始不三年也。【注】與託始同義。【疏】注「與託始同義」。○隱二年：「九月，紀履緰來逆女。」傳：「外逆女不書，此何以書？譏。何譏爾？譏始不親迎也。始不親迎昉於此乎？前此矣。前此則曷爲始乎此？託始焉爾。曷爲託始焉爾？春秋之始也。」

此與彼同義。通義云：「檀弓曰：『魯莊公之喪，既葬，而絰不入庫門。士大夫既卒哭，麻不入。』可以見即吉之遽矣。文公因之，欲久喪而後不能。宣公自以弟繼兄，無子道，遂復踰年吉娶，積習爲常。至於滕文公〔一〕復三年之喪，父兄百官以爲，宗國魯先君莫之行，有自來矣。故於變禮之始，重譏之。」按：詩檜風序：「素冠，刺不能三年也。」箋云：「喪禮，既祥祭而縞冠素紕，時人皆解緩，無三年之恩於其父母，而廢其喪禮。」則三年，列國已有不行者。魯秉周禮，或至此始變，故春秋重而譏之也。蓋三年之喪不行已久，故於此託始爾。梁氏玉繩瞥記云：「文二年傳『譏喪娶也』，蓋周衰禮廢，三年之喪久已不行。論語『宰我問三年喪』一章，乃親身説法。疏引繆協謂宰我思啓憤於夫子，以戒將來，義在屈己明道。」此解最確，與齊宣王欲短喪同。

○秋，八月，辛丑，公薨。【疏】包氏慎言云：「八月無辛丑，九月之二十五日也。長曆置閏於六月，故八月有辛丑。」按：差繆略：「辛丑作辛酉。」則正與曆合，爲八月之十五日也。

公薨何以不地？隱之也。何隱爾？弒也。孰弒之？慶父也。【疏】校勘記云：「『何隱爾？弒也』，唐石經、諸本同。釋文弒作殺，云：『音試，下及注同。』」魯世家：「湣公二年，慶父又

〔一〕「文公」，原訛作「定公」，叢書本同，據公羊通義校改。

與哀姜通益甚。哀姜與慶父謀殺湣公而立慶父。慶父使卜齮襲殺湣公於武闈。」左傳：「公傅奪卜齮田，公不禁。秋，八月，辛丑，共仲使卜齮賊公于武闈。」是也。按：閔公時始十歲，烏能責艾禁傅奪田？卜齮即至不肖，亦必不即此怨公，蓋亦慶父歸獄于卜齮之語爾。

殺公子牙，今將爾，【疏】孔氏廣森通義本改「今」作「本」。義見上。季子不免。慶父弒二君，何以不誅？將而不免，遏惡也。既而不可及，緩追逸賊，親親之道也。【注】與不探其情同義。不書葬者，賊未討。【疏】注「與不」至「同義」。○上元年傳云：「既而不可及，因獄有所歸，不探其情而誅焉，親親之道也。」是也。漢書鄒陽傳：「慶父親弒閔公，季友緩追免賊，春秋以爲親親之道也。」鹽鐵論周秦云：「聞兄弟緩追以免賊，未聞兄弟之相坐也。」皆本公羊爲說。○注「不書」至「未討」。○隱十一年傳：「弒則何以不書葬？春秋君弒賊不討不書葬，以爲無臣子也。」慶父出奔未死，故云賊未討。彼言不，此言未者，舊疏云：「欲道於後討得之，即僖元年傳『於是抗輈經而死』是也。」又云：「隱十一年傳：『公薨何以不地？』注云：『据莊公薨于路寢。』然則，此傳云『公薨何以不地』者，亦据莊公，但從彼注省文故也。」

○九月，夫人姜氏孫于邾婁。【注】爲淫二叔、殺二嗣子出奔。不如文姜于出奔貶之者，爲内臣子明其義，不得以子絶母。凡公夫人奔例日，此月者，有罪。【疏】魯世家云：「釐公，亦莊公少子，哀姜恐，奔邾。」○注「不如」至「絶母」。○莊元年：「夫人孫于齊。」傳云：「夫人何以不稱姜氏？貶。曷爲貶？與弑公也。」是其於奔時貶也。又僖元年：「夫人氏之喪至自齊。」傳：「夫人何以不稱姜氏？貶。曷爲貶？與弑公也。然則曷爲不於弑焉貶？貶必於其重者，莫重乎以其喪至也。」是亦有貶文，第不於此出奔貶云爾。然者，正假以爲内臣子明子不絶母之義耳，非謂夫人可不貶也。左疏引服虔云：「文姜殺夫罪重，故去姜氏；哀姜殺子罪輕，故不去姜氏。」亦謂殺子輕於殺夫，故得藉以張臣子義也。○注「凡公」至「有罪」。○昭二十五年「九月，己亥，公孫于齊」，是公孫書日，夫人與公敵體，其孫宜亦書日，而此及莊元年「三月，夫人孫于齊」皆書月，明文姜、哀姜皆有罪，故去日，略之以示義。

○公子慶父出奔莒。【注】慶父弑二君，不當〔一〕復見。所以復見者，起季子緩追逸賊也。不日者，内大夫奔例，無罪者日，有罪者月；外大夫奔例皆時。【疏】魯世家云：「魯人欲誅慶父。慶父恐，奔莒。」穀梁傳：「其曰出，絶之也。」○注「慶父」至「復見」。○宣六年：「晉趙盾、衛孫免侵陳。」傳云：「趙盾弑君，此其復見何？」彼注云：「据宋督、鄭歸生、齊崔杼弑其君，後不復見。」是則弑君之賊不當復見。此慶父弑二君，復書于經，故解之。穀梁傳曰：「慶父不復見矣。」疏：「弑二君罪重，不當復見，故特顯之。」其實此即不宜復見矣。○注「所以」至「賊也」。○宣六年傳又曰：「親弑君者，趙穿也。」彼注云：「復見趙盾

〔一〕「當」，原訛作「能」，叢書本同，據公羊注疏校改。

者，欲起親弑者趙穿，非盾。」此復見慶父，起季子緩追逸賊，故得出奔，各有所起也。通義云：「不復言仲孫者，本爲内諱。今畏討，出奔，是内已正其罪，無所諱也。」按：上言齊仲孫爲賊，不宜復來，故諱，此出奔與上相起。○注「不日」至「者月」。○襄二十三年「冬，十月，乙亥，臧孫紇出奔邾婁〔一〕」，是内大夫奔，無罪者日也。此及昭十二年「冬，十月，公子整出奔齊」，皆有罪者月也。文八年「公孫敖奔莒」，彼實有罪，書丙戌者，彼注云：「日者，嫌敖罪明，則起君弱，故諱使若無罪者。」是也。○注「外大」至「皆時」。○襄二十七年「夏，衛侯之弟鱄出奔晉」，是外大夫無罪奔者。襄二十八年「夏，衛石惡奔晉」、「冬，齊慶封來奔」，外大夫有罪奔者也。而皆時，明外大夫從略，故不別有罪無罪也。

○冬，齊高子來盟。

高子者何？齊大夫也。【注】以有高傒也。【疏】注「以有高傒也」。○莊二十二年「及齊高傒盟于防」是也。

何以不稱使？【注】据鄭伯使其弟語來盟。【疏】注「据鄭」至「來盟」。○桓十四年「夏，鄭伯使其弟語來盟」是也。

〔一〕「邾」下原脱「婁」字，叢書本同，據公羊傳校補。

我無君也。【注】時閔公弑，僖公未立，故正其義，明君臣無相適之道也。春秋謹於别尊卑，理嫌疑，故絶去使文，以起事張例，則所謂君不使乎大夫也。【疏】注「時閔」至「道也」。○莊九年注云：「鄰國之臣，猶吾臣也。」故君不適大夫。時閔弑僖未立，我無適者，故立其使文。莊九年「公及齊大夫盟于溪」，彼齊無君而書公者，彼書及齊大夫，使若衆然，故不諱與大夫盟也。○注「則所」至「夫也」。○成二年：「齊侯使國佐如師。」傳云：「君不行使乎大夫，此其行使乎大夫何？佚獲也。」彼爲齊君，佚獲宜絶，故賤之，與此異。

然則何以不名？【注】据國佐盟名。【疏】注「据國佐盟名」。○即成二年「及國佐盟于袁婁」是也。

喜之也。何喜爾？正我也。【疏】穀梁傳曰：「其曰來，喜之也。其曰高子，貴之也，盟立僖公也。」杜云：「魯人貴之，故不書名。子者，男子之美〔一〕稱。」

其正我奈何？莊公死，子般弑，閔公弑，比三君死，曠年無君，【注】與曠年無君無異。【疏】注「與曠」至「無異」。○舊疏云：「正以莊公死，子般即位；子般弑，閔公即位；閔公弑，僖公即位，君常不絶。而傳言『曠年無君』者，正以三年之内，三君比死，與曠年無君無異，非實無君也。」

設以齊取魯，曾不興師徒，以言而已矣。【注】設時勢然。【疏】通義云：「時季子力不能立僖

〔一〕「美」，原訛作「通」，叢書本同，據左傳正義校改。

公，相與適邾婁，設桓公不爲魯定僖公之位，使我曠年無君，則國幾亡矣。以〔一〕言者，喻其易。」按：傳意謂魯三君比死，曠年無君，度其時勢，若以齊取魯，可不興師徒，以言而已，若言傳檄而定之謂。左傳上元年云：「桓公曰：魯可取乎？」蓋齊桓本有取魯之心，故傳舉以設文，可取而竟不取，故喜之甚也。曾者，淮南修務訓注：「曾，則也。」檀弓注：「則之言曾。」曾不興師徒，即則不興師徒也。論語季氏篇：「曾謂泰山。」皇疏：「曾之言則。」先進：「曾由與求之問。」孔曰：「則此二人之問。」皆是。

桓公使高子將南陽之甲，【注】南陽，齊下邑。甲，革，皆鎧冑也。【疏】注「南陽，齊下邑」。○孟子告子篇：「遂有南陽。」趙注：「山南曰陽。岱山之南，謂之南陽也。」釋名釋州國云：「南陽在國之南，而地陽也。」閻氏若璩釋地云：「左傳『晉於是始啓南陽』，杜注：『在晉山南河北，故曰南陽。』余謂即今太行山之南，河南濟源、修武、温縣地。孟子：『遂有南陽。』趙注：『岱山之南。』余謂史稱泰山之陽則魯，其陰則齊。南陽屬齊，必齊之地深插入魯界中者，魯故欲一戰有之。二南陽所指各不同。」全氏祖望經史問答云：「問：遂有南陽。按，晉之南陽易曉，而齊之南陽僅一見於公羊傳所云『高子將南陽之甲以城魯』，一見於國策所云『楚攻南陽』。閻百詩以爲泰山之陽，本是魯地，特久爲齊奪者，似得之。而先生以爲南陽即汶陽，其説果何所据？答曰：此以漢地志及水經注合之左傳，便自了然。蓋山南曰陽，是南陽所以得

〔一〕「以」字上公羊通義原有「徒」字。孔廣森斷句「徒」屬下，用爲副詞「僅」。陳立則「徒」屬上，以「師徒」爲複合名詞。故此「徒」字殆陳立有意删之，以附會己意。

名也；水北曰陽，是汶陽所以得名也。春秋之世，齊、魯所争，莫如南陽。隱、桓之世，以許田易泰山之祊，是南陽尚屬魯，及莊公之末，則似已失之，故高子將南陽之甲以城魯。然僖公猶以汶陽之田賜季友，則尚未盡失。而魯頌之祝之以『居常與許』，常亦南陽之境，蓋大半入齊矣，自成公以後則盡失之。蓋汶水出泰山郡之萊蕪縣西南，過嬴縣，桓三年『公會齊侯于嬴』是也。又西南過牟縣，牟故魯之附庸也。又東南逕泰山，又東南流逕龜陰之田，即左氏定十年齊所歸也。又東南逕明堂，又西南流逕徂來山，又南流逕陽關，即左氏襄十七年逆臧紇之地。又南逕博縣，即左氏哀十一年『會吴伐博』是也。又南逕龍鄉，即左氏成二年『齊侯圍龍』是也。又南逕梁父之菟裘城，左氏隱十一年所營也。又西南逕剛縣，漢之剛，乃春秋之闡。其西南則汶陽之田。又西南則棘，左氏成三年所圍也。又西南爲遂，則莊十三年齊人所滅也。又西南爲下讙，左氏桓三年『齊侯逆姜氏』之地。又西南爲郈，則叔孫氏邑。又西南爲平陸。按，左氏鄆、讙、龜陰、陽關，皆齊、魯接境地。通而言之，皆汶陽之田，而皆在泰山之西南，汶水之北，則汶陽非即南陽乎？」然則，南陽地廣，不僅一邑。注以爲齊下邑，亦約略之辭。○注「甲革」至「胄也」。○通義云：「甲，甲士也。齊桓公作内政，有中軍之鼓，有國子之鼓，有高子之鼓，各帥五鄉焉。南陽者，蓋即高子所帥鄉名也。」禮既夕云：「甲、胄、干、笮〔一〕。」注：「甲，鎧也。」禮記曲禮云：「獻甲者執胄。」注：「甲，鎧也。」又樂記云：「車甲衅而藏之武庫。」注：「甲，鎧也。」詩叔于田序：「繕甲治兵。」箋：「甲，鎧也。」甲皆不

〔一〕「干笮」，原訛作「于管」，叢書本同，據儀禮注疏校改。

兼冑言之，此云「將南陽之甲」，猶云將南陽之兵。國策秦策：「秦下甲而攻趙。」注：「甲，兵也。」是也。兵必有鎧、冑，故連敘及之，皆革所爲，故曰甲革，本其所以稱甲義也。其實古人兵字亦專指戎器言，所謂五兵也。故曰：天生五材，誰能去兵。御覽引：「世本：蚩尤以金作兵器：一弓、二殳、三矛、四戈、五戟。」周禮司右「五兵」注：「司馬法曰：弓矢圍，殳矛守，戈戟助。」是也。書「詰爾戎兵」、詩「踴躍用兵」、左傳「無以鑄兵」，皆與甲同指所用言，故孟子梁惠王云「棄甲曳兵」。後世始以執兵之人爲兵，猶以披甲之士爲甲也。蓋春秋時已有此語，故孟子言「抑王興甲兵」，蓋兼人與器言之矣。

立僖公，而城魯。或曰：自鹿門至于争門者是也。或曰：自争門至于吏門者是也。【疏】校勘記云：「争門，唐石經、諸本同。説文：『净，魯北城門池也，从水争聲，士耕切，又才性切。』許據公羊，當作净門，以水名其門也。何注本省作争。自『鹿門至于争門』者，自南門至于北門也。」段氏玉裁説文注云：「净者，北城門之池。其門曰争門，則其池曰净〔一〕，从争旁水也。廣韻曰：『埩，七耕反。魯城北門池也。説文作净。』蓋古書有作埩門〔二〕者矣。城北誤倒。」釋文：「鹿門，魯南城東門也。」襄二十三年左傳：「臧孫紇斬鹿門之關以出，奔邾。」即此。吴氏夌雲經説云：「説文：『净，魯北城門池也。』徐楚金引此傳又云：『臧孫奔齊自鹿門。』争門則净門，皆北門也。夌雲謂臧紇斬鹿門之關出奔邾，小徐以爲

〔一〕「則其池曰净」句，原訛作「則其地曰争」，叢書本同，據説文段注校改。
〔二〕「門」字原脱，叢書本同，據説文段注校補。

奔齊，誤矣。邾即今騶縣，在曲阜東南，當從何注。」按：何氏無注，今本係釋文竄入注也。吏門者，大事表云：「史門，魯西門也，公羊傳或曰自争門至於吏門，吏門即史門矣。争門者，魯北門。」按：魯又有雩門、稷門、高門。雩門宜雩壇所在，兼南城西門。莊十年公子偃擊宋師，從雩門竊出者也。稷門，則莊三十二年左傳「能投蓋于稷門」，哀八年微虎欲宵攻吴，行及稷門之外，是也。蓋正南門亦曰高門，定十三年，齊人陳女樂文馬于魯城南高門外，是也。

魯人至今以爲美談，曰：「猶望高子也！」【注】久闊，思相見者，引此爲喻，美談至今不絶也。立僖公城魯不書者，諱微弱。喜而加高子者，美大齊桓繼絶于魯，故尊其使，起其功，明得子續父之道。

【疏】注「久闊」至「爲喻」。〇校勘記云：「毛本闊作濶。鄂本喻作諭。」蓋當時有此語，作傳時猶存也。〇注「立僖」至「微弱」。〇新語至德云：「魯莊公一年之中，以三時興築作之役，規固山林草澤之利，與民争田魚薪采之饒，刻桷丹楹，昡曜靡麗。收十二之税，不足供回邪之欲，膳不用之好，以悦婦人之目。財盡於驕淫，人力罷於不急，上困於用，下饑於食，乃遺臧孫辰請糴于齊。倉廩空虚，外人知之，於是爲宋、陳、衛所伐。賢臣出，叛臣亂，子般殺，公子牙、慶父之屬，敗上下之序，亂男女之别。繼位者無所定，逆亂者無所懼。於是齊桓公遣大夫高子，立僖公而誅夫人，逐慶父而還季子，然後社稷復存，子孫反業，豈不謂微弱者哉？」是其微弱甚也，故深諱之。〇注「喜而」至「其功」。〇通義云：「高傒，齊卿之命于天子者，前盟防，降書名氏耳。本在字例，故今進一等褒之，得稱子。」曲禮云：「於外曰子。」注：「子，有德之稱。魯春秋曰：『齊高子來盟。』」然則，子爲美稱，凡鄰國聘問時，擯者尊而不名。春秋喜其有功於魯，故就而進之稱子也。按：襄二十九年傳云：「許人臣者，必使臣。」注：「緣臣子尊榮，莫不欲與君父共之。」故賢高子，起其美大齊桓也。繁露滅國下云：「魯莊爲柯之盟，劫汶陽。魯滅，威主之用心如此，豈不霸哉！故以憂天下與之〔一〕。」○注「明得」至「之道」。○校勘記云：「閩、監、毛本此下有『鹿門，魯南城東門也』八字，係釋文竄入。鄂本無之。十行本雖有此八字，而加○以別之，則不以爲注也。」舊疏云：「凡人子之道，宜繼祖禰之功不絶之。今桓公繼于魯，正得續父功德之義，故尊其使而稱子耳。言明其得人子續其人父功德之道也。」按：疏語不明，意謂聖人重繼絶世。父子相繼曰世。桓公立僖存魯，得繼絶世之道也。

○十有二月，狄入衛。【疏】衛世家云：「懿公即位，好鶴，淫樂奢侈。九年，翟伐衛，衛懿公欲發兵，兵或畔。大臣言曰：『君好鶴，鶴可令擊翟。』翟〔二〕於是遂入，殺懿公。」通義云：「左傳曰：『衛懿公及狄人戰于熒澤。衛師敗績，遂滅衛。』而經但言『入衛』，則公羊子謂爲齊桓諱者，信矣。」

〔一〕「魯滅」至「與之」，叢書本同。繁露原文爲：「魯絶，桓立之。邢、杞未嘗朝聘，齊桓見其滅，率諸侯而立之，用心如此，豈不霸哉！故以憂天下與之。」
〔二〕「翟」字原脱，叢書本同，據史記校補。

〇**鄭棄其師。**

鄭棄其師者何？【注】連國者，并問稱國。【疏】注「連國」至「稱國」。〇傳不直言棄其師，而曰鄭棄其師，故解之。

惡其將也。【注】以言棄師。【疏】穀梁傳曰：「惡其長也。」注：「長，謂高克也。」兼不反其衆，則是棄其師也。」彼疏云：「爲惡高克不顧其君，又責鄭人不反其衆，故經書『鄭棄其師』也。」何云「以言棄師」？爲惡將，謂鄭惡其將爾，非謂春秋惡其將也。

鄭伯惡高克，使之將，逐而不納，棄師之道也。【注】鄭伯素惡高克，欲去之無由，使將師救衛，隨後逐之，因將師而去。其本雖逐高克，實棄師之道，故不書逐高克，舉棄師爲重，猶趙盾加弑也。不解國者，重衆從國體録可知。繫閔公篇于莊公下者，子未三年，無改於父之道，傳曰：「則曷爲於其封内三年稱子？」「緣孝子之心，則三年不忍當也。」【疏】儀禮〔一〕聘禮云：「使者歸，及郊，請反命。」鄭注引作「使之將兵」，彼釋文以爲，「兵」，「則後加字」。易林師之睽云：「清人高子，久屯外野。逍遥不歸，忘我慈母。」〇注「鄭伯」至「而去」。〇左傳：「鄭人惡高克，使帥師次于河上，久而不召。師潰而歸，高克奔陳。鄭人爲之賦清人。」詩鄭風序云：「清人刺文公也。高克好利而不顧其君，文公惡而欲遠之不能。使高克

〔一〕「儀禮」，原誤記爲「禮記」，叢書本同。「聘禮」爲儀禮篇章名，且以下引文實出自儀禮聘禮。

將兵禦狄于竟，陳其師旅，翱翔河上，久而不召，衆散而歸，高克奔陳。」○注「其本」至「爲重」。○詩序又云：「公子素惡高克進之不以禮，退之不以道，危國亡師之本也。」棄師之道也，穀梁注：「高克好利不顧其君，文公惡而遠之不能。使高克將兵禦狄于竟，陳其師旅，翱翔河上，久而不召，衆將離散。高克進之不以禮，文公退之不以道，危國亡師之本。」杜云：「刺文公退臣不以道，危國亡師之本。」皆本詩序爲說。故舉棄師爲重，不書逐高克也。繁露竹林云：「秦穆侮蹇叔而大敗，鄭文輕衆而喪師，春秋之敬賢重民如是。」說苑君道篇云：「夫天之生人也，蓋非以爲君也；天之立君也，蓋非以爲位也。夫爲人君，行其私欲而不顧其人，是不承天意，忘其位之所宜事也。如此者，春秋不予能君，而夷狄之。鄭伯惡一人而兼棄其師，故有『夷狄不君』之辭。人主不以此自省，惟既以失實，心奚因知之。故曰：『有國者不可以不學春秋。』此之謂也。」按：說苑此言可補三傳之闕。不書鄭伯棄其師，而鄭棄其師，與晉伐鮮虞、鄭伐許同辭，明爲狄鄭之義。此文主譏棄師，不爲惡高克言，高克不足惡也。○注「猶趙盾加弑也」。○宣二年書「趙盾弑其君」，不書「趙穿」，但舉弑君爲重，猶實逐高克舉不書，而書棄師，亦舉棄君爲重也。「弑」，閩、監、毛本同。十行本「弑」作「殺」。○注「不解」至「可知」。○何意言「重衆」，故舉國，明爲「從國體録」，故傳不解書鄭義也。○注「繫閔」至「之道」。○校勘記云：「按，于當作於。漢書藝文志公羊、穀梁二家經及傳各十一卷者，繫閔公篇於莊公下故也。宋王儉七志、梁阮孝緒七録皆云何注十一卷，皆以閔附莊也。唐石經於閔公傳末題春秋公羊卷第三，於僖公第五之下附注卷四，蓋据晉宋古本皆十一卷。」按：漢志：春秋古經十二篇，經十一卷。漢世以公羊爲今學，故直稱經十一卷，古經十二篇。蓋劉歆以祕府古文書之，或析閔公爲一篇，非真古本也。志又云公羊傳十一卷，穀梁傳十一卷，鄒氏傳十一卷，夾氏傳十一卷，公羊顔氏記十一篇，皆依經分篇，明閔公附於莊篇末也。隋志有吴士燮春秋注，晉王愆期公羊注，尚係十一卷。三年無改，見論語學而篇。大戴禮本孝云：「孝子，父死三年不敢改父道。」皇侃論語義疏云：「或問曰：若父政善，則不改爲可。若父政惡，惡教傷民，甯可不改乎？答曰：本不論父政之善惡，自論孝子之心耳。若人君風政之惡，則冢宰自行政；若卿大夫之心惡，則其家相邑宰自行事，無關於孝子也。」宋氏翔鳳論語發微云：「道，紹也。三年無改於父之道，謂繼體爲政者也。若從言父之教子，其道當没身不改，難以三年爲限。惟人君治道寬猛緩急隨俗化爲轉移。三年之後，不能無所變易。然必先君以正終，後君得有諒闇不言之義。苟失道而死，則爲誅君，其子已不當立，何能三年無改也？論語微言，與春秋通。明三年無改之道，以示繼體爲政之法，而孝道以立。」○注「傳曰」至「當也」。○文九年傳文。

公羊義疏二十八

僖元年盡是年

南菁書院　句容陳立卓人著

○春秋公羊經傳解詁僖公第四【疏】校勘記云："唐石經『僖公第五卷四』。"魯世家："季友與湣公弟申如邾，請魯求内之。於是季友奉子申入，立之，是爲釐公。釐公亦莊公少子。"釋文："僖公名申，莊公之子，閔公之兄，母成風。謚法：小心畏忌曰僖。"

○元年，春，王正月。

公何以不言即位？【注】据文公言即位。【疏】注"据文"至"即位"。○見文元年。

繼弑君子不言即位。【疏】穀梁傳曰："繼弑君不言即位，正也。"

此非子也，其稱子何？【注】僖公者，閔公庶兄。据閔公繼子般，傳不言子。【疏】注"僖公"至"庶兄"。○左傳正義云："魯世家：僖公名申，莊公之子，閔公庶兄。"按：世家無此語。閔公爲哀姜娣子，僖公爲其庶兄，則成風非哀姜之媵。蓋亦先哀姜而入，與孟任同者。世家云：「季友自陳與湣公弟申如邾。」則史公以僖公爲閔公弟，未可從也。○注「据閔」至「言子」。○閔元年傳云：「繼弒君不言即位。」是不言子也。

臣子一例也。【注】僖公繼成君，閔公繼未踰年君。禮，諸侯臣諸父兄弟，以臣之繼君，猶子之繼父也，其服皆斬衰，故傳稱臣子一例。【疏】白虎通封公侯云：「始封諸侯無子，死不得與兄弟何？古者象賢也，弟非賢者子孫。春秋傳曰：『善善及子孫。』不言及昆弟，昆弟尊同，無相承養之義，昆弟不相繼。至繼體諸侯無子，得及親屬者，以其俱賢者子孫也。重其先祖之功，故得及之。」又喪服云：「臣之於君，猶子之於父。明至尊、臣子之義也。」然則，臣子一例，指繼體君言也。段氏玉裁經韻樓集云：「此公羊謂孔子目僖公爲閔子者，以僖本閔臣，而爲閔子也。知臣子一例，則知臣之者皆得子之矣。故史記説仲丁至陽甲九世，太伯至壽夢十九世，幽王至敬王十四世，皆兄弟爲兩世，祖孫爲兩世。古人數一世至百世，皆如是，皆父子之也。我盡子之實，而人得不目之父子乎？人皆目之父子，而我乃欲辭父子之名乎？天子諸侯之尊，自高曾行，祖行，父行，兄弟行，皆臣之，稽首之，未有以爲怪者，何居乎死後子之則以爲怪乎？故公羊所云，千古之經禮也。後世乃畫分爲人子、爲人後爲二事〔一〕。」○注「僖公」至「年君」。○莊三十二年傳注云：「未踰年之君，禮，臣下無服，故無子不廟，不廟則不書葬。」故閔不稱子。僖公繼成

〔一〕「事」下原衍「乎」字，叢書本同，據經韻樓集校删。

君，閔公死，臣、子同服，故曰子。其實諸侯以國體爲重，子般雖未踰年，待之已如君，故亦不書即位，明其義也。○注「禮諸」至「一例」。○禮喪服大功章傳曰：「是故始封之君不臣諸父、昆弟；封君之子不臣諸父，而臣昆弟；封君之孫盡臣諸父、昆弟。」白虎通封公侯云：「繼世諸侯無子又無弟，但有諸父、庶兄，當誰與？與庶兄推親之序也。」故以僖公繼閔公，不以季友也。又王者不臣云：「始封之君不臣諸父昆弟何？不忍以己一日之功德加於諸父、昆弟也。故禮喪〔一〕服傳曰：『封君之子不臣諸父，封君之孫盡臣之。』」又喪服云：「諸侯爲天子斬衰三年何？普天之下，莫非王土；率土之濱，莫非王臣。臣之於君，猶子之於父。明至尊、臣子之義也。」按：禮喪服斬衰章於「諸侯爲天子」下「爲君」疏：「此君内兼有諸侯及大夫，故文在天子下。」禮記大傳云：「君有合族之道，族人不得以其戚戚君。」又喪服小記云：「與諸侯爲兄弟者服斬。」注：「謂卿大夫以下也，與尊者爲親，不敢以輕服服之。」熊安生曰：「諸侯死，凡與諸侯有五屬之親者皆服斬，以諸侯體尊，不可以本親輕服服之也。」皆謂封君之孫以下也。故後漢書宋意傳：「春秋之義，諸父昆弟無所不臣，所以尊尊卑卑，强幹弱枝者也。」是也。通典禮云：「晉武帝咸寧二年，安平穆王薨，無嗣，以母弟敦上繼獻王後。博士張靖答，宜依魯僖服閔三年例。」按：穆王爲封君之子，宜臣昆弟者也。宋書禮志引孫盛晉陽秋曰：「陽秋傳云『臣子一例』也。雖繼君位，不以後尊降廢前敬。昔魯僖

〔一〕「喪」字，承白虎通而脱，叢書本同，以下引文實出自儀禮喪服傳，據以補之。

公上嗣魯莊，以友于長幼而升〔一〕之爲逆。準之古義，明詔是也。」臣爲君服斬，則君於臣雖諸父昆弟則無服。其不臣者，盛氏世佐儀禮集編云：「以本服服之，不絕並不降也。」通典載荀顗說，以爲「大夫尊〔二〕降其親，則知〔三〕諸侯雖所不臣者，亦絕不服」者，非也。虞喜以爲大夫亦當從諸侯之例，「一世爲大夫不降諸父，二世不降兄弟〔四〕，三世乃皆降之」。李如圭儀禮集釋駁之：「謂諸侯世國，大夫不世爵禄〔五〕，恐不得以世數爲比。」是也。「所不臣者服此國君，先儒據小記，謂與諸侯爲兄弟者服斬，亦非。」既不臣則仍服本服也，蓋臣子一例，服皆斬衰，自指三世盡臣者言之也。故小記注云：「雖在異國，猶來爲三年。」以曾在本國作卿大夫也，亦謂封君之孫以後者也。

○齊師、宋師、曹師次于聶北，救邢。【疏】杜云：「聶北，邢地。」説文品部：「嵒〔六〕，多言也。」春秋傳曰『次于嵒北』，讀與聶同。」一統志：「聶城在大名府清豐縣東北。」紀要：「在縣北十里。」志以爲『次

〔一〕「升」，原訛作「外」，叢書本同，據宋書校改。升，指文二年「躋僖公」逆祀。
〔二〕「尊」，原訛作「猶」，叢書本同，據通典校改。
〔三〕「知」字原脱，叢書本同，據通典校補。
〔四〕「一世」至「兄弟」句，原「諸父」與「兄弟」誤倒，叢書本同，據通典校改。
〔五〕「禄」字原脱，叢書本同，據儀禮集釋校補。下文「亦非」，原文作「疑亦未然」。
〔六〕「嵒」，原訛作「喦」，叢書本同。「嵒」，品部字，「多言也」；「喦」，山部字，「山巖也」。據改。下同。

于聶北，救邢』，即此。」十行本「救邢」下疊「救邢」二字。校勘記云：「唐石經、鄂本『救邢』字不疊，此本誤衍。閩、監、毛本同。」各本左傳「曹師」作「曹伯」，誤。石經左氏作「曹師」。彼莊三十年疏、襄二十三年疏引並作「曹師」。

救不言次，此其言次何？【注】据「夏，師救齊」不言次。【疏】注「据夏」至「救齊」。○即下十八年「師救齊」是也。

不及事也。不及事者何？邢已亡矣。【注】刺其救急舒緩，使至於亡，故録之止次以起之。【疏】注「刺其」至「起之」。○穀梁傳曰：「其不言齊侯何也？以其不足稱揚，不言齊侯也。」注：「救不及事，不足稱揚。」亦謂譏其舒緩不急，使至於亡也。齊氏召南考證云：「齊桓之功在存亡國，而經書『聶北，救邢』，既有三國之師，其力非不足以却敵，而遲遲其行，徘徊不進，待邢人潰圍而出，始遷夷儀。此則伯者之私心也。左氏、公羊無所發明，穀梁最得經義。至城邢，復序三國之師，傳曰：『美齊侯之功也。』功過不相掩，持論平矣。」按：如何氏此注，發明甚切，齊氏謂無所發明，何耶？

孰亡之？蓋狄滅之。【注】以上有狄伐邢。【疏】注「以上」至「伐邢」。○即莊三十二年「冬，狄伐邢」是也。左傳：「邢人潰，出奔師。師遂逐狄人，具邢器用而遷之。」是狄滅之也。

曷爲不言狄滅之？【注】据狄滅温言滅。【疏】注「据狄」至「言滅〔一〕」。○即下十年「春，狄滅温，温子奔衛」是也。

爲桓公諱也。【疏】繁露觀德云：「邢、衛，魯之同姓也，狄人滅之。春秋爲諱，避齊桓也。」

曷爲爲桓公諱？【注】据徐人取舒，晉滅夏陽，楚滅黃皆不諱。【疏】注「据徐」至「不諱」。○下三年「徐人取舒」，注云：「不爲桓諱者，刺其不救也。」其晉滅夏陽，見下二年。楚滅黃，見下十二年。此二事亦不諱者，與書「徐人取舒」同義。舊疏云：「今此實救，故爲之諱耳。」

上無天子，下無方伯，天下諸侯有相滅亡者，桓公不能救，則桓公恥之。【注】故以爲諱，所以醇其能以治世自任而厚責之。【疏】注「故以」至「責之」。○舊疏云：「以治世自任，猶言以天子治世爲己任矣。」厚責者，論語衛靈公云：「躬自厚。」皇疏引蔡謨云：「厚者，謂厚其德也。」謂以厚德責齊桓也。通義云：「緣桓公之心而爲之諱，故於夏陽、於温、於弦、於黃，皆直言滅，以罪其不救也。於邢、衛、杞，因其能救之於末，乃追諱其不能救之於本。」穀梁傳：「言次，非救也。非救而曰救，何也？遂齊侯之意也。」按：春秋責備賢者，於邢、衛、杞能救，則爲之諱其未能及事之失。於夏陽、温、黃不能救，則書滅以恥之。所以厚責其不能而醇其能也。潛夫論邊議云：「齊桓、晉文、宋襄衰世諸侯，猶恥天下相滅

〔一〕「滅」，原訛作「狄」，叢書本同，據上【注】文改。

而已不能救。」亦善善從長意也。

曷爲先言次，而後言救？【注】据叔孫豹先言救。【疏】注「据叔」至「言救」。○襄二十三年「秋，齊侯伐衛，遂伐晉。八月，叔孫豹帥師救晉，次于雍榆」是也。

君也。【注】叔孫豹，臣也，當先通君命，故先言救。今此先言次，知實諸侯。【疏】穀梁傳曰：「是齊侯與？齊侯也。何用見其是齊侯也？曹無師，曹師者曹伯也。其不言曹伯，何也？以其不言齊侯，不可言曹伯也。」注：「曹君不可在師下，故知是齊侯。」因救不及事，故不書齊侯，並不得書曹伯，知皆君也。故左傳亦言「諸侯救邢」，杜云「實大夫而曰諸侯，總衆國之辭」者，非也。通義云：「左傳亦曰諸侯救邢，與此合。劉氏權衡云：「若令救時及事，春秋自不書其次。不書其次，遂無以見其是君。」此未足以窮傳也。因有雍榆，適可與此事相比，故分别君臣耳。假令救晉、救邢，有一不言次者，又必别有所託，以起不專封之義矣。春秋文隨事變，豈得設文外之事而泥事後之文，以生巧辨者哉？」○注「叔孫」至「諸侯」。○史記注引賈逵云〔一〕：「此與襄二十三年『叔孫豹救晉，次于雍榆』二事相反。言此是君也，進止自由。彼是臣也，先通君命。」左疏云：「賈、服取以爲説。」則服氏亦同，皆本公羊義也。

君，則其稱師何？不與諸侯專封也。【注】故没君文，但舉師而已。【疏】繁露王道云：「有天

〔一〕「史記注引賈逵云」有誤。以下引文見於左傳正義僖公元年，作「公羊以爲此言『次于聶北，救邢』，與襄二十三年……」，史記注中未見。

子在，諸侯不得專地，不得〔一〕專封。」是也。又云：「觀乎許田，知諸侯不得專封。」彼專封爲專地之誤。又云：「觀乎齊桓、晉文、宋襄、楚莊，知任賢奉上之功。」齊桓，謂此没君文事也。

曷爲不與？【注】据狄滅之，爲桓公諱。

實與，【注】不書所封歸是也。【疏】注「不書」至「是也」。○昭十三年：「秋，蔡侯廬歸于蔡。陳侯吴歸于陳。」傳云：「此皆滅國也，其言歸何？不與諸侯專封也。」彼注云：「故使若有國自歸者也。」然則彼書所封歸，是不與楚專封。此不書邢侯歸于邢，是爲與齊專封也，故曰實與也。

而文不與。【疏】通義云：「實不與，則當貶言〔二〕齊人。文與，則當言齊侯、宋公、曹伯。今不舉諸侯，亦不貶稱人，實揚文抑，兩者各見。春秋之決事也，誅其可誅，賞其可賞。若天之施，四時錯行；若文王之治，庸威並用。」按：繁露竹林云：「見其指者，不任其辭。不任其辭，然後可與適道矣。」指則實，辭則文也。

文曷爲不與？【注】据實與也。

諸侯之義，不得專封也。【注】此道大平制。【疏】注「此道大平制」。○即春秋制也。聖人以大平

〔一〕「得」字原脱，叢書本不誤，據補。
〔二〕「言」，原訛作「去」，叢書本同，據公羊通義校改。

之道治春秋，所謂撥亂世反諸正也。繁露王道云：「齊桓會王世子，擅封邢、衛、杞，横行中國，意欲王天下。」又云：「桓公存邢、衛、杞，不見春秋。內心予之行，法絶而不予，止亂之道也，非諸侯所當爲也。」孟子告子下「葵丘之會諸侯」，「五命曰：無有封而不告」，注：「無以私恩擅有所封賞而不告盟主也。」趙氏意以若是告天子，則擅封邢、衛，自犯其禁，故以爲不告盟主。然五命所禁，皆本王章，所云不告，自當指告天子言，即此傳之諸侯之義不得專封也。其五禁之中，桓公自犯者多，豈必專封一節有所諱避？葵丘所命，專爲尊王，趙氏説非也。包氏慎言云：「邢以自遷爲文，猶蔡、陳之以自歸爲文，奪其專封，所以彊王義也。」

諸侯之義，不得專封，則其曰實與之何？上無天子，下無方伯，天下諸侯有相滅亡者，力能救之則救之可也。【注】主書者，起文從實也。【疏】白虎通號篇云：「霸者，伯也。行方伯之職，會諸侯，朝天子，不失人臣之義，故聖人與之，非明王之法不張。霸猶迫也、把也，迫脅諸侯，把持王政。」詩邶風旄丘序云：「衛不修方伯連率之職。」箋：「衛康叔之封爵稱侯，今曰伯者，時爲州伯也。周之制，使伯佐牧。春秋傳曰『五侯九伯』，侯謂牧也。」疏引：「王制注云：『凡長皆因賢侯爲之。殷之州長曰伯，虞夏及周皆曰牧。』又曰：『千里之外設方伯。』公羊傳曰：『上無明天子，下無賢方伯。』方伯皆謂州長，則此方伯亦州長矣。周謂之牧，而云方伯者，以一州之中爲長，故云方伯。若牧下二伯，不得云方伯也。」○注「起文從實也」。○明文雖不與，從實與爲主也。通義云：「善桓公之爲此者，得變之正也。他日其命諸侯，亦曰無有封而不告，合於春秋之義也。齊桓存三亡國，並周之舊封，傳輒罪其專封者，蓋陳儀本非邢地，楚丘、緣陵亦本非衛與杞地，彼皆失其故國，桓公更與以閒田，始建國焉，非諸侯不專地之法也。且唯天子有大封之禮，乃命鄰國以其師城之，故詩曰：『王命仲山甫，城彼東方。』其傳曰：『古者諸侯之居偪隘，則王者遷其邑而定其居。』明非有王者之命，不得專遷，亦不得專城。是以左傳曰僖之元年『齊桓公遷邢于夷儀』，二年『封衛于楚丘』。齊語曰『翟人攻邢，桓公築夷儀以封之』，『翟人攻衛，衛人出廬于曹，桓公城楚丘以封之』。毛詩序曰：『衛爲狄所滅，齊桓公攘戎狄而封之。』管子曰：『桓公築緣陵以封杞，予車百乘，甲一千。』狄人攻邢，邢君出致于齊，『桓公築夷儀以封之，予車百乘，卒千人』。狄人伐衛，衛君出致于虚，『桓公築楚丘以封之，予車三百乘，甲五千』。綜諸傳記之文，是三國皆齊所更封，信矣。經於虎牢曰『鄭虎牢』，彭城曰『宋彭城』，而楚丘不繫衛，緣陵不繫杞，又於以見非二國之故有地也。」後漢書馮衍傳顯志賦曰：「爵管仲於夷儀。」注：「天下諸侯知桓公不爲己動也，是故天下歸之。唯能用夷吾，而伯功立，能輔主成業，故就夷儀而爵賞也。」按：爵猶美，謂美管仲夷儀之功，非實爵也，亦非謂封管仲於夷儀也。

○夏，六月，邢遷于陳儀。【疏】〔一〕左、穀作夷儀。杜、范並云：「夷儀，邢地。」元和郡縣志：「故邢國，今邢州城西南隅小城是也。夷儀故城，今龍岡縣界夷儀故城是也，在縣西一百四十里。」沈氏欽韓左

〔一〕「【疏】」，原訛作「【注】」，叢書本不誤，據改。

傳補注云：「按，邢之遷，以遠狄難。今其所遷，仍在順德府邢臺縣境，未遠于狄，豈便爲安？此夷儀實近齊衛之郊。一統志：夷儀城在東昌府聊城縣西南十二里。」大事表：「後漢志聊城有夷儀聚。在今山東東昌府聊城縣西南十二里。」按：漢志「河内郡平皐縣」，應劭曰：「邢侯自襄國徙此，當齊桓時，衛人伐邢，邢遷于夷儀。其地屬晉，號曰邢丘。以其地在河之皐，處勢平夷，故曰平皐。」瓚注曰：「春秋狄人伐邢，邢遷夷儀，不至此。今襄國西有夷儀城，去襄國百餘里。平皐是邢丘，非邢國也。」馬氏宗槤左傳補注云：「按，郡國志『河南平皐縣有邢丘，故邢國』。周公子所封是平皐之邢丘，本邢國也，此非齊桓所遷之邢。郡國志『東郡聊城有夷儀聚』，計邢國所都，亦只在聊城百里之内，臣瓚謂『在襄國西』是也。若平皐邢丘乃衛所滅，復入于晉。師古曰：『晉侯逆女于邢丘，即此。』薛瓚駁應説甚精。酈元不知春秋有兩邢國，其河水注亦混兩國而統釋之，其失始于應劭矣。史記正義邢丘在懷州武德縣東南二十里。」與此邢無涉。差繆略以左、穀與公羊同。

遷者何？其意也。【注】其意自欲遷，時邢創畏狄兵，更欲依險阻。【疏】通義云：「諸言遷于某者是也。趙汸曰：『凡自遷其國，以避夷狄，月；叛中國而請遷于夷狄，則不月。』」穀梁傳曰：「遷者，猶得其國家以往者也。其地，邢復見也。」傳書遷，皆出自遷者之願者也。

遷之者何？非其意也。【注】謂宋人遷宿也。書者，譏之也。王者封諸侯，必居土中，所以教化者平，貢賦者均，在德不在險，其後爲衛所滅是也。遷例大國月，重煩勞也；小國時，此小國月者，霸者所助城，故與大國同。【疏】注「謂宋人遷宿也」。○莊十年「三月，宋人遷宿」是也。通義云：「若宋人遷宿、遷陽是也。於此發傳者，實齊遷邢于陳儀，故解不言齊人遷邢之意也。」起此遷實邢畏狄，自欲遷依險阻，非齊强遷之也。○注「書者」至「在險」。○白虎通京師云：「王者京師，必擇土中何？所以均教道，平往來，使善易以聞，爲惡易以聞，明當懼慎，損于善惡。」漢書婁敬傳：「敬曰：成王營成周，都洛，以爲此天下中，諸侯四方納貢職，道里鈞矣。有德則易以王，無德則易以亡。凡居此者，欲令務以德致人，不欲阻險，令後世驕奢以虐民也。」説苑貴德云：「魏武侯浮西河而下，顧謂吴起曰：『美哉乎！河山之固也！此魏國之寶也！』起曰：『在德不在險。昔三苗氏左洞庭，右彭蠡，德義不修，而禹滅之。夏桀左河、濟，右大華，伊闕在其南，羊腸在其北，修政不仁，湯伐之。殷紂左孟門而右大行，常山在其北，大河經其南，修政不德，而武王伐之。由此觀之，在德不在險。若君不修德，船中之人皆敵國也。』」按：左右多互譌。此所謂在德不在險也，明諸侯亦宜擇其一國之中矣。賈誼曰：「古者，天子之地方千里，中之而爲都，輸將繇使，遠者不過五百里而至；諸侯之地方百里，中之而爲都，輸將繇使，遠者不過五十里而至。輸者不苦其繁，繇者不傷其費，故遠人安。」所謂貢賦均也。○注「其後」至「是也」。○下二十五年「春，王正月，丙午，衛侯燬滅邢」是也。蓋邢恃險，故爲衛滅。國語鄭語云：「鄶仲恃險。」亦恃險故爲鄭滅與？○注「遷例」至「勞也」。○下三十一年「十有二月，衛遷于帝丘」之屬是也。○注「小國時」。○昭九年「春，許遷于夷」之屬是也。○注「此小」至「國同」。○邢小國書月，與大國同者，爲霸主率諸侯助城，亦爲重煩勞也。

○齊師、宋師、曹師城邢。

此一事也，曷爲復言齊師、宋師、曹師？【注】据首戴前目而後凡。【疏】〔一〕注「据首」至〔二〕「後凡」。○下五年〔三〕，「公及齊侯、宋公、陳侯、衛侯、鄭伯、許男、曹伯會王世子于首戴」，下云「諸侯盟于首戴」，是前目後凡也。此若先目後凡，宜〔四〕「諸侯城邢」矣。

不復言師，則無以知其爲一事也。【注】言諸師，則嫌與首戴同，嫌實師；言諸侯，則嫌與緣陵同；嫌歸聞其遷，更與諸侯來城之，未必反故人也，故順上文，則知桓公宿留城之爲一事也。【疏】明即上救邢之師，即齊侯、宋公等也。通義云：「城例時，此及楚丘月者，重録之，起實諸侯也。緣陵舉諸侯明，故不復月。」則此宜蒙上月。○注「言諸〔五〕」至「實師」。○舊疏云：「首戴之會，歷序齊侯、宋公之屬，下文總道諸侯〔六〕，便是實諸侯。今此亦上歷序齊師之屬，若下文直總言諸師，則與首戴同，嫌是實師，非必齊侯、宋公等，是以得序之，以順上文也。」○注「言諸」至「人也」。○十行本〔七〕「入」作「人」。校勘

〔一〕「【疏】」，原脱，叢書本同，據全書體例補。

〔二〕「至」，原訛作「並」，叢書本同，此爲標注文起訖，當作「至」，據改。

〔三〕「年」字原誤倒於「公」字下，叢書本同，據公羊注疏校乙。

〔四〕「宜」殆「宣」之誤，該句意思是「此若先目後凡，則應該書作『諸侯城邢』」。作「宣」，不辭。

〔五〕「諸」，原訛作「語」，叢書本同，據【注】文改。

〔六〕「總道諸侯」，原訛作「總進衛侯」，叢書本同，據公羊注疏校改。

〔七〕「十行本」，原訛作「十行文」，叢書本同。本書常以宋十行本對校，此殆十行本之誤，據改。

記云：「閩、監、毛本〔一〕同，誤也。鄂本元年『入』作『人』。此舊疏中同，當据正。按：「故人者」，仍是齊、宋、曹也。反故人，言仍是救邢之三國。」舊疏云：「下十三年『公會齊侯、宋公、陳侯、衛侯、鄭伯、許男、曹伯會于鹹』，十四年『諸侯城緣陵』是。時會諸侯，各自還國，至十四年更來城之，故此注云：『言諸侯，則嫌與緣陵同，嫌歸聞其遷，更與諸侯來城之也。』」杜云：「一事而再列三國，於文不可言諸侯師故。」是也。反故人，猶言故人反也。○注「故順」至「事也」。○穀梁傳曰：「是向之師也，使之如改事然，美齊侯之功也。」彼以上救邢書次以彰惰，爲貶爵而稱師，此復稱師美齊侯，故使如改事也，與此順上文爲一事異也。舊疏云：「十四年穀梁傳『其曰諸侯，散辭也』，范云：『非伯者所制。』傳又云：『桓德衰矣。』何休曰：『先是盟亦言諸侯，非散也。又穀梁美九年諸侯盟于葵丘，即散，何以美之？』於義穀梁爲短。則何氏彼處廢穀梁不聽爲散辭，而此所引似作散辭者，何意直以言諸侯，見桓德衰，待諸侯然後城，故嫌穀梁以爲散辭。今此注正道緣陵之諸侯，鹹會各自歸國，復來城之，仍自不道十四年諸侯爲散辭矣。」舊疏又云：「宿音須就反，留音盧胄反。」公羊問答云：「問：陳氏浩曰宿留二字他書未見，想亦漢時方言也，信乎？曰：史記武帝紀：『宿留海〔二〕上。』漢書五行志：『其宿留告曉人，備具深切。』郊祀志：『東海宿留之數日。』列子黄

〔一〕「毛本」，原訛作「毛文」，徑改。
〔二〕「海」，原訛作「河」，叢書本同，據史記及公羊問答校改。

帝：『怪而留之，視〔一〕。』釋文：『留之視，宿留而視之也。』〔二〕何以言他書未之見也？」校勘記云：「盧文弨曰：史記索隱音秀溜，漢書郊祀志同。五行志『其宿留告曉人』，亦有讀本字者。」通義云：「按，漢書五行志、李尋傳、後漢書來歷傳及孟子章句『見行可之〔三〕仕』下並有『宿留』之語。宿留猶需留也。易需卦鄭氏注亦讀爲秀。」按：孟子公孫丑云：「故不受也。」注：「故且宿留。」音義云：「宿留，上音秀，下音霤。」孔氏廣森經學卮言云：「易需象傳鄭君注云：『需讀爲秀。』古語遲延有所俟曰宿留。封禪書『宿留海上』、漢五行志『其宿留告曉人』、李尋傳『宿留瞽言』、來歷傳『此誠聖恩所宜宿留』、何氏春秋解詁『宿留城之』、趙氏孟子萬章章句『宿留以答之』，並上音秀下音溜。東觀漢記『和帝詔且復宿留』，後漢書作『須留』，需與須通，故讀爲秀也。漢世訓詁皆音義相將，即六書轉注之學。」按：風俗通過譽篇云：「何敢宿留？」後漢書韋彪傳：「劉愷曰：卿以輕好去就，爵位不躋，今歲垂盡，當還御史，意在相薦，子其宿留乎？」是宿留爲漢世常語。桓公自春救邢，至是城而遷之，宿留於邢，事畢始反也。

○秋，七月，戊辰，夫人姜氏薨于夷。齊人以歸。【疏】包氏慎言云：「經七月有戊辰，曆爲

〔一〕「視」，列子作「徐而察之」。
〔二〕釋文莊子音義作「留之：力救反。司馬云：宿留伺其便也」，與公羊問答所引異。
〔三〕「之」字原脱，叢書本同，據孟子章句及公羊通義校補。

八月之二十七日。」石經左傳作「齊人以尸歸」，校勘記云：「似後人依閔二年傳增入，不足爲据。」

夷者何？齊地也。【疏】閔二年左傳：「共仲通于哀姜，欲立之。閔公之死也，哀姜與知之，故孫于邾。齊人取而殺之于夷，以其尸歸。」杜云：「夷，魯地。」按：彼傳明云齊人取而殺之于夷，明爲齊地也。

齊地，則其言齊人以歸何？【注】据從國中歸不當書，邾婁人執鄫子，不書以歸是也。【疏】注「据從」至「是也」。○即下十九年「宋人、曹人、邾婁人盟于曹南。鄫子會盟于邾婁。己酉，邾婁人執鄫子，用之」，是不言以歸也。通義云：「問：夫人得在齊地，則固歸齊矣，何既薨乃言齊人以歸？」案：經文似若齊人以歸爲歸之齊，故執以問。

夫人薨于夷，則齊人以歸。【注】夫人所以薨于夷者，齊人以歸至夷。【疏】以哀姜本孫邾婁，不得至夷，爲齊人取歸，故得薨于夷也。

夫人薨于夷，則齊人曷爲以歸？【注】据上説夫人薨于夷者，齊人以歸至夷也。齊人曷爲故以歸至于夷。【疏】傳意以經既書薨，與凡同文，則曷爲爲齊所歸？故難之。

桓公召而縊殺之。【注】先言薨，後言以歸，而不言喪者，起桓公召夫人于邾婁，歸殺之于夷，因爲内諱恥，使若夫人自薨于夷，然後齊人以歸者也。主書者，從内不絶録，因見桓公行霸王，誅不阿親親，疾夫人淫泆二叔、殺二嗣子，而殺之。【疏】魯世家云：「齊桓公聞哀姜與慶父亂，以危魯，乃召之邾而殺之，以其屍歸，戮之魯。」謂爲魯戮，非戮之魯地也。縊，唐石經、諸本同。釋文：「縊，一本作搤。」○注「先言」至「者也」。○穀梁傳：「不言以喪歸，非以喪歸也。加喪焉，諱以夫人歸也。」注：「泰曰：齊人實以夫人歸，殺之于夷。諱，故使若自行至夷，遇疾而薨，然後齊人以喪歸也。歸在薨前，而今在下，是加喪之文也。經不言以喪歸者，以本非以喪歸也。」杜云：「不言齊人殺，諱之。」○注「主書」至「絶録」。○閔二年「九月，夫人姜氏孫于邾婁」，注云「不如文姜于出奔貶之者，爲内臣子明其義，不得以子絶母」者是。○注「因見」至「殺之」。○校勘記云：「鄂本同。閩、監、毛本王誤正。」漢書孝成趙皇后傳：「魯嚴公夫人殺世子，齊桓公召而誅焉，春秋與之。」又鄒陽傳：「陽言：魯哀姜薨于夷，孔子曰：『齊桓公法而不譎。』以爲過也。」師古曰：「法而不譎，言守法而行，不能用權以免其親也。」或論語家説。

○楚人伐鄭。【注】楚稱人者，爲僖公諱與夷狄交婚，故進使若中國，又明嫁娶當慕賢者。【疏】注「楚稱」至「交婚」。○莊二十八年書「荆伐鄭」，此稱「楚人」，故解之也。諱與夷狄交婚者，下八年「禘于大廟，用致夫人」，傳：「夫人何以不稱姜氏？譏以妾爲妻也。其言以妾爲妻奈何？蓋脅于齊媵女之先至者也。」注：「僖公本聘楚女爲適，齊女爲媵。齊先致其女，脅僖公使用爲適，故從父母辭言致。」是也。按：宣公母頃熊，其楚女與？舊疏云：「不書夫人及楚女至者，起齊先致其女，然後脅魯使立也。楚女未至而豫廢，故皆不得以夫人至書也。」義或然也。○注「故進」至「中國」。○通義云：「僖公爲所聞世之始，始内諸夏而外夷狄，治楚以漸，故進而國之。杜預謂：『荆自改號曰〔一〕楚。』妄也。据左傳，則桓、莊之篇固皆稱楚矣。假令實先號荆，今更號楚，魯頌作於僖公之世，何以尚稱『荆舒』？故知以州舉者，自是略賤之辭。詩與春秋其義正同。」按：孔以僖公爲所聞世，與何異。舊疏云：「正以稱人爲楚，進稱故也。」○注「又明」至「賢者」。○新書胎教雜事云：「爲子孫婚妻嫁女，必擇孝悌，世世有行義者。」即慕賢者之意也。解詁箋云：「與楚交婚爲大惡者，言自比於楚也。進楚，所以辟外公也。然据傳文及穀梁言之，無取楚之事，則知此爲漸進文。」按：何氏所据，或公羊外傳諸書。不得以傳文不見，即牽涉穀梁以解公羊也。

○**八月，公會齊侯、宋公、鄭伯、曹伯、邾婁人于朾。**【注】月者，危公會霸者而與邾婁有辦也。不從有夫人喪出會惡之者，不如危重也。【疏】左、穀朾作檉。按：穀梁莊二十七年傳注：「僖元年會朾。」當穀梁同公羊也。古丁聖聲同部，得相叚借。杜云：「檉，宋地。陳國陳縣西北有檉城。」大事表云：「左傳作檉，今陳州府西北有檉城，即檉也。」水經注渠水篇：「陂水東流，謂之谷水，東逕澇城。」王隱曰：「檉北有谷水，是也。」檉即檉矣。經書『公會齊、宋于檉』，杜預曰：『檉即檉也，在陳縣西北。』」紀要云：

〔一〕「曰」字原脱，叢書本同，據公羊通義校補。

「犖城在陳州西北。」〇注「月者」至「辨也」。〇舊疏云：「正以月[一]非大信辭故也。知與邾婁有辨者，即下文『公敗邾婁師于纓』是也。既出尊者之側而有私争[二]，故危之。」〇注「不從」至「重也」。〇下九年注：「襄公背殯出會宰周公，有不子之惡。」明重喪出會有惡。此有夫人喪而出會諸侯，宜惡，惟不如危重也。

〇九月，公敗邾婁師于纓。【注】有夫人喪，不惡親用兵者，時怨邾婁人以夫人與齊，於喪事無薄故也。【疏】左、穀「纓」作「偃」，纓偃一聲之轉。按：昭五年注：「据秦伯罃、稻，名。」疏：「文公十八年『秦伯罃卒』，宣四年『秦伯稻卒』是也。」文十八年左傳疏引賈氏云：「穀梁傳曰：秦伯偃。」知古偃罃得通矣。故漢書古今人表「女罃」，大戴禮作「女匽」。錢氏大昕史記考異謂：「罃匽皆音之轉。」是也。杜云：「邾地在費縣西。」〇注「有夫」至「故也」。〇下三十三年：「晉人及姜戎敗秦師于殽。」傳云：「襄公親之，則其稱人何？貶。曷爲貶？君在乎殯而用師，危不得葬也。」是背殯用兵者，貶而危之。此亦背殯無危辭，故難之也。舊疏云：「此經云『公敗邾婁師于纓』，與『公敗齊師于長勺』、『公敗宋師于乘丘』之屬無異者，時於喪事無薄故。然則，公敗邾婁爲哀姜復讎也。」通義云：「有夫人喪，公再出不諱者，本不當喪。以小君之

〔一〕「月」字原脱，叢書本同，據公羊注疏校補。
〔二〕「争」，原訛作「尊」，叢書本同，據公羊注疏校改。

禮，從下喪至貶見義〔一〕。」按：以莊九年不與公復讎證之，孔義亦通。

○冬，十月，壬午，公子友帥師敗莒師于犂。【疏】包氏慎言云：「冬十月經有壬午，曆爲十一月之十三日。十二月經有丁巳，其月之十八日也。丁巳日不誤，則十月不得有壬午。長曆於閔二年閏六月，此年又閏十一月，故於經所書日皆無抵牾。然當時曆雖疏，不應如此之乖謬也。」左氏「犂」作「酈」。杜云：「酈，魯地。」穀梁傳作麗。按：麗即酈之省。山左金石志鄭述祖天柱山銘：「麗其騁辨之地。」「麗其」即「酈食其」也。犂、酈音同，叚借字，關中金石記大秦景教流行中國碑跋：「大秦即〔二〕犂軒，説文作麗軒。」是也。

○獲莒挐。【疏】釋文：「挐，一本作茹。」左傳校勘記：「石經、宋本、淳熙本、足利本、岳本「拏」作「挐」，是也。」按：今左傳毛本、監本作「拏」，當改正。

莒挐者何？莒大夫也。莒無大夫，此何以書？大季子之獲也。何大乎季子之

〔一〕「義」字原脱，叢書本同，據公羊通義校補。

〔二〕「即」，原訛作「郎」，叢書本同，據金石萃編景教流行中國碑校改。

獲？【注】据獲人當坐。【疏】注「据獲人當坐」。○穀梁傳：「傳〔一〕例曰：獲者，不與之辭。」

季子治内難以正，【注】謂拒慶父。【疏】注「謂拒慶父」。○校勘記云：「元本、閩、監本同。鄂本拒作距，毛本誤据。」

禦外難以正。其禦外難以正奈何？公子慶父弑閔公，走而之莒，莒人逐之，將由乎齊，齊人不納，却反舍于汶水之上，【疏】校勘記云：「唐石經、諸本同。解云：舊本皆作洛者，誤也。今齊、魯之間有汶無洛。」

使公子奚斯入請。【疏】魯世家：「魯人欲誅慶父。慶父恐，奔莒。季友以賂如莒，求慶父。慶父歸，使人殺慶父。慶父請奔，弗聽，乃使大夫奚斯行。」左傳閔二年云：「共仲奔莒，以賂求共仲于莒，莒人歸之，及密，使公子魚請。」注：「密，魯地，琅邪費縣北有密如亭。公子魚，奚斯也。」奚斯亦見詩魯頌閟宫，云：「新廟奕奕，奚斯所作。」文選兩都賦序：「奚斯頌魯。」注引韓詩傳「奚斯，魯公子也」，如左傳文。蓋名魚字奚斯與？法言云：「公子奚斯常晞尹吉甫〔二〕矣。」阮氏元揅經室集：「有以鮮魚名爲本誼，而藉聲近之斯爲用者。詩『奚斯所作』，左傳奚斯爲公子魚字。孟子『庾公之斯』，左傳作『庾公差』，字子魚，差乃斯

〔一〕「傳」字原脱，叢書本同，據穀梁注疏校補。
〔二〕「尹吉甫」，原訛作「正考父」，叢書本同，據法言校改。

聲近之誤，斯乃鮮叚借字也。」

季子曰：「公子不可以入，入則殺矣。」【注】義不可見賊而不殺。【疏】公子亦如莊三十二年呼叔牙爲公子同，蓋亦外之之詞。按：左傳、史記皆言「以賂求共仲於莒」，如此傳，則非以賂求矣。

奚斯不忍反命于慶父，自南涘，【注】涘，水涯。【疏】注「涘，水涯」。○詩秦風蒹葭云：「宛在水中涘。」傳：「涘，水厓。」又王風葛藟：「在河之涘。」涘，厓也。謂汶之南涘也。

北面而哭。【注】時慶父在汶水之北。【疏】注「時慶」至「之北」。○各本「在」誤「自」，依鄂本正，見校勘記。魯世家云：「哭而往。」左傳又云：「不許。哭而往。」是也。

慶父聞之曰：「嘻！【注】嘻，發痛語首之聲。【疏】注「發痛」至「之聲」。○舊疏云：「謂發心自痛傷，而以嘻爲語之首也。」大戴禮少閒云：「公曰：嘻！」注：「嘻，歎息之聲。」禮記檀弓云：「夫子曰：嘻！」注：「嘻，悲恨之聲。」列子天瑞：「國氏曰：嘻！」注：「嘻，哀痛之聲。」史記魯〔一〕仲連傳：「噫嘻！亦太甚矣！」索隱：「嘻者，驚恨之歎也。」此云發聲，較各說尤切。張儀傳：「儀被笞。其妻曰：『嘻！子毋讀書遊說，安有此辱乎？』」亦同此。

此奚斯之聲也！諾，已！」【注】諾、已，皆自畢語。【疏】注「諾已」至「畢語」。○舊疏云：「畢作

〔一〕「魯」，原訛作「名」，叢書本不誤，據改。

卑，字誤。」通義云：「諾，應聲，答奚斯知其意。已曰，猶言既而曰。」以「已」字屬下讀。按：疏又云：猶似今人云：「休！一生罷去已〔一〕！」自畢竟之辭，故云自畢語矣。孫氏志祖讀書脞録云：「淮南説林訓『諾之與已，相去千里』，諾已，謂奚斯所許已止不成，故重言曰『吾不得入矣』。」

曰：「吾不得入矣！」於是，抗輈經而死。【注】輈，小車轅，冀州以北名之云爾。【疏】閔二年左傳：「共仲曰：『奚斯之聲也！』乃〔二〕縊。」魯世〔三〕家云：「慶父聞奚斯音，乃自殺。」通義云：「抗，舉也。軒其車，使輈去地高，可得縊〔四〕也。」繁露精華云：「是故逢丑父當斮，而轅濤塗不宜執，魯季子追慶父，而吴季子釋闔廬，此四者，罪同異論，其本殊也。俱欺三軍，或死或不死；俱弑君，或誅或不誅；聽訟折獄，可無審耶！」〇注「輈小」至「云爾」。〇十行本「北」作「此」。校勘記云：「閩、監、毛本同，誤也。蜀大字本此作北，當据正，漢制考同。」按：説文車部：「輈，轅也。」考工記：「輈人爲輈。」注：「輈，車轅也。」方言九：「轅，楚衛之間謂之輈。」楚辭〔五〕東君：「駕龍輈兮〔六〕乘雷。」注：「輈，車轅也。」禮既夕云：「薦車，

〔一〕「已」，原訛作「曰」，叢書本不誤，據改。
〔二〕「乃」，原訛作「入」，叢書本不誤，據改。
〔三〕「世」，原訛作「也」，叢書本不誤，據改。
〔四〕「縊」，原訛作「經」，叢書本同，據公羊通義校改。
〔五〕「辭」，原訛作「詞」，叢書本同，徑改。
〔六〕「兮」，原訛作「分」，叢書本不誤，據改。

直東榮，北輈。」〔一〕注：「輈，轅也。」輈人又云：「十分其輈之長。」注云：「輈，當伏兔者也。」小爾雅廣言以輈爲輿者，輈以載輿，因謂輿爲輈也故也。

莒人聞之曰：「吾已得子之賊矣。」以求賂乎魯。【注】魯時雖緩追，猶外購求之。【疏】左傳亦云：「莒人來求賂。」注：「求還慶父之賂。」○注「魯時」至「求之」。○閔二年左傳云「以賂求共仲于莒」是也。通義云：「魯本賂莒，使歸慶父，莒但逐之而已。聞其自死，乃復責賂。」

魯人不與，爲是興師而伐魯。【注】故與季子獲之。【疏】注「故與」至「獲之」。○正以不坐季子以獲，故書莒大夫，大其獲也。

季子待之以偏戰。【注】傳云爾者，善季子忿不加暴，得君子之道。【疏】注「傳云」至「之道」。○舊疏云：「此待之以偏戰者，即經書敗文是也。敗者，内戰文耳。莒人可忿，而能結日偏戰。偏戰，是其不加暴之義，故得君子之道。」繁露竹林云：「難者曰：春秋之書戰伐也，有惡有善也，惡詐擊而善偏戰是也。」通義云：「云爾者，釋壬午日也。」謂其結日，故爲善辭也。穀梁傳義異，彼傳曰：「内不言獲，此其言獲，何也？惡公子之紿。」注：「紿，欺紿也。」又曰：「紿者奈何？公子友謂莒挐曰：『吾二人不相説，士卒何罪？』屏左右而相搏。公子友處下，左右曰：『孟勞！』孟勞者，魯之寶刀也。公子友以殺之。然則何

〔一〕「薦車，直東榮，北輈」句，原訛作「薦平，直東榮，北轅」，叢書本「車」字不誤，「輈」字亦訛作「轅」，據叢書本及儀禮校改。

以惡乎紿也？曰：棄師之道也。」是以書獲爲譏文。彼注引江熙曰：「經書『敗莒師』，而傳云『二人相搏』，則師不戰，何以得敗？理自不通也。夫王赫斯怒，貴在爰整。子所慎三，戰居其一。季友令德之人，豈當舍三軍之整，佻身獨鬭，潛刃相害，以決勝負者哉？雖千載之事難明，然風味之所期，古猶今也，此又事之不然，傳或失之。」是穀梁先師亦不以彼傳爲然。

○十有二月，丁巳，夫人氏之喪至自齊。【疏】閔二年左傳云：「僖公請而葬之。」世家云：「魯釐公請而葬之。」是也。

夫人何以不稱姜氏？【注】据薨于夷稱姜氏。經有氏，不但問不稱姜，並言氏者。嫌据夫人婦姜欲使去氏。【疏】注「据薨」至「姜氏」。○見上。○注「經有」至「去氏」。○宣元年：「遂以夫人婦姜至自齊。」傳：「夫人何以不稱姜氏？貶。」是經有去氏見貶例。故別之也，明据上薨稱姜氏以難也。

貶。曷爲貶？【注】据薨于夷不貶。【疏】[一]注「据薨」至「不貶」。○爲其稱姜氏無貶文也。

與弑公也。【注】與慶父共弑閔公。【疏】唐石經、諸本同。釋文作「與弑，申志反」。○注「與慶」至「閔公」。○閔二年左傳云：「閔公之死也，哀姜與知之。」穀梁傳：「其不言姜，以其殺二公子，貶之也。」按：慶父弑二君，止稱閔公者，科舉其一，又以順傳「弑公」文，爲子般尚未稱公故也。

[一]「【疏】」，原訛作「○」，叢書本不誤，據改。

然則曷爲不於弒焉貶？【注】据酖牙，於卒時貶。【疏】毛本「於」誤「與」。通義云：「難孫于邾婁稱姜氏意。」○注「据酖」至「時貶」。○莊三十二年：「公子牙卒。」傳：「何以不稱弟？殺也。」是即於其殺時絶去弟見貶矣。

貶必於其重者，莫重乎其以喪至也。【注】刑人于市，與衆棄之，故必於臣子集迎之時貶之。所以明誅得其罪，因正王法所加，臣子不得以夫人禮治其喪也。貶置氏者，殺子差輕於殺夫，別逆順也。致者，從書薨，以常文録之。言自齊者，順上以歸文。【疏】十行本脱「其」字。校勘記云：「閩、監、毛本同。唐石經、鄂本於下有其字，此脱。按，閔二年疏引此傳云『貶必於其重者』，亦有其字。」春秋正辭云：「若仲遂卒于垂，卒而削公子；叔孫得臣卒，卒而去其日，皆終事也。無駭終其身不氏，翬終隱之篇不稱公子，以其見於經罕矣。意如執而致，致而後去族，其重者不可得貶絶，則因事以見之。」○注「刑人」至「棄之」。○禮記王制文。○注「故必」至「貶之」。○莊二十四年注：「禮，夫人至，大夫皆郊迎。」此夫人喪至，亦宜然。何氏以理決之也。○注「所以」至「喪也」。○經韻樓集云：「春秋之母弒者有二，曰宋王姬，曰魯哀姜。王姬者，主弒者也，故直書其罪。哀姜者，與於弒者也，内大惡諱，故書曰『夫人氏之喪至自齊』，去其姜。凡爲母后者，可以鑒矣。故曰春秋成，而亂臣賊子懼。」包氏慎言云：「哀姜爲齊桓所殺，齊不以爲女也，故不稱姜，不以夫人禮治其喪。王法所誅，臣子不得徇私恩也。」按：夫人者弒二君，宜從誅絶科，得罪宗社，王法所正，故臣子當以天子之法治之也。舊疏云：「季子之逸慶父，齊桓之討哀姜，二義相違，而皆善之者，誅不辟親。王者之道，親親相隱，古今通式。然則，齊桓之討哀姜，得伯者之義；季子之縱慶父，因獄有所歸，遂申親親之恩，義各有途，不可爲難矣。」○注「貶置」至「順也」。○謂去姜留氏也。左疏引賈逵云：「殺子輕，故但貶姜。」此決莊元年「夫人孫于齊」，並姜氏絶去。彼文姜殺夫，視殺子罪尤重也。舊疏云：「言别逆順者，言殺夫之逆甚於殺子，二事相對而言之，不謂哀姜殺子爲順也。是以晉侯、宋公殺世子，皆直稱君而甚之也。」通義云：「貶去姓者，使絶屬于齊。明桓公之誅，不爲滅親。」與穀梁爲齊桓諱殺同姓義近。○注「致者」至「録之」。○上文書薨，不書殺，爲常文。故此書「至自齊」，爲順上常文書致，與定元年書「公之喪至自乾侯」之文同也。○注「言自」至「歸文」。○上書「齊人以歸」，故此順而書「至自齊」，不言至自夷也。

公羊義疏二十九

南菁書院　句容陳立卓人著

僖二年盡三年

○二年，春，王正月，城楚丘。【疏】杜云：「楚丘，衞地，邑。」漢書地理志山陽郡成武下有楚丘亭，「齊桓公所城，遷衞文公於此」。毛詩鄘風序云：「定之方中，美衞文公也。衞爲狄所滅，東徙渡河，野處漕邑。齊桓公攘戎狄而封之。文公徙居楚丘。」疏引：「鄭志張逸問：『楚宮今何地？』答曰：『楚丘在濟、河間，疑在今東郡界中。』」正義引：「杜預云：『楚丘在濟陰成武縣西南，屬濟陰郡。』猶在濟北，故云濟、河間也。但漢之郡境已不同，鄭疑在東郡，杜云濟陰也。」大事表云：「今爲河南衞輝府之滑縣。」胡氏渭禹貢錐指亦以爲在滑縣東北。又云：「衞地爲丘頗多，其見於經、傳者，曰楚丘、帝丘、旄丘、鐵丘、瑕丘、清丘、廩丘、敦丘，皆在濮水之濱、桑土之野。故經繫降丘宅土於桑田既蠶之下。說文：『丘，土之高者。』廣雅：『小陵曰丘。』兗地最卑，丘非山者，當氾濫之時而其上猶可以居人。」大事表又云：「春秋有兩楚丘。隱七年楚丘在山東曹縣東南四十里，本戎州已氏之地，凡伯過其地，因劫略之，杜注所謂濟陰成武縣西南者是也，地界曹、宋間，襄十年『宋享晉侯于楚丘』即此。其一爲僖四年『衛遷于楚丘』，在滑縣東六十里，於漢爲白馬縣。杜注春秋無明文，而毛詩傳箋疏及水經注言之甚晰。毛定之方中傳云：『虛，漕虛也。楚丘有堂邑。』鄭箋：『自河以東，夾於濟水，文公登漕之虛，以望楚丘。』孔疏則云：『楚丘西有河，東有濟。』水經注：『白馬濟有白馬城，衛文公東徙渡河，都之。』其不得混於成武，彰彰矣。隋開皇十六年，同時置兩楚丘，一則漢已氏縣，以戎伐凡伯之楚丘而名，爲南楚丘。一在漢白馬縣，即桓公封衛者，爲北楚丘。後以曹縣有楚丘，因改名衛南縣。通典：『白馬，春秋衛國曹邑〔一〕。』『衛南，衛國楚丘也〔二〕。』元和郡縣志、舊唐書所載並同。朱子詩集傳亦云：『漕、楚丘皆在滑州。』乃班固地理志於『成武』下則云：『齊桓公所城，遷衛文公於此。』既混滑縣之楚丘於成武。而文定説春秋于凡伯傳又云：『罪衛不救王臣之難。』又混成武之楚丘於滑縣。蓋兩失之。至熊過謂楚丘爲魯地，言城楚丘，猶夫城向、城郎，因力辨桓公無封衛之事，引僞子貢詩傳謂楚丘爲魯風，不惟與公羊之本文相悖，並舉詩所稱楚宫、楚室一概抹殺之，豈非荒經蔑古之甚乎！高江村辨楚丘甚明，獨以『宋享晉侯于楚丘』，謂即衛地，則不然。宋都在歸德府睢州與滑縣之楚丘中間，尚隔一開封府，相去五六百里，雖宋之邊，不宜至是。又云衛北遷帝丘，隔遠南鄙，由是地緼于宋，亦無明文，不如景范所説，戎州己氏，地界曹宋間。宋之楚丘與戎伐凡伯之楚丘爲一，

〔一〕「曹邑」，原訛作「漕邑」，叢書本同，據通典校改。
〔二〕「衛國楚丘」，通典原文作「衛文公自曹邑遷楚丘，即此城」。

差爲近是也。」按：閔二年，衛爲狄所滅，遺民渡河，立戴公以廬于漕，至僖二年齊桓公封衛于楚丘，爲北楚丘。顧氏分別甚詳。而水經注濟水篇又云：「菏水分濟於定陶東北，北〔一〕逕己氏縣，又北逕景山東〔二〕，又北逕楚丘城西。郡國志曰：『成武縣有楚丘亭。』杜預云：『楚丘在成武縣西南。衛懿公爲狄所滅。衛文公東徙渡河，野處曹邑〔三〕。齊桓公城楚丘以遷之。』故春秋稱邢遷如歸，衛國忘亡，即詩所謂『升彼虛矣，以望楚矣。望楚與堂，景山與京』。故鄭玄言：『觀其旁邑及山川也。』」似亦誤以成武之楚丘當之矣。

孰城？【注】据内城不月，故問之。【疏】下十四年傳：「孰城之？」疏引此傳有「之」字，宜据補。校勘記云：「唐石經以下本皆脱。」○注「据内」至「問之」。○隱七年「夏，城中丘」、襄十九年「冬，城西郛」，是皆内城，不月也。舊疏云：「其内城有在日月下者，皆不蒙日月。」

城衛也。曷爲不言城衛？【注】据無遷文以言城，固當言城衛。【疏】校勘記云：「解云：舊本『曷爲』之下有『不言』二字，今無者，脱也。按，唐石經『曷爲』下原刻作『城』，後磨改爲『不』，則本作『曷爲城衛』，『不言』二字係磨改補入，故此行及次行皆十一字，其蹟可覆也。疏本亦無『不言』二字。十四年傳云

〔一〕「北」字原脱，叢書本同，據水經注校補。
〔二〕「東」字原脱，叢書本同，據水經注校補。
〔三〕「曹」，原訛作「漕」，叢書本同，據水經注校改。

『曷爲城杞』，亦無『不言』。」按：以傳文考之，亦當無「不言」二字。傳云：「滅也。」正答所以城衛之故。○注「据無」至「城衛」。○舊疏云：「言以前之經，未有遷衛于楚丘之文，今此城之，固當言城衛，不應言城楚丘，故難之。『固』字亦有作『故』字者，言由是之故，當言城衛。」校勘記云：「疏本故作固。解云：固難之，固亦有作故字者，諸本作故難之，固誤也。按，何氏當本用固字。七年注云『固因其得禮，著其能以爵通』，此注今本作故，非。」按：各本皆誤作「故」。又如注文，似有「不言」二字，意謂無遷文言城，固宜言城衛也。

滅也。【疏】通義云：「故不言城衛，起非故衛，新衛又未遷也。陳儀遷而後城，楚丘城而後遷，文是以異也。於緣陵亦然。」按：注意不言城衛，因衛已滅也。

孰滅之？蓋狄滅之。【注】以上有狄入衛。【疏】注「以上」至「入衛」。○即閔二年「冬，狄入衛」是也。因經止書狄伐邢、狄入衛，故此及上元年傳皆言蓋。

曷爲不言狄滅之？爲桓公諱也。曷爲爲桓公諱？上無天子，下無方伯，天下諸侯有相滅亡者，桓公不能救，則桓公恥之也。【疏】詩疏引：「樂稽耀嘉云：『狄人與衛戰，桓公不救。於其敗也，然後救之。』宋均注云：『救，謂使公子無虧戍之。』」蓋當時狄勢正强，桓公力未能敵，故遷之楚丘，明畏避狄也。是桓公不能救事也。

然則孰城之？【注】据不出主名，見桓公德優不待之，又不獨書齊，實諸侯也。

桓公城之。曷爲不言桓公城之？不與諸侯專封也。【疏】穀梁傳曰：「則其不言城衛何也？衛未遷也。其不言衛之遷焉何也？不與齊侯專封也。其言城之者，專辭也。故非天子不得專封諸侯。不得專封諸侯，雖通其仁以義而不與也，故曰仁不勝道。」按：彼下「不得」蓋涉上「不得」誤衍，唐石經已然也。王氏引之經義述聞說。

曷爲不與？實與而文不與。文曷爲不與？諸侯之義，不得專封。諸侯之義不得專封，則其曰實與之何？上無天子，下無方伯，天下諸侯有相滅亡者，力能救之，則救之可也。【注】復發傳者，君子樂道人之善也。不繫衛者，明去衛而國楚丘，起其遷也。不書遷與救次者，深爲桓公諱。使若始時尚倉卒有所救，其後晏然無干戈之患，所以重其任而厚責之。主書者，起文從實也。【疏】注「復發」至「善也」。○正以上元年「救邢」下已發傳，此又發傳，故解之也。皆樂道人善之義，與莊十二年復發「及者何？累也」傳義同。通義云：「三城各異書者：城邢，承上救邢之師；城緣陵，承上會鹹諸侯。此文無所承，方辟專封，故不目言其人矣。」「蕭楚曰：『齊桓存三亡國，封衛之功尤爲彰著。衛人欲厚報之，至形於篇詠，當時歸其仁，而遠人自是嚮慕，江人、黄人來會于貫澤是也。觀木瓜之什列于國風，則是聖人亦以爲善矣。於春秋獨没其事實何也？夫存亡繼絶、建邦開國，所謂作天下之福，王人秉此，以懷人心而永天命，不可失者也。君子不書於經，俾讀春秋者如無其事焉，所以示王道之存也。若直曰狄人滅衛，齊侯封衛于楚丘，則爲無王矣。』『夫王天下者，大柄有二，曰威曰福。二柄舉則天下治矣。一有失焉，不以淪亡，則以敗亂。下或擅之，小則以伯，大則以王。』『然威之爲用，足以制人而已，王政之末也。』『福者，積微以爲用，以晦而彰，以柔而强，及其至也，威不足以言之，是王道之本也。何謂福？恩惠是也。何謂威？甲兵是也。』『先王經世，有賜諸侯弓矢，得專征伐之威；未嘗偶予臣下得私恩惠之福。』『故禮家施不及國者，不與大夫得作福於國也。詩戒諸侯專封者，不與有國者得作福於天下也。』『春秋間有執人之君，已而釋之者；滅人之國，已而復之者。』『力能執人之君、滅人之國，威亦大矣。釋而不殺，若復畀其人民社稷，惠亦厚矣。有威可畏，有惠可懷，此文王所以造周也。若夫姦雄乘之，必至吞弱兼小，雖無商紂，猶將睥睨神器。故春秋〔一〕書執人之君、滅人之國者，著其無王，罪之也。』『至恩惠之事，諸侯擅之，雖未足以傾周，皆削而不書。』『冀後之君子觀其所書，而知天下之所以亂；索其所不書，而知王之所以存。』『莊子曰：「春秋經世先王之志，聖人議而不辨。」此之謂也。」」按：孔氏此論〔二〕正得春秋「文不與」之義。○注「不繫」至「遷也」。○決襄十年「冬，戍鄭虎牢」繫鄭也。衛之始封在沬，殷之故都也。史記注引宋忠云：「康叔從康徙封衛，衛即殷墟定昌之地。」時由彼遷楚丘，故書楚丘以起其遷也。新序義勇云：「衛懿公有臣曰宏演，遠使未還。狄人攻衛，其民曰：『君之所與禄位者，鶴也；所富者，宫人也。君使宫人與鶴戰，予焉能戰？』遂潰而去。狄人追及懿公於熒澤，殺之，盡食其肉，

〔一〕「春秋」，春秋辨疑原文作「仲尼」。
〔二〕「孔氏此論」實爲其所引「蕭楚」之論。引文出自宋蕭楚春秋辨疑卷三不書諸侯恩惠辨。

獨舍其肝。宏演至，報使於肝畢，呼天而號，盡哀而止。曰：『臣請爲表。』因自刺其腹，納懿公之肝而死。齊桓公聞之曰：『衛之亡也以無道，今有臣若此，不可不存。』於是救衛於楚丘。」是其事也。○注「不書」至「責之」。○決上元年書「齊師、宋師、曹師次于聶北，救邢」，下云「邢遷于陳儀」也。○注「主書」至「實也」。○與上救邢稱師不稱君同。繁露滅國下云：「齊桓爲幽之會，衛不至，桓怒而伐之。狄滅之，桓憂而立之。」「用心如此，豈不佰哉！故以憂天下與之。」是亦文從實之義也。

○夏，五月，辛巳，葬我小君哀姜。【疏】包氏慎言云：「五月有辛巳，月之十四日。」按：曆宜置閏，辛巳爲閏四月之十四日。

哀姜者何？莊公之夫人也。【注】誅當絶，不當以夫人禮書葬。書葬者，正齊桓討賊，辟責内讎齊。【疏】注「誅當」至「讎齊」。○上元年「夫人氏之喪至自齊」，不書姜，是誅文也，則此不合書葬見絶，今此書葬，所以辟責内讎齊也。隱十一年傳「君弒，賊〔一〕不討，不書葬」，以責臣子。夫人理亦宜然。今若不書葬，嫌爲責魯臣子不討賊矣。所以不責魯臣子者，爲齊桓爲魯討賊，得其正故也。

〔一〕「賊」字原脱，叢書本同，據公羊注疏校補。

○**虞師、晉師滅夏陽。**【疏】左氏夏陽作下陽，服本作夏陽。古夏下同部，叚借。隸續斥彰長田君斷碑：「假印綬守廣平夏曲陽令斥彰長。」洪云：「鉅鹿之四邑：曰任、曰廣平、曰下曲陽、曰斥章。碑以下爲夏，以章爲彰。」是也。水經河水注：「谿水又東南逕夏陽縣故城南。服虔曰：夏陽，虢邑也，在大陽東三十里〔一〕。」元和郡縣志：「下陽城在陝州平陸縣東北二十里，今屬山西解州。」杜云：「下陽，虢邑，在河東大陽縣。」本之服説。水經河水注又云：「竹書紀年晉獻公會虞師伐虢，滅下陽。虢公醜奔衛。獻公命瑕父呂甥邑于虢都。地理志：『北虢也。』」按：北虢即西虢也。東虢滅于鄭，在平王時。左傳隱元年：「制，巖邑也，虢叔死焉。」是也。閻氏若璩釋地云：「杜注：『虞國在河東大陽縣。』余謂山西之平陸縣也。『虢，西虢國，弘農〔二〕陝縣東南有虢城』，余謂河南之陝州也。名雖二省，而界相連。莫妙於〔三〕裴駰引賈逵注云：『虞在晉南，虢在虞南。』一言之下而形勢瞭然。爾時爲晉獻公十九年，正都于絳，絳在太平縣之南。絳州之北土人至今呼故晉城，遺址宛然。」大事表云：「今解州平陸縣東北四十里有古虞城，在大河之北。」今大陽廢縣在解州平陸縣東五十里。又東北三十里爲故下陽城。則下陽爲虢河北地，虢界跨有河南北也。

〔一〕「里」下原衍「城南」二字，不辭，叢書本同，據水經注校删。

〔二〕「弘農」，原作「宏農」，清人避乾隆皇帝弘曆名諱，以宏代弘，茲恢復本字。

〔三〕「莫妙於」三字原脱，叢書本同，據四書釋地校補。

虞，微國也，曷爲序乎大國之上？【注】据稱師有加文，知不主會。【疏】下五年注：「虞稱公者，奪正爵。」則公非本爵。圻内國稱子，故知虞微國也。○注「据稱」至「主會」。○隱五年傳「將卑師衆稱師」，爲大國例。今虞，微國，稱師，故爲加文也。又隱五年「邾婁人、鄭人伐宋」，注：「邾婁，小國，序上者，主會也。」此既稱師，知與彼殊，不主會矣。既不主會，而在大國之上，故据以難。

使虞首惡也。【疏】後漢書梁商傳：「春秋之義，功在元帥，罪止首惡，故賞不僭溢，刑不淫濫，五帝、三王所以同致康乂也。」穀梁傳：「虞無師，其曰師何也？以其先晉，不可以不言師也。其先晉何也？爲主乎滅夏陽。」左傳曰：「先書虞，賄故也。」漢書孫寶傳云：「春秋之義，誅首惡而已。」

曷爲使虞首惡？【注】据楚人、巴人滅庸，不使巴首惡。【疏】注「据楚」至「首惡」。○文十六年「楚人、秦人、巴人滅庸」是也。彼經有秦人，注不言之者，秦、楚等，巴爲小國，故止舉巴爲難也。

虞受賂，假滅國者道，以取亡焉。【疏】繁露王道云：「虞公貪財，不顧其難，快耳説目，受晉之璧、屈産之乘，假晉師道，還以自滅，宗廟破毁，社稷不祀，身死不葬，貪財之所致也。故春秋以此見物不空來，寶不虚出。自内出者，無匹不行；自外至者，無主不止。此其應也。」

其受賂奈何？獻公朝諸大夫而問焉，曰：「寡人夜者寢而不寐，【疏】説文宀部：「寐，臥也。」繫傳：「寐之言迷也，不明之意。」詩小雅小宛云：「明發不寐。」又云：「夙興夜寐。」是也。繁露服制象云：「虞有宮之奇，而獻公爲之不寐。」漢書辛慶忌傳：「何武上封事曰：虞有宮之奇，晉獻不寐。」

其意也何？」諸大夫有進對者曰：「寢不安與？其諸侍御有不在側者與？」獻公不應。【疏】通義云：「此與晉語郤叔虎對翟柤之氛蓋一事，而傳者異耳。」

荀息進曰：「虞、郭見與？」【注】猶曰：「虞、郭豈見於君之心乎？」荀息素知獻公欲伐此二國，故云爾。【疏】釋文郭音虢，又如字。左氏、孟子作「虢」，通。繁露滅國上云：「虞、虢并力，晉獻難之。」新序九云：「虞、虢皆小國也，虞有夏陽之阻塞，虞、虢共守之，晉不能禽也，是晉獻久有滅二國意。荀息探之，故曰『虞、虢見於君之心』也。」

獻公揖而進之，【注】以手通指曰揖。【疏】注「以手」至「曰揖」。○禮鄉飲酒禮：「賓揖介。」注：「推手曰揖。」楚辭大招：「揖辭讓只。」〔一〕注：「上手爲揖。」淮南道應訓：「子佩疏揖，北面立于殿下。」注：「揖，舉手也。」廣雅釋詁：「揖，進也。」即以手通指之義。説文手部：「揖，攘也。」即周禮大祝疏所謂「推手曰揖」也。説文又曰：「一曰手著胸曰揖。」即司農注所謂「今時撎」是也。通義云：「揖之，延之，進也。推手曰揖，引手曰厭，下手曰撎。」

遂與之入而謀曰：「吾欲攻郭，則虞救之；攻虞，則郭救之，如之何？願與子慮之。」荀息對曰：「君若用臣之謀，則今日取郭，而明日取虞爾，君何憂焉？」【疏】

〔一〕楚辭這句引文，原於「大招」下衍「隱」字，於「讓」下脱「只」字，叢書本同，據楚辭刪補。

經傳釋詞云：「爾，猶矣也。」詩噫嘻：『既昭假爾。』箋：『噫嘻乎，能成周王之功，其德已著至矣。』是爾，與矣〔一〕同義。又宣十五年傳『盡此不勝，將去而歸爾』，爾亦矣義。」

獻公曰：「然則奈何？」荀息曰：「請以屈産之乘，【注】屈産，出名馬之地。乘，備駟也。

【疏】注「屈産」至「之地」。○舊疏云：「謂屈産爲地名，不似服氏謂産爲産生也。」按：孟子萬章上：「與屈産之乘。」趙注：「屈産，地名，馬所生。」與何氏同。閻氏若璩釋地云：「通典：慈州文城郡，今治〔二〕吉昌縣，春秋時晉之屈邑，獻公子夷吾所居。漢河東北屈縣。左傳云晉有『屈産之乘』，此有駿馬，與劉昭注後漢志同。余謂今山西吉州是。樂史傳會爲石樓縣，但石樓乃漢西河土軍縣〔三〕，非北屈縣。」大事表云：「今爲山西吉州，州治東北二十一里有北屈廢縣，爲晉北屈邑，即夷吾所居之屈也。按，傳二五言於公曰：『狄之廣莫，于晉爲都。』則知蒲、屈、向〔四〕皆狄地也。」按：周禮大宗伯：「以天産作陰德。」注：「天産者動物，謂六牲之屬。」此服氏所本。然屈産、曲棘並稱，似屈産爲地名爲得其實。○注「乘，備駟也」。○孟子注又云：「乘，四馬也。」

〔一〕「是爾與矣」，原訛作「是也與爾」，叢書本同，據經傳釋詞校改。
〔二〕「治」，原作「理」，爲避唐高宗李治名諱，杜佑於通典中以「理」代「治」，今恢復本字。
〔三〕「土軍縣」，原訛作「上軍縣」，叢書本同，據四書釋地校改。
〔四〕春秋大事表原文「向」下有一「日」字。

與垂棘之白璧【注】垂棘，出美玉之地。玉以尚白爲美。【疏】注「垂棘」至「之地」。○釋文：「棘，一本作蕀。」孟子又云：「晉人以垂棘之璧。」注：「垂棘，美玉所出地名。」按：垂棘又見成五年，杜云：「晉地。」○注「玉以」至「爲美」。○（原文闕）

往，必可得也。【疏】武氏億經讀考異云：「舊讀從璧字絶句，考此當以『往』字屬上爲句。『必可得也』又爲一讀。據傳下文『請終以往』，又『於是終以往』，並從往字屬句，知此亦當依往字讀爲正。」新序善謀云：「故晉獻公欲伐虞、虢。荀息曰：『胡不以屈産之乘與垂棘之璧假道於虞？』」韓非子十過〔一〕云：「荀息曰：『君其以垂棘之璧與屈産之乘賂虞公，求假道焉，必假我道。』」淩氏廷堪禮經釋例云：「吕氏春秋愼大覽權勳篇：『晉獻公乃使荀息以屈産之乘爲庭實，而加以垂棘之璧，以假道于虞而伐虢。』是晉人聘虞，享時束帛，所加之璧爲垂棘之璧，庭實所設之馬爲屈産之乘，言其良也。三傳及孟子皆有此文，而何休、范甯、杜預、趙岐不知引享禮以釋之，疏矣。」

則寶出之内藏，藏之外府；【注】如虞可得，猶外府藏也。【疏】注「如虞」至「藏也」。○舊疏云：「本藏下有『之』字。」左傳：「若得道于虞，猶外府也。」

馬出之内廄，繫之外廄爾。君何喪焉？」【疏】喪猶失也，猶言何所失也。韓非子云：「君曰：

〔一〕「十過」，原誤記爲「言過」，叢書本同，據韓非子校改。

『垂棘之璧，吾先君之寶也；屈産之乘，寡人之駿馬也。若受吾幣，不假之道，將奈何？』荀息曰：『彼不假我道，必不敢受我幣。若受我幣而假我道，則是寶猶取之内府而藏之外府也，馬猶取之内廄而著之外廄也。君勿憂。』」穀梁傳：「晉獻公欲伐虢。荀息曰：『君何不以屈産之乘、垂棘之璧而借道於虞也？』公曰：『此晉國之寶也，如受吾幣而不借吾道，如之何？』荀息曰：『此小國之所以事大國也。彼不借吾道，必不敢受吾幣。如受吾幣，而借吾道，則是我取之中府而藏之外府，取之中廄而繫之外廄也。』」新序又云：「此晉國之寶也。彼受吾璧不借吾道，則如之何？荀息曰：『此小國〔一〕之所以事大國也。彼不借吾道，必不敢受吾幣；受吾幣而借吾道，則是我取之中府置之外府，取之中廄置之外廄。』」較此傳爲詳。

獻公曰：「諾。雖然，宫之奇存焉，如之何？」【疏】孟子又云：「宫之奇諫。」注：「宫之奇，虞之賢臣。」左傳又曰：「公曰：宫之奇存焉。」繁露滅國上云：「虞公託其國於宫之奇，晉獻患之。」是也。説苑尊賢云：「虞有宫之奇，晉獻公爲之終夜不寐。」新序又云：「公曰：宫之奇存焉，必不使受也。」穀梁傳：「公曰：宫之奇存焉，必不使受之也。」

荀息曰：「宫之奇知則知矣，【注】君欲言其知，實知也。【疏】新序又云：「荀息曰：宫之奇知固知矣，雖然，其爲人也，通心而懦，又少長於君。」通心則其言之略，懦則不能强諫，少長於君則君輕之。」穀梁傳曰：「荀息曰：宫之奇之爲人也，達心而懦，又少長於君。達心則其言略，懦則不能彊諫，少長於君則君

〔一〕「國」字原脱，叢書本同，據新序校補。

輕之。」左傳曰：「宮之奇之爲人也，懦而不能强諫，且少長於君，君輕之，雖諫將不聽。」○注「君欲」至「知也」。○何意以上知就爲獻公語目之也，言君謂其知誠知也，若曰雖知亦徒知爾。

雖然，虞公貪而好寶，見寶必不從其言。【疏】新序又云：「且夫玩好在耳目之前，而患在一國之後。中知以上乃能慮之，臣料虞君中知以下也。」穀梁傳：「且夫玩好在耳目之前，而患在一國之後。此中知以上乃能慮之，臣料虞君中知以下也。」

請終以往。」於是終以往。【疏】下二十四年左傳注云：「終猶已也。古以已通，終以往，即已以往也。」

虞公見寶，許諾。【疏】韓非子又云：「虞公貪利其璧與馬，而欲許之。」

宮之奇果諫：「記曰：脣亡則齒寒，【注】記，史記也。【疏】下五年左傳云：「諺所謂『輔車相依，脣亡齒寒』者，其虞、虢之謂也。」新序又云：「公遂借道而伐虢。宮之奇諫曰：『晉之使者，其幣重，其辭卑，必不便於虞。語曰：脣亡則齒寒矣。』」戰國策趙策曰：「脣揭而齒寒。」高注：「揭，猶反也。」呂覽權勳篇、淮南説林訓皆作「脣竭而齒寒」，高注：「竭，亡也。」按：國策之揭，即竭之叚借也。穀梁傳：「宮之奇諫曰：『脣亡則齒寒，其斯之謂與?』挈其妻子以奔曹。」○注「記，史記也」。○（原文闕）

虞、郭之相救，非相爲賜。【注】賜，猶惠也。【疏】新序又云：「故虞、虢之相救，非相爲賜也。」下五年穀梁傳云：「虞、虢之相救，非相爲賜也。」○注「賜，猶惠也」。○説文貝部：「賜，予也。」玉篇：「賜，施也。」施、予，皆有惠義。

則晉今日取郭，而明日虞從而亡爾。君請勿許也。」【疏】下五年左傳云：「虢，虞之表也。虢亡，虞必從之。」又云：「將虢是滅，何愛於虞？」又穀梁傳云：「今日亡虢而明日亡虞矣。」新序同。韓非子云：「宫之奇諫曰：『不可許。夫虞之有虢也，如車之有輔。輔依車，車亦依輔。虞、虢之勢，正若是矣。若假之道，則虢朝亡而虞夕從之矣。不可！願勿許！』」

虞公不從其言，終假之道以取郭。【注】明郭非虞不滅，虞當坐滅人。【疏】繁露王道云：「晉假道於虞，虞公許之。宫之奇諫曰：『脣亡齒寒，虞、虢之相救，非相賜也。君請勿許。』虞公弗聽。後虞果亡。故春秋明此存亡道可觀也。」左傳云：「虞公許之，且請先伐虢。宫之奇諫，不聽，遂起師。夏，晉里克帥師會虞師，伐虢，滅下陽。」水經河水篇：「河水又東，沙㵎水注之。」注：「北出虞山，東南逕傳巖。傳巖東北十餘里，即巔軨阪也。春秋左傳所謂入自巔軨者也。東有虞城，周武王以封太伯後虞仲於此，是爲虞公。晉太康地記〔一〕所謂北虞也。」一統志：「吴山在解州安邑縣東南三十二里，跨夏縣、平陸縣界，一名虞山，一名虞阪。晉假道于虞，即此路。」○注「明郭」至「滅人」。○舊疏云：「欲道序虞于晉上，令其首惡之義也。」按：上傳云：「使虞首惡也。」故使虞坐滅人。

還四年，反取虞。【注】還復往，故言反。【疏】新序云：「公不聽，遂受其幣，而借之道。旋歸，四年

〔一〕「晉太康地記」，原誤記爲「太原地記」，叢書本同，據水經注校改。

反，取虞。」穀梁傳：「獻公亡虢，五年而後舉虞。」並與此同。左傳以滅虢在僖五年，彼下傳云：「晉侯復假道于虞以伐虢。宮之奇以其族行，曰：『虞不臘矣！在此行也，晉不更舉矣。』」又云：「冬，十二月，丙子，朔，晉滅虢。虢公醜奔京師。師還，館于虞，遂襲虞，滅之，執虞公。」是彼以虞、虢同時滅也。史記注引賈逵云：「虞在晉南，虢在虞南，故反取虞也。」○注「還復」至「言反」。○舊疏云：「言晉人滅郭還歸，其四年反往滅虞也。」

虞公抱寶牽馬而至。【疏】釋文云：「牽，本又作掔。」

荀息見〔一〕曰：「臣之謀何如？」獻公曰：「子之謀則已行矣，寶則吾寶也，雖然，吾馬之齒亦已長矣！」【疏】新序云：「荀息牽馬抱璧而前曰：『臣之謀何如？』獻公曰：『璧則猶是，而吾馬之齒加長矣。』」韓非子云：「荀息牽馬操璧而報獻公。獻公説，曰：『璧則猶是也。雖然，馬齒亦益長矣。』」史記晉世家：「荀息牽曩所遺屈産之乘馬，奉之獻公。獻公笑曰：『馬則吾馬，齒亦老矣。』」穀梁傳：「乃牽馬操璧曰：璧則猶是，馬齒長矣。」按：禮記曲禮云：「齒路馬者有誅。」蓋齒者，年數也。周禮校人先鄭注云：「二歲曰駒，三歲曰駣。」説文齒部：「齨〔二〕，馬八歲齒臼〔三〕也。」是馬有年齒之計，故云馬齒

〔一〕「見」字原脱，叢書本同，據公羊傳校補。
〔二〕「齨」，原訛作「齟」，叢書本同，據説文校改。
〔三〕「齒臼」二字原脱，叢書本同，據説文校補。

長也。

蓋戲之也。【注】以馬齒長戲之，喻荀息之年老。傳極道此者，以終荀息、宫之奇言，且以爲戒。又惡獻公不仁，以滅人爲戲謔也。晉至此乃見者，著晉、楚俱大國，後治同姓也。以滅人見義者，比楚先治大惡，親疏之别。【疏】注「傳極」至「爲戒」。○新序云：「晉獻公用荀息之謀而禽虞，虞不用宫之奇謀而亡。故荀息非霸王之佐，戰國併兼之臣也。若宫之奇，則可謂忠臣之謀也。」後漢書曹節傳：「虞公抱寶牽馬，魯昭見逐乾侯，以不用宫之奇、子家駒以至滅、辱。」○注「又惡」至「謔也」。○後漢書馮衍傳顯志賦云：「善忠信之救時兮，惡詐謀之妄作。聘申叔於陳蔡兮，禽荀息於虞虢。」謂惡荀息之詐謀，宜就禽也。○注「晉至」至「姓也」。○舊疏云：「即莊十年『荆敗蔡師于莘，以蔡侯獻舞歸』，是先書楚小惡而治之也。以前不見晉小惡者，後治同姓故也。」通義云：「晉亦同姓大國，獨後見者，曲沃武公弑翼君而盜晉國，王法所誅絶。春秋書之不正則傷教，正之則觸大惡，嫌文公無君晉國道，方將撥亂序績，予文公爲霸主，因是有所諱避，故武公之事，一切不書。繼自所聞之世，始録晉也。」義或然也。○注「以滅」至「之别」。○舊疏云：「以前楚滅穀、鄧不書，而先書此晉滅夏陽者，先治同姓之大惡，欲見骨肉之親，大則誅，小則隱，故言親疏之别耳。」春秋於外大惡書，小惡不書。滅人，大惡，故不諱也。

夏陽者何？郭之邑也。曷爲不繫于郭？國之也。曷爲國之？君存焉爾。【疏】通義云：「竹書紀年曰：『獻公會虞師伐郭，滅夏陽，郭公醜奔衛，是郭君在夏陽之徵也。邑而言滅，又不更言滅郭者，重夏陽也。穀梁傳曰：『夏陽者何？虞、郭之塞邑也。滅夏陽，而虞、郭舉矣。』」惠氏士奇春秋説云：「下陽，虢邑，當書虞師、晉師伐虢，取下陽。直書滅者，國之也。曷爲國之？虢公在焉。此公羊之説。趙匡駮之曰：『君在外邑，聞兵至而歸國，亦事之常，何得稱滅？若君在下陽受兵，則何得不見擒乎？』此趙匡之臆説也。紀年：『惠王十九年，晉獻公會虞師伐虢，滅夏陽。虢公醜奔衛。』則公羊之説信矣。且僖五年『晉滅虢，虢公醜奔京師』，亦未聞見擒於晉也。」按：公羊以是年「滅夏陽」，即虢已滅，與左傳以滅虢在後四年者異。趙匡不知經師家法，据左氏説公羊，故妄駮耳。

○**秋，九月，齊侯、宋公、江人、黄人盟于貫澤。**【疏】釋文：「貫澤，古亂反。二傳無澤字。」趙氏坦異文箋云：「按公羊經本無澤字，故公羊疏於僖九年傳『貫澤之會』下解云：『即上二年，秋，九月，齊侯、宋公、江人、黄人盟于貫』是也。此言于貫澤者，蓋地有二名。疏説如此，陸德明所据本有澤字，故云二傳無澤字。然則，在唐時，公羊已有二本不同，有澤者或衍文。杜云：『貫，宋地。梁國蒙縣西北有貰城，貰與貫字相似。』釋例引或曰齊有貫澤。公羊曰貫澤之會。水經汳水篇：『汳水又東，經貫城〔一〕南，俗謂之薄城，非也。闞駰十三州志以爲貰城〔二〕也，在蒙縣西北。春秋僖公二年，齊侯、宋公、江、黄盟于

〔一〕「貫城」當作「貰城」，趙一清水經注箋刊誤曰：「貰，近刻訛作貫。」
〔二〕「貰城」當作「貫城」，趙一清水經注箋刊誤曰：「貫，近刻訛作貰。」

貫。杜預以爲貰也。貰、貫字相似，貫在齊，謂貫澤也，是矣。』」大事表云：「在今山東曹州府曹縣西南十里。」一統志：「蒙澤故城在曹州府曹縣南十里，即古貫地。」括地志：「貫〔一〕城，今名蒙澤城〔二〕。」與今歸德商丘縣接界。杜又云：「江國在汝南安陽縣。」又桓八年杜注云：「黄國，今弋陽縣。」大事表云：「江在今河南汝甯府真陽縣東。黄在今河南汝甯府，光州西十二里有黄城，爲黄國地。」水經淮水篇：「淮水又東〔三〕逕安陽縣故城南，江國也，嬴姓矣。今其地有江亭。春秋文四年『楚人滅江』。」又云：「柴水又東，經黄城西。」漢書地理志「汝南郡安陽」下云：「侯國。」應劭曰：「故江國，今江亭是。」又「弋陽」下云：「侯國。」應劭曰：「弋山在西北，故黄國，今黄城是。」

江人、黄人者何？遠國之辭也。【注】桓公德盛，不嫌使微者，知以遠國辭稱人。【疏】穀梁傳亦云：「江人、黄人，遠國之辭也。」○注「桓公」至「稱人」。○桓公德盛，謂上封邢衛存魯諸務也。江黄小國，知宜是君，不嫌使微者也。左傳疏引：「賈云：『江人、黄人，刺不度德善鄰，恃齊背楚，終爲楚所滅。』其意雖異，皆以江人、黄人爲國君親至。」

遠國至矣，則中國曷爲獨言齊宋至爾？大國言齊宋，遠國言江黄，則以其餘爲

〔一〕「貫」，原訛作「貰」，叢書本同，據括地志校改。

〔二〕「城」上原衍一「縣」字，叢書本同，據括地志校删。

〔三〕「東」字原脱，叢書本同，據水經注校補。

莫敢不至也。【注】晉大于宋，不序晉而序宋者，時實晉楚之君不至，君子成人之美，故褒益以爲偏至之辭，所以獎夫霸功而勉盛德也。　江黄附從霸者當進，不進者，方爲偏至之辭。【疏】穀梁傳亦曰：「中國稱齊宋，遠國稱江黄，以爲諸侯皆來至也。」繁露精華云：「其後二十年間，尚未能大合諸侯也。至於救邢衛之事，見存亡繼絶之義。而明年遠國之君畢至貫澤、陽穀之會是也。故曰親近者不以言，召遠者不以使，此其效也。」新序四云：「爲陽穀之會、貫澤之盟，遠國皆來。」謂此。○注「晉大」至「德也」。○校勘記引孫志祖云：「穀梁疏引二晉字下皆有楚字，乃與下文合，各本脱也。」又云：「所以獎夫伯功：鄂本夫作大。穀梁疏正作大。」按：各本皆誤夫，宜据正。君子成人之美，論語顔淵篇。又穀梁隱元年傳：「春秋成人之美，不成人之惡。」説苑君道篇：「善乎哉，君子成人之美，不成人之惡。微孔子，焉得聞哉！」按：論語之君子，孔子自謂，哀十四年傳「君子曷爲爲春秋」是也。下九年左傳云：「宰孔先歸，遇晉侯，曰：『可無會矣。』」是葵丘之前，晉皆不與會。楚自熊通僭王後，不服王化，故下四年伐楚，明不與齊桓會矣。春秋成人之美，晉楚雖不至，亦作偏至之辭也。○注「江黄」至「之辭」。○舊疏云：「怪其不稱爵。言方爲偏至之辭者，故直以遠國辭稱人，若進而稱爵，無以見偏至之義。」通義云：「此盟會之詭例也。貫澤、陽穀遠國悉至，桓公之會最盛，欲偏書之，則春秋例不録微國，故直舉江黄極遠者，包之而已。其中國常會之君，亦不書者，列言某侯，而綴江黄于末，則嫌中國之外僅有江黄，無以見偏至之實，故亦舉齊宋以包之。蓋宋大國尊爵，必不數從伯主，獨會二國之微者，故其事得以相起也。以左氏考之，惡曹之盟，宋亦與矣，而經不書；蜀之盟，蔡、許之君在矣，而經不書；屈貉之次，經唯楚、蔡，而傳有宋公、陳侯、鄭伯、麇子；黄池之會，經唯晉、吴，而傳有單平公；則春秋於諸侯之會，不偏敘者，皆有特義，非獨此矣。且左傳曰：『江、黄、道、柏，方睦于齊，皆弦姻也。』經唯見江、黄，而弦、道、柏事齊無文，豈非以微國故不得盡録與？」

○冬，十月，不雨。

何以書？記異也。【注】説與前同。【疏】通義云：「月者，時獨十月彌月不雨爲異。十一月、十二月仍有小雨雪耳。杜預云：『一時不雨則書首月。』非也。莊公之篇，固有一時不雨者，彼則直云冬不雨矣，未嘗書首月也。」○注「説與前同」。○謂莊三十一年「冬，不雨也」。彼傳云：「何以書？記異也。」注云：『京房易傳曰：『旱異者，旱久而不害物也。斯禄去公室，福由下作，故陽雖不施，而陰道獨行，以成萬物也。』先是比築三臺，慶牙專政之應。」此不言所應。舊疏云：「今此亦是僖公喜於得立，委任陪臣，不恤政事，故有此罰耳，故云説與前同。」按：漢書五行志云：「釐公二年『冬，十月，不雨』。三年『春，正月，不雨。夏，四月，不雨。六月，雨』。先是嚴公夫人與公子慶父淫，而殺二君，國人攻之，夫人孫于邾，慶父奔莒。釐公即位，南敗邾，東敗莒，獲其大夫，有炕陽之應與？」按：何義旱久不害物同前耳，所應不必與前同。詳下三年注。

○楚人侵鄭。

○三年，春，王正月，不雨。

○夏，四月，不雨。

何以書？記異也。【注】太平一月不雨即書。春秋亂世，一月不雨，未害物，未足爲異，當滿一時乃書。一月書者，時僖公得立，欣喜不恤庶衆，比致三旱，即能退避正殿，飭過求己，循省百官，放佞臣郭都等，理寃獄四百餘人，精誠感天，不雩而得澍雨，故一月即書，善其應變改政。旱不從上發傳者，著人事之備積於是。【疏】五行志又云：「故不雨而生者，陰不出氣而私自行，以象施不由上出，臣下作福而私自成。一曰，不雨近常陰之罰，君〔一〕弱也。」正莊三十一年注「禄去公室，福由下作」之義。注亦宜云：説與前同，從不言可知例也。○注「太平」至「即書」。○舊疏云：「太平之時，陰陽和調，若一月不雨，足以爲異。」正以僖公能善變改正，故從太平例，一月不雨即書也。○注「春秋」至「乃書」。○莊三十一年「冬，不雨」是也。○注「一月」至「三旱」。○即上二年「冬，十月，不雨」，本年「春，王正月，不雨」，此「夏，四月，不

〔一〕「君」，原訛作「臣」，叢書本同，據漢書校改。

雨」是也。類聚引考異郵云：「旱之爲言悍也，陽驕蹇所致也。」晉書袁甫傳：「志盈心滿，用長歡娛。公羊有言，魯僖甚説，故致旱。」○注「即能」至「澍雨」。○舊疏云：「皆感精符文。」後漢書注引考異郵云：「僖公三年春夏不雨，於是僖公憂閔，玄〔一〕服避舍，率羣臣禱山川，以六過自責，絀女謁，放下讒佞郭都等十三人，誅傾人之吏受貨賂趙祝等九人，釋吏繇之逋，罷軍寇之誅，去苛刻峻文慘毒之教，所蠲浮會四十五事。曰：『方今大旱，野無生稼，寡人當死，百姓何罪！不敢煩民請命，願撫萬民，以身塞〔二〕無狀。』禱已，舍齊南郊，雨大澍也。」〔三〕較感精符文爲詳。後漢書黄瓊傳云：「黄瓊上疏曰：『昔魯僖遇旱，以六事自讓，躬節儉，避女謁，放讒佞者十三人，誅税民受貨賂者九人，退舍南郊，天立大雨。』」又郎顗傳引：「易内傳曰：『人君奢侈，多飾宮室，其時旱，其災火。』是故魯僖遭旱，修政自飭，下鐘鼓之縣，休繕治之官，雖則不甯，而時雨自降。由此言之，天之應人，敏于景響。」又周舉傳云：「魯僖遭旱而自責祈雨，皆以精誠轉禍爲福。」皆本公羊爲説也。○注「故一」至「改政」。○舊疏云：「即去年『十月，不雨』，今年『正月，不雨』，『夏，四月，不雨』是也。」皆一月不雨書也。穀梁傳：「一時言不〔四〕雨者，閔雨也。閔雨者，有志於民者也。」與此異。○注「旱不」至「於是」。○舊疏云：「即上二年『十月，不雨』之下，已發云『何以書？記

〔一〕「玄」，原作「元」，此殆爲陳立引用時，避康熙皇帝玄燁之名諱，改玄爲元。兹恢復玄字。
〔二〕「塞」，原訛作「蹇」，叢書本同，據後漢書注校改。
〔三〕考異郵這段引文，是後漢書郎顗傳及黄瓊傳注文之綴合。
〔四〕「言不」二字原誤倒作「不言」，叢書本同，據穀梁傳校乙。

異也』，今不從其例，而又發之者，欲著人事之備積於是故也。」

○**徐人取舒。**【疏】杜云：「徐國在下邳僮縣東南。舒國，今廬江舒縣。」説文邑部：「郐，邾下邑地。魯東有郐城。」段注：「城當作戎。郐戎，即周禮注所云『伯禽以王師征郐戎』，今尚書作徐夷。徐戎，許所据作郐。鄒在魯東，則郐在魯東矣。書序：徐夷並興，東郊不闢。昭元年周有徐奄。徐蓋徐戎也。鄒習於夷，故左傳曰邾又夷也。」説文又云：「郐，地名。」玉篇引春秋：「徐人取郐。」紀要：「舒，今廬州府舒城縣。按，杜謂在下邳者，近魯東，與徐戎自别爲一。然去舒俱遠，且楚人敗徐于婁林，似亦不得到此也。」地理志臨淮郡徐下云：「故國，盈姓，至春秋時，徐子章禹奔楚〔一〕。」似爲近之。

其言取之何？【注】据國言滅。【疏】注「据國言滅」。○即莊十年、十三年「滅譚」、「滅遂」之屬是也。

易也。【注】易者，猶無守禦之備。不爲桓諱者，刺其不救也。【疏】注「易者」至「之備」。○鹽鐵論險固云：「關梁者，邦國之固〔二〕；而山川者〔三〕，社稷之寶也。徐人取舒，春秋謂之『取』，惡其無備，得物之易也。故君子爲國，必有不可犯之難。易曰：『重門擊柝，以待暴客。』言備之素修也。」又云：「阻險不如阻

〔一〕「奔楚」，漢書地理志作「爲楚所滅」。

〔二〕「固」，原訛作「周」，叢書本不誤，據改。

〔三〕「者」字原脱，叢書本同，據鹽鐵論校補。

義。昔湯以七十里，爲政於天下，舒以百里，亡於敵國，此其所以見惡也。」按：古險與易多對舉，故禮記儒行云：「道途不争險易之利。」詩周頌天作云：「彼徂矣，岐有夷之行。」傳：「夷，易也。」是也。○注「不爲」至「救也」。○舊疏云：「決上元年、二年狄滅邢、衛，皆爲桓公諱，不書其滅也。」劉氏逢禄解詁箋云：「此如〔一〕狄滅衛，諱滅言入，正爲桓公諱。傳順經諱文，解詁失之。」按：入者，得而不居之謂，故爲滅諱辭。此明書取，不得仍爲諱文。傳言易，責舒之無守備也。桓寬論之得矣。通義云：「魯頌曰：『戎狄是膺，荆舒是懲。』皆詠僖公從齊桓征伐之事。懲荆者，召陵是也；懲舒者，疑此取舒是也。蓋徐人爲中國取也。其下章曰『遂荒徐宅』，言乎徐人之服從中國也。徐即費誓所云『徐戎』者。於春秋例稱國，此獨稱人，明爲其附從霸者進之。」按：孔説未然。詩辭多溢美，不必强合。

○六月，雨。

其言六月雨何？【注】据上得雨不書。【疏】注「据上」至「不書」。○舊疏云：「即上二年十一月、十二月，三年二月、三月、五月之屬，皆不書不雨，是其得雨故也。」

上雨而不甚也。【注】所以詳録，賢君精誠之應也。僖公飭過求己，六月澍雨；宣公復古行中，其年穀

〔一〕「如」，原訛作「外」，叢書本同，據公羊何氏解詁箋校改。

大豐，明天人相與報應之際，不可不察其意。【疏】注「所以」至「應也」。○穀梁傳曰：「雨云者，喜雨也。喜雨者，有志乎民者也。」○注「宣公」至「大豐」。○舊疏云：「謂宣十五年『初稅畝』，其冬蝝生，宣公受過變寤，明年復古行中，十六年『冬，大有年』是也。」○注「明天」至「其意」。○繁露必仁且知云：「謹案，災異以見天意。天意有欲也，有不欲也，所欲、所不欲者，人內以自省，宜有懲於心，外以觀其事，宜有驗於國，故見天意者之於災異也，畏之而不惡也，以爲天欲振吾過，救吾失，故以此報我也。春秋之法，上變古易常，應是而有天災者，爲幸國。孔子曰：『天之所幸有爲不善，而屢極。』楚莊王以天不見災，地不見孽，則禱于山川曰：『天其將亡予耶！不說吾過，極吾罪也〔一〕。』以此觀之，天災之應過而至也，異之顯明可畏也，此乃天之所欲救也，春秋之所獨幸也。莊王所以禱而請也，聖主賢君尚樂受忠臣之諫，而況受天譴也。」舊疏云：「謂人行德，天報之福；人行惡，天報之禍，兩令相及，故言之際矣。」

○**秋，齊侯、宋公、江人、黄人會于陽穀。**【疏】杜云：「陽穀，齊地，在東平須昌縣北。」大事表云：「今兗州府陽穀縣東北三十里陽穀故城是也。縣治南有會盟臺，即齊桓公會江黄處。」水經注濟水篇：「又北過穀城縣西。」「魏土地記曰：縣有穀城山，山出文石。陽穀之地，春秋齊侯、宋公會于陽穀者也。」一統志：「陽穀故城在兗州府陽穀縣東北三十里。」

〔一〕「不說」至「罪也」句中兩個「吾」字原均訛作「無」，叢書本同，據春秋繁露校改。

此大會也，曷爲末言爾？【注】末者，淺耳，但言會，不言盟。据貫澤言盟。【疏】大戴保傅篇：「齊桓公得管仲，九合諸侯，一匡天下，再爲義王。」盧釋「再爲義王」云：「陽穀與召陵也。」蓋亦取此爲義。舊疏云：「上二年『齊侯、宋公、江人、黄人盟于貫澤』，傳曰：『大國言齊、宋，遠國言江、黄，則以其餘爲莫敢不至也。』此經亦書『齊侯、宋公、江人、黄人』，故弟子言『此大會也』以難之。」○注「末者淺耳」。○（原文闕）○注「但言」至「言盟」。○上貫澤亦大會言盟，此不言盟，但言會，故爲末言之也。

桓公曰：「無障谷，【注】無障斷川谷專水利也。水注川曰谿，注谿曰谷。【疏】注「無障」至「利也」。○孟子告子下：「無曲防」，趙注：「無敢違王法，而以己意〔一〕設防禁也。」管子大匡篇、霸形篇並言：「無曲隄。」謂曲設隄防，以障遏水泉，使鄰國受水旱之害。則彼之曲防、曲隄，即此之障谷。下九年穀梁傳曰：「毋雍泉。」注云：「專水利以障谷。」是以此傳之障谷解雍泉也。閻氏若璩釋地續云：「漢賈讓奏言：『蓋隄防之作，近起戰國，雍防百川，各以自利。齊與趙魏以河爲竟。趙魏瀕山，齊地卑下，作隄去河二十五里，河水東抵齊隄，則西泛趙魏。趙魏〔二〕亦爲隄去河二十五里，則是河水西抵趙魏隄，亦東泛齊矣。』夫曰近起戰國，豈非葵丘既會，申明天子之禁，諸侯猶有所憚而不敢爲。至七雄，地大勢專，人人得自爲鯀，而不難以鄰國爲壑也。」宋氏翔鳳四書釋地辨證云：「管子霸形篇：『楚人攻宋、鄭，要宋田，夾塞兩川，

〔一〕「意」上原衍一「曲」字，叢書本同，據孟子注疏校刪。
〔二〕「趙魏」二字原脱，叢書本同，據四書釋地續校補。

使水不得東流，東山之西，水深滅垝。』尹知章注：『楚人又遮取宋田，夾兩川築隄而壅塞之。』又云：『桓公與楚王遇於召陵之上，而令於遇上曰：無貯粟，無曲隄。』又云：『東發宋田，夾兩川，而楚不敢塞也。』按，此乃壅塞水流，使鄰無灌田之利，當時楚人實有是事。左傳、國語所不載，而管子載之，其事專以病鄰，非以隄防治水之比。故公羊僖三年曰：『無障谷。』穀梁僖九年曰：『無雍泉。』蓋塞水不東，害同遏糴。曰障、曰雍，形容利害，較曲防二字更切。若治水禁用隄防，則桓公即壅遏入流者，何善爲他人計，而不善自爲計若此也？」按：宋氏此說，於何氏專水利之義尤爲明顯。○注「水注」至「曰谷」。○爾雅釋水文。舊疏引李巡注云：「水出於山，入於川爲谿也。」又釋山云：「山瀆無所通，谿。」彼謂不通之谿，此則通水之谿也。說文：「泉出通川爲谷。」舊疏引李巡又云：「水相屬爲谷。」雅疏引李又云：「谷者，屬也，水流相屬，灌注也。」郭注云：「此皆道水轉相灌注所入之處名。」道德經云：「江海所以能爲百谷王者，以其善下也。」谷爲衆谿所注，名江海，集百川，故爲百谷王也。

無貯粟，【注】有無當相通。【疏】孟子又云：「無遏糴。」即此之無貯粟也。趙注云：「無遏止穀糴不通鄰國也。」下九年穀梁傳作「毋訖糴」，注：「訖，止也，謂貯粟。」亦以此傳釋彼傳也。漢書食貨志云：「夫積貯者，天下之大命也。」史記貨殖傳：「積著之理。」亦或作儲，地官廛人注：「謂貨物儲藏于市中。」○注「有無當相通」。○（原文闕）

無易樹子，【注】樹立本正辭，無易本正當立之子。【疏】注「樹立」至「之子」。○孟子又云：「無易樹子。」注：「樹，立也。已立世子，不得擅易也。」下九年穀梁傳：「毋易樹子。」注：「樹子，嫡子。」樹，即說文之亘，人部：「亘，立也，从人豆聲，讀若樹。」莊子逍遥遊篇：「猶未有樹也。」荀子議兵篇：「固塞不樹。」皆立義。方言云：「樹植，立也。燕之外朝鮮洌水之間凡言置立者，謂之樹植。」本正當立之子，即隱元年傳曰「立適以長，不以賢；立子以貴，不以長」者也。閔二年左傳曰「從曰撫軍，守曰監國，古之制也」是也。

無以妾爲妻。」【注】此四者，皆時人所患。時桓公功德隆盛，諸侯咸曰：「無言不從，曷爲用盟哉！」故告誓而已。【疏】孟子亦有此文，注：「不得立愛妾爲嫡也。」○注「此四」至「所患」。○繁露王道云：「桓公曰：『無貯粟，無鄣谷，無易樹子，無以妾爲妻。』此春秋之救文以質也。」衰周文盛，時人喜文厭質，故春秋備紀桓公大會，所以救時弊也。○注「時盛」至「而已」。○穀梁傳曰：「陽穀之會，桓公委端搢笏而朝諸侯，諸侯皆諭乎桓公之志。」語與此義同。唯孟子据葵丘之會爲異耳。翟氏灝四書考異云：「春秋僖公九年九月戊辰，諸侯盟于葵丘。左傳：『齊侯盟諸侯于葵丘，曰：凡我同盟之人，既盟之後，言歸于好。』穀梁傳：『葵丘之盟，陳牲而不殺，讀書加于牲上，壹明天子之禁曰：毋壅泉，毋訖糴，毋易樹子，毋以妾爲妻，毋使婦人與國事。』」管子大匡篇：「桓公問管仲：『何行？』對曰：『公内修政而勸民，可以信於諸侯矣。』公許諾。乃弛關市之征，爲賦禄之制。既已，管仲請曰：『問病。臣願賞而無罰，五年，諸侯可令傳。』公曰：『諾。』既行之，又請曰：『諸侯之君有行事善者，以重幣賀之；諸侯之臣有諫其君而善者，以璽問之，以信其言。』公既行之，問管仲曰：『將何行？』對曰：『君教諸侯爲民聚食，諸侯之兵不足者，君助之發。如此，則始可加之政矣。』公既行之，又問管仲：『何行？』對曰：『君會其君臣父子。』公曰：『會之道奈何？』曰：『諸侯無專立妾以爲妻，毋專殺大夫，無〔一〕國勞毋專予禄，士庶人無專棄妻，毋曲防，毋貯粟，毋禁材。行此卒歲，則始可以罰矣。』君乃布之於諸侯，諸侯許諾，受而行之。管仲曰：『可以加政矣。』曰：『從今以往三年，嫡子不聞孝，不聞愛其弟，不聞敬老國良，三者無一焉，可誅也。諸侯之臣及國事，三年不聞善，可罰也。君有過，大夫不諫；士庶人有善，而大夫不進，可罰也。』桓公受而行之，近侯莫不請事，兵車之會六，乘車之會三，享國四十有二年。」又霸形篇：「與楚王遇于召陵之上，而令之曰：『毋貯粟，毋曲隄，毋擅廢適子，無置妾爲妻。』」按：春秋三傳無如孟子之詳。管子大匡篇雖其文參錯，而事語實相當。其云適子不聞孝者誅，即誅不孝也；云君有善者以幣賀之、臣有善者以璽問之，即尊賢育才以彰有德也；云不愛其弟敬老國良者誅，即敬老慈幼也；云弛關市之征及問病臣，即無忘賓旅也；云爲賦禄之制，即士無世官，官事無攝也；云士庶人有善不進者罰，即取士必得也；云無國勞毋〔二〕專予禄，即無有封而不告也。餘如無易樹子、無以妾爲妻、無專殺大夫、無曲防、無遏糴，更較然矣。按：此云會，正與孟子所謂「束牲載書而不歃血」合，下九年葵丘有盟，則桓公誓諸侯事，當在陽穀之會也。

○冬，公子友如齊莅盟。【疏】穀梁作「公子季友」，左傳「莅」作「涖」。

〔一〕「無」，原訛作「毋」，叢書本同，據管子校改。
〔二〕「毋」，原訛作「無」，叢書本同，據上引管子校改。

莅盟者何？往盟乎彼也。【注】猶曰往盟於齊。莅，臨也。時因齊都盟，主國主名不出者，春秋王魯，故言莅以見王義，使若王者遣使臨諸侯盟，飭以法度。【疏】注「猶曰」至「於齊」。○毛本「於」改「于」。○注「莅，臨也」。○玉篇艸部：「莅，臨也，與涖同。」説文有⿰立隶無莅。涖，鄭注儀禮讀位爲莅，蓋⿰立隶之隸變也。穀梁傳：「莅〔一〕者，位也。」又昭七年傳：「莅〔二〕，位也。」周禮肆師注：「故書位爲涖。杜子春云：『涖當爲位。書亦或爲位。』」又通作立，鄉師、司市、大宗伯注並云：「故書涖作立。」鄭司農讀立俱爲涖，訓爲「臨視也」，與爾雅釋詁「涖，視也」亦合。説文訓⿰立隶爲臨，與此通。禮士冠禮及禮記文王世子涖皆作莅，涖莅皆即⿰立隶字。小宗伯〔三〕注：「古者立位同字。」則又⿰立隶之叚借也。○注「時因」至「法度」。○校勘記出「時國齊都盟」云：「閩、監、毛本同，誤也。鄂本國作因，當據正。」通義云：「謹案，往盟曰臨，尊内辭也。莅盟例時，爲内明義，當以至信先天下。」

其言來盟者何？來盟于我也。【注】此亦因魯都以見王義，使若來之京師盟，白事于王，不加莅者，來就魯，魯已尊矣。【疏】舊疏云：「即文十五年『宋司馬華孫來盟』、宣七年『衛侯使孫良夫來盟』之屬是也。」按：此皆來盟之見經者，此因莅盟而言及之耳。○注「此亦」至「于王」。○桓十四年「鄭伯使其

〔一〕「莅」，原作「涖」，叢書本同，據穀梁注疏校改。
〔二〕「莅」，原作「涖」，叢書本同，據穀梁傳校改。
〔三〕「小宗伯」，原誤記爲「大宗伯」，叢書本同，據周禮注疏校改。

弟語來盟」，注：「莅盟、來盟例皆時，從内爲王義，明王者當以至信先天下。」按：下四年：「楚屈完來盟于師。」傳：「其言來何？與桓爲主也。」注：「以從内文，知與桓公爲天下霸主。」是亦尊桓，故抑楚言來也。就師盟，蓋亦若白事於桓然。○注「不加」至「尊矣」。○舊疏云：「正以上經言莅者，見尊魯爲王之義。今此來盟者，已是就魯之文，足見尊魯矣，何勞言莅以見之乎？若其加莅，宜直云莅孫良夫盟也。」

○楚人伐鄭。

公羊義疏三十

南菁書院　句容陳立卓人著

僖四年盡八年

○四年，春，王正月，公會齊侯、宋公、陳侯、衛侯、鄭伯、許男、曹伯侵蔡。蔡潰。潰者何？下叛上也。國曰潰，邑曰叛。【注】不與諸侯潰之爲文，重出蔡者，侵爲加蔡舉，潰爲惡蔡録，義各異也。月者，善義兵也。潰例月，叛例時。【疏】文三年左傳：「凡民逃其上曰潰。」與此下叛上義合。史記注引服虔此注亦云：「民逃其上曰潰也。」荀子彊國云：「如是，下比周賁潰以離上矣。」楊注：「凡民逃其上曰潰。」漢書食貨志云：「下逃其上曰潰。」杜云：「潰，衆散流移，若積水之潰，自壞之象也。」漢書注引賈逵云「舉國曰潰，一邑曰叛」，正用公羊義。國曰潰者，文三年「沈潰」、成九年「莒潰」之屬是也。邑曰叛者，襄二十六年「衛孫林父入于戚以叛」、定十三年「秋，晉趙鞅入于晉陽以叛」、「冬，晉荀寅、士吉射入于朝歌以叛」之屬是也。○注「不與」至「異也」。○孔本「與」作「以」。穀梁傳：「潰之爲言上下不相得。侵[一]，淺事也。」然則，侵蔡而蔡即潰，其君民不得可知，故書以惡之也。○注「月者，善義兵」。○舊疏云：「正以侵伐例時故也。」穀梁傳：「侵蔡而蔡潰，以桓公爲知所侵矣。不土其地，不分其民，明正也。」故爲義兵也。通義云：「潰例，罪潰者月，罪潰之者日。」○注「潰例月」。○此經書正月，文三年「沈潰」書正月是也。成九年書「庚申，莒潰」，注云：「日者，録責中國無信，同盟不能相救，至爲夷狄所潰。」是也。○注「叛例時」。○即晉趙鞅書秋、荀寅書冬是也。

○**遂伐楚，次于陘。**【疏】杜云：「陘，楚地，潁川召陵縣南有陘亭。」大事表云：「陘山在今河南許州府郾城縣南。又新鄭亦有陘山，在縣南三十里。蓋陘塞綿亘甚遠。蘇秦説楚曰：『北有汾陘。』説韓曰：『南有陘山。』蓋二國皆恃此爲險，在楚爲北塞，在韓爲南塞也。」楚世家作陘山。括地志：「山在鄭州西南一百一十里。」方輿紀要：「陘山在開封府新鄭縣南三十里。」史記：魏襄王六[二]年『伐楚，敗之陘山』。又秦攻陘，使人馳南陽之地。徐廣曰：『陘，山絶之名。』今自陘山而西南達於襄、鄧，皆羣山綿亘，故昔以陘山爲南北之險。」沈氏欽韓左傳補注云：「按陘山延袤甚廣。注家注陘者不一。徐廣曰密縣有陘山，杜謂召陵之陘亭，或謂在許州郾城南，皆與傳文『進，次于陘』不合。韓策：『秦攻陘，韓因割南陽之地。』是陘地

〔一〕「侵」下原衍「蔡」字，叢書本同，據穀梁傳校删。
〔二〕「六」上原衍「十」字，據史記校删。

已近南陽，當在今汝州南。」

其言次于陘何？【注】据召陵侵楚不言次，來盟不言陘。【疏】注「据召」至「言次」。○即定四年「三月，公會劉子、晉侯已下于召陵，侵楚」，是其事也。○注「來盟不言陘」。○下云「楚屈完來盟于師，盟于召陵」是也。

有俟也。孰俟？俟屈完也。【注】時楚强大，卒暴征之，則多傷士衆。桓公先犯其與國，臨蔡，蔡潰。兵精威行，乃推以伐楚，楚懼，然後使屈完來受盟，修臣子之職，不頓兵血刃，以文德優柔服之，故詳録其止次待之，善其重愛民命，生事有漸，故敏則有功。【疏】注「時楚」至「待之」。○杜云：「遂兩事之辭。楚强，齊欲綏之以德，故不連進，而次陘。」○注「善其」至「有功」。○舊疏云：「言『生事有漸』者，即先犯于蔡，乃遂伐楚是也。言『敏則有功』者，敏，審也，言舉事敏審則有成功也。」敏則有功，見論語陽貨、堯曰篇皇疏：「敏則事無不成，故有功。」

○夏，許男新臣卒。【注】不言卒于師者，桓公師無危。不月者，爲下盟，去月方見大信。【疏】差繆略云：「新，公羊作辛。」新、辛音義通。按：今注疏各本及石經並作「新」。○注「不言」至「無危」。○左傳云：「許穆公卒于師。」是卒于師也。成十三年書「曹伯廬卒于師」。此不書，故決之也。左疏引賈逵云「不言于師，善會主加禮，若卒於國」，非公羊義。何氏謂師無危，蓋亦若卒於國然也。注文「於」當作

「于」。穀梁傳：「諸侯死於國不地，死於外地，死於師何爲不地？內桓師也。」注：「齊桓威德洽著，諸侯安之，雖卒於外，與其在國同。」是也。○注「不月」至「大信」。○舊疏云：「正以莊二十三年『冬，十有一月，曹伯射姑卒』。然則，許與曹等，而不月者，會盟之例，大信者時，若不去月，恐其盟不爲大信故也。」

○**楚屈完來盟于師，盟于召陵。**【疏】杜云：「召陵，潁川縣地。」一統志：「召陵故城在許州郾城縣東三十五里。」大事表云：「今郾城縣東四十五里有召陵故城。」水經注潁水篇：「東南逕召陵縣故城，春秋齊桓公師于召陵，責楚貢不入，即此處也。城内有大井，徑數丈，水至清深。闞駰曰：召者，高也。其地丘墟，井深數丈，故以名焉。」漢書地理志：「汝南郡召陵。」師古曰：「即齊桓公伐楚，次于召陵是也。」

屈完者何？楚大夫也。【疏】杜云：「屈完，楚大夫也。」白虎通姓名篇：「楚有屈、昭、景。」

何以不稱使？【注】据陳侯使袁僑如會。【疏】注「据陳」至「如會」。○即襄三年「六月，公會單子、晉侯已下同盟于雞澤。陳侯使袁僑如會」是也。釋文：「僑，一本作驕。」

尊屈完也。曷爲尊屈完？【注】据陳侯使袁僑如會，不尊之。

以當桓公也。【注】增倍使若得其君，以醇霸德，成王事也。【疏】注「增倍」至「其君」。○舊疏云：「倍讀如陪益之陪矣。」蓋以屈完，楚之尊者，足以自專，無假君命，不必爲楚子所使，故作自來之文也。穀梁傳：「楚無大夫，其曰屈完，何也？以其來會桓，成之爲大夫也。」注：「尊齊桓，不欲令與卑者盟。」亦增倍之義也。通義云：「當，敵也。楚始自州進，未得醇同中國。言使，即當如宜申，云楚人使完來盟，如是，則完不尊，嫌以微者敵桓公，故氏屈完，以成之爲貴大夫。而不言使，仍以抑楚，令不足有君臣之辭。」且公羊本無尊君抑臣之意，何氏明云尊倍使若得其君，意謂尊屈完若得楚子親來，以醇桓公之盛也。若如杜義，屈完覩齊之盛，因而求盟，故不稱使，則誠如孔疏所云「屈完足以自專，無假君命」矣。○注「以醇」至「事也」。○舊疏云：「即下傳云：桓公救中國而攘夷狄，卒怗荆，以此爲王者之事也。」左疏引此傳説云：「其意言屈完，楚之貴者，尊之以敵齊侯，若屈完足以自專，無假君命，不爲楚子所使，故作自來之文。服虔取以爲説。按，孔子曰：『君使臣以禮，臣事君以忠。』此聖人之明訓也。今乃尊人之臣，許其不爲君使，輕人之主，以爲不合使臣，是乃縱羣下以覬覦，教强臣以專恣，約之以禮，豈當然乎？」按：春秋内諸夏而外夷狄，於楚尤抑之甚。齊桓伯業，以服楚爲盛，故尊屈完爲貴大夫，所以尊桓也。

其言盟于師、盟于召陵何？【注】据戊寅叔孫豹及諸侯之大夫，及陳袁僑盟，不舉會與地。【疏】注「据戊」至「與地」。○見襄三年。舊疏云：「彼不言陳袁僑來盟于會、盟于雞澤，與此異，故難之。」

師在召陵也。【注】時喜得屈完來服于陘，即退次召陵，與之盟，故言盟于師、盟于召陵。【疏】注「時喜」至「召陵」。○穀梁注云：「屈完來如陘師盟，齊桓以其服義，爲退一舍，次于召陵，而與之盟。」義與此同。然召陵去陘恐不止一舍也。各本「于」作「於」，非，依毛本。

師在召陵，則曷爲再言盟？【注】据齊侯使國佐如師，己酉，及國佐盟于袁婁，俱從地，不再言盟。

【疏】〔一〕注「据齊」至「言盟」。○見成二年。舊疏云：「言俱從地者，謂國佐從晉于袁婁也。」齊氏召南考證云：「何注据袁婁甚精。召陵之役，齊兵未深入而楚人已服，故書來盟。袁婁之役，晉兵大勝，齊人畏而賂之，晉受賂，而利于盟，故書及國佐盟。春秋之謹嚴如此。但傳言師在召陵，非也。上文書『伐楚，次于陘』，則師在陘也。屈完來盟于師，來就陘也。盟于召陵，齊桓待楚以禮，退至召陵，與屈完盟也。左傳曰『師進，次于陘』，又曰『師退，次于召陵』，祇進退二字，齊桓行兵服楚，次第俱明。何氏用左傳以解『師在召陵』是也。」按：君行師從，齊桓退召陵，故師在召陵，屈完如師，如陘之師也。盟于師，則召陵之師也。若陘已盟矣，何召陵又盟乎？故經云：「盟于師。」傳云：「師在召陵。」本一事兩書，爲服楚喜，故書重辭複爾。齊氏駮傳，非。

喜服楚也。【注】孔子曰：「書之重，辭之複。嗚呼！不可不察，其中必有美者焉。」【疏】注「孔子」至「者焉」。○舊疏云：「春秋説文。」鄂本「復」作「複」，釋文作「復」。繁露祭義云：「其辭直而重有再歎之，欲人省其意也。而人尚不省，何其忘哉！孔子曰：『書之重，辭之複。嗚呼！不可不察也，其中必有美者焉。』此之謂也。」通義云：「汪克寬曰：盟于召陵與會于蕭魚書法不異，皆一經特筆，一以美齊桓之服楚，一以美晉悼之定鄭。」彼詳録致與會，亦書重辭複意也。

何言乎喜服楚？【注】据服蔡無喜文。【疏】校勘記：「唐石經『何言乎喜』四字磨改，多增二字。」○

〔一〕「【疏】」，原脱，叢書本不誤，據補。

注「据服」至「喜文」。○即上「侵蔡。蔡潰」是也。

楚有王者則後服，【注】桓公行霸，至是乃服楚。【疏】注「桓公」至「服楚」。○校勘記云：「鄂本『乃服楚』三字誤作傳文。閩、監、毛本『楚』字猶誤作傳文，屬下。惟此本與唐石經合。」上三年「陽穀之會」、二年「貫澤之會」，大國、遠國無不至，楚尚未服也。

無王者則先叛。【注】桓公不修其師，先叛盟是也。【疏】注「桓公」至「是也」。○即下經云：「公至自伐楚。」傳云：「楚已服矣，何以致伐？楚叛盟也。」彼注云：「爲桓公不修其師，而執濤塗故也。」是也。書禹貢云：「江、漢朝宗于海。」彼疏引鄭注云：「荆楚之域〔一〕，國有道則後服，國無道則先彊。故記其水之義，以著人臣之禮。」楊雄荆州牧箴：「杳杳巫山，在荆之陽，江漢朝宗，其流湯湯。風慓以悍，氣鋭以剛，有道後服，無道先彊。」爾雅釋地云：「漢南曰荆州。」公羊疏引李巡注云：「荆州，其氣慘〔二〕剛，稟性强梁，故曰荆。荆〔三〕，强也。」漢書賈捐之傳：「詩云：『蠢爾蠻荆，大邦爲讎。』言聖人起則後服，中國衰則先畔。動爲國家難，自古而患之久矣。」穀梁莊十年傳：「何爲謂之荆？狄之也。何爲狄之？聖人立，必後至；天子弱，必先叛，故曰荆，狄之也。」按：吕氏春秋召類云：「堯戰于丹水之浦，以服南蠻。」淮南兵略訓：

〔一〕「域」，原訛作「城」，叢書本同，據尚書正義校改。

〔二〕「慘」，原訛作「燥」，叢書本同，據公羊注疏校改。

〔三〕「荆」，原訛作「州」，叢書本同，據公羊注疏校改。

「舜伐有苗。」修務訓：「舜南征三苗，道死蒼梧。」韓詩外傳：「當舜之時，有苗不服。其不服者，衡山在南，岐山在北，左洞庭之陂，右彭澤之水，由此險也。以其不服，禹請伐之。」是其地皆歷代叛服無常，不獨楚然也。

夷狄也，而亟病中國。【注】數侵滅中國。【疏】注「數侵滅中國」。○舊疏云：「即莊二十八年『秋，荆伐鄭』者，是其數侵中國之文。其數滅中國者，即滅鄧、穀之屬是也。而經不書者，後治夷狄故也。」釋名釋州國云：「荆州者，荆，警也，南蠻。數爲寇逆，嘗警備故也。」又云：「楚，辛也，其地蠻多，而人性急，數有戰争，相争相害，辛楚之禍也。」亟，數也，故傳云「亟」，注云「數」。

南夷與北狄交，【注】南夷，謂楚滅鄧、穀，伐蔡、鄭。北狄，謂狄滅邢、衛，至于温，交亂中國。【疏】校勘記云：「閩、監、毛本同，誤也。唐石經、鄂本作北夷，當據正。注同此本，疏標起訖云『注北夷至中國』，閩、監、毛本亦改作北狄矣。」○注「南夷」至「蔡鄭」。○桓七年：「穀伯綏來朝。鄧侯吾離來朝。」傳：「皆何以名？失地之君也。」二國皆近楚，故知楚滅之。左傳載滅鄧事在莊二十二年，於桓時尚未失地，公羊當别有所据。伐蔡、鄭者，莊十年，荆敗蔡師于莘；十四年，荆入蔡；十六年，荆伐〔一〕鄭；二十八年，荆伐鄭；上元年、三年，「楚人伐鄭」；二年，「楚人侵鄭」是也。上云「侵蔡。蔡潰。遂伐楚」，明蔡已爲楚屬矣。○注「北狄」至「中國」。○莊三十二年「狄伐邢」，閔二年「狄入衛」，下十年「狄滅温」是

〔一〕「伐」，原訛作「入」，據春秋經改。

也。舊疏云：「温言至于者，以其在後，故言至于，僖十年文滅温也。或者温是圻內之國，去京師近，故言至于矣。」

中國不絶若綫。【注】綫，縫帛縷，以喻微也。【疏】注「綫縫」至「微也」。○説文系部：「綫，縷也。線，古文綫。」淮南要略云：「中國之不絶如綫。」注：「綫曰絲也。」周禮縫人職：「掌王宮之縫線之事。」鄭司農注：「線，縷也。」考工記鮑人職：「察其線。」注：「故書『線』或作『綜』。杜子春云：『綜當爲系旁泉，讀爲絤，謂縫革之縷。』」凡可以縫者皆謂之線也。不絶若綫，綫極細物，故言喻微也。

桓公救中國，【注】存邢、衛是也。【疏】注「存邢、衛是也」。○見上元年、二年傳。

而攘夷狄，【注】攘，却也。北伐山戎是也。【疏】注「攘，却也」。○淮南詮言訓：「信己之不攘也。」注：「攘，卻也。」國語魯語云：「而大攘諸夏。」注：「攘，卻也。」周禮禁殺戮職：「攘獄者。」注：「攘，猶卻也。」○注「北伐山戎是也」。○見莊三十年。

卒怗荆，【注】卒，盡也。怗，服也。荆，楚也。【疏】校勘記云：「唐石經、鄂本同。閩、監、毛本怗誤帖。釋文：『怗，他協反。一本作貼，服也。劉兆同。一本作拈，或音章貶反。』石經考文提要云：『唐玄度〔一〕九經字樣、宋景德本、鄂泮官書本皆作怗。』」錢氏大昕潛研堂答問云：「説文：怗，即卒怗荆之怗。」○注

〔一〕「唐玄度」，原作「唐元度」，陳立避康熙帝玄燁名諱改玄爲元，兹恢復本字。

「卒，盡也」。○爾雅釋詁：「卒，盡也。」又釋言：「卒，已也。」詩衛風谷風云：「畜我不卒。」○注「怗，服也」。○廣雅釋詁云：「怗，静也。」玉篇：「怗，服也，静也。」又丁簟反。静與服義近。一切經音義引字林：「怗，今作惵，同，他頰反。」

以此爲王者之事也。【注】言桓公先治其國以及諸夏，治諸夏以及夷狄，如王者爲之，故云爾。

【疏】注「言桓」至「云爾」。○成十五年傳：「春秋内其國而外諸夏，内諸夏而外夷狄，言自近者始也。」注：「明當先正京師，乃正諸夏。諸夏正，乃正夷狄。以漸治之。」孟子滕文公篇：「春秋，天子之事也。」桓公先治其國以及諸夏，治諸夏以及夷狄，合乎春秋，故以爲王者之事也。繁露王道云：「桓公救中國，攘夷狄，卒服楚，至爲王者事。春秋予之爲伯，誅意不誅辭之謂。」是也。説苑尊賢云：「春秋之時，天子微弱，諸侯力政，皆叛不朝，衆暴寡，强劫弱，南夷與北狄交侵，中國之不絶若綫。桓公於是用管仲、鮑叔、隰朋、賓胥無、甯戚，三存亡國，一繼絶世，救中國，攘戎狄，卒脇荆蠻，以尊周室，霸諸侯。」國語齊語云：「管仲既任政相齊，通貨積財，富國彊兵。參其國而伍其鄙，定民之居，成民之事，陵爲之終，而慎用其六柄。桓公曰：『吾欲從事於諸侯，其可乎？』曰：『未可，國未安。』桓公曰：『安國若何？』曰：『修舊法，作内政，而寄軍令焉。』」又曰：「桓公曰：『吾欲從事於諸侯，其可乎？』曰：『未可。鄰國未吾親也。審吾疆埸，而反其侵地。正其封疆，無受其資。而重爲之皮幣，以驟聘覜於諸侯，以安四鄰。擇其淫亂者，而先征之。』」又云：「即位數年，一戰帥服三十一國，遂南征伐楚，濟汝，踰方城，望汶山。北伐山戎，制令支，斬孤竹而南歸。西征攘白翟之地，至于西河。縣車束馬，踰大行，西服流沙。南城於周，反胙于絳。」〔一〕此桓公先治其國以及諸夏，治諸夏以及夷狄事也。

其言來何？【注】据陳袁僑如會不言來。【疏】注「据陳」至「言來」。○襄三年書「陳侯使袁僑如會」，不言來也。

與桓爲主也。【注】以從内文，知與桓公爲天下霸主。【疏】繁露精華云：「諸侯會同，賢爲主，賢賢〔二〕也。」又王道云：「齊桓、晉文擅封，致天子，誅亂，繼絶〔三〕，存亡，侵伐會同，常爲本主。曰桓公救中國，攘夷狄，卒怗荆服楚，至爲王者事。春秋予之爲伯，誅意不誅辭之謂也。」又觀德云：「召陵之會，魯君在是，而不得爲主，避齊桓也。」是也。○注「以從」至「霸主」。○上三年傳云：「其言來盟者何？來盟于我也。」是此書來爲從内辭也。穀梁傳：「來者何？内桓師也。」内桓師即從内義也。左疏引服云：「言來者，外楚也。嫌楚無罪，言來以外之。」亦尊桓抑楚之義。

前此者有事矣，【注】謂城邢、衛是也。【疏】注「謂城邢、衛」。○即上元年「齊師、宋師、曹師次于聶北，救邢。夏，六月，邢遷于陳儀」、二年「城楚丘」是也。

〔一〕這段國語引文跳躍大，缺失多。
〔二〕「賢」，原訛作「之」，叢書本同，據春秋繁露校改。
〔三〕「誅亂繼絶」，原訛作「誅絶繼世」，叢書本同，據春秋繁露校改。

後此者有事矣，【注】謂城緣陵是也。【疏】注「謂城緣陵是也」。○下十四年「諸侯城緣陵」，傳：「孰城之？城杞也。」是也。

則曷爲獨於此焉與桓公爲主？序績也。【注】序，次也。績，功也。累次桓公之功德，莫大於服楚，明德及强夷最爲盛。【疏】校勘記云：「唐石經、諸本同。何注：『序，次也。績，功也。』按，鹽鐵論執務篇引傳曰：『予積也。』下云：『故土積而成山阜，水積而成江海，行積而成君子。』與何本異，蓋是嚴、顔之别。」經義述聞云：「鹽鐵論執務篇曰：『齊桓公以諸侯思王政，憂周室，匡諸夏之難，平夷狄之亂，存亡接絶，信義大著於天下。召陵之會予之爲主，傳曰：「予積也。」故土積而成山阜，水積而成江海，行積而成君子。』此所引傳文『序績』作『予積』，字不同而説亦異，蓋本於嚴氏春秋也。予積，謂予桓公之積善，即承上予桓公爲主爲言，義得兩通。」按：序从予聲，序、予互通。詩大雅桑柔篇「誨爾序爵」、墨子尚賢「誨爾予爵」是也。積、績亦或通。漢書外戚傳：「賜皮弁素績。」師古曰：「績字或作積。」是也。今儀禮、禮記皆作素積，經師口授不同，傳者説遂異焉。○注「序，次也」。○易繫辭傳「易之序也」，釋文引京注：「序，次也。」禮鄉飲酒禮云：「衆賓序升。」注：「序，次也。」廣雅釋詁：「序，次也。」禮記中庸云：「所以序昭穆也。」注：「序，次也。」序於説文爲「東西牆之名」，正字當作「敘」。説文攴部云：「敘，次第也。」是也。○注「績，功也」。○爾雅釋詁文。桓十三年經：「齊師、宋師、衛師、燕師敗績。」注亦云：「績，功也。」故書堯典「三載考績」，謂考功也。○注「累次」至「爲盛」。○漢書韋玄成傳：「劉歆、王莽議曰：自是之後，南夷與北夷交侵，中國不絶如綫。春秋紀齊南伐楚，北伐山戎，孔子曰：『微管仲，吾其被髮左衽矣。』是故棄桓之過而録其功，以爲伯首。」按：伐山戎在莊公世。春秋書人見貶，是伯功猶未大著，閔二年「齊人遷陽」，不爲諱，功未足以覆比滅人之惡故也。論語憲問篇：「齊桓公正而不譎。」集解引：「馬曰：伐楚以公義，責包茅之貢不入，問昭王南征不還。是正而不譎也。」穀梁疏云：「論語稱『齊桓公正而不譎』，指謂伐楚。是責正事大，故馬、鄭指之。」是鄭説同馬，並以伐楚明德及强夷最爲盛也。

○齊人執陳袁濤塗。【疏】左氏「袁」作「轅」，彼釋文亦作「袁」。古袁、轅通。隸釋袁良碑：「厥先舜苗，世爲封君。周之興，虞閼父典陶正，嗣滿爲陳侯。至玄孫[一]濤塗，初氏父字之姓，曰袁，魯僖公四年爲大夫。哀十一年頗作司徒。」元和姓纂：「袁，嬀姓，舜後。陳胡公滿之後。胡公生申公，申公生靖伯庚，庚生季子惛，惛生仲牛甫。七代孫莊伯生諸，字伯爰，孫宣仲濤塗，以王父字爲氏，代爲上卿，字或作轅，其實一也。轅頗十一代孫袁生。」又後漢書袁術傳：「術又以袁氏出陳，爲舜後。」章懷注：「陳大夫轅濤塗，袁氏其後也。」惠氏棟左傳補注云：「按國三老袁良碑云：『周之興，滿爲陳侯，至玄孫濤塗立，姓曰袁。』法言曰『齊桓公欲經陳，陳不果内，執袁濤塗』，皆不从車旁。」

[一]「玄孫」，原作「元孫」，清人避康熙皇帝玄燁之名諱，改玄爲元，茲恢復本字。下同。

濤塗之罪何？辟軍之道也。其辟軍之道奈何？濤塗謂桓公曰：「君既服南夷矣，何不還師濱海而東，服東夷且歸？」【注】濱，涯也。順海涯而東也。東夷，吴也。從召陵東歸，不經陳，而趨近海道，多廣澤水草，軍所便也。【疏】校勘記出「君既服南夷矣」，云：「唐石經、鄂本、宋本、閩、監本同。毛本『既』誤『能』。」左傳：「陳轅濤塗謂鄭申侯曰：『師出於陳、鄭之間，國必甚病。若出於東方，觀兵於東夷，循海而歸，其可也。』申侯曰：『善。』濤塗以告齊侯，許之。」是濤塗恐師出陳竟，故爲此言，爲辟軍道也。○注「濱涯」至「東也」。○詩小雅北山云：「率土之濱。」傳：「濱，涯也。」國語晉語：「又爲惠公從予於渭濱。」注：「濱，涯也。」廣雅釋詁：「濱，厓也。」一切經音義引字林云：「濱，水涯也。」書禹貢：「海濱廣斥。」僞孔傳：「濱，涯也。濱海猶海濱也。」漢書地理志作「海瀕」。瀕即頻，詩大雅召旻云：「胡不自頻。」列女傳作「胡不自濱」是也〔一〕。説文：「瀕〔二〕，水厓。人所賓附。」○注「東夷，吴也」。○杜云：「東夷，郯、莒、徐夷也。」按：郯、莒等，東方小國。莒曾爲桓公所奔，時桓伯正盛，不患不服，故何氏本吴言之，吴時未通上國故也。○注「從召」至「便也」。○舊疏云：「趨猶鄉也，謂鄉近海之

〔一〕召旻「胡不自頻」、列女傳「胡不自濱」，引文均誤。召旻有「胡不自替」，無「胡不自頻」句。此當爲召旻之「不云自頻」，列女傳引作「不云自濱」。

〔二〕「瀕」，原訛作「頻」，叢書本同，説文作「瀕，水厓。人所賓附，頻蹙不前而止。从頁从涉。凡頻之屬皆从頻」，據正。

道也。」

桓公曰：「諾。」於是還師濱海而東，大陷于沛澤之中。【注】草棘曰沛，漸洳曰澤。

【疏】玉篇：「陷，墜入地也。」廣韻：「陷，入地隤也。」即説文之臽，説文：「臽，小阱也。」廣雅釋水云：「臽，阬也。」經傳皆作陷矣。○注「草棘」至「曰澤」。○孟子滕文公云：「園囿、汙池、沛澤多。」趙注：「沛，草木〔一〕之所生也。澤，水也。」後漢書注引劉熙孟子注云：「沛，水草相半。」風俗通山澤篇云：「沛者，草木之蔽茂，禽獸之所蔽匿也。水草交厝，名之爲澤。澤者言其潤澤萬物，以阜民用也。」蓋分言之，則沛以草蔽芾名，澤以水潤澤名。通言之，則沛之草即生於水者也，故管子揆度云：「焚沛澤。」注：「水草兼處曰沛。」地官序官疏引纂要：「水之所鍾曰澤。」棘者，説文云：「小棗叢生者。」〔二〕

顧而執濤塗。【注】時濤塗與桓公俱行。【疏】左傳：「申侯見曰：『師老矣，若出於東方而遇敵，懼不可用也。若出於陳、鄭之間，共其資糧扉屨，其可也。』齊侯説，與之虎牢。執轅濤塗。」如左傳，齊侯雖許濤塗，尚未出師東夷，聽申侯告即止，故史記齊世家云：「過陳，陳袁濤塗詐齊，令〔三〕之出東方，覺。秋，齊伐陳。」用左氏義也。按：齊如僅受濤塗之詐，旋即覺寤，則執濤塗於師足矣，何至率諸侯師伐陳？桓公

〔一〕「木」，原訛作「水」，叢書本不誤，據校改。
〔二〕「説文云」句原脱，據叢書本校補。
〔三〕「令」，原訛作「人」，叢書本同，據史記校改。

方行伯，似不出此，惟已陷沛澤，實受其害，故深恚濤塗，並累及其國。若如史記，師已過，陳濤塗始説其師出東夷，則更無及矣。

執者曷爲或稱侯，或稱人？稱侯而執者，伯討也。【注】言有罪，方伯所宜討。【疏】下二十八年「晉侯執曹伯，畀宋人」、成十五年「晉侯執曹伯，歸之于京師」，皆稱侯而執者也。稱爵故爲伯討。○注「言有」至「宜討」。○白虎通三軍云：「王法天誅者，天子自出者，以爲王者乃天之所立，而欲謀危社稷，故自出，重天命也。犯王法，使方伯誅之。尚書曰：『命予惟恭行天之罰。』此所以言開自出伐有扈也〔一〕。王制曰：『賜之弓矢，乃得專征伐。』謂誅犯王法者也。」

稱人而執者，非伯討也。【疏】定元年「晉人執宋仲幾，歸于京師」及此之屬是也。穀梁傳：「其人之何也？於是哆然外齊侯也。不正其踰國而執也。」注引：「江熙曰：踰國，謂踰陳而執陳大夫。主人之不敬客，繇客之不敬主人。哆然衆有不服之心，故春秋因而譏之。」按：此與左傳皆以濤塗誤軍道被執，穀梁以濤塗爲不敬齊命被執，共爲譏齊桓非伯討同也。

此執有罪，何以不得爲伯討？古者，周公東征，則西國怨；西征，則東國怨。【注】此道黜陟之時也。詩云：「周公東征，四國是皇。」【疏】荀子王制篇云：「周公南征而北國怨，曰：

〔一〕「此所以」句原脱「所以」、「有」三字，叢書本同，據白虎通校補。

『何獨不來也?』」東征而西國怨,曰:『何獨我後也?』」」後漢書班固傳奏記曰:「古者,周公一舉則三方怨,曰:『奚爲而後己?』」孟子梁惠王下、滕文公下皆有「東面而征,西夷怨;南面而征,北狄怨」語,爲湯事。盡心下云「東面而征,西夷怨;南面而征,北狄怨」,又以爲武王事。蓋當時有此語也。江氏聲尚書集注音疏云:「孟子『天下信之』之言,不似尚書之文。滕文公『湯始征』云云,與梁惠王所引小異。而梁惠王明稱『書曰』,滕文公則否。言『十一征而無敵於天下』,與『天下信之』之文絶殊,信乎,皆非尚書文也。」觀公羊傳、荀子、班固奏記,則「東面而征」云云,乃本周公事,孟子引以釋書耳。繁露王道云:「古者,東征則四國怨。此春秋之救文以質也。」明春秋雖予桓,而不以罪執,則譏從其質也。○注「此道」至「是皇」。○詩豳風破斧文〔一〕。惠氏棟九經古義云:「白虎通云:『傳曰:「周公入爲三公,出爲二伯,中分天下,出黜陟。」詩曰:「周公東征,四國是皇。」』言周公東征,述職黜陟,而天下皆正也。』經典無西征文。荀卿子:『周公南征而北國怨,東征而西國怨。』吕氏春秋古樂篇:『成王立,殷民反,王命周公踐伐之。商人服象,爲虐于東夷。周公〔二〕遂以師逐之,至于江南。乃爲三象,以嘉其德。』此南征之文也。」董逌詩考云:「『四國是皇』,齊詩作『四國是匡』。」匡,正也。故毛傳訓皇爲匡。白虎通亦言「周公東征,述職黜陟,而天下皆正也」。揚子先知篇以「昔在周公,四國是皇」與「召伯述職,蔽芾甘棠」對舉。又:「或問爲政,曰:思

〔一〕「文」,原訛作「又」,叢書本不誤,據改。
〔二〕「公」,原訛作「人」,叢書本同,據九經古義及吕氏春秋校改。

數。昔在周公，征于東方，四國是王，其思矣夫。」是亦以此爲黜陟時詩也。魯語韋注：「周公時，爲二伯而東征，則上公爲元帥也。」

桓公假塗于陳而伐楚，【疏】唐石經、鄂本、宋本、閩、監本同。毛本「塗」作「途」。白虎通誅伐云：「諸侯家國，入人家，宜告主人，所以相尊敬、防併兼也。春秋傳曰：『桓公假塗于陳而伐楚〔一〕。』禮曰：『使次介先假道，用束帛。』」

則陳人不欲其反由己者，師不正故也。【注】故令濤塗有此言。【疏】左傳：「濤塗謂鄭申侯曰：『師出于陳、鄭之間，國必甚病。』」明師不正也。通義云：「師有失律，不便于陳者。」是也。法言先知篇云：「夫齊桓公欲經陳，陳不果內，執袁濤塗，其戮矣夫！」又云：「老人老、孤人孤、病者養、死者葬、男子畝、婦人桑之謂思。若汙人老、屈人孤、病者獨、死者逋、田畝荒、杼柚空之謂戮。」

不修其師而執濤塗，古人之討則不然也。【注】以己所招而反執人，古人所不爲也。凡書執者，惡其專執。【疏】注「以己」至「爲也」。○謂陳之不欲其反由己，自招，不知自責，而反執人，周公所不爲也。繁露仁義法云：「昔楚靈王討陳、蔡之賊，齊桓公執袁濤塗之罪，非不能正人也，然而春秋弗予，不得爲義，以我不正也。」又精華云：「春秋之聽獄也，必本其事而原其志。志邪者，不待成；首惡者，罪特

〔一〕「楚」，原訛作「虢」，叢書本同，據白虎通義校改。

重；本直者，其論輕。故逢丑父當斮，而袁濤塗不宜執。」亦以濤塗爲國被執，其本直也。○注「凡書」至「專執」。○舊疏云：「言雖有罪，方伯所宜討，要須白天子，乃可執之。」然則，濤塗之言，既惡齊桓之執有罪，又惡齊桓之專執，蓋交譏之，所以人之也。

○秋，及江人、黃人伐陳。【疏】舊疏云：「内之微者矣。」穀梁傳：「不言其人〔一〕及之者，内師也。」彼以文承齊桓執陳袁濤塗下，嫌是齊師，故解之。按：左疏云：「直言及江、黄者，將卑師少，故不言主師，言微者及之。」與舊疏義合。

○八月，公至自伐楚。

楚已服矣，何以致伐？【疏】莊六年傳：「得意致會，不得意致伐。」此楚已服，仍致伐，故據以難之。

楚叛盟也。【注】爲桓公不修其師，而執濤塗故也。月者，凡公出滿二時月，危公之久。【疏】通義云：「故以未得意乎服楚，致也。」○注「月者」至「之久」。○校勘記出「凡公出滿三時」，云：「閩、監、毛本同，誤也。鄂本三作二，當據正。」舊疏云：「即此僖公春去秋乃還，而云『八月，公至自伐楚』，又襄二十八年

〔一〕「人」下原衍「之」字，叢書本同，據穀梁傳校刪。

『冬，公如楚』、二十九年『夏，五月，公至自楚』之屬，皆是危而久之。」按：此由春歷秋，作「三」亦通。莊五年「冬，公會齊侯已下伐衛」，至六年「秋，公至自伐衛」，兵歷四時而不月者，彼注云：「久不月者，不與伐天子也，故不爲危録之。」明伐天子已危，不須録月也。校勘記又云：「解云：危而久之，久字亦有作之字者。按，久作之，則不通。」

○**葬許繆公。**【注】得卒葬於所傳聞世者，許大小次曹，故卒少在曹後。【疏】舊疏云：「所傳聞之世，微國卒葬例不録之。今許得書葬，故須注解也。何者？正以曹、許雖非大國，亦非微，故得録見也。」許大小次曹者，春秋伯子男一也，故相次不一，許實男爵，故次于曹。而下五年首戴之會，許在曹上者，會盟之序，皆主會者爲之。昭十二年傳所云：「其序，則齊桓、晉文。其會，則主會者爲之。」首戴會時，桓公得意，諸侯背叛，上假王世子，示以公義，或序許先于曹，不能以德優劣、國大小相次，非信史矣。「繆」，左、穀作「穆」。

○**冬，十有二月，公孫慈帥師會齊人、宋人、衛人、鄭人、許人、曹人侵陳。**【注】月者，刺桓公不修其師，因見患誑，不內自責，乃復加人以罪。【疏】左氏、穀梁慈作兹。漢書地理志「上郡：龜兹」，應劭曰：「音邱慈。」是慈、兹通也。○注「月者」至「以罪」。○舊疏云：「正以侵伐例時，此書月，故須注解也。因見患詛者，言因是不修其師之故，而爲陳之所苦患，遂爲所調詛矣。」按：不修其師，即上傳「陳人不欲其反由己，師不正故也」。

○五年，春，晉侯殺其世子申生。曷爲直稱晉侯以殺？【注】据鄭殺其大夫申侯稱國也。續問以殺者，問殺所稱例爾，非謂晉侯不當稱國爵也。【疏】注「据鄭」至「申侯」。○即下七年經云「鄭殺其大夫申侯」是也。○注「續問」至「爵也」。○舊疏云：「若直問曷爲直稱晉侯，即嫌時不合稱晉侯，傳須云以殺，明其但怪〔一〕何故稱晉侯以殺耳。」是也。

殺世子母弟直稱君者，甚之也。【注】甚之者，甚惡殺親親也。春秋公子貫於先君，唯世子與母弟以今君録，親親也。今舍國體直稱君，知以親親責之。【疏】注「甚之」至「親也」。○穀梁傳曰：「目〔二〕晉侯，斥殺，惡晉侯也。」繁露王道云：「此其誅也，殺世子母弟直稱君，明失親親也。」白虎通誅伐篇：「父煞其子當誅何？以爲天地之性，人爲貴，人皆天所生也，託父母氣而生耳。王者以養長而教之，

〔一〕「怪」，原訛作「在」，叢書本同，據公羊注疏校改。
〔二〕「目」，原訛作「自」，叢書本不誤，據改。

故父不得專也。春秋傳曰：『晉侯殺其世子申生直稱君者，甚之也。』」按：晉世家：「獻公謂驪姬曰：『吾欲廢太子，以奚齊代之。』驪姬泣曰：『太子之立，諸侯皆知，而數將兵，百姓附之，奈何以賤妾之故廢嫡立庶？君必行之，妾自殺也。』驪姬詳譽太子，而陰令人譖惡太子，而欲立其子。二十一年，驪姬謂太子曰：『君夢見齊姜，太子速祭曲沃，歸釐於君。』太子於是祭其母齊姜於曲沃，上其薦胙於獻公。獻公時出獵，置胙於宫中。驪姬使人置毒藥胙中。居二日，獻公從獵來還，宰人上胙獻公，公欲饗之。驪姬止之曰：『胙所從來遠，宜試之。』祭地，地墳；與犬，犬死；與小臣，小臣死。驪姬泣曰：『太子何其忍也！其父而欲弑代之，況他人乎？且君老矣，旦莫之人，曾不能待而欲弑之！』謂獻公曰：『太子所以然者，不過以妾及奚齊之故。妾願子母辟之他國，若早自殺，毋徒使母子爲太子所魚肉也。始君欲廢之，妾猶恨之；至於今，妾殊自失於此。』太子聞之，奔新城。獻公怒，乃誅其傅杜原款。或謂太子曰：『爲此藥者，乃驪姬也。太子何不自辭明之？』太子曰：『吾君老矣，非驪姬，寢不安，食不甘。即辭之，君且怒之。不可。』或謂太子曰：『可奔他國。』太子曰：『被此惡名，誰内我？我自殺耳。』十二月戊申，太子自殺於新城。」左傳、檀弓並載此事，詳略互見。是知太子母弟無罪，見殺者，如是書耳。其殺有罪之太子母弟則不爾，故公子牙卒，貶去弟也。又襄二十六年「宋公殺其世子痤」，注：「痤有罪，故〔一〕平公書葬。」書法雖同，又於葬不葬别之。包氏慎言云：「按晉侯詭諸以九年卒，不書葬，注：『不書葬者，殺太子。然則殺太

〔一〕「故」字原脱，叢書本同，據公羊注疏校補。

子者，不得入先君之兆，絶先祖之嗣，故絶之於先祖也。』康誥曰：『于父不能字厥子，乃疾厥子。』『文王作罰，刑兹無赦。』蓋謂此也。其隱元年『鄭伯克段于鄢』，不言弟，與牙同也。」後漢書楊終傳：「春秋殺太子母弟直稱君，甚惡之者，坐失教也。」與何氏義微異。○注「春秋」至「親也」。○禮喪服傳：「諸侯之子稱公子，公子之子稱公孫。」謂次嫡而下通稱也。以公子貫於先君，春秋例爾，親疏之别，殷道親親，舍文從質也。○注「今舍」至「責之」。○舊疏云：「今舍國體，謂不直言晉殺申生也。」襄二十年「天王殺其弟年夫」，注：「王者得專殺。書者，惡失親親也。未三年不去王者，方惡不思慕而殺弟，不與子行也。」

○**杞伯姬來朝其子。**

其言來朝其子何？【注】据微者不當書朝。連來者，内辭也。與其子來者，問爲直來乎？爲下朝出？【疏】注「据微」至「書朝」。○隱十一年傳：「諸侯來曰朝，大夫來曰聘。」是微者不當書朝也。○注「連來」至「朝出」。○凡春秋書來者，皆内辭，故上四年「屈完來盟于師」亦内桓也。舊疏云：「今此傳不云『其言朝其子何』，而連來問之者，欲問伯姬來者，爲是無事而來，爲是有事言來者，爲是朝其子而出之。」直來者，即莊二十七年「冬，杞伯姬來」，傳云：「其言來何？直來曰來。」注：「無事而來者是也。」

内辭也，與其子俱來朝也。【注】因其與子俱來。禮，外孫初冠，有朝外祖之道，故使若來朝其子，以殺直來之恥，所以辟教戒之不明也。微無君命，言朝者，明非實。【疏】注「禮外」至「之道」。○禮士冠禮云：「冠者適東壁，北面見于母。」又云：「冠者見于兄弟，兄弟再拜。」「入見姑姊，如見母。」又云：「乃易服，奠摯見于君。遂以摯見于鄉大夫、鄉先生。」無見外祖禮，何氏蓋以意推之也。爾雅釋親云：「女子子之子爲外孫。」禮喪服緦麻章「外孫」疏云：「以母出外適而生，故曰外孫。」○注「故使」至「明也」。○通義云：「以世本校之，是年杞惠公卒，成公立。成公蓋伯姬所生，故始嗣位，即來朝於魯也。未踰年之君，不當行朝禮，況婦人無故不踰竟。伯姬之與俱來，尤非禮也，故爲内諱辭，曰來朝其子。使若子幼而母率之來見者然。」知不然者，以史記陳杞世家「湣公十五年，楚惠王滅陳」，上推至僖五年，爲武公三十二年，以徐廣注所引世本校之，史記之德公，則世本之惠公。惠公下多一成公。十八年，則依世本，此年正值靖公之四年，亦非未踰年君。然則，此伯姬當即莊二十五年所歸者，爲靖公之母。計靖公生至此十三四年，即位後行冠禮，左氏所云「國君十五而生子，冠而生子」故也。冠後與其母俱來與？若如世家在武公之世，則靖公尚爲世子。正左疏引沈氏所云伯姬以莊二十五年六月歸于杞。假令後年生子，則其年十四，杞伯不宜令其與母來魯。又穀梁傳云「婦人既嫁不踰竟，踰竟非正也。諸侯相見曰朝，伯姬爲志乎朝其子也。伯姬爲志乎朝其子，則是杞伯失夫〔一〕之道」者是也。杜云：「朝其子者，時子年在十歲左右，因有諸侯子得行朝義，而卒不成朝禮，故繫于母而曰朝其子。」則謂攝君行朝禮也。孔疏云：「諸侯之子得有攝君之禮、行朝之義。但此子幼弱，而卒不成朝，故繫于母而曰朝其子也。若能行朝禮，則世子當如曹伯射

〔一〕「夫」之上原衍「丈」字，叢書本同，據穀梁注疏校删。

姑，杞伯姬別言來耳。」按：如何義，則婦人既嫁，不踰竟，故書朝其子殺恥，以辟内女之失教也。左傳釋文云：「『杞伯姬來』絶句。來歸甯，朝其子，猶言其子朝。」〇注「微無」至「非實」。〇校勘記出「言朝者服非實」，云：「鄂本服作明，此誤。」疏亦云：經書來朝，明其非實。」按：何氏上言「据微者不當書朝」，此又云「微無君命」，則與穀梁義近。意謂杞伯姬與子俱來，本無武公之命，故不書使。武公不能制其妻與子，則武公與有失焉。又云：「諸侯相見曰朝，以待人父之道待人之子，非正也。故曰杞伯姬來朝其子，參譏焉。」以爲直行朝禮。何氏所不取。舊疏云：「『曹伯使世子射姑來朝』，彼言使來朝，則有君命。今既是微人，復不言使，而書來朝，明非實也。」義或然也。

〇**夏，公孫慈如牟。**

〇**公及齊侯、宋公、陳侯、衛侯、鄭伯、許男、曹伯會王世子于首戴。**【疏】左氏首戴作首止。按：戴从𢦏得聲，與止聲古音同在之部，得叚借也。杜云：「首止，衛地。在陳留襄邑縣東南有首鄉。」大事表云：「在今河南歸德府睢州治東南，接甯陵縣境。」一統志：「首鄉在歸復府[一]睢州東南。」

〔一〕「歸復府」三字，大清一統志無，疑「復」字爲「德」字之訛。

曷爲殊會王世子？【注】据宰周公不殊別也。【疏】注「据宰」至「別也」。○即下九年「公會宰周公、齊侯等于葵丘」是也。

世子，貴也。世子，猶世世子也。【注】解貴意也。言當世父位，儲君副主，不可以諸侯會之爲文，故殊之，使若諸侯爲世子所會也。自王者言之，以屈遠世子在三公下。禮喪服斬衰曰「公士大夫之衆臣」是也。自諸侯言之，世子尊於三公。此禮之威儀，各有所施。言及者，因其文可得見汲汲也。世子所以會者，時桓公德衰，諸侯背叛，故上假王世子，示以公義。【疏】注「言當世父位」。○白虎通爵篇云：「韓詩内傳曰：諸侯世子〔一〕三年喪畢，上受爵命於天子。所以名之爲世子何？言欲其世世不絶也。何以知天子之子亦稱世子也？春秋傳曰：『公會王世子於首止。』」天子諸侯世，故稱世子，明當世世父位也。白虎通又云：「父在稱世子何？繫於君也。」大夫士以下稱嫡子、長子，不世故也。禮記郊特牲云：「古者，寓〔二〕公不繼世。」爲世絶也。○注「儲君」至「會也」。○閔二年左傳説大子云：「君行則守，有守則從。從曰撫軍，守曰監國，古之制也。」是儲君副主也。穀梁傳曰：「及以會，尊之也。何尊焉？王世子云者，唯王之貳也。云可以重之存焉，尊之也。何重焉？天子世子，世天下也。」是也。舊疏云：「使若世子爲會主，致諸侯於此而會之，故言使，若諸侯爲世子所會矣。」○注「自王」至「是也」。○校勘記

〔一〕「世子」二字原脱，叢書本同，據白虎通校補。

〔二〕「寓」，原訛作「康」，叢書本同，據禮記校改。

出「公上大夫之衆臣」，云：「鄂本上作士，此誤。」按：各本俱誤上。禮喪服云：「公士大夫之衆臣，爲其君布〔一〕帶、繩屨。」注：「士，卿也。」又傳曰：「公卿大夫室老、士，貴臣，其餘皆衆臣也。君，謂有地者也。」舊疏云：「何氏引喪服者，欲言三公，臣有爲之斬衰，世子則無，是卑於三公之義。」○注「自諸」至「所施」。○舊疏云：「即殊與不殊是也，何者？世子於諸侯，將有君臣之義故也。」杜亦云：「不名而殊會，尊之也。王之世子尊與王同。齊桓行霸，翼戴天子，尊崇王室，故殊貴世子。」按：其言尊之，與公羊同。其云桓公行伯，殊貴世子，謂殊爲齊桓之意，非公羊義。○注「言及」至「汲也」。○隱元年傳：「及，猶汲汲也；及，我欲之。」然則，此言及者，因會王世子之經，得見魯公汲汲於齊桓矣，並舊疏文。○注「世子」至「公義」。○繁露王道云：「會王世子，譏微也。」明桓公德衰，諸侯背叛，上假王世子也。德衰者，上四年傳：「楚叛盟也。」注云「桓公不修其師，而執濤塗」是也。叛盟者，下「鄭伯逃歸不盟」是也。穀梁傳：「天子微，諸侯不享覲，桓控大國，扶小國，統諸侯，不能以朝天子，亦不敢致天王。尊王世子于首戴，乃所以尊天王之命也。世子含王命會齊桓，亦所以尊天王之命也。世子受之可乎？是亦變之正也。天子微，諸侯不享覲，世子受諸侯之尊己，而天王尊矣，世子受之可也。」蓋穀梁言其文，公羊言其實也。

○秋，八月，諸侯盟于首戴。

〔一〕「布」，原訛作「有」，叢書本同，據儀禮校改。

諸侯何以不序？【注】据上會序。【疏】注「据上會序」。○即上列序諸侯某某會于首戴是也。

一事而再見者，前目而後凡也。【注】省文從可知，間無事不省諸侯。會盟一事，不舉盟者，時世子不與盟。【疏】周禮小宰職：「二曰師，掌官成以治凡；三曰司，掌官法以治目。」注：「治凡，若月計也。治目，若今日計也。」蓋凡者總、目者散故也。繁露深察名號云：「目者，偏辨其事也；凡者，獨舉其事也。」言此諸侯，即上會之諸侯，故從省文也。春秋正辭云：「若葵丘先會後盟，新城先伐後救，温之會先會後圍許。」○注「間無」至「諸侯」。○昭十三年「公會劉子、晉侯已下于平丘」，「八月，甲戌，同盟于平丘」，彼以其間無事，故省諸侯。今亦無事，而不省諸侯，故解之。○注「會盟」至「與盟」。○文十四年「公會宋公、陳侯已下同盟于新城」，彼是會盟一事，舉盟爲重，不先別言會于某。今此會盟並舉，故解之。明世子與會不與盟也。所以間無事必重出諸侯，不則嫌王世子與盟矣。穀梁傳曰：「無中事而復舉諸侯，何也？尊王世子而不敢與盟也。尊則其不敢與盟，何也？盟者，不相信也，故謹信也，不敢以其所不信者而加之尊者。」杜亦云：「間無異事復舉諸侯者，王世子不盟故也。」

○鄭伯逃歸不盟。

其言逃歸不盟者何？【注】据上言諸侯，鄭伯在其中，弟子疑，故執不知問。【疏】注「据上」至「知問」。○舊疏云：「亦有無『据』字者，非正本。」通義云：「据陳侯逃歸，不言不盟。」

不可使盟也。【注】時鄭伯内欲與楚，外依古不盟爲解，安居會上，不肯從桓公盟，故後言不盟。【疏】通義云：「時鄭貳於楚，齊桓不能使之盟也。鄭伯未盟先歸，故統舉[一]諸侯於上，特著不盟者於下。陳侯既會乃歸，不可言不會，時又本無盟。事異，故辭異爾。」非何義。○注「時鄭」至「不盟」。○鄭自莊十四年後，數受楚兵，上四年屈完雖服，旋即叛盟，勢必加兵於鄭，故有内欲與楚之事也。依古不盟爲解者，即桓三年傳「古者不盟，結言而退」是也。

不可使盟，則其言逃歸何？【注】据後言不盟，居會上辭。【疏】注「据後」至「上辭」。○何意謂不盟在下，明爲居會上辭，故難之。

魯子曰：「蓋不以寡犯衆也。」【注】諸侯以義相約，而鄭伯懷二心，依古不肯盟，故言逃歸。所以抑一人之惡，申衆人之善，故云爾。【疏】解鄭伯逃歸之故也。蓋諸侯同欲攻鄭，責其不盟，故畏而逃爾。○注「諸侯」至「云爾」。○通義云：「諸侯同心欲盟，而鄭獨背中國，故抑之加之賤稱也。」穀梁云：「以其去諸侯，故逃之也。」亦此義也。故彼注云：「專己背衆曰逃。」傳例曰：『逃義曰逃。』」是也。孔疏：「禮，君行師從，卿行旅從。雖則會盟，必有師旅。鄭伯棄其師衆，輕身逃歸。釋例曰：『國君而逃師棄盟，違其典儀，棄其章服，羣臣不知其謀，社稷不保其安，此與匹夫逃竄無異，故例在上曰逃。』是言稱逃之意也。」

[一]「舉」字原脱，叢書本同，據公羊通義校補。

○楚人滅弦，弦子奔黄。【疏】通義云：「以黄、隗、江、六比之，雖與盟同月，不蒙月也。吴、楚始見，滅國例不月，惡而略之甚。」杜云：「弦國在弋陽軑[一]縣東南。」大事表云：「今湖廣黄州府蘄水縣東三十里有軑縣故城，爲弦地。又河南光州光山縣西南有弦城，蓋光、黄本接壤也。」水經注江水篇：「又東逕軑縣故城南，故弦國也。春秋『楚滅弦，弦子奔黄』是也。」地理志江夏郡軑下云：「故弦子國。」馬氏宗槤[二]左傳補注云：「酈元曰：『江水又東經西陽郡南，即西陽縣也。晉書地道記以爲古弦子國。』通典：『光州光山縣，漢西陽縣也。』『春秋弦國之地。』仙居縣本漢軑縣，今縣東有弦亭。據水經注、通典，漢之軑縣、西陽，皆弦子地。元凱第釋弦國在軑縣東南，是乃元和郡縣志所云弦國之都也。」紀要：「軑縣城在黄州府蘄水縣西北四十里，故弦子國。」弦城在光州西南。

○九月，戊申，朔，日有食之。【注】此象齊桓德衰，是後楚遂背叛，狄伐晉、滅温，晉里克比弑其二君。【疏】注「此象」至「二君」。○釋文作「比殺，申志反」。楚遂背叛者，即上四年傳「楚叛盟」、下六年「楚人圍許」是也。狄伐晉、滅温，即下八年「狄伐晉」、十年「狄滅温」是也。晉里克比弑二君，即下九年「晉里克弑其君之子奚齊」、十年「晉里克弑其君卓」是也。漢書五行志云：「僖公五年九月戊申，朔，日有

〔一〕「縣」上原脱一「軑」字，叢書本同，據左傳正義校補。

〔二〕「槤」，原訛作「連」，叢書本同，清史稿作馬宗槤，據改。

食之。董仲舒、劉向以爲，先是齊桓行伯，江、黄自至，南服强楚，其後不内自正，而外執陳大夫，則陳、楚不附，鄭伯逃盟，諸侯將不從桓政，故天見戒。其後晉滅虢，楚圍許，諸侯伐鄭，晉弑二君，狄滅温，楚伐黄，桓不能救。劉歆以爲，七月秦、晉分。」

○冬，晉人執虞公。

虞已滅矣，其言執之何？【注】据滅言以歸。上傳云「四年反取虞」，知去滅，變以歸言執。【疏】注「据滅言以歸」。○即下二十六年「楚人滅隗，以隗子歸」是也。○注「上傳」至「取虞」。○見上二年傳。○注「知去」至「言執」。○以上傳明云取虞，知此爲滅虞，則書執爲變以歸辭矣。

不與滅也。曷爲不與滅？滅者，亡國之善辭也。【注】言滅者，王者起當存之，故爲善辭。【疏】注「言滅」至「善辭」。○論語堯曰篇「興滅國」，彼述武王克殷事，明滅國當興也。滅者亡國之善辭，下十九年「梁亡」，書亡爲自亡，與此之變以歸言執，皆春秋所絶也。

滅者，上下之同力者也。【注】言滅者，臣子與君戮力一心，共死之辭也。不但去滅，復去以歸，言執者，明虞公滅人以自亡，當絶，不得責不死位也。晉稱人者，本滅而執之，不以王法執治之，故從執無罪辭也。虞稱公者，奪正爵，起從滅也。不從滅例月者，略之。【疏】注「言滅」至「辭也」。○校勘記云：「鄂本勠作戮，此本文十三年疏所引同。釋文戮又作勠。」葉本釋文云：「又作戮。」則正文當作「勠」字。

鄂本注作「勠」，與釋文葉本合。通義云：「謹按，再言滅者，言不與滅。有二義：一則罪虞貪賄，滅人以自亡，故不與善辭。一則見晉詐諼取之。虞君臣無拒守之力，故不得言滅也。左傳疏〔一〕曰：『罪虞公，且言執之〔二〕易也。』與此傳同義也。」○注「不但」至「位也」。○繁露王道云：「虞公貪財，不顧其難，受晉之璧、屈產之乘，假晉師道。還以自滅，宗社破毀，社稷不祀，身死不葬。」又云：「觀乎虞公、梁亡，知貪財枉法之窮。」是其滅人以自亡。故上二年坐虞滅人首惡，序晉上，此復辱其滅辭也。責以死位者，如莊十年書「譚子奔莒」、此上「弦子奔黄」之屬是也。杜云：「虞公貪璧、馬之寶，距絶忠諫，稱人以執，同於無道於其民之例，所以罪虞。」繁露滅國上云：「虞公不用宫之奇，晉獻亡之，存亡之端，不可不知也。諸侯見加以兵，逃遁奔走，至於滅亡，而莫之救，平生之素行可見也。」○注「晉稱」至「辭也」。○通義云：「稱人以執者，惡晉也。」按：上四年傳云：「稱人以執者，非伯討也。」明晉不以王法治之，非伯討，故從執無罪辭。杜云：「晉侯修虞之祀，而歸其職貢於王，故不以滅同姓爲譏。」非也。沈氏欽韓左傳補注云：「春秋之義，有見於彼而略於此者。于彼見一義，於此又見一義。滅同姓，惡之甚者也，於衛侯燬滅邢見之，則其例可以類推。此言晉人執虞公，則虞公之國亡身虜，有以自取，又别起一義，非以晉之罪爲可恕也。刼賊殺人取財，而分貨於上，罪亦可免乎？」是其義也。○注「虞稱」至「滅也」。○包氏慎言云：「此言王者起亦絶

〔一〕「疏」字原脱，引文出自左傳疏，非左傳正文，通義即脱「疏」字，據左傳疏校補。

〔二〕「執之」二字，通義即脱，據左傳疏校補。

而不録也，謂直絶其宗祀。」通義云：「虞稱公者，蓋嘗爲三公。」按：虞之正爵不可考。周時二王之後稱公，正爵也；天子三公亦稱公，職名也。虞公以官稱，知爲奪正爵，起其滅也。「從」字疑衍，當涉下文「不從滅例」而誤耳。穀梁注引：「江熙云：春秋有州公、郭公、虞公，凡三公，非爵也。傳以爲下執之辭，嘗試因此論之。五等諸侯，民皆曰公，存有王爵之限，没則申其臣民之稱。州公舍其國，故先書州公。郭公盜〔一〕而歸曹，故先名而後稱郭公。夏陽亡則虞爲滅國，故宜稱虞公。三人殊而一致，三公舛而同歸，生死齊稱，蓋春秋所賤。」按：穀梁傳云：「其曰公，何也？猶曰其下執之〔二〕之辭也。」亦即奪正爵之義。魏策云：「昔者，晉人欲亡虞而先伐虢。伐虢者，亡虞之始也。故荀息以馬與璧假道於虞，宫之奇諫而不聽，卒假晉道。晉人伐虢，反而取虞。故春秋書之，以罪虞公。」○注「不從」至「略之」。○滅例月者，莊十年「冬，十月，齊師滅譚」、十三年「夏，六月，齊人滅遂」之屬是也。莊十年：「三月，宋人遷宿。」注云：「月者，遷取王封，當與滅人同罪。書者，宋當坐滅人。宿不能死社稷，當絶也。」若然，彼「譚子奔莒」注云「月者，惡不死位」，與尋常小國奔殊也。此不月，故爲略辭。

○六年，春，王正月。

〔一〕「盜」，原訛作「資」，叢書本同，據穀梁注疏校改。

〔二〕「之」上原衍「上」字，叢書本同，據穀梁傳校删。

○夏，公會齊侯、宋公、陳侯、衛侯、曹伯伐鄭，圍新城。【疏】杜云：「新城，鄭新密，今滎陽密縣。」大事表云：「今許州府密縣東南三十里有故密城。」水經注洧水篇：「洧水又東，逕密縣故城南，春秋謂之新城。左傳僖六年會諸侯伐鄭，圍新密。」是也。漢書地理志「河南郡密」下師古注云：「此即春秋僖六年圍新密者也，蓋鄭地。」

邑不言圍，此其言圍何？彊也。【注】惡桓公行霸，彊而無義也。鄭背叛，本由桓公過陳不以道理，當先修文德以來之，而便伐之，彊非所以附疏。【疏】隱五年「宋人伐鄭，圍長葛」傳文與此同。彼注云：「据伐於餘丘不言圍。」是也。下二十三年「齊侯伐宋，圍緡」經文與此同。傳云：「邑不言圍，此其言圍何？疾重故也。」義各有當，皆惡辭也。○注「惡桓」至「附疏」。○毛本「由」誤「白」，「便」誤「使」，依宋本正。繁露精華云：「損人之國，而執其大夫；不救陳之患，而責陳不禮；不復安鄭，而必欲迫之以兵。」謂此。說苑指武云：「聖人之治天下也，先文德而後武力。凡武之興，爲不服也。文化不改，然後加誅。夫下愚不移，純德之所不能化，而後武功加焉。」

○秋，楚人圍許，諸侯遂救許。【疏】左傳：「楚子圍許，以救鄭。諸侯救許，乃還。」穀梁傳：「善救許也。」

〇冬，公至自伐鄭。【注】事遷於救許，以伐鄭致者，舉不得意。【疏】注「事遷」至「得意」。〇莊六年傳云：「不得意致伐。」已移師救許，仍以伐鄭，作不得意辭者，下七年書「齊人伐鄭」，明此不得意，故復伐也。據左傳，諸侯救許，楚師即還，無爲不得意也。

〇七年，春，齊人伐鄭。

〇夏，小邾婁子來朝。【注】至是所以進稱爵者，時附從霸者朝天子，旁朝罷，行進。齊桓白天子進之，固因其得禮，著其能以爵通。【疏】注「至是」至「爵者」。〇舊疏云：「決莊五年『倪黎來來朝』之文。」通義云：「進稱爵者，始受王命，列爲諸侯也。」杜注亦云：「郳犂來始得王命，而來朝也。」按：莊五年傳：「倪者何？小邾婁也。小邾婁則曷爲謂之倪？未〔一〕能以其名通也。」故此稱子，爲進稱爵。〇注「時附」至「爵通」。〇校勘記云：「鄂本『罷』作『能』。」按，旁應讀去聲。於朝天子罷而朝魯，所謂朝罷朝也。作『能』者應誤。」舊疏云：「小邾婁子朝天子不書者，例所不録。以諸侯之法，五年一朝天子，是常事，故不書之也。朝魯謂之旁朝者，欲對朝王爲正朝故也。」按：小邾婁因朝天子，齊桓白天子進稱爵，然不合

〔一〕「未」，原訛作「來」，叢書本同，據公羊注疏校改。

書。時旁朝魯，魯爲受命王，因得禮，書其爵，以示法也。

○**鄭殺其大夫申侯。**

其稱國以殺何？【注】据晉侯殺其世子申生稱侯。【疏】注「据晉」至「稱侯」。○見上五年。

稱國以殺者，君殺大夫之辭也。【注】諸侯國體，以大夫爲股肱，士民爲肌膚，故以國體録。

【疏】孟子告子下云：「無專殺大夫。」故稱國以殺，無貶辭也。通義云：「謹案，稱國者衆辭，言非君得專殺之，與衆棄之者也。殺世子母弟不稱國者，不與國人慮兄弟也。古者刑人于市，刑公族于甸師，是其義也。」

○**秋，七月，公會齊侯、宋公、陳世子款、鄭世子華盟于甯毋。**【疏】穀梁「甯母」。左傳釋文：「毋如字，又音無。」注同。校勘記云：「閩本『毋』作『母』。釋文：『甯毋音無，或音某。』葉鈔本及唐石經作『甯母』。」穀梁釋文亦作「母」。按：甯、寧音義通。禮記禮運注「陳靈公與孔甯、儀行父」，釋文甯「本又作寧」。今左傳作「寧」，公羊作「甯」，是也。説文用部：「甯，所願也。从用，寧省聲。」丂部：「寧，願詞也。从丂寍聲。」是其證。杜云：「高平方與縣東有泥母亭。音如甯。」一統志：「泥母亭在兗州府魚臺縣東二十里。」大事表云：「在今兗州府魚臺縣東二十里。」水經注：「菏水又東，逕泥母亭北。春秋左傳盟于甯母，謀伐鄭也。」差繆略云：「左氏陳世子款下又有鄭世子華，誤加之也。寧，左氏作甯。」則陸所見公、穀本無鄭世子華，甯作寧，俱與今本異。趙氏坦異文箋云：「陸氏殆因左氏傳有『會而列姦，何以示後嗣』及『記姦之位，君盟替矣』之語而云然。然唐石經左、公、穀並有鄭世子華四字。」

○**曹伯般卒。**【疏】左氏、穀梁「般」作「班」。易屯六二：「乘馬班如。」釋文：「鄭本作般。」左傳襄十八年云：「有班馬之聲。」釋言注引作「般」。書分器序「班宗彝」，釋文：「班，本又作般。」是音義通。

○**公子友如齊。**

○**冬，葬曹昭公。**

○**八年，春，王正月，公會王人、齊侯、宋公、衛侯、許男、曹伯、陳世子款、鄭世子華盟于洮。**【疏】校勘記云：「唐石經、諸本同。按，左氏、穀梁無鄭世子華，故下『鄭伯乞盟』。此蓋因注言甯母之盟，陳、鄭遣世子而誤衍。」趙氏坦異文箋亦云：「此經下即次『鄭伯乞盟』，則鄭世子華不會盟可知。公羊衍此四字。」杜云：「洮，曹地。」大事表云：「僖三十一年，晉文公分曹地，自洮以南，東傅于濟，即此。今曹州府濮州西南五十里有洮城。」水經注：「今鄄城西南五十里有姚城，或謂之洮。」

王人者何？微者也。曷爲序乎諸侯之上？先王命也。【注】銜王命會諸侯，諸侯當北面受之，故尊序於上。時桓公德衰，甯毋之盟，常會者不至，而陳、鄭又遣世子，故上假王人之重以自助。

【疏】注「銜王」至「於上」。○穀梁傳曰：「王人之先諸侯，何也？貴王命也。朝服雖敝，必加于上；弁冕雖舊，必加於首；周室雖衰，必先諸侯。」漢書翟方進傳：「涓勳奏言：春秋之義，王人微者，序乎諸侯之上，尊王命也。」周禮內司服注：「春秋之義，王人雖微者，猶序於諸侯之上，所以尊尊也。」疏云：「以其天子中士已上於經見名氏，天子下士名氏不見，今直云人，是天子下士，序在諸侯之上，是尊王命。」○注「時桓」至「自助」。○甯毋之盟見上七年，彼云：「公會齊侯、宋公、陳世子款、鄭世子華盟于甯毋。」是陳、鄭皆遣世子也。衛侯、許男等皆不至，是常會者不至也。桓公假王人之重，與上五年「會王世子于首戴」同。

○鄭伯乞盟。

乞盟者何？處其所而請與也。【注】以不序也。【疏】繁露觀德云：「洮之會，鄭處而不來，謂之乞盟。」穀梁亦云：「乞者，處其〔一〕所而請與也。」注：「言乞，知不自來。」通義云：「處其所者，居其國而不自來也。與，許也。使請見許盟于齊也。」○注「以不序也」。○謂洮之會不序鄭也，是知公羊亦無鄭世子華矣。

其處其所而請與奈何？蓋酌之也。【注】酌，挹也。時鄭伯欲與楚，不肯自來盟，處其國，遣使挹取其血，而請與之約束，無汲汲慕中國之心，故抑之使若叩頭乞盟者也。不録使者，方抑鄭伯，使若自來也。不盟不爲大惡者，古者不盟也。【疏】注「酌，挹也」。○穀梁傳亦曰：「蓋汋之也。」注：「汋血而與之。」通義云：「周官『邦汋』，先鄭司農曰：『汋讀如酌酒尊中之酌。斟酌盜取國家密事，若今時刺探尚書事。』然則，酌之猶言探之也。鄭屬與〔二〕楚，不敢親來盟，使世子爲乞盟，以探齊侯之意。蓋齊侯許之，故下葵丘之盟，鄭伯遂自至也。」讀書叢録云：「周禮士師：『掌士〔三〕之八成：一曰邦汋。』鄭司農注：『國汋者，斟酌盜取國家密事。』謂鄭探知之，而請盟也。汋、酌古今字。」按：禮記坊記上「酌民言」，注：「酌，猶取也。」詩酌序釋文：「酌，本作汋。」故穀梁亦作「汋」。莊子田子方篇：「夫水之于〔四〕汋也。」釋文引李

〔一〕「其」，原訛作「以」，叢書本不誤，據改。
〔二〕「與」，原訛作「於」，叢書本同，據公羊通義校改。
〔三〕「士」，原訛作「王」，叢書本同，據周禮注疏校改。
〔四〕「于」，原訛作「可」，叢書本同，據莊子校改。

注：「汋，取也。」禮記郊特牲云：「縮酌用茅。」注：「酌，猶斟也。」左傳成六年：「子爲大政，將酌於民者也。」注：「酌取民以爲政。」又成十四年傳：「不内酌飲。」皆挹取之義。故何氏訓酌爲挹。孔氏、孫氏説，非何義。○注「時鄭」至「者也」。○毛本「乞盟」誤「乞明」。孟子告子下：「束牲載書而不歃血。」注：「但加載書，不復歃血。」周禮司盟職：「掌盟載之法。」謂盟時爲書，殺牲取血，坎其牲，而加書以埋之。故左傳襄二十六年，伊戾誣太子痤與客盟，謂坎用牲加書也。鄭伯心二於楚，又懼中國，但遣使挹血爲盟，故春秋抑之，書乞也。下九年穀梁傳曰：「葵丘之會，陳牲而不殺。」注：「所謂無歃血之盟。」是也。彼疏云：「八年洮會云『汋血與鄭伯』者，彼兵車之會故也。」以彼莊二十七年傳云「衣裳之會十有一，未嘗有歃血之盟」，故楊如此解也。范注又引鄭君云：「盟牲，諸侯用牛，大夫用豭。」○注「不録」至「來也」。○鄭伯使人來盟，宜書鄭伯使某乞盟，如襄三年「陳侯使袁僑如會」矣，欲深抑鄭伯之即夷背中國，故特鄭伯若自乞盟也。○注「不盟」至「盟也」。○古者不盟，桓三年傳文。舊疏云：「知非大惡者，正以鄭伯不貶不絶故也。若其是大惡，宜如陳佗之貶爵書名矣。」是也。

○**夏，狄伐晉。**

○**秋，七月，禘于太廟，用致夫人。**【疏】禮記雜記云：「孟獻子曰：『正月日至，可以有事于上帝。

七月日至，可以有事于祖。』七月而禘，獻子爲之也。」注云：「獻子欲尊其祖，以郊天之月對月禘之，非也。魯之宗廟，猶以夏時之孟月也。明堂位曰：『季夏六月，以禘禮祀周公于太廟。』」正義云：「周之季夏，即夏之孟月，建巳之月。春秋宣九年，獻子始見經，僖八年，於時未有獻子。而『七月禘』者，鄭答趙商云：『以僖八年正月，公會王人于洮。』六月應禘，以在會未還，故至七月乃禘。君子原情免之，理不合譏，而書之，爲致夫人，故書『七月禘』也。」義或然也。

用者何？用者不宜用也。致者何？致者不宜致也。禘用致夫人，非禮也。

【注】以致文在廟下，不使入廟，知非禮也。禮，夫人始見廟，當特祭，而因禘諸公廟見，欲以省煩勞，不謹敬，故譏之。不日者，下用失禮明。【疏】穀梁傳曰：「用者，不宜用者也。致者，不宜致者也。」○注「以致」至「禮也」。○以經書致、用在廟下，不宜己見也。通義云：「禘，夏祭名。時祭，當以夏正首月。周七月非所用禘也。時因夫人始至，特用禘禮，使見於廟，故譏其不宜用，不宜致。禮器曰：『不善嘉事。』鄭司農以爲『嘉事之祭，致夫人』是也。乃取此經説之。」解詁箋云：「夫子曰：『魯之郊禘，非禮也。』春秋因假以見王義，故曰舍魯何適，非以爲内小惡不諱也。禮，不王不禘。禘者，審諦功德功臣與祭，非審諦昭穆也。商頌長發備矣。」○注「禮夫」至「譏之」。○禮昏禮述士禮云：「舅姑既没，則婦入三月，乃奠菜。」又記云：「婦入三月，然後祭行。」然則，新婦三月行廟見禮，所謂特祭也。於後，值時祭則助祭，所謂祭行也。故彼注云：「入夫之室三月之後，於祭乃行，謂助祭也。」程氏瑶田通藝録云：「助祭，自兼嫡婦、庶婦言，賈疏『惟指嫡婦』未備。若三月廟見，則惟嫡婦以廟見奠菜，象盥饋；庶婦不饋，則亦不奠菜也。禮記

曾子問云：『三月而廟見，稱來婦也。擇日而祭于禰，成婦之義也。』推之諸侯夫人，理亦宜然。此夫人未特行廟見，遇有禘祭，因而致之，故爲譏省煩勞，不敬謹也。」○注「不日〔一〕至「禮明」。○毛本「失禮」誤「夫禮」。舊疏云：「隱五年『考仲子之宫』下注云：『失禮鬼神例日。』此亦失禮而不書日，故知用在廟下，失禮已明，不勞舉日也。」通義云：「有事〔二〕宗廟，例日；不日者，不主爲祭事，譏。故從夫人至例，本不日也。」

夫人何以不稱姜氏？貶。曷爲貶？【注】据夫人姜氏入不貶。【疏】注「据夫」至「不貶」。○莊二十四年「夫人姜氏入」是也。

譏以妾爲妻也。【注】以逆不書，入廟當稱婦姜，而稱夫人者，夫人當坐篡嫡也。妾之事嫡，猶臣之事君同。【疏】注「以逆不書」。○舊疏云：「欲道傳家知以妾爲妻者，正以初逆不書，與桓、莊之屬夫人文異故也。」是也。○注「入廟」至「嫡也」。○宣元年「遂以夫人婦姜至自齊」是也。婦者，有姑之詞。成風在，故宜稱婦姜氏。今不然，故知坐篡。舊疏云：「入廟當稱婦，今而稱夫人，明其有篡嫡之心，欲得爲夫人，是以稱之曰夫人，見其當有篡嫡之罪矣。猶如桓、宣篡弑得即位，是以春秋亦如其意，書其即位，明其本意耳。」○注「妾之」至「君同」。○釋名釋親云：「妾謂夫之嫡妻曰女君。」禮喪服不杖期章：「妾爲女

〔一〕「日」，原訛作「月」，叢書本同，據【注】文改。
〔二〕「有事」二字原脱，叢書本同，據公羊通義校補。

君。」賈疏云：「妾事女君，使與臣事君同，故次之。」謂次爲君之父母、妻、長子、祖父母也。敖繼公儀禮集説云：「此服期與臣爲小君之義相類。」是也。妻與夫敵體，婦人無爵，從夫之爵，故妾以夫爲君，即以嫡妻爲女君，是與臣事君同也。繁露王道云：「立夫人以嫡不以妾。」舊疏云：「注言此者，欲道妾之篡嫡欲得爲夫人，春秋書之曰夫人，猶如臣子篡君欲得即位，而春秋亦書即位之義矣。」

其言以妾爲妻奈何？蓋脅于齊媵女之先至者也。【注】以不致楚女，及夫人至皆不書也。僖公本聘楚女爲嫡，齊女爲媵，齊先致其女，脅僖公使用爲嫡，故從父母辭言致。不書夫人及楚女至者，起齊先致其女，然後脅魯立也。楚女未至而豫廢，故皆不得以夫人至書也。【疏】繁露七十〔一〕云：「妾不奉君之命，則媵女先至者也。」○注「僖公」至「爲媵」。○舊疏云：「春秋説文。」通義云：「謹案，齊女，聖姜也。楚女，頃熊也。禮，同姓相媵，異姓則否。而魯嫁伯姬，齊人來媵。邾文公元妃齊姜，二妃晉姬。末世之事，不復依古，是以齊女得爲楚媵矣。」按：同姓相媵，本左氏家言，未可爲據。解詁箋云：「傳以夫人爲聖姜，穀梁以爲成風，皆立妾之詞，非禮也。詩曰：『魯侯燕喜，令妻壽母。宜大夫庶士，邦國是有。既多受祉。』妻，聖姜；母，成風；宜，言不宜也；既多，言弗哉也，皆微辭。春秋之制，諸侯世子誓于天子。得外取，公子與大夫同；不得外取，即位逆〔二〕夫人，備左右媵姪娣焉。聖姜蓋僖公未即位時取於齊者。

〔一〕「七十」，指春秋繁露順命第七十，與全書摘引該書體例不一致，宜作繁露順命。
〔二〕「逆」下原衍一「女」字，叢書本同，據公羊何氏解詁箋校删。

經無如楚逆女及夫人姜氏至自齊之文，故傳爲存疑詞。」按：如劉說，僖公庶子宜與大夫同，不外取，烏得未即位時即取於齊？欲違傳義，無實據焉。○注「齊先」至「言致」。○成九年：「季孫行父如宋致女。」注：「古者，婦人三月而後廟見，稱婦。擇日而祭于禰。」「父母使大夫操禮而致之。」故言致，爲從父母辭也。○注「不書」至「書也」。○校勘記云：「元年疏引作『脅魯，使立也』，此脱『使』字。」舊疏云：「皆欲道若齊女未至，而已脅魯之時，可以書其至。今先致其女，乃後脅魯爲夫人，其初至之時乃爲媵妾，是以不得書其至矣。」按：齊先致女，後脅立，故齊女不得以夫人至。其楚女未至而豫廢，故又不得書楚女至也。左氏以爲「禘而致哀姜」。按：哀姜淫於二叔，比弑二君，爲齊桓所誅，僖公無緣復致爲夫人。穀梁以爲「成風」，注云：「立之以爲夫人。」然子無立母之義。即母以子貴，即位除喪時，即宜尊立，何至此始因禘而致與？齊先致其女，脅魯使立，宜亦春秋説文。

○冬，十有二月，丁未，天王崩。【注】惠王也。【疏】包氏慎言云：「經書十二月丁未，天王崩。月之二十一日。」按：是月己丑朔，當十九日。

公羊義疏三十一

南菁書院　句容陳立卓人著

僖九年盡十二年

○九年，春，王三月，丁丑，宋公禦説卒。【疏】包氏慎言云：「經書三月丁丑，宋公禦説卒。月之二十二日。左氏經作正月，正月之二十一日，亦爲丁丑。」「禦説」，左氏作「御説」，禦、御通。史記宋世家云：「公子禦説奔亳。」漢書古今人表：「宋桓公禦説。」俱與此同。按：三月朔爲戊午，丁丑當月之二十日，若正月當十九日。

何以不書葬？爲襄公諱也。【注】襄公背殯出會宰周公，有不子之惡，後有征齊憂中國尊周室之心，功足以除惡，故諱不書葬，使若非背殯也。【疏】注「襄公」至「殯也」。○監本「也」作「者」。背殯出會事在下。下十八年傳：「曷爲不使齊主之？與襄公之征齊也。」「桓公死，豎刀、易牙争權，不葬，爲是故伐之也。」是征齊之文也。又十九年：「宋人執滕子嬰齊。」注：「名者，著葵丘之會，叛天子命者也。」又二十一年傳：「曷爲不言捷乎宋？爲襄公諱也。」注：「襄公本會楚，欲行霸，憂中國也。」是有憂中國尊周室之心也。桓公無不合葬，今不書葬，故知爲襄公諱也。白虎通喪服云：「諸侯朝，而有私喪得還何？凶服不入公門，君不呼之義也。」是則諸侯雖當朝會，一聞私喪，即當還歸。其背殯出會之非愈見。春秋爲宋襄、晉文諱，諱之，正以刺之也。解詁箋云：「春秋託齊桓爲二伯，宋有大喪，而强會其孤，故不書〔一〕葬，兼〔二〕爲齊桓諱，與陳侯款同例。」通義云：「此亦兼爲齊桓諱，與陳侯款同意。」按：孔說是。

○夏，公會宰周公、齊侯、宋子、衛侯、鄭伯、許男、曹伯于葵丘。【疏】杜云：「陳留外黄縣東有葵丘城。」釋例：「或曰河東汾陰縣爲葵丘，非也。」大事表云：「今在歸德考城縣東三十里。」亦用杜說。水經注泗水篇：「黄溝自城南，東經葵丘下，春秋『齊桓公會諸侯于葵丘』。」是也。馬氏宗槤春秋左傳〔三〕補注云：「酈元引春秋古地云：『葵丘，地名。今鄴西臺是也。鄴本齊桓公所置，管子築五鹿、鄴、中牟，以衛諸夏。是葵丘宜在鄴，與宰孔勤遠略之言相合。」元和志在曹州考城縣東南一百五十步。考城縣志：「葵丘東南有盟臺，其地名盟臺鄉。」四書釋地續云：「春秋有二葵丘：一齊地，近在臨淄縣，連稱、管

〔一〕「書」下原衍一「諱」字，叢書本同，據公羊何氏解詁箋校删。
〔二〕「兼」，原訛作「嫌」，叢書本同，據公羊何氏解詁箋校改。
〔三〕「補注」上原衍「古地」二字，徑改。

至父所戍者；一宋地，司馬彪云：『陳留外黃縣東有葵丘，齊桓會此城中。』遠在齊之西南，故宰孔稱齊侯西爲此會也。」全氏祖望經史問答云：「葵丘有三：其一在齊，其一在陳留之外黃，其一在晉。見於水經注。然宰孔論齊侯之盟，以爲西略，則似非陳留之外黃也。答云：杜預以爲外黃，亦有以爲汾陰之葵丘者，而杜非之，以爲若是汾陰，則晉乃地主，夏會秋盟，豈有不預之理？杜言亦近是。然愚則以爲宰孔明言西略，而以爲陳留，是仍東略也，則宜在汾陰。蓋當時之不服桓公者楚，而晉實次之，周惠王之言可驗也。故桓公特爲會於晉也，以致之，亦伯者之用心也。」按：陳留在齊西南，以爲西略，無不可。然上言南伐楚，楚更在陳留西南，文義似乖。而在汾陰亦太遠，則似在鄴者近是。鄴亦近晉，故晉獻欲會葵丘也。

宰周公者何？天子之爲政者也。【注】宰猶治也，三公之職號尊名也。以加宰，知其職大尊重，當爲天子參聽萬機，而下爲諸侯所會，惡不勝其任也。宋未葬不稱子某者，出會諸侯，非尸柩之前，故不名。【疏】注「宰猶治也」。○小爾雅廣詁云：「宰，治也。」文選注引聲類云：「宰，治也。」白虎通爵篇云：「所以名之爲冢宰何？冢者，大也；宰者，制也，大制事也。」書疏引周官馬傳云：「宰，制也。」制、治義通。○注「三公」至「名也」。○漢書翟方進傳：「春秋之義，尊上公謂之宰，海内無不統也。」風俗通十反云：「春秋尊公曰宰，其吏爲士，言於四海無所不統焉。」古者坐而論道，謂之王公宰，則又三公中爲政者，故爲職號尊名也。通義云：「以三公領太宰者也。」○注「以加」至「任也」。○舊疏云：「決上五年首戴之會，總序諸侯，乃言會王世子。若以世子爲會主，致諸侯于此，會而會之然也。今此宰周公，文與彼異，故知下爲諸侯所會。」按：後漢書仲長統傳法誡篇曰：「周禮六典，冢宰貳王而理天下。春秋之時，諸侯明德者，皆一卿爲政。」是宰職大尊重，與天子參聽萬機也。萬機者，書皋陶謨云：「一日二日萬幾。」彼釋文云：「徐音機。」孔傳：「言當戒懼萬事之微也。」穀梁傳曰：「天子之宰，通乎四海。」注：「三公論道之官，無事于會盟。」是亦用公羊義也。○注「宋未」至「不名」。○莊三十二年傳云：「君存稱世子，君薨稱子某，既葬稱子，踰年稱公。」此非尸柩前，無君前臣名之義，故稱子不名，知未葬者。上宋公卒在三月，此夏三月，俱在五月限内也。若然，桓十一年，「鄭忽出奔衛」，注云「據宋子既葬稱子」者，彼統以未踰年言之，明雖葬，仍宜稱子也。宋子出會，非居尸柩前，同既葬之稱，故彼注即据此爲既葬以難也。彼疏引此注，非下有居字，蓋既葬稱子者正稱。未葬亦稱子，以王事出會，故屈其本稱，亦不以家事辭王事義也。通典引：「異義：公羊説云：諸侯未踰年不出境，在國中稱子，以王事出亦稱子，非王事而出亦稱子。會同，安父位，不稱子。『鄭伯伐許』，未踰年，以本爵，譏不子也。左氏説：諸侯未踰年，在國内稱子，以王事出則稱爵，詘於王事，不敢申其私恩，『鄭伯伐許』是也。春秋不得以家事辭王事，諸侯蕃衛之臣，雖未踰年，以王事稱爵故也。鄭駁曰：昔武王卒父業，既除喪，出至孟津之上，猶稱太子者，是爲孝也。今未除喪而出稱爵，是與武王義反矣。春秋僖九年：『春，三月，丁丑，宋公禦説卒。夏，公會宰周公、齊侯、宋子、衛侯、鄭伯、許男、曹伯于葵丘。』宋子即未踰年君也，出與天子大夫會，是非王事而稱子耶！」按：左傳明云：「凡在喪，王曰小童，公侯曰子。」不別在國出外之異，知左氏説當亦與公羊同也。曲禮疏云：「公羊未踰年爲王事者皆稱子，即宋襄公稱子、陳共公稱子是也。」「左氏未踰年爲王事者稱爵。鄭駁異義引宋襄公稱子，從公羊之説，以爲稱子，禮也。」孔疏節引異義説也。禮記雜記云：「君薨，大子號稱子，待猶君也。」注：「謂未踰年也，雖稱子，與諸侯朝會如君矣。春秋魯僖公九年夏，葵丘之會，宋襄公稱子，而與諸侯序。」疏云：「宋襄公稱子，序在齊侯之下，與尋常宋公同，是與諸侯序也。」

○秋，七月，乙酉，伯姬卒。【疏】包氏慎言云：「伯姬之卒，係在八月二日，而經書於七月。按，曆乙酉爲八月朔日，若七月大，則乙酉爲三十日。」

此未適人，何以卒？【注】据杞叔姬不卒。【疏】注「据杞叔姬不卒」。○舊疏云：「宜作伯姬字，即莊二十七年：『春，公會杞伯姬于洮。』注云：『伯姬不卒者，蓋不與卒于無服。』此未適人，何以卒？故難之也。春秋之内，唯有『杞叔姬來歸』，成八年『杞叔姬卒』，更無叔姬不卒之事，故如此解。」

許嫁矣。婦人許嫁，字而笄之。【注】字者，尊而不泄，所以遠別也。笄者，簪也，所以繫持髮，象男子飾也。服此者，明繫屬於人，所以養貞一也。婚禮曰：「女子許嫁，笄而醴之，稱字。」【疏】注「字者」至「別也」。○禮記冠義云：「已冠而字之，成人之道也。」注：「字，所以相尊也。」又郊特牲云：「冠而字之，敬其名也。」男之冠，猶女之笄，稱字之義則同也。白虎通姓名云：「人所以有字何？所以冠德明功，敬成人也。」又云：「婦人十五稱伯仲何？婦人質，少變。陰道促，蚤成。十五通乎織紝紡績之事，思慮定，故許嫁，笄而字。故禮經曰：『女子十五許嫁，笄，禮之稱字。』」禮記内則云：「十有五年而笄。」注：「謂應年許嫁者，女子許嫁，字而笄之。」又曲禮云：「女子許嫁，笄而字。」注：「以許嫁爲成人也。」列女傳魏曲沃負傳：「是故十五而笄，二十而嫁，早成其號謚〔一〕，所以就之。」是皆尊而不泄義也。遠別者，舊疏云：「以内之公子爲大夫者，卒皆稱名；而内女許嫁〔二〕，卒而稱字，所以遠別之故也。」○注「笄者」至「飾也」。○禮士冠禮注：「笄，今之簪。」周禮追師職：「爲副、編、次，追衡、笄。」注：「笄，卷髮者。」國語晉語云：「折委笄。」注：「笄，簪也。」禮士昏禮云：「姆纚、笄、宵衣，在其右。」注：「笄，今時簪也。」又士冠禮：「皮弁笄，爵弁笄。」注：「笄，今之簪。有笄者，屈組爲紘，垂爲飾。無笄者，纓而結其絛。」笄一名衡，詩鄘風君子偕老云：「副笄六珈。」傳：「笄，衡笄〔三〕也。」其制則僖〔四〕九年穀梁傳注：「吉笄以象爲之，刻鏤其首以爲飾。」喪笄無飾，則禮喪服傳之惡笄者，櫛笄也，亦名箭榛笄。彼注云：「櫛笄者，以櫛之木爲笄，或曰榛笄。」以竹爲之者曰箭笄。喪服傳：「箭笄長尺。」注：「箭笄，篠笄也。」是也。魏書劉芳傳：「高祖宴羣臣于華林，肅語次云：『古者唯婦人有笄，男子則否。』芳曰：『推經禮正文，古者男子、婦人俱有笄。』肅曰：『喪服稱男子免而婦人髽，男子冠而婦人笄。如此，則男子不應有笄。』芳曰：『此專謂凶事也。禮，初遭喪，男子免，

〔一〕「號謚」，原誤倒作「謚號」，叢書本同。謚：稱、號之義。據列女傳校乙。
〔二〕「許嫁」，原誤倒作「嫁許」，叢書本同，據公羊注疏校乙。
〔三〕「笄」字原脱，叢書本同，據毛詩正義校補。
〔四〕「僖」，原誤記作「文」，叢書本同，據穀梁傳校改。

時則婦人髽，男子冠，時則婦人笄。言俱時變，而男子婦人免髽、冠笄之不同也。又冠尊，故奪〔一〕其笄稱。且互言也，非謂男子無笄。又禮内則稱「子事父母，雞初鳴，櫛縰笄總」。以此而言，男子有笄明矣。』」士冠禮疏：「凡諸設笄有二種：一是紒内安髮之笄，一是皮弁、爵弁及六冕固冠之笄。」特牲疏云：「冠冕之笄，男子有，婦人無；安髮之笄，男子婦人皆有。」按：喪服傳云：「箭笄皆尺，吉笄尺二寸。」賈疏云：「吉笄，大夫士之妻用象，天子諸侯之后、夫人用玉。」女子許嫁宜吉笄，分別天子諸侯大夫士耳。范注：「吉笄以象爲之，刻鏤其首以爲飾，成人著之。」與賈説異。○白虎通嫁娶云：「七歲之陽也，八歲之陰也。七八十五，陰陽之數備，有相偶之志。故禮記曰：『女子十五許嫁，笄而字。』禮之稱字，陰繫于陽，所以專一之節也。陽尊無所繫。」又云：「陰數偶，故再成十四加一爲十五，故十五許嫁也。各加一者，明其專一繫心。所以繫心者，防淫泆也。」禮記曲禮云：「女子許嫁纓。」注：「女子許嫁繫纓者，有從人之端。」禮昏禮：「主人親脱婦纓。」注：「婦人十五許嫁，笄而醴之，因著纓，明有繫也。蓋五采爲之。」禮記内則云：「婦事舅姑衿纓。」注：「婦人有纓，示繫屬也。」○注「婚禮」至「稱字」。○校勘記云：「醴之，鄂本、宋本、閩、監本同。毛本醴誤禮。」禮記雜記疏引賀瑒云：「十五許嫁而笄者，則主婦及女賓爲笄禮。主婦爲之著笄，女賓以醴禮之。未許嫁而笄者，則婦人禮之，無主婦、女〔二〕賓，不備儀〔三〕

〔一〕「奪」，原訛作「尊」，叢書本同，據魏書校改。
〔二〕「女」，原訛作「主」，叢書本同，據禮記正義校改。
〔三〕「儀」，原訛作「禮」，叢書本同，據禮記正義校改。

也。」所引婚禮者，婚禮記文。鄭注云：「許嫁，已受納徵禮也。笄女之禮，猶冠男也。使主婦、女賓執其禮。」疏云：「笄女許嫁者用醴禮之，未許嫁者當用酒醮之。」又曲禮：「女子許嫁，笄而字。」彼注：「以許嫁爲成人。」故死則成人之喪治之也。其未許嫁者，二十而笄。雜記云：「女雖未許嫁，年二十而笄，禮之；婦人執其禮。」則賀氏所述，未許嫁而笄之，禮也。雜記又云：「燕則鬊首。」注：「既笄之後去之，猶若女有鬌紒也。」然則，時若死，則宜服姑姊妹女子子在室之服。諸侯絶旁期，自不服也。春秋所書，皆許嫁諸侯者也。

死則以成人之喪治之。【注】不以殤禮降也。許嫁卒者，當爲諸侯夫人，有即貴之漸，猶俠卒也。日者，恩尤重於未命大夫，故從諸侯夫人例。【疏】注「不以殤禮降也」。○穀梁傳云：「內女也，未適人不卒，此何以卒也？許嫁，笄而字之，死則以成人之喪治之。」注：「女子許嫁不爲殤，死則以成人之喪治之，謂許嫁於諸侯，尊同，則服大功九月。」禮記喪服小記云：「丈夫冠而不爲殤，女子笄而不爲殤。」注：「言成人也。婦人許嫁而笄，未許嫁，與丈夫同。」疏引射慈喪服變除云：「未許嫁，十九猶爲殤。」喪服大功章云：「年十九至十六爲長殤，十五至十二爲中殤，十一至八歲爲下殤，不滿八歲以下爲無服之殤。無服之殤以日易月。以日易月之殤，殤而無服。故子生三月，則父名之，死則哭之；未名則不哭也。」緦麻章云：「長殤、中殤降一等，下殤降二等。齊衰之殤中從上，大功之殤中從下。」主謂婦人爲殤者服也。殤小功章云：「中殤何以不見也？大功之殤中從上，小功之殤中從下。」則謂丈夫之爲殤者服也。按：女子雖不二十，但許嫁即不爲殤，死則喪之如成人，從出降之例，其女爲本親之服，亦從出降一等，所謂逆降。故喪服大功章有「女子子嫁者、未嫁者爲世父母、姑、姊妹。傳曰：未嫁者，成人而未嫁者也」是也。其許嫁之後則杖。喪服小記云：「女子子在室爲父母，其主喪者不杖，則子一人杖。」注：「女子子在室〔一〕，亦童子也。無男昆弟，使同姓爲攝主，不杖，則子一人杖，謂長女也。許嫁及二十而笄，笄爲成人，成人正杖也。」蓋以其許嫁，已有出適人之道，非復在室，其雖未許嫁，已在二十而笄，猶男子之已冠，故同成人也。故雜記注云：「雖未許嫁，年二十亦爲成人矣。禮之，酌以成之。言婦人執其禮，明非許嫁之笄。既笄之後去之也〔二〕。」又檀弓云：「姑姊妹之薄也，蓋有受我而厚之者也。」爲夫家所厚，故我降之。曾子問云：「取女有吉日，而女死，如之何？孔子曰：『壻齊衰而弔。既葬而除之。』」其夫不爲服，則本宗之親不降矣。○注「許嫁」至「之漸」。○通義云：「禮，諸侯絶旁期，爲其女子子無服。唯嫁爲國君夫人者，乃以尊同爲之大功。若其許嫁國君，雖未行，有貴道，當亦爲之大功。故從内女有服者録卒也。喪服大功章有『女子子嫁者、未嫁者爲世父母、叔父母、姑、姊妹』。傳曰：嫁者，其嫁于大夫是也。未嫁者，其成人而未嫁者也』。彼言女子子成人而許嫁大夫者，雖未嫁，得以貴降其世父母、叔父母、姑姊妹，與嫁者同。則父母於未嫁之女，亦得以貴制服，相較足明矣。」按：此爲許嫁諸侯，尊同已嫁者，服大功，則此在室，宜服其本服期矣。○注「猶俠卒也」。○見隱九年。彼傳云：「俠者何？吾大夫之未命者也。」注：「未命所以卒者，賞〔三〕疑從重。」則彼俠雖未命，已爲大夫，有貴之漸，故從重恩録之。此伯姬已許

〔一〕「在室」下原衍「父母」二字，叢書本不誤，據删。
〔二〕「既笄之後去之也」句，爲「燕則鬈首」之注文，當删。
〔三〕「賞」，原訛作「貴」，叢書本同，據公羊注疏校改。

嫁爲諸侯夫人，故得書之也。○注「日者」至「人例」。○此決俠卒不日，故言日者，恩尤重於未命大夫，故從諸侯夫人卒例書日，如成八年「冬，十月，癸卯，杞叔姬卒」之屬是也。通義云：「師説以爲許嫁郲婁。」

○九月，戊辰，諸侯盟于葵丘。

桓之盟不日，此何以日？危之也。【疏】穀梁傳：「桓盟不日，此何以日？美之也。」彼注引：「何氏廢疾：『以爲即日爲美，其不日皆爲惡也。桓公之盟不日，皆爲惡耶？』鄭釋之曰：『莊十三年柯之盟不日，因始信之，自其後盟，以不日爲平文，從陽穀已來，至此葵丘之盟，皆令諸侯以天子之禁。桓德極而將衰，故備日以美之，至此不復盟矣。』」劉氏逢禄廢疾申何云：「以不日爲信，又以日爲美，不幾於亂乎？春秋美人之功，不于其方盛，而于其將衰者，未之聞也。扈之盟書甲寅者，亦將以爲美乎？」齊氏召南考證云：「穀梁以爲美，公羊以爲危，合之袛當孟子一盛字。葵丘之會，桓之極盛而衰之時也。」按：齊氏可謂調人劉兆矣。包氏慎言云：「九月，戊辰，盟于葵丘。月之十六日。」按：當十四日。

何危爾？貫澤之會，桓公有憂中國之心，不召而至者，江人、黄人也。【疏】上二年「秋，九月，齊侯、宋公、江人、黄人盟于貫」是也。彼言貫，此言貫澤。舊疏云：「蓋一地二名也。彼爲盟，此言會者，蓋先會後盟。彼舉其重，此舉其初會〔一〕言也。」按：上二年釋文云：「二傳無澤字。」則陸本彼經亦作貫澤矣。繁露精華云：「齊桓即位五年，不能致一諸侯。於柯之盟，見其大信，一年，而近國之君畢至，鄄、幽之會是也。至於救邢、衛，見存亡繼絶之義。明年，遠國之君畢至，貫澤、陽穀之會是也。」新序九云：「齊桓公時，江、黄小國也，在江淮之間，近楚。楚大國也，數侵伐，欲滅取之。江人、黄人患楚。齊桓公方存亡繼絶，救危扶傾，尊周室攘夷狄，爲陽穀之會、貫澤之盟。與諸侯將伐楚，江人、黄人慕桓公之義，來會盟于貫澤。」

葵丘之會，桓公震而矜之，叛者九國。【注】下伐厲善義兵是也。會不書者，叛也。叛不書者，爲天子親遣三公會之而見叛，故上爲天子、下爲桓公諱也。會盟一事不舉重者，時宰周公不與盟。【疏】繁露精華云：「其後矜功，振而自足，而不修德，故楚人滅弦而志弗憂，江、黄伐陳而不往救，損人之國，而執其大夫，不救陳之患，而責陳不納，不復安鄭，而必欲迫之以兵，功未良成，而志已滿矣。故曰：管仲之器小哉！自是日衰，而九國叛矣。」鹽鐵論世務云：「昔齊桓公内附百姓，外綏諸侯，存亡接絶，而天下從風。其後，德虧行衰，葵丘之會振而矜之，叛者九國。春秋刺其不崇德而崇力也。故任德，則强楚告服，遠國不召而自至；任力，則近者不親，小國不附。此其效也。」史記蔡澤傳：「昔者，齊桓公九合諸侯，一匡

〔一〕「會」字原脱，叢書本同，據公羊注疏校補。又，該段引文改變了原語句層次，詳見公羊注疏。

天下。至於葵丘之會，有驕矜之志，畔者九國。」按：汪氏中述學釋三九云：「一奇二偶，一二〔一〕不可以爲數，二乘一則爲三，故三者數之成也。積而至十，復歸於一，十不可以爲數，故九者數之終也。於是先王制禮，一二所不能盡者，則以三爲之節，三加、三推之屬是也。三之所不能盡者，則以九爲之節，九章、九命之屬是也。此制度之實數也。因而人之措詞，一二所不能盡者，則約之三，以見其多；三之所不能盡者，則約之九，以見其極多，此言語之虛數也。實數可稽也，虛數不可執也。何以知其然也？易『近利市三倍』，詩『如賈三倍』，論語『焉往而不三黜』，春秋傳『三折肱』，此不必限以三也。論語『三思而後行』，『三嗅而作』，孟子『三咽』，此不可知其〔二〕爲三也。論語子文『三仕三已』，史記管仲『三仕三見逐』，『三戰三走』，田忌『三戰三勝』，范蠡『三致千金』，此不必其〔三〕果爲三也。故知三者，虛數也。楚詞『雖九死其猶未悔』，此不能有九也。詩『九十其儀』，史記『若九牛之亡一毛』，又『腸一日而九迴』，此不必限以九也。孫子『善守者，藏於九地之下；善攻者，動於九天之上』，此不可以言九也。故知九者，虛數也。推之十百千萬，固亦如此。」則此之叛者九國，亦不必果爲九國也，蓋九之爲言多也，言叛者衆，非實有九國，猶漢紀言「叛者九起」也。○注「下伐」至「是也」。○下十五年：「秋，七月，齊師、曹師伐厲。」注云「月者，善録義兵。厲，葵丘之會叛天子之命」者是也。通義云：「九國未聞，蓋微國，若江、黃、道、柏之屬。左氏稱

〔一〕「一二」二字原脱，叢書本同，據述學校補。
〔二〕「其」字原脱，叢書本同，據述學校補。
〔三〕「其」字原脱，叢書本同，據述學校補。

晉侯如會，遇宰周公而歸，亦叛者之一也。易曰：『日中則昃，月盈則食。』桓公之盟，至于葵丘盛矣，而九國解體，亦遂蘖芽於此，故〔一〕春秋危而日之。言乎持盈易傾，居盛難繼，濟以沖慎令終之道。所以深惜桓公，而爲後之尸大名、矜大功者戒焉。」○注「會不書者叛也」。○舊疏云：「厲等九國亦在于會，而葵丘之會不書，以其叛天子之命故也。」○注「叛不」至「諱也」。○以上書「公會宰周公、齊侯已下于葵丘」也，所謂爲尊者諱、爲賢者諱也。○注「會盟」至「與盟」。○義與上五年首戴同。何意若舉重。則當書「公會宰周公、齊侯已下盟于葵丘」矣。時宰周公不與盟，故上書會，此書盟，會、盟兩舉也。舉重者，如文十四年，「公會宋公已下同盟于新城」，莊十六年、二十七年書「公會齊侯、宋公已下同盟于幽」之屬。會輕盟重，故舉其重也。「不與」，釋文作「不預，音豫」。葉鈔本「豫」作「預」，則正文不當作「預」。按：注云「不與盟」。釋文必本作不與，音預，既改正文「不與」爲「預」，遂改小字「音預」爲「豫」矣。左傳亦稱宰孔先歸，又云「遇晉侯，曰：『可無會矣』」，不言可無盟，是其不與盟也。

震之者何？猶曰振振然。【注】亢陽之貌。【疏】此以振釋震也。史記夏本紀：「震澤致定。」索隱：「震一作振。」荀子正論：「莫不振動從服以化順之。」注：「振與震同。」易恒：「振恒。」釋文：「本作震。」是震振古音義通，故震義猶言振振也。詩周頌：「振鷺于飛。」傳：「振振，羣飛貌。」則有亢象。故管子七臣七主云：「振主喜怒無度。」注：「動發威嚴謂之振也。」此之震而矜，猶彼之振主也。○注「亢陽之貌」。

〔一〕「故」字原脱，叢書本同，據公羊通義校補。

○易乾上九云：「亢龍有悔。」文言傳：「亢之爲言也，知進而不知退，知存而不知亡，知得而不知喪。」即震義也。

矜之者何？猶曰莫若我也。【注】色自美大之貌。【疏】淮南本經：「和而弗矜。」注：「矜，自尊大也。」廣雅釋詁：「矜，大也。」即矜字。淮南詮言：「故通而弗矜。」注：「矜，自伐其功也。」管子法法：「彼矜者，滿也。」詩小戎序：「國人則矜其車甲。」注：「矜，夸大也。」皆與莫若我義合。

○甲戌，晉侯詭諸卒。【注】不書葬者，殺世子也。【疏】左氏、穀梁「甲戌」作「甲子」。趙氏坦異文箋云：「經書九月戊辰，諸侯盟于葵丘。甲子，晉侯佹諸卒。杜氏云：『甲子，九月十一日。戊辰，十五日也。書在盟後，從赴。』然左氏傳：秋，齊侯盟諸侯于葵丘。曰：『凡我同盟之人，既盟之後，言歸于好。』宰孔先歸，遇晉侯，曰：『可無會也。齊侯不務德而勤遠略，故北伐山戎，南伐楚，西爲此會也。東略之不知，西則否矣。其在亂乎？君務靖亂，無勤於行！』晉侯乃還。九月，晉獻公卒。据此，則獻公之卒實在盟後。公羊作『甲戌』，爲九月二十一日，似得其實。左、穀經作『甲子』，或譌一字。」包氏慎言云：「甲戌，晉侯詭諸卒，月之二十一日。」按：當二十日。通義云：「杜預於此云：『書在盟後，從赴。』其於襄二十九年『閽弑吴子餘祭』又云：『札以六月到魯，未聞喪也。』若以赴告先後書者，何不退弑餘祭于札聘之下？兩注自相乖礙。預作長曆，推驗日月，經未必誤，輒謂之誤，此實誤轉謂不誤，抑惑之甚。」按：繁露隨本消息云：「晉獻公卒，齊桓爲葵丘之會，再致其集。」則上葵丘之會，晉後在焉，故左傳有宰孔語晉侯事，今公羊傳文不載，當見之公羊内傳諸書也。「詭諸」，左氏作「佹諸」。晉世家云：「武公三十九年而卒，子獻公詭諸立。」國語晉語：「獻公伐〔一〕驪戎。」注：「獻公，詭諸也。」隸釋鄭固碑：「造膝佹辭。」洪云：「碑以佹爲詭。」是詭佹通也。○注「不書」至「子也」。○上五年，「春，晉侯殺其世子申生」是也。繁露王道云：「晉獻公行逆理，殺世子申生，以驪姬立奚齊、卓子，皆殺死，國大亂，四世乃定。幾爲秦所滅，從驪姬起也。」又云：「觀乎晉獻公，知逆理近色之過。」通義云：「不葬者，里克弑先君之命嗣，與弑君同罪。奚齊未踰年，本以無子不廟例不書葬，責討賊之文不得見，乃更移賊未討不書葬之義於此，明晉之臣子，不爲奚齊討賊，即爲無恩於獻公，故不繫臣子辭也。」知不然者，公子遂弑子赤，宣公之立，與晉惠同。其時亦未討賊，文公何以書葬？故范注穀梁云：「枉殺世子申生，失德不葬。」亦取公羊爲説也。錢氏大昕潛研堂答問云：「楚成之事，與晉獻略同，子孝則爲申生，子不孝則爲商臣。而晉亦尋有奚齊與卓子之弑，未有家不齊而國治者也。故晉獻亦不書葬也。」舊疏云：「凡君殺無罪大夫，例去其葬，以絶之。」

○冬，晉里克弑其君之子奚齊。【疏】左氏、穀梁「弑」作「殺」。公羊釋文：「本亦作殺，音試。下及注放此。」按：殺、弑音之轉。左氏釋文：「殺如字，又音弑。」謂公羊也。經韻樓集云：「僖九年左氏釋文：『經殺其君之子，如字，又音弑。傳同。公羊音試。』按，此條極謬，云『如字』，是在喪之君可稱

〔一〕「伐」，原訛作「戎」，叢書本不誤，據改。

殺也。云『如字，又音弑』，則岐惑不定也。云『傳同』，不知左傳云『冬，十月，里克殺奚齊于次。書曰：「弑其君之子。」未葬也。荀息立公子卓以葬。十一月，里克殺公子卓于朝』。兩言殺，記事之文也；一言弑，述經之文也，本不亂而後人亂之。其云公羊音試，則公羊本不作殺，公羊經云：『晉里克弑其君之子奚齊。』傳云：『此未踰年之君，其言弑其君之子奚齊何？弑未踰年君之號也。』注：『欲言弑其子奚齊，嫌無君文，與殺大夫同；欲言弑其君，又嫌與弑成君同，故引先君冠子之上，則弑未踰年君之號定，而坐之輕重見矣。』此公羊經之作弑了然。其穀梁經本亦作『弑其君之子』無疑。今石經及板本皆作殺，非也。坊記：『魯春秋記晉喪曰：弑其君之子奚齊，及其君卓。』隱括聖經，以一弑領二君，今亦譌爲殺字，則亦陸氏之憒憒耳。今人左傳、穀梁讀本及胡安國本奚齊作殺，卓子作弑，學者乃疑未成君可以不云弑。」按：晉世家：「秋，九月，獻公卒。十月，里克弑奚齊于次。」亦承用左氏記事文也。

此未踰年之君，其言弑其君之子奚齊何？【注】据弑其君舍，不連先君。連名者，上不書葬子某，弑君名未明也。【疏】注「据弑」至「先君」。○文十四年，「齊公子商人弑其君舍」是也。○注「連名」至「明也」。○舊疏云：「言名未明者，弟子本意，正欲問弑其君之子，而連奚齊何之者？恐人不知奚齊之名，爲是先君未葬稱子某，似若子般、子野之屬；爲是被弑之故稱名，似若諸兒、卓子之屬是也。是以將名連弑問之，欲使後人知其稱名之義。」

弑未踰年君之號也。【注】欲言弑其子奚齊，嫌無君文，與殺大夫同；欲言弑其君，又嫌與弑成君同，故引先君冠子之上，則弑未踰年君之號定，而坐之輕重見矣。加之者，起先君之子。不解名者，解言殺，從弑名可知也。弑未踰年君，例當月，不月者，不正遇禍，終始惡明，故略之。【疏】校勘記云：「閩、監、毛本同。唐石經、鄂本、宋本殺作弑。按，釋文則此經弑多作殺，或讀爲弑，以意求之。唐石經以下本皆作弑，此作殺，爲歧出。然殺可讀弑，弑不可讀殺也。」通典引異義：「未踰年之君繫父不？公羊説：未踰年之君皆繫于父，『晉里克殺其君之子奚齊』是也。左氏説：未踰年之君，未葬繫于父，殺奚齊于次，時父未葬，雖未踰年，稱子；成爲君，不繫于父，『齊公子商人弑其君舍』，父已葬。謹案，禮制，君喪未葬已葬，儀各有差，嗣君號稱亦宜有差，左氏説是也。」按：鄭注坊記云：「春秋傳曰『諸侯於〔一〕其封内三年稱子』，至其臣子踰年則謂之君矣。」是鄭駁當從公羊義也。曲禮下正義云：「凡諸侯在喪之稱，公羊未葬稱子某者，莊三十二年『子般卒』、襄三十一年『子野卒』是也。既葬稱子，則文十八年子惡卒，經書『子卒』是也。踰年稱君者，則僖十年『里克弑其君卓』，及文元年『公即位』是也。按，昭十一年，『楚滅蔡，執世子有』，其時蔡君已死，其子仍稱世子，何休云：『不許楚之滅蔡也。猶若君存然，故猶稱世子。』文十四年，『齊商人弑其君舍』，舍爲君，商人之弑也。襄二十九年，『吴子使季札來聘』，先君未踰年，吴稱子者，賢季子，故録之。桓十一年，『鄭忽出奔衛』，先君既葬而尚稱名，公羊云：『伯子男一也。辭無所貶。』何休云：

〔一〕「於」，原訛作「士」，叢書本不誤，據改。

『直以喪降稱名，無餘罪致貶。』」「左氏之義，君薨未葬，未行即位之禮前稱子某，子般、子野是也。」「葬雖未踰年則稱君，『晉里克弒其君卓子』，『齊商人弒其君舍』是也。子惡卒，先君葬後稱子，杜預云：『時史畏襄仲不敢稱君，故云子也。』」「公羊以奚齊僖九年死，卓子十年死，以卓子踰年，故稱君。左氏卓子亦九年死，但赴告在十年，以葬後，故稱君。二傳不同也。」按：君雖未踰年，先君雖未葬，其稱子某、稱子，屈於所尊也。臣下則當君之，不得以嗣君稱謂有殊，而君臣之義亦有差别，當以公羊爲正。○注「欲言」至「夫同」。○校勘記云：「段玉裁云：弒當作殺。」子者，未踰年君之號，故得言殺。其子嫌與大夫，故不合書也。○注「欲言」至「君同」。○即宣二年「晉趙盾弒其君夷獋」、「鄭公子歸生弒其君夷」也。○注「故引」至「見矣」。○校勘記云：「『坐』，鄂本、宋本、閩、監、毛本同。或改『坐』爲『罪』，非。」舊疏云：「言罪差於成君，與殺大夫異矣。」白虎通封公侯云：「國在立太子者，防篡殺也。春秋之弒大子罪，與弒君同。春秋曰：『弒其君之子奚齊。』明與弒君同也。」與何意微别。經韻樓集云：「晉里克弒其君之子，左氏、穀梁皆作殺，惟公羊作弒。孰是乎？曰：公羊是也。曷爲公羊是？曰：春秋以是爲未踰年君發凡也。緣孝子之心，不敢稱君，故稱子；緣民臣之心，不可一日無君，子即君也。公羊子曰：『弒其君之子何？其君之子者，未踰年君之號也。不書弒，是在喪之君可弗君之也。』故春秋書弒，以立萬世臣道之防也。然則，何不言弒其君也？不没其實也。不以臣道滅子道也。古者，必踰年而後即位，有未踰年而遽即位者，則書弒其君，『齊公子商人弒其君舍』是也，書弒，以見商人之罪；書君，以見舍之子道未盡也。然則，据宋子之例，何不言晉里克弒晉子奚齊也？曰：宋子者，以世子在喪者也，其君之子者非世子，而其君殺世子以立之者也，又以見父道之不正也。坊記云：『魯春秋記晉喪曰：殺其君之子奚齊及其君卓。』云及其君卓者，隱括之辭，以一弒領二事，則所據之經兩書弒明矣。傳曰：『齊慶封之徇於諸侯也，曰：無或如楚共王之庶子圍，弒其君兄之子麇而代之。』慶封其尚知史法哉！」○注「加之」至「之子」。○舊疏云：「若不加之，嫌君、子爲一人故。」○注「不解」至「知也」。○舊疏云：「正以傳云『弒未踰年君之號』，止荅上云『其言弒其君之子何』之文，故云不解名矣。既解言弒，則書奚齊之名，由弒之故明，是以不復荅之矣。」十行本「知」誤「加」。○注「弒未」至「當月」。○隱四年，「春，王正月，戊申，衛州吁弒其君完」，是弒成君例日。故未踰年當書月也。今不月，故解之。○注「不月」至「略之」。○晉獻殺嫡立庶，致被篡殺，故爲不正遇禍，終始惡明也。繁露精華云：「難晉事者曰：『春秋之法，未踰年之君稱子，蓋人心之正也。至里克弒奚齊，避此正辭而稱君之子何也？』曰：『所聞詩無達詁，易無達占，春秋無達辭，從變從義，而一以奉人〔一〕，仁人録其同姓之禍，固宜異操。晉，春秋之同姓也。驪姬一謀，而三君死之，天下所共痛也。本其所爲爲之者，蔽於所欲得位而不見其難也。春秋疾其所蔽，故去其正〔二〕辭，徒言君之子而已。若謂奚齊曰：『嘻嘻！爲大國君之子，富貴足矣，何以兄之位爲欲居之，以至此乎云爾！』録所痛之辭也。故痛之中有痛，無罪而受其死者，申生、奚齊、卓子是也；惡之中有惡者，己立之，己殺之，不得如他臣之弒

〔一〕「人」字原脱，叢書本不誤，據補。
〔二〕「正」，原訛作「位」，叢書本同，據繁露校改。

君者，齊公子商人是也。故晉禍痛而齊禍重，春秋傷痛而敦重，是以奪晉子繼位之辭與齊子成君之號，詳見之也。」亦以不正遇禍痛之也。穀梁傳：「其君之子云者，國人不子也。國人不子，何也？不正其殺世子申生而立之也。」

○十年，春，王正月，公如齊。【注】書如者，録内所與外交接也，故如京師，善則月榮之；如齊、晉，善則月安之；如楚，則月危之。明當尊賢慕大，無友不如己者。月者，僖公本齊所立，桓公德衰見叛，獨能念恩朝事之，故善録之。【疏】注「書如」至「接也」。○隱十一年注云：「春秋王魯，王者無朝諸侯之義，故内適外言如，外適内言朝聘。」故魯君臣外適皆言如，所以别内外，兼録所與交接，别榮辱安危也。○注「故如」至「榮之」。○即成十三年，「春，三月，公如京師」，彼注云：「月者，善公尊天子是。」○注「如齊」至「安之」。○如齊，此書正月之屬是也。如晉，即襄二十一年，「春，王正月，公如晉」，彼注云：「月者，溴梁之盟後，中國方乖離，善公獨能與大國。」是與此「桓公德衰，獨能念恩朝事之，故善録之」同也。○注「如楚則月危之」。○即襄二十八年，「十一月，公如楚」，彼注云：「如楚皆月者，危公朝夷狄也。」按：同書月，而義各有當，董生所謂「春秋無達辭」也。朝聘例時而書月，故分别解之。○注「明當」至「己者」。○尊賢慕大，謂如齊、晉，則月安之也。無友不如己，謂如楚，則月危之是也。「無友不如己」，論語學而篇文。○注「月者」至「録之」。○閔二年傳云：「桓公使高子將南陽之甲，立僖公，而城魯。」是僖本齊所立也。桓公德衰見叛，見上九年。通義云：「公〔一〕如例時，致亦時。唯以正月行或正月至者，必月，重始月也，猶存君之意也。」然則，襄二十八年，「十一月，如楚」，書月，何爲乎？

○狄滅温，温子奔衛。【疏】大事表云：「今河南懷慶府温縣西南三十里有古温城。」水經注濟水篇：「又東至温縣西北爲濟水，又東過其縣北，濟水於温城西北與故瀆分，南逕温縣故城西。周畿内國，司寇蘇忿生之邑也。春秋『狄滅温，温子奔衛』，周襄王以賜晉文公。濟水南歷虢公臺西。皇覽曰：『温城南有虢公臺，基址尚存。』」

○晉里克弑其君卓子，及其大夫荀息。【疏】釋文：「君卓子，左氏經無子字。」据左氏莊二十八年傳云：「其娣生卓子。」則卓子本二名。左、穀經作「卓」，或脱「子」字也。史記晉世家「卓子」作「悼子」。曲禮疏：「公羊以奚齊僖〔二〕九年死，卓子十年死，以卓子踰年，故稱君。左氏卓子亦九年死，但赴告在十年，以葬後，故稱君。左氏、公羊二傳不同也。」按：嗣君之稱子、稱君，未聞以葬、未葬分别也。左氏非。

〔一〕「公」字原脱，叢書本同，據公羊通義校補。
〔二〕「僖」字原脱，叢書本同，據禮記正義校補。

通義〔一〕云：「坊記稱：『魯春秋記晉喪曰：殺其君之子奚齊及其君卓。』蓋不修春秋文。如是，誤以兩弒爲一年之事。左氏，魯之史官，故其傳云：『冬，十月，里克殺奚齊于次。』『十一月，里克殺公子卓于朝。』亦誤以兩弒爲一年之事。經書卓子弒在下年，似据晉乘而改正之也。於此，足明俗儒謂春秋但因魯史者之妄陋。」按：如舊史，則奚齊、卓子之弒，相距兩月，同是未踰年君，何以書法兩異？故知左傳誤也。坊記所引，自是檃括二事，領以弒字，非必舊史即在一年，當如段氏說。

及者何？累也。弒君多矣，舍此無累者乎？曰：有。孔父、仇牧皆累也。舍孔父、仇牧無累者乎？曰：有。有則此何以書？賢也。何賢乎荀息？【注】据與孔父同。【疏】注「据與孔父同」。○舊疏云：「桓二年傳：『何賢乎孔父？』注：『据叔仲惠伯不賢。』」此言据與孔父同，亦据叔仲惠伯矣。

荀息可謂不食其言矣！【注】不食言者，不如食受之而消亡之，以奚齊、卓子皆立。【疏】注「不食」至「亡之」。○爾雅釋詁云：「食，僞也。」郭注：「書曰：朕不食言。」國語晉語云：「魯人食言。」文選思玄賦：「疾防風之食言。」法言重黎篇：「不食其言。」彼注皆云：「食，僞也。」逸周書皇門篇：「媚夫有邇無遠，乃食，益善夫。」孔注：「食，爲也。」爲，亦僞也。直皆以僞訓食。故左疏引孫炎云：「食，言之僞也。」

〔一〕孔廣森春秋公羊通義中找不到以下引文，下面卻又曰「當如段氏説」，矛盾。段玉裁經韻樓集中也未找到這段話。

按：僖十五年左傳「我食吾言」，又哀元年傳「不可食已」，杜注並云：「食，消也。」蓋言既出而復背，如飲食之消，與僞無異。因謂「食爲僞」，此食言之本意。其實食不得訓僞也。僖二十八年左傳：「背惠食言。」成十六年左傳：「瀆齊盟而食話言。」皆謂不食其言也。故湯誓僞孔傳訓食爲盡，與何、杜義同。經義述聞云：「食，僞也。孫、郭皆以食爲虛僞之僞〔一〕，而證以湯誓『朕不食言』，韋注晉語亦以食言爲僞言，皆非也。食言者，言而不行，則爲自食其言。食者，消滅之義，非虛僞之義也。哀二十五年〔二〕左傳：『是食言多矣，能無肥乎？』若以食言爲僞言，則與能無肥乎之文〔三〕了不相涉矣。而某氏書傳乃曰：食盡其言，僞不實〔四〕。正義：『言而不行，如食〔五〕之消盡，後終不行。則前言爲僞，故通謂僞言爲食言。』不幾於穿鑿而失其本指乎？」○注「以奚」至「皆立」。○舊疏云：「欲指不食其言之事狀矣。」

其不食其言奈何？奚齊、卓子者，驪姬之子也。【疏】莊二十八年左傳云：「晉伐驪戎，驪戎男女以驪姬。歸，生奚齊。其娣生卓子。」國語晉語：「獻公伐驪戎，克之，滅驪子，獲驪姬以歸，立以爲夫人，生奚齊，其娣生卓子。」韋注：「女子同生謂後生爲娣。」或以卓子爲其同生所生，故統謂爲驪姬子

〔一〕「之僞」二字原脱，叢書本同，據經義述聞校補。

〔二〕「二十五年」，經義述聞誤記爲「二十六年」，據左傳校改。

〔三〕「文」，原訛作「義」，叢書本同，據經義述聞校改。

〔四〕「乃曰：食盡其言，僞不實」句，原錯訛誤倒作「乃以食爲盡其僞言不實」，叢書本同，據經義述聞校改。

〔五〕「食」上原衍一「飮」字，叢書本同，據經義述聞校刪。

焉。晉世家：「獻公五年，伐驪戎，得驪姬、驪姬弟，俱愛幸之。」韋昭曰：「西戎之别在驪山也。」又云：「十二年，驪姬生奚齊。」又云：「驪姬弟生悼子。」皆與左、國同。唯穀梁傳云：「晉獻公伐虢，得麗姬。獻公私之，有二子，長曰奚齊，稚曰卓子。」正與此同。唯此無伐虢説耳。

荀息傅焉。【注】禮，諸侯之子八歲受之少傅，教之以小學，業小道焉，履小節焉。十五受大傅，教之以大學，業大道焉，履大節焉。【疏】上九年左傳云：「初，獻公使荀息傅奚齊。」○注「禮諸」至「節焉」。○大戴保傅篇：「古者，年八歲而出，就外舍，學小藝焉，履小節焉。束髮而就大學，學大藝焉，履大節焉。」注：「小學，謂庠〔一〕門師保之學也。大學，王宫之東者。束髮謂成童。」白虎通辟雍篇：「古者所以年十五入大學何？以爲八歲毁齒，始有識知，入學學書計。七八十五，陰陽備，故十五成童志明，入大學，學經術。」賈子容經云：「古者，年九歲入就小學，蹍小節焉，業小道焉；束髮就大學，蹍大節焉，業大道焉。」書疏引書大傳云：「古之王者，必立大學、小學，使公卿之大子、大夫、元士之嫡子，十五年始入小學，見小節焉，踐小義焉。二十入大學，見大節焉，踐大義焉。故入小學，知父子之道，長幼之序；入大學，知君臣之義，長幼之位。」然則，書傳所説，公卿大夫適子之制，此及戴禮所説，天子諸侯世子與？故後漢書楊終傳：「禮制，人君之子年八歲，爲置少傅，教之書計，以開其明。十五置大傅，教之經典，以導其志。」是也。白虎通又云：「天子之太子、諸侯之世子，皆就師於外者，尊師，重先王之道也。」故禮曲禮曰：「聞

〔一〕「庠」，原訛作「庳」，叢書本同，據大戴禮記注校改。

有來學，無往教也。」易曰：「匪我求童蒙，童蒙求我。」小學大學者，白虎通又云：「小學，經義之宮；大學，辟雍鄉射之宮。」按：四代小學大學，質文相變，自爲公卿適子以下入學之所，天子諸侯世子似不必拘彼制也。

驪姬者，國色也。【注】其顔色一國之選。【疏】辛氏三秦記云：「漢昭帝母鉤弋夫人手拳而國色。」吴志周瑜傳：「從孫策攻皖，得喬公兩女，皆有國色。」

獻公愛之甚，【疏】左傳莊二十八年云：「驪姬嬖。」是也。晉世家：「伐驪戎，得驪姬、驪姬弟，俱愛幸之。」上四年左傳云：「太子曰：君非姬氏，居不安，食不飽。」

欲立其子，【疏】晉語：「公將黜太子申生而立奚齊。」晉世家：「獻公有意廢太子，乃曰：『曲沃，吾先祖宗廟所在，而蒲近秦，屈近翟，不使諸子居之，我懼焉。』於是使太子申生居曲沃，公子重耳居蒲，公子夷吾居屈，獻公與驪姬子奚齊居絳。」以此知太子不立也。」莊公二十八年左傳亦載此事。又彼閔元年〔一〕傳云：「士蔿曰：『太子不得立矣。分之都城，而位以卿，先爲之極，又焉得立？』」又彼二年傳：「公曰：『寡人有子，未知其誰立焉。』」穀梁傳：「麗姬欲爲亂。」注：「亂，謂殺申生而立其子。」又上四年左傳：「及將立奚齊，既與中大夫成謀。」皆欲立其子事也。

〔一〕「元年」，原誤記爲「二年」，據左傳校改。

於是殺世子申生。【疏】見上五年。

申生者里克傅之，【疏】穀梁傳曰：「世子之傅里克謂世子曰：『入自明則可以生，不入自明則不可以生。』」是里克，申生傅也。左傳上四年云：「公殺其傅杜原款。」蓋亦申生傅。

獻公病，將死，謂荀息曰：「士何如，則可謂之信矣？」【注】獻公自知廢正當有後患，欲託二子於荀息，故動之云爾。【疏】注「獻公」至「云爾」。○左傳上九年云：「晉獻公卒，里克、丕鄭欲納文公，故以三公子之徒作亂。」是其後患也。又云：「初，獻公使荀息傅奚齊。公疾，召之，曰：『以是藐諸孤，辱在大夫，其若之何？』」晉世家：「獻公病甚，乃謂荀息曰：『吾以奚齊爲後，年少，諸大夫不服，恐亂起，子能立之乎？』」是自知廢正當有後患，欲託二子於荀息，故先以此言動之也。

荀息對曰：「使死者反生，生者不愧乎其言，則可謂信矣！」【注】荀息察言觀色，知獻公欲爲奚齊、卓子來動己，故答之云爾。【疏】反，猶復也。晉世家又云：「荀息曰：『能。』獻公曰：『何以爲驗？』對曰：『使死者復生，生者不慙，爲之驗。』於是遂屬奚齊於荀息。荀息爲相，主國政。」上九年左傳又曰：「稽首而對曰：『臣竭其股肱之力，加之以忠貞。其濟，君之靈也；不濟，則以死繼之。』公曰：『何謂忠貞？』對曰：『公家之利，知無不爲，忠也；送往事居，耦俱無猜，貞也。』」亦即生者不愧之義。史記趙世家云：「諺曰：『死者復生，生者不愧。』」則此當是成語，故荀息引以荅獻公也。○注「荀息」至「云爾」。○校勘記云：「荅，鄂本、宋本同。閩、監、毛本『荅』作『答』，非。」察言觀色，見論語顏淵篇，此斷章取義也。

獻公死，奚齊立。里克謂荀息曰：「君殺正而立不正，廢長而立幼，【注】長謂重耳。

【疏】注「長謂重耳」。○殺正，謂申生。重耳，次長，故廢長謂重耳。穀梁傳曰：「世子曰：『吾甯自殺以安吾君，以重耳爲寄矣。』」「故里克所爲弑者，爲重耳也。」

如之何？願與子慮之。」【疏】晉世家：「秋，九月，獻公卒。里克、邳鄭欲内重耳。以三公子之徒作亂，謂荀息曰：『三怨將起，秦、晉輔之，子將何如？』」左傳亦載有此語。

荀息曰：「君嘗訊臣矣，【注】上問下曰訊。言臣者，明君臣相與言不可負。【疏】注「上問下曰訊」。○詩小雅正月云「訊之占夢」，傳：「訊，問也。」大戴記曾子事父母「訊不言」，注：「訊，問也。」國語晉語云「君其訊射也」，注：「訊，問也。」史記淮南衡山傳「即訊太子」，索隱引樂產云：「訊，問也。」雖皆止訓問，實皆上問下也。故今問獄，亦謂之訊。○注「言臣」至「可負」。○晉世家云：「吾不可負先君言。」以上言君，故下仍順前言稱臣也。通義云：「此自息對里克稱臣耳。士大夫得相稱臣者，謙欲比其家臣然也。若史記聶政對韓仲子曰：『臣幸有老母。』又曰：『枉車騎而交臣。』韓信過樊將軍噲，噲曰：『大王乃肯臨臣。』張晏曰：『古人相與語，多自稱臣，自卑下之道也。若今人相與言，自稱僕也。』」義亦通。

臣對曰：『使死者反生，生者不愧乎其言，則可謂信矣！』」【疏】上九年左傳：「荀息曰：『將死之。』里克曰：『無益也。』荀叔曰：『吾與先君言矣，不可以貳。能欲復言而愛身乎？雖無益也，將焉辟之？』」晉語：「荀息云：昔君問臣事君於我，我對以忠貞〔一〕。君曰：『何謂也？』我對曰：『可以利〔二〕公室，力有所能，無不爲，忠也。葬死者，養生者，死人復生不悔，生人不愧，貞也。』吾言既往矣，豈能欲行吾言而又愛吾身乎？雖死，焉避之？」此言信。内外傳言「貞」，一也」。焦氏循左傳補疏云：「杜云：『荀息稱名，雖欲復言，本無遠謀，從君於昏。』按，假途伐虢，全用荀息之謀，息非無遠謀者也。左傳稱息言：『竭股肱之力，加之以忠貞。』三怨將作，不食其言，引白圭之詩以美之，無譏詞也。夫經書卓爲其君，則不以其不可立而不以爲君也。既正其名爲君，則弒之者爲賊，而死之者爲忠矣。荀息之不能殺里克，猶毋丘儉之不能殺司馬師也。習鑿齒引『死者反生，生者不愧』二語以美毋丘儉，蓋儉之受顧命，亦息之受君命也。習氏引荀息以美儉，則預譏息以例儉可知。」按：穀梁傳亦云：「以尊及卑也。荀息閑焉。」是亦以書「及」，爲褒辭矣。

里克知其不可與謀，退弒奚齊。荀息立卓子，里克弒卓子。荀息死之。【疏】晉世家：「十月，里克殺奚齊於喪次。獻公未葬也，荀息將死之。或曰『不如立奚齊弟悼子而傅之』。荀息立悼子，而葬獻公。十一月，里克弒悼子于朝。」晉語：「既殺奚齊，荀息將死之，人曰：『不如立其弟而

〔一〕「昔君」至「忠貞」，原脱「昔君問臣事君於我」，「對」下脱「以」字，叢書本同，據國語校補。
〔二〕「利」，原訛作「和」，叢書本同，據國語校改。

輔之〔一〕。』荀息立卓子，里克又殺卓子，荀息死之。」左傳上九年亦云：「冬，十月，里克殺奚齊于次，荀息將死之，人曰：『不如立卓子而輔之。』荀息立公子卓，以葬。十一月，里克殺公子卓于朝。荀息死之。」

荀息可謂不食其言矣！【注】起時莫不背死鄉生，去敗與成。荀息一受君命，終身死之，故言及，與孔父同義。不日者，不正遇禍，終始惡明，故略之。【疏】左傳又云：「君子曰：詩所謂『白圭之玷，尚可磨也。斯言之玷，不可爲也』。荀息有焉。」晉語稱荀息亦云：「君子曰：不食其言矣。」繁露玉英云：「公子目夷復其君，終不與國；祭仲已與，後改之；晉荀息死而不聽；衛曼姑拒而弗内。此四臣事異而同心，其義一也。目夷之弗與，重宗廟；祭仲與之，亦重宗廟；荀息死之，貴先君之命；曼姑拒之，亦貴先君之命也。事雖相反，所爲同，俱爲重宗廟，貴先君之命耳。」〇注「起時」至「同義」。〇舊疏云：「桓二年，『宋督弑其君與夷及其大夫孔父』，彼注云：『言及者，使上及其君，若附大國以名通，明當封爲附庸，不絶其祀，所以重社稷之臣也。』今荀息一受君命，終身死之，故言及；亦使上及其君，若附大國以名通，明當封爲附庸，不絶其祀，以重社稷之臣也。」按：褒荀息，又以厲時之背死鄉生、去敗與成者也。通義云：「所事不正，得爲賢者。繁露説之曰：『春秋之法，君立不宜立不書，大夫立則書。書之者，弗予大夫之得立不宜立者也。不書，予君之得立之也。君之立不宜立者，非也。既立之，大夫奉之，是也。』荀息死先君之命，是以賢之也。」〇注「不日」至「略之」。〇舊疏云：「成君見弑者例書日，今此不日，故解之。」按：略之，與

〔一〕「之」字原脱，叢書本同，據國語校補。

弑奚齊不書月同義。漢書叔孫通傳:「昔者,晉獻公以驪姬故,廢太子立奚齊,國亂者數十年,爲天下笑。」後漢書崔琦傳外戚箴曰:「晉國之難,禍起於麗。」繁露王道云:「晉獻公殺世子申生,以驪姬立奚齊、卓子。皆殺死,國大亂,四世乃定。」皆不正故也。

○夏,齊侯、許男伐北戎。【疏】杜云:「北伐山戎。」

○晉殺其大夫里克。

里克弑二君,則曷爲不以討賊之辭言之?【注】据衛人殺州吁。【疏】注「据衛」至「州吁」。○即隱四年「九月,衛人殺州吁于濮」是也。

惠公之大夫也。【注】惠公篡立已定,晉國君臣合爲一體,無所復責,故曰此乃惠公之大夫,安得以討賊之辭言之?【疏】晉語云:「惠公既殺里克而悔之。曰:芮也,使寡人過殺社稷之鎮。」韋注:「鎮,重也。芮,冀芮也。」惠公以里克爲重,知已爲惠公大夫矣。○注「惠公」至「言之」。○惠公宜絶而立,故爲篡。里克爲之臣,已爲一體。里克宜討,非惠公所得討,故不以討賊辭予之,明惠公亦在討也。

然則,孰立惠公?【注】欲難殺之意。【疏】注「欲難殺之意」。○正以欲明惠公不合討賊義,故先難其立,以明惠之立由里克。

里克也。里克弑奚齊、卓子，逆惠公而入。【疏】晉世家云：「里克等已殺奚齊、悼子，使人迎公子重耳於翟，欲立之。重耳謝曰：『負父之命出奔，父死不得修人子之禮侍喪，重耳何敢入？大夫其更立他子。』還報里克。里克使迎夷吾于梁。乃遺里克書曰：『誠得立，請遂封子於汾陽之邑。』」晉語：「公子夷吾私於公子縶曰：『中大夫里克與我矣，吾命之以汾陽之田百萬。』」是里克逆惠公事也。

里克立惠公，則惠公曷爲殺之？惠公曰：「爾既殺夫二孺子矣，【注】孺子，小子也。奚齊、卓子時皆幼小。【疏】注「孺子」至「幼小」。○禮記内則云：「孺子蚤寢晏起。」注：「孺子，小子也。」國語晉語云：「孺子何懼？」注：「孺，少也。」書洛誥云：「孺子其朋。」鄭注：「孺子，幼小之稱。」説文子部：「孺，乳子也。一曰輸也。輸，尚小也〔一〕。」文選幽通賦：「嫣巢姜於孺筮兮。」注：「應劭曰：孺，小〔二〕也。」蓋孺本小稱，故年之幼小者稱孺子。因之，人君初即位者，亦稱孺子。錢氏大昕養新録云：「今人以孺子爲童稚之通稱，蓋本於孟子。考諸經、傳，則天子以下，嫡長爲後者，乃得稱孺子。金縢、洛誥、立政之孺子，謂周成王也。晉語杜原款稱申生爲孺子。里克又稱奚齊爲孺子。晉獻公之喪，秦穆公使人弔公子重耳，稱爲孺子，而舅犯亦稱之。是時秦欲納之爲君也。『孺子𩏂之喪，哀公欲設撥』，亦以世子待之。

〔一〕「一曰輸也。輸，尚小也」句，段注校正爲「一曰輸孺也。輸孺，尚小也」，曰：「此二『孺』字各本無。廣韻有之，文義乃完。」

〔二〕「小」，原訛作「少」，叢書本同，據文選注校改。

齊侯荼已立爲君，而陳乞、鮑牧稱爲『孺子』；其死也，謚之曰『安孺子』，則孺子非卑幼之稱矣。欒盈爲晉卿，而胥午稱爲『欒孺子』。左傳稱孟莊子爲孺子速，武伯曰孺子洩。莊子之子秩，雖不得立，猶稱孺子。是孺子貴於庶子也。齊子尾之臣稱子良曰『孺子長矣』，韓宣子稱鄭子齹曰『孺子善哉』，皆世卿〔一〕而嗣立者也。內則『異爲孺子室於宮中』，祇見孺子，亦貴者之稱。惟檀弓載『有子與子游立，見孺子慕者』，『弁人有其母死而孺子泣者』，此爲童子通稱，與孟子同。」按：此爲惠公稱奚齊、卓子語，自以其幼小稱爲孺子耳，必不以爲後之稱稱之也。

又將圖寡人，【注】如我有不可，將復圖我如二孺子。【疏】穀梁傳曰：「里克所爲殺者，爲重耳也。」惠公知其欲立重耳，故曰「又將圖寡人」。彼傳又曰：「故里克所爲弒者，爲重耳也。夷吾曰：『是又將殺我也。』」是也。

爲爾君者不亦病乎？」【疏】通義云：「病，苦也。」左傳：「公使謂之曰：『微子，則不及此。雖然，子弒二君與一大夫，爲子君者不亦難乎？』」晉語：「惠公既即位，而殺里克，曰：『子殺二君與一大夫，爲子君者不亦難乎？』」

於是殺之。【疏】左傳述「里克對曰：『不有廢者，君何以興？欲加之罪，其無辭乎？臣聞命矣。』伏劍

〔一〕「卿」，原訛作「鄉」，叢書本同，據十駕齋養新録校改。

而死」。晉世家：「惠公以重耳在外，畏里克爲變，賜里克死。謂曰：『微里子，寡人不得立。雖然，子亦殺二君一大夫，爲子君者不亦難乎？』里克對曰：『不有所廢，君何以興？欲誅之，其無辭乎？乃言爲此！臣聞命矣。』遂伏劍而死。」穀梁傳：「其以累上之辭言之，何也？其殺之不以其罪也。」

然則，曷爲不言惠公之入？【注】据齊小白入于齊。【疏】注「据齊」至「于齊」。○見莊九年。

晉之不言出入者，踊爲文公諱也。【注】踊，豫也，齊人語。若關西言渾矣。獻公殺申生，文公與惠公恐見及，出奔，不子當絶，還入爲篡。文公功，足以并掩前人之惡，故惠公入、懷公出、文公入渾皆不書，悉爲文公諱故也。爲文公諱者，欲明文公之功大也。語在下。懷公者，惠公子也。惠公卒，懷公立，而秦納文公，故出奔。惠公、文公出奔不書者，非命嗣也。【疏】注「踊豫」至「渾矣」。○通義：「踊，上也。以文公之故，而上諱及於惠、懷也。將言惠公之入，懷公之出，則不得不言文公之入，其篡不可揜〔一〕矣。」讀書叢録云：「『踊』，當是『通』字之譌。傳中『通可以已也』凡三見。昭三十一年傳：『通濫也。曷爲通濫？賢者子孫宜有地。』義與此傳略同。關西言『渾』，亦與『通』義相近。」按：踊、豫雙聲爲訓。○注「獻公」至「出奔」。○上四年左傳云：「驪姬又譖二公子曰：『皆知之。』重耳奔蒲，夷吾奔屈。」晉世家云：「此時重耳、夷吾來朝。人或告驪姬曰：『二公子怨驪姬譖殺太子。』驪姬恐，因譖二公子：『申生之藥胙，二公子知之。』二子聞之，恐，重耳走蒲，夷吾走屈，保其城，自備守。」○注「不子當絶」。○定十四年

〔一〕「揜」，原訛作「聯」，叢書本同，據公羊通義校改。

注：「子雖見逐，無去父之義。」舊疏云：「同姓之臣尚無去義，況於兄〔一〕子乎？且惠公、文公，庶子，假令不去，亦不殺之，故知去父當絶也。」按：舊疏非也。据左傳及晉世家，姬譖二公子與申生同謀，則惠文不言去，未必不殺也。要之子無去父之義。禮記檀弓曰：「天下豈有無父之國哉！吾何行如之？」故皆當絶也。○注「還入爲篡」。○文公、惠公既當坐絶，則還入自宜坐篡，義本相因，所以明父子之道也。○注「文公」至「故也」。○惠公卒，見下二十四年。則懷公出，文公入，當在彼年。左傳謂晉文公「殺懷公于高梁」。公羊言「懷公出」。二傳無異，各有所据。出，蓋謂出奔高梁也。○注「爲文」至「在下」。○下二十八年云：「晉侯入曹，執曹伯。」與之稱侯以執。又：「晉侯、齊師、宋師、秦師及楚人戰于城濮。楚師敗績。」注：「据秦稱師，録功。」又傳：「大夫不敵君〔二〕。」注云：「秦稱師，助霸者征伐，克勝有功，故褒進之。」文公之功，首在伐楚。又左傳記有文公定襄王事，故知文公功大也。○注「懷公」至「子也」。○下十七年左傳曰：「惠公之在梁也，梁伯妻之。梁嬴孕，過期。卜招父與其子卜之。其子曰：『將生一男一女。』招曰：『然。男爲人臣，女爲人妾。』故名男曰圉，女曰妾。」又二十三年左傳：「懷公命無從亡人。」杜注：「懷公，子圉。」○注「惠公」至「出奔」。○晉世家：「十四年九月，惠公卒，太子圉立，是爲懷公。子圉之亡，秦怨之，乃求公子重耳，欲内之。」「秦繆公乃發兵送内重耳，使人告欒、郤之黨爲内應，殺懷公于高

〔一〕「於兄」二字原訛作「父」，叢書本同，據公羊注疏校改。

〔二〕「君」，原訛作「臣」，叢書本同，據公羊注疏校改。

梁，入重耳。重耳立，是爲文公。」與左傳「殺懷公于高梁」同。世家又云：「懷公圉奔高梁。戊申，使人殺懷公。」明出奔，即謂高梁也。吕覽原亂篇云：「惠公死，圉立爲君，是爲懷公。秦穆公思其逃歸也，起奉公子重耳，以攻懷公，殺之於高梁，立重耳，是爲文公。」○注「惠公」至「嗣也」。○莊二十八年左傳：「大戎狐姬生重耳，小戎子生夷吾。」皆庶妾所生，故非命嗣。

齊小白入于齊，則曷爲不爲桓公諱？【疏】莊九年，「齊小白入于齊」，書入，見其篡，不爲之諱也。

桓公之享國也長，【注】享，食。

美見乎天下，故不爲之諱本惡也。【疏】繁露玉英云：「故齊桓非直弗受之先君也，乃率弗宜爲君者而立，罪亦重矣，然而知恐懼，敬[一]舉賢人而以自覆蓋，知不背要盟，以自湔浣也，遂爲賢君，而伯諸侯。使齊桓被惡，而無此美，得免殺戮乃幸已，何霸之有！魯桓忘其憂，而禍逮其身；齊桓憂其憂，而立功名。推而散之，凡人有憂而不知憂者，凶；有憂而深憂之者，吉。易曰：『復自道，何其咎？吉。』此之謂也。」

文公之享國也短，【疏】晉世家：「重耳出亡凡十九歲，而得入時，年六十二矣。晉人多附焉。文公元

[一]「敬」，原訛作「故」，叢書本同，據春秋繁露校改。

年即位爲晉君。九年，晉文公卒。」是享國短焉。**美未見乎天下，故爲之諱本惡也。**【注】桓公功大，善惡相除，足封有餘，較然爲天下所知。文公功少，嫌未足除身簒而有封功，故爲之諱。并不言惠公、懷公出入者，明非徒足以除身簒而已，有足封之明較也，美不如桓公之功大。【疏】注「桓公〔一〕」至「所知」。○齊桓功大，則上元年「城邢」、二年「城楚丘」、四年「伐楚」之屬是也。劉氏逢禄論語述何云：「譎，讀如『主文譎諫』之譎。二伯無所優劣，春秋書晉文則爲之諱本惡，故曰譎而不正。齊桓之簒則從正例，公羊子言之詳矣。」○注「文公」至「功大」。○通義云：「明文公無存亡繼絶之善，其功未足以除簒，故須爲諱本惡，以奬成其美。」

○秋，七月。

○冬，大雨雹。【疏】左傳作「大雨雪」。漢書五行志中之下亦「雨雪」、「雨雹」兩存。通義云：「五行志曰：『劉向以爲，盛陽，雨水温煖而湯熱，陰氣脅之不相入，則轉而爲雹。盛陰，雨雪凝滯而冰寒，陽氣薄之不相入，則散而爲霰。』故雹者陰脅陽也，霰者陽脅陰也。春秋不書霰者，猶月食也。」大戴天圓篇：「陽

〔一〕「桓公」，原訛作「齊桓」，叢書本同，據【注】文改。

之專氣爲雹，陰之專氣爲霰。霰、雹者，一氣之化也。」

何以書？記異也。【注】夫人專愛之所生也。【疏】注「夫人」至「生也」。○舊疏云：「蔽障楚女而專取君愛，故生此雹災。」五行志又云：「釐公十年冬，大雨雪。劉向以爲，先是釐公立妾爲夫人，陰居陽位，陰氣盛也。公羊經曰『大雨雹』。董仲舒以爲，公脅於齊桓公，立妾爲夫人，不敢進羣妾，故專壹之象見諸雹，皆爲有所漸脅也，行專壹之政云。」何氏與先儒義同。續漢志注引：「考異郵云：陰氣之專精凝合生雹，雹之爲言合也。以妾爲妻太尊重，九女之妃，闕而不御，坐不離前，無由相去之心，同輿參駟。房衽之内，歡欣之樂，專政夫人，施而不博，陰精凝而見成。」初學記引：「漢含孳云：專一精并氣凝爲雹。宋均注：謂若魯僖公脅於齊，以妾爲妻，尊重齊媵，無迴曲之心，盛陰水氣，乃使結而不解散。」皆與夫人專愛義合。

○**十有一年，春，晉殺其大夫丕鄭父。**【疏】校勘記云：「唐石經、諸本同。解云：左氏經無『父』字。按，今左氏有『父』。」趙氏坦春秋異文箋云：「僖十年左傳『遂殺丕鄭、祁舉及七輿大夫』。傳無父字，則經無父字可知。故公羊疏云左氏經無父字。今本左氏經有父字，或後人從公、穀經增。公、穀有父字，亦衍文。」差繆略云：「丕，公羊作邳。」按：今注疏本及石經公羊並作「丕」。丕，本字；丕，隸之變。漢石經尚書及山陽太守祝睦碑、涼州刺史魏元丕碑、梁相費汎碑、趙相劉衡碑「丕」字皆作「丕」，蓋一在不字中也。

○夏，公及夫人姜氏會齊侯于陽穀。【疏】通義云：「夫人與君，親則同體，分則君臣。公及夫人云者，以尊及卑之辭也。」杜云：「婦人送迎不出門，見兄弟不踰閾。與公俱會齊侯，非禮。」義或然也。

○秋，八月，大雩。【注】公與夫人出會，不恤民之應。【疏】穀梁云：「雩，得雨曰雩；不得雨曰旱。」注引：「何氏廢疾云：『公羊書雩者，善人君應變求索。不雩則言旱。旱而不害物，言不雨也。就如穀梁，設本不雩，何以明之？如以不雨明之，設旱而不害物，何以别乎？』鄭君釋之曰：雩者，夏祈穀實之禮也，旱亦用焉。得雨書雩，明雩有益；不得雨書旱，明旱災成。後得雨，無及也。國君而遭旱，雖有不憂民事者，何乃廢禮？本不雩禱哉！顧不能致精誠也。旱而不害物，固以久不雨别之。文二年、十三年『自十有二月』、『自正月不雨，至于秋七月』是也。穀梁傳曰：『歷時而言不雨，文不閔雨也。』以文不憂雨，故不如僖時書不雨。文所以不閔雨者，素無志於民，性退弱而不明，又見時久不雨而無災耳。」劉氏逢禄廢疾申何云：「旱不害物不待久也，太平之時，一月不雨即爲異。莊之冬不雨，未嘗歷時；僖之正月、四月，未嘗踰月也。天之譴告人君有深淺，旱則示災，不雨則示異，異大乎災。君之感應天變有本末，本則修政，末則雩禱。舍本修末，非所以應天也。修德以禳異，修本末以禳災。書雩以志其應變之末也，書旱以譏其事天之怠也，皆閔民也。書不雨，以示人君之察天意也。穀梁子失其傳矣。」○注「公與」至「之應」。○謂上陽穀之會。

○冬，楚人伐黃。

○十有二年，春，王三月，庚午，日有食之。【注】是後楚滅黄，狄侵衛。【疏】元志：「姜岌云：『三月朔，交不應食。其五月庚午朔，去交分，入食限。』大衍同。」沈氏欽韓云：「今曆推之，是歲五月庚午朔，加時在晝〔一〕，去交分，二十六日，五千一百九十二入食限。蓋五誤爲三。」包氏慎言云：「經書三月庚午日有食之，傳例言日，不言朔，非失在朔前，即失在朔後。庚午爲三月之二日，失在後也。劉歆以爲，二月日食，劉孝孫推庚午爲三月朔。」按：以曆推之，庚午實三月朔。穀梁作正月，誤。石經「正」作「三」也。○注「是後」至「侵衛」。○見下及十三年。漢書五行志下之下：「僖公十二年三月庚午，朔，日有食之。董仲舒、劉向以爲，是時楚滅黄，狄侵衛、鄭，莒滅杞。劉歆以爲，三月齊、衛分。」

○夏，楚人滅黃。【疏】舊疏云：「莊十年『冬，十月，齊師滅譚』，十三年『夏，六月，齊人滅遂』。然則，滅例月，而此不月者，所傳聞之世，始録夷狄滅小國也。」穀梁傳曰：「貫之盟，管仲曰：『江、黄遠齊而近楚，楚爲利之國也，若伐而不能救，則無以宗諸侯矣。』桓公不聽，遂與之盟。管仲死，楚伐江滅黄，桓公不

〔一〕「晝」，原訛作「盡」。上引元史「大衍同」之下作「今曆推之，是歲五月庚午朔，加時在晝，去交分」，據改。

能救，故君子閔之也。」通義云：「不諱者，責齊桓也。」用穀梁義。新序善謀云：「齊桓公時，江國、黄國小國也，在江淮之閒，近楚。楚大國也，數侵伐，欲滅取之。江人、黄人患楚。齊桓公方存亡繼絶，救危扶傾，尊周室，攘夷狄，爲陽穀之會、貫澤之盟，與諸侯將伐楚。江人、黄人慕桓公之義，來會盟于貫澤。管仲曰：『江、黄遠齊而近楚，楚爲利之國也，若伐而不能救，無以宗諸侯，不可受也。』桓公不聽，遂與之盟。管仲死，楚人伐江滅黄，桓公不能救，君子閔之。是後，桓公信壞德衰，諸侯不附，遂淩夷不能復興。夫仁智之謀〔一〕，即事有漸，力所不能救，未可以受其質，桓公受之過也。」子政説穀梁也。

○**秋，七月。**

○**冬，十有二月，丁丑，陳侯處臼卒。**【疏】校勘記云：「唐石經、諸本同。釋文：『處臼，左氏作杵臼。』」按：穀梁亦作「杵」。杵、處音同，叚借字。陳世家云：「莊公七年，少弟杵臼立，是爲宣公。四十五年，宣公卒。」包氏慎言云：「十二月無丁丑，十一月之二十四日也。」按：丁丑爲十一月之十二日。

〔一〕「謀」，原訛作「諜」，叢書本同，據新序校改。

公羊義疏三十二

南菁書院　句容陳立卓人著

僖十三年盡十六年

〇十有三年，春，狄侵衛。

〇夏，四月，葬陳宣公。

〇公會齊侯、宋公、陳侯、衛侯、鄭伯、許男、曹伯于鹹。【注】桓公自貫澤、陽穀之會後，所以不復舉小國者，從一法之後，小國言從令行，大國唯曹、許以上乃會。【疏】穀梁傳曰：「兵車之會也。」彼疏云：「何休於此有廢疾，范不具載鄭釋者，以數九會異於鄭故也。」杜云：「鹹，衛地。東郡濮陽縣東南有鹹城。」大事表云：「在今直隸大名府開州東南六十里。文十一年得臣敗狄于鹹，自爲魯地。」水經注瓠子河篇：「河出東郡濮陽縣。」「濮水逕其南，故曰濮陽。章邯守濮陽，環之以水。張晏曰：『依河水自固。』

春秋會于鹹，杜預曰：『濮陽有鹹城者也。』」續漢郡國志云：「或曰古鹹國。」一統志：「鹹城在大名開州東南六十里。」○注「桓公」至「乃會」。○上二年傳云：「大國言齊、宋，遠國言江、黄，則以其餘爲莫敢不至也。」三年傳云：「此大會也，曷爲末言爾？」注：「時桓公功德隆盛，諸侯咸曰：『無言不從，曷爲用盟哉！』」自後皆從彼法，故不復書小國也。上五年左傳云：「江、黄、道、柏方睦于齊，皆弦姻也。」明附從者不獨江、黄矣。

○**秋，九月，大雩。**【注】由陽穀之會不恤民，後會于鹹，城緣陵，煩擾之應。【疏】注「由陽」至「之應」。○上十一年，「公及夫人姜氏會齊侯于陽穀」，上「公會齊侯以下于鹹」，下十四年「諸侯城緣陵」是也。按：與上十一年「秋，八月，大雩」所應同。

○**冬，公子友如齊。**

○**十有四年，春，諸侯城緣陵。**【疏】杜云：「緣陵，杞邑。」大事表云：「在今青州府之昌樂縣。亦曰營陵，路通登萊。僖十四年『諸侯城緣陵』蓋是。時淮夷病杞，齊桓遷之稍北以自近。如楚遷許于葉，吴遷蔡于州來然。」杜注：「杞地，則仍爲杞地，錯入于齊者耳。至襄二十七年杞復遷淳于。是年晉合諸侯之大夫城杞,『祁午數趙文子之功,曰:城淳于』。蓋城杞,即城淳于,是杞復遷淳于之證也。今縣東南三十里有營陵故城。」漢書地理志北海郡營陵下云:「或曰營丘。」應劭曰:「師尚父封于營丘,陵亦丘也。」臣瓚曰:「營丘即臨淄也。營陵,春秋謂之緣陵。」一統志:「營陵故城在青州府昌樂縣。」紀要云:「在縣東南五十里。」

孰城之?【注】諸侯不序,故問誰城。【疏】通義云:「板本作『孰城之』,『之』字衍,据二年傳文校删。開成石經年首缺三行,第四行自『爲不言』起。以彼恒率行十字推之,是無之字也。」按:以下答「城杞」文義繹之,無「之」字是也。○注「諸侯」至「誰城」。○舊疏云:「按上二年注云:『据内城不月,故問之。』然彼經書月,故得此解,此經不月,傳云『孰城之』,漫道諸侯,諸侯無所指据,緣陵之號由來未有,故怪而問之。」通義云:「欲言内邑,無爲諸侯城之;欲言外邑,文無所繫,故孰不知問。」按:如傳意,以「城杞」答「孰城之」,當是問所城何城之意,故孔以傳文「之」爲衍文。何氏以諸侯不序解之,似未當。

城杞也。曷爲城杞?【疏】通義云:「曷爲不言城衛?主問經文曷爲城杞。主問事緣。然皆得起滅意,故互相備。」是也。

滅也。孰滅之?蓋徐、莒脅之。【注】以下皆狄徐也。言脅者,杞,王者之後,尤微,是見恐曷而亡。【疏】通義云:「以杞南瀕莒、徐故也。脅之者,言二國交制之。」左氏上十三年傳以爲「淮夷病杞」。按:此云徐,蓋徐戎也。書費誓序:「徐夷並興。」又經云:「徂兹淮夷、徐戎並興。」詩大雅江漢序云:「宣王命召公平淮夷。」常武篇曰：「率彼淮浦，省此徐土。」魯頌泮水云：「既作泮宮，淮夷攸服。」閟宮云：「至于海邦，淮夷來同。」又云：「保有鳧繹，遂荒徐宅。」禮記檀弓記容居弔邾婁考公之喪，稱其先君「駒王」，知徐之負强僭號已久。莒亦即於夷，則此之徐莒，即左氏之淮夷與？○注「以下」至「徐也」。○下十五年：「冬，楚人敗徐于婁林。」注：「謂之徐者，爲滅杞，不知尊先聖法度，惡重，故狄之也。」文七年：「徐伐莒。」注：「謂之徐者，前共滅王者後，不知尊先聖法度。今自先犯，文對事連，可以起同惡，莒在下不得狄，故復狄徐也。一罪再狄者，明爲莒狄之爾。」○注「言脅」至「而亡」。○九經古義云：「恐曷，即漢律恐猲也。陳羣新律序云：盜律有恐猲。漢書王子侯表曰：『葛魁侯戚坐縛家吏，恐猲受賕棄市。平城侯禮坐恐猲取雞免。承鄉侯德天坐恐猲國人，受財臧五百以上免。籍陽侯顯坐〔一〕恐猲國民取財物免。』師古曰：『猲者〔二〕，謂以威力脅人也。音呼葛反。』」按，今律有恐嚇取財，即恐曷也。（戰國策云：「恫疑虚猲〔三〕。」高誘曰：「猲〔四〕，喘息懼皃。」）愒〔五〕正字，曷叚借也。俞云：「國雖微弱，無因恐曷而亡者。」何

〔一〕「坐」字原脱，叢書本同，據九經古義校補。
〔二〕「猲者」二字原脱，叢書本同，據九經古義校補。
〔三〕「猲」，原訛作「愒」，叢書本同，據九經古義及戰國策校改。括號中戰國策云云，是九經古義原雙行小字之注釋文字。
〔四〕「猲」，原訛作「喝」，叢書本同，據九經古義及戰國策校改。括號中戰國策云云是九經古義雙行小字之注釋文字。
〔五〕「愒」，據以上論述，當是「猲」字之訛。

解非也。脅，當讀爲拹幹而殺之之拹。字亦作搚。廣雅釋詁：『搚，折也。』凡物折之則分，故折有分義。楚詞惜誦篇：『令五帝以折中兮。』王注：『折，分也。』徐莒搚之者，謂徐莒搚而分之也。元年傳曰：『孰亡之？蓋狄滅之。』二年傳曰：『孰滅之？蓋狄滅之。』彼惟狄一國，故直曰滅之。此則徐、莒二國，故不直曰滅之，而曰搚之，正古人屬辭之密矣。」按：以脅爲搚，又以搚爲折，又以折爲分，未免迂回。王者之後尤微者，言比陳、宋尤微也。史記陳杞世家云：「杞小微，其事不足稱述。」又太史公曰：「至禹，於周，則杞微甚，不足數也。」是也。

曷爲不言徐、莒脅之？爲桓公諱也。曷爲爲桓公諱？上無天子，下無方伯，天下諸侯有相滅亡者，桓公不能救，則桓公恥之也。【疏】繁露滅國下云：「邢、杞未嘗朝聘，齊桓見其滅，率諸侯而立之。用心如此，豈不霸哉！故以憂天下與之。」

然則孰城之？桓公城之。曷爲不言桓公城之？不與諸侯專封也。曷爲不與？實與而文不與。文曷爲不與？諸侯之義不得專封也。諸侯之義不得專封，則其曰實與之何？上無天子，下無方伯，天下諸侯有相滅亡者，力能救之則救之可也。【注】輒發傳者，與城衛同義。言諸侯者，時桓公德衰，待諸侯然後乃能存之。外城不月者，文言諸侯，非内城明矣。【疏】注「輒發」至「同義」。○見上二年。通義云：「輒發『文實』傳者，三城各異書，故須明之爾。」○注「言諸」至「存之」。○通義云：「故不斥齊侯，直總衆國辭而已。城楚丘不言諸侯，此言諸侯者，起即會鹹之諸侯也。」又云：「實與，故諸侯無貶辭。文不與，故不使齊侯主之。」穀梁傳曰：「其曰諸侯，散辭也。聚而曰散，何也？諸侯城，有散辭也，桓德衰矣。」注引：「何休廢疾云：按先是盟亦言諸侯非散也。又穀梁美九年諸侯盟于葵丘，即散，何以美之耶？鄭君釋之曰：『九年，公會宰周公、齊侯、宋子、衛侯、鄭伯、許男、曹伯于葵丘。九月戊辰，盟于葵丘。時諸侯初在會，未有歸者，故可以不序。』今此十三年夏，公會齊侯、宋公、陳侯、衛侯、鄭伯、許男、曹伯于鹹。而冬，公子友如齊，此聘也。書聘，則會固前已歸矣。今云諸侯城緣陵，而不序其人，明其散，桓德衰矣。葵丘之事，安得以難此？」劉氏逢禄廢疾申何云：「桓德之衰，實始于葵丘。此存杞諸侯所樂，故以散而復聚之辭言之。不言諸侯，則無以知爲會鹹諸侯，猶城邢，必復言師也。不序以明其散失之。」按：楚丘爲桓公獨城，故不序諸侯。此爲桓公德衰，待諸侯乃能城，故特總言諸侯也。○注「外城」至「明矣」。○隱七年「夏，城中丘」、襄十九年「冬，城西郛」，是內城不月也。上元年「夏，六月，城邢」、二年「春，王正月，城楚丘」，是外城月也。此外城不月，則以文言諸侯，足起爲外城，無爲書月矣。

○**夏，六月，季姬及鄫子遇于防，使鄫子來朝。**【疏】穀梁傳「鄫」作「繒」，下同。史記周本紀：「申侯〔一〕怒，與繒、西戎、犬戎攻幽王。」正義引括地志云：「繒縣在沂州承縣，古侯國。」孔子世家

〔一〕「申侯」，原訛作「史侯」，叢書本同，據史記校改。

云：「吴與魯會繒。」正義亦引括地志：「故鄫城在沂州〔一〕承縣。地理〔二〕志云：繒縣屬東海郡也。」按：漢地志東海郡繒故國，禹後。莽曰繒治。後漢書方術傳公沙穆傳：「遷繒相。」注：「繒縣屬琅邪郡。」續漢郡國志琅邪國：「繒，侯國，故屬東海。」晉書地理志：「徐州琅邪國繒縣。」故杜云：「鄫國，今琅邪鄫縣。」蓋漢屬東海，後分隸琅邪也。國語周語：「杞、繒由太姒。」又云：「杞、鄫猶在。」晉語：「申人、繒人。」中州金石記：「漢開母廟石闕銘：杞、繒闕晉。」荀子堯問篇「繒丘之封人」，注：「繒與鄫同。」蓋鄫、繒通也。說文邑部：「鄫，姒姓國，在東海。从邑曾聲。」自是正字。一統志：「防山在兗州府曲阜縣東三十里，周八里，高二里，孔子合葬于防，即此。鄫縣故城在嶧縣東八十里。」

鄫子曷爲使乎季姬來朝？【注】据使者，臣爲君銜命文也。【疏】通義云：「使乎季姬者，言爲季姬所使也。」○注「据使」至「文也」。○禮記檀弓云：「銜君命而使。」論語子路兩言「使於四方」，皆臣爲君銜命之文。

内辭也。非使來朝，使來請己也。【注】使來請娶己以爲夫人，下書歸是也。禮，男不親求，女不親許。魯不防正其女，乃使要遮鄫子淫泆，使來請己，與禽獸無異。故卑鄫子使乎季姬，以絶賤之也。月者，甚惡内也。【疏】注「使來」至「是也」。○穀梁傳：「來朝者，來請己也。」注：「使來朝，請己爲妻。」書

〔一〕「州」字原脱，叢書本同，據史記三家注校補。
〔二〕「理」，原訛作「里」，叢書本同，據史記三家注校改。

歸者，下十五年，「季姬歸于鄫」是也。白虎通嫁娶篇：「聘嫡，未往而死，媵當往否乎？人君不再娶之義也。天命不可保，故一娶九女。以春秋伯姬卒，時娣季姬更嫁鄫，春秋譏之。」謂此。○注「男不」至「親許」。○白虎通嫁娶篇：「男不自〔一〕專娶，女不自專嫁，必由父母，須媒妁何〔二〕？遠恥防淫泆也。詩云：『娶妻如之何？必告父母。』又曰：『娶妻如之何？匪媒不得。』」按：詩召南野有死麕序云：「惡無禮也。」箋云：「無禮者，謂不由媒妁也。」孟子滕文公下篇：「不待父母之命、媒妁之言，鑽穴隙相窺，踰牆相從，則父母國人皆賤之。」其謂親求、親許者，舊疏云：「男不親求，即昏禮『不稱主人』之屬是也。女不親許，即致女之禮是。」○注「魯不」至〔三〕「無異」。○下十九年注云：「魯本許嫁季姬于邾婁。季姬淫泆，使鄫子請己，而許之。」然則季姬本媵伯姬。伯姬卒，季姬更使鄫子請己爲婚也。故通義云：「季姬者，伯姬之媵也。伯姬許嫁邾婁，於上九年卒。禮，嫡未嫁而死，媵猶當往。故是時，魯致季姬于邾婁，行及防，遇鄫子而悦之，使來請己。僖公許焉。白虎通義曰：『伯姬卒時，娣季姬更嫁鄫，春秋譏之。』謂此是也。鄫之君，以一女子故，躬汙血于邾婁之社。後有有國而欲色者，可以戒矣。」潛研堂答問云：「問：『左氏、公羊説各殊，范甯駁公羊説，謂魯女無故遠會諸侯，遂得淫通，此事之不然者，而以左氏歸甯之説謂近合人情，其理甚正。而疏家申何義，以爲末世無禮，容或有之，如姜氏如莒之類。魯爲秉禮之國，何傷檢若是

〔一〕「自」，原訛作「至」，叢書本同，據白虎通校改。

〔二〕「何」，原訛作「可」，叢書本同，據白虎通校改。

〔三〕「至」字原誤疊，叢書本同，依本書體例删。

其甚乎？』曰：『吾友褚搢升刑部嘗論之曰：春秋之例，女既嫁則繫其夫國，如紀伯姬、杞伯姬是也。未嫁則不繫以國，如伯姬卒是也。此經書季姬及鄫子遇，次年乃書季姬歸于鄫，不繫以鄫，則爲未嫁之女可知。烏得言歸甯乎？齊高固先書逆，後書及，已嫁之辭也；季姬先書遇，後書歸，未嫁之辭也。已嫁則從夫婦之序，故曰高固及子叔姬來；未嫁則從内外之辭，故曰季姬及鄫子。』」按：褚氏所論極允。○注「故卑」至「之也」。○穀梁傳：「朝不言使，言使，非正也。以病繒子也。」舊疏云：「謂絶而賤之，不以爲諸侯也。」則病之義也。通義云：「實求女〔一〕，言朝者，内大惡諱也。言及者，主罪季姬汲汲。」蓋交責之意也。○注「月者」至「内也」。○通義云：「趙汸曰：凡諸侯來朝，恒不書月。其有月者，皆爲下事書。唯此特月，以異之。」舊疏云：「正以遇例時，即隱四年『夏，公及宋公遇于清』、八年『春，宋公、衛侯遇于垂』、莊三十年『冬，公及齊侯遇于魯濟』之屬是也。今此月者，甚惡内也。」按：魯不能防正其女，令之淫泆，致邾婁與鄫仇深衅結，有十九年之禍，故特書月以甚惡之。

○秋，八月，辛卯，沙鹿崩。

沙鹿者何？河上之邑也。【疏】杜云：「沙鹿，山名。陽平元城縣東有沙鹿土山，在晉地。」左疏引

〔一〕「實求女」原脱，令句意不明，故據公羊通義補之。

服虔云：「沙，山名。鹿，山足。」取穀梁「林屬於山曰鹿」爲説也。水經注河水篇：「又東逕元氏縣故城西北，而至沙丘堰。史記曰：魏武侯公子元食邑於此，故縣氏焉。郭東有五鹿墟，墟之左右多陷城，公羊曰：襲邑也。説曰：襲，陷矣。郡國志曰：五鹿墟，故沙鹿，有沙亭。周穆王喪盛姬，東征，舍于五鹿，其女叔㛗，届此思哭，是曰女㛗之丘，爲沙鹿之異名也。」大事表：「今北直大名府元城縣東四十五里有沙鹿山。」紀要：「沙鹿山在大名府東四十五里，亦名女㛗丘。周穆王女叔㛗曾居此。」水經注又云：「元城縣有沙丘堰，大河所經，以沙鹿山而名。」皆以沙鹿爲山名，唯穀梁傳「林屬於山爲鹿。沙，山名也」注「鹿，山足」，以沙爲山。按：曆於八月無辛卯，七月之五日、九月之六日也。

此邑也，其言崩何？【注】据梁山言崩。【疏】注「据梁山言崩」。○成五年〔一〕，「梁山崩」，以彼是山，得有崩道故也。

襲邑也。【注】襲者，嘿陷入于地中。言崩者，以在河上也。河岸有高下，如山有地矣，故得言崩也。

【疏】注「襲者」至「地中」。○説文土部：「𡑞，下入也。」襲，於説文爲「左衽袍」。襲、㬤同部，疑𡑞之叚借也。廣雅釋詁：「𡑞，下也。」河岸崩決，邑下入于水，文曰𡑞邑。御覽引元命包云：「有遺命。遺命者，行正不誤，逢世殘賊，君上逆亂，辜咎〔二〕下流，災譴並發，陰陽散忤，暴氣雷至，滅曰動地，夭絶人命，沙鹿

〔一〕「五年」，原誤記爲「十五年」，梁山崩，事在成公五年，據校改。

〔二〕「咎」，原訛作「就」，叢書本同，據太平御覽校改。

襲邑是。」注：「忤，錯也。襲，淪也。河水淪沙鹿之邑，溺殺人也。」白虎通壽命云：「遭命者逢世殘賊，若上逢亂君，下必災變暴至，夭絶人命，沙鹿崩于受邑是也。」通義云：「謹按，水經注言：『元城縣東有五鹿墟，墟之左右多陷城。』郡國志曰：『五鹿墟，故沙鹿。』是矣。趙汸曰：『地陷視山崩爲變尤重，故詳其月日以别之。』」俞氏樾公羊平議云：「嘿陷入於地中而謂之襲，未聞其義。且如其説，則但云襲也足矣，不必曰襲邑也。今按，襲者，重襲也。廣雅釋詁：『襲，重也。』漢書外戚傳：『災變相襲。』師古注：『襲，重累也。』沙鹿爲河上之邑，河岸有高下，沙鹿在其最高之處，故謂之襲邑。明其重累在上，異〔一〕乎平地之邑也。凡邑不言崩，惟襲邑言崩，正解所以言崩之故。上句發問不曰崩者何？而曰此邑也其言崩何？可知何解之非矣。」按：謂襲邑爲重累其邑，亦别無所考。況穀梁以鹿爲山足，明在山之下、河之上矣。襲，蓋⿰土㬎之借，故有嘿陷之義。○注「言崩」至「崩也」。○河岸，閩、監、毛本同誤作河崩。校勘記云：「鄂本、宋本崩作岸，當據正。」

沙鹿崩，何以書？記異也。外異不書，此何以書？【注】据長狄之齊、晉不書。【疏】注「据長」至「不書」。○文十一年傳：「狄者何？長狄也。兄弟三人，一者之齊，一者之魯，一者之晉。其之齊者，王子成父殺之；其之魯者，叔孫得臣殺之；則未知其之晉者也。何以書？記異也。」是之魯者書，之齊、晉者不書，明外異不書也。故据問之。

〔一〕「異」，原訛作「累」，叢書本同，據羣經平議校改。

爲天下記異也。【注】土地者，民之主，霸者之象也。河者，陰之精，爲下所襲者。此象天下異，齊桓將卒，霸道毁，夷狄動，宋襄承其業，爲楚所敗之應。而不繫國者，起天下異。【疏】通義云：「地以厚載爲德，今而襲陷，乃下不能承上之象。是後大夫交政篡弑接踵，故爲天下之異，不可以一端言之。左氏稱晉卜偃云：『期年將有大咎。』此時五鹿地猶屬衛，不屬晉也。漢書又云：晉史卜之，其繇：『陰爲陽雄，土火相乘，故有沙鹿崩。後六百四十五年，宜有聖女興。』則因王氏徙居元城而附會説之，蓋非實矣。解詁曰：『不繫國者，起天下異。』孫覺曰：『沙鹿、梁山崩，皆非魯地，而春秋書之如内辭焉，此聖人之意也。夫水火之爲災，石鷁之爲異，地不過百里，時不過數日。所以召之者，止於其君；所以應之者，盡於一國，故國不可不著也。至於王道大壞，彝倫一斁，而天下之人皆反皇極，則天見其變，而日食星孛；地見其妖，而川竭山崩。所以召之者，在于天下，所以應之者，偏于四海，則雖在于國，不得著其國矣。』」顧氏棟高大事表云：「左傳衛地無山。沙鹿崩，杜云：『沙鹿，山名。元城縣東有沙鹿土山。』此時當屬衛。晉惠公時封域安得到此？卜偃之言，乃因明年韓原之敗適與之合，而附會之耳。穀梁亦以爲晉山。此因後日之晉而追言，非實録也。公羊以『爲天下記異』者〔一〕，得之。」○注「土地」至「象也」。○（原文闕）○注「河者，陰之精」。○水經河水注引説題辭云：「河之爲〔二〕言荷也。荷精分布，懷陰引度也。」又引援神契云：「河

〔一〕「者」字原疊，叢書本不疊，據删。
〔二〕「爲」字原脱，叢書本同，據水經注校補。

者，水之伯。」又引考異郵云：「河者，水之氣，四瀆之精也。」水者陰，河爲水長，故爲陰精也。○注「爲下」至「之應」。○舊疏云：「即下二十二年，『冬，十一月，己巳，朔，宋公及楚人戰于泓。宋師敗績』。」是也。漢書五行志下之上云：「釐公十四年，秋八月，辛卯，沙鹿崩。穀梁傳曰：『林屬於山曰鹿，沙，山〔一〕名也。』劉向以爲臣下背叛，散落不事上之象也。先是齊桓行伯道〔二〕，會諸侯，事周室。管仲既死，桓德日衰，天戒若曰：伯道將廢，諸侯散落，政逮大夫，陪臣執命，臣下不事上矣。桓公不寤，天子蔽晦。及齊威〔三〕死，天下散而從楚。王札子殺二大夫，晉敗天子之師，莫能征討，從是陵遲。公羊以爲沙麓，河上邑也。董仲舒説略同。一曰，河，大川象；齊，大國；桓德衰，伯道將移於晉文，故河爲徙也。左氏以爲沙麓，晉地；沙，山名也；地震而麓崩，不書震，舉重者也。伯陽甫所謂『國必依山川，山崩川竭，亡之徵也。不過十年，數之紀也』。至二十四年，晉懷公殺於高梁。京房易傳曰：『小人剥廬，厥妖山崩，兹謂陰乘陽，弱勝强。』」按：劉向取應至王札子、晉敗王師二事似遠，左氏專屬晉亦未確，當以邵公説爲正。經義雜記云：「穀梁傳：『沙，山名也。無崩道而崩，故志之也。其日，重其變也。』范注引劉向曰：『鹿在山下平地，臣象，陰位也。崩者，散落、背叛不事上之象。』與漢志所載劉説合。公羊傳：『此邑也，其言崩何？襲邑也。』何注：『襲者，嘿陷入于地中。』言崩者，以在河上也。河岸有高下，如山有地矣，故得

〔一〕「山」，原訛作「其」，叢書本同，據穀梁傳校改。
〔二〕「行伯道」，原訛作「將卒道」，叢書本不誤，據改。
〔三〕「齊威」，即「齊桓」。漢書避孝文皇帝劉桓名諱，改桓爲威。下同。

言崩也〔一〕。』杜注：『沙鹿，山名，在晉地。災害繫於所災所害，故不繫國。』正義曰：『服虔云：沙，山名。鹿，山足。取穀梁爲説。』按，以沙爲山名，本漢志所載左氏舊義，非取穀梁爲説。鹿字之訓，本諸穀梁，與左氏沙爲山名正合。杜氏統言沙鹿爲山名，失古人正名之誼矣。正義又引漢書元后傳后祖翁孺，自東平陵徙魏郡元城委粟里。元城建公曰：昔春秋沙鹿崩，晉史占之曰：『陰爲陽雄，土火相乘，故有沙鹿崩。崩之後六百四十五年，宜有聖女興。』今王翁孺徙，正〔二〕值其地，日月當之。元城郭東有五鹿之墟，即沙鹿地。計爾時去聖猶近，所言當得其實。」按：元城建公所言，當是附會王氏，無足據也。齊桓卒，見下十七年。下十八年，邢人、狄人伐衛。二十年，楚人伐隨。二十一年，狄侵衛，宋公、楚子以下會于霍，執宋公以伐宋。終于泓之敗，皆霸道毀，夷狄動，宋襄爲楚所敗事也。〇注「而不」至「下異」。〇「而」字疑衍。此決宣十六年「成周宣謝火」，書成周；昭九年「陳災」，書陳也。成五年「梁山崩」，不書晉，義與此同。

〇狄侵鄭。

〇冬，蔡侯肹卒。【注】不書葬者，潰當絶也。不月者，賤其背中國而附父仇，故略之甚也。肹立不書

〔一〕「言崩」至「崩也」句原脱，叢書本同，據經義雜記校補。
〔二〕「正」字原脱，叢書本同，據經義雜記校補。

者，父獻舞見獲，留卒於楚，肸以次立，非篡也。【疏】校勘記云：「釋文、唐石經『肸』作『肹』，閩、監、毛本作『肹[一]』，非，注同。」○注「不書」至「絶也」。○上四年：「侵蔡。蔡潰。」傳：「潰者何？下叛上也。國曰潰，邑曰叛。」按：不能其國者，絶，奪其國文。十八年：「莒弑其君庶其。」傳：「稱國以殺，衆殺其君之辭。」注：「舉國，以明失衆，坐絶也。」蔡肸不能撫有其衆，致令潰叛，故當絶。按：史記世家載桓公「伐蔡，蔡潰，遂虜繆侯，南至楚邵陵。已而，諸侯爲蔡謝齊，齊侯歸蔡侯」，則尤宜絶矣。○注「不月」至「甚也」。○舊疏云：「大國之卒，例合書日，即隱八年『夏，六月，己亥，蔡侯考父卒』之屬是也。今此並不月，故言略之甚也。」穀梁傳：「諸侯時卒，惡之也。」舊疏又云：「其父者，即蔡侯獻舞，莊十年爲楚所獲而卒，故謂楚爲父仇，上四年齊侯已下『侵蔡。遂伐楚』，是其背中國附父仇之事。」穀梁疏引麋信云：「蔡侯肸父哀侯爲楚所執，肸不附中國，而常事父仇，故惡之，而不書日也。」通義云：「肸者，哀侯之子繆侯也。哀侯被獲，留死於楚。繆侯附父仇而背中國，故略賤之，不月[二]不葬，貶從小國例也。繆侯之子甲午，是爲莊侯，又附弑父惡人，首會屈貉，道以伐中國，故春秋遂不見卒，惡之益深矣。」按：自齊桓合諸侯以來，蔡未一與諸夏會，其背中國附楚明甚，故春秋絶之甚也。○注「肸立」至「篡也」。○史記管蔡世家云：「哀侯十一年，初，哀侯娶陳，息侯亦娶陳。息夫人將歸，過蔡，蔡侯不敬。息侯怒，請楚文王：『來伐我，我求救

[一]「肹」字原脱，叢書本不誤，據補。
[二]「月」，原訛作「書」，叢書本同，據公羊通義校改。

於蔡，蔡必來，楚因擊之，可以獲功。』楚文王從之，虜蔡哀侯以歸。哀侯留九歲，死於楚，凡立二十二年卒。蔡人立其子肸，是爲繆侯。」是以次當立也。

○十有五年，春，王正月，公如齊。【注】月者，善公既能念恩，尊事齊桓，又合古五年一朝之義，故録之。【疏】注「月者」至「齊桓」。○正以朝聘例時，故解云。上十年：「公如齊。」注云：「月者，僖公本齊所立，桓公德衰見叛，獨能念恩朝事之，故善録之。」此與彼同。○注「又合」至「之義」。○舊疏云：「何氏以爲古者天子五年一巡守，諸侯亦五年一朝。天子分天下諸侯爲五部，部朝一年，五年而徧，其小國事大國亦然，故以十年朝齊，今又往朝，是爲合古。」按：文十五年左傳亦然：「諸侯五年再相朝，以修王命，古之制也。」蓋通首尾數之也。

○楚人伐徐。【疏】地理志臨淮郡徐下云：「故國，盈姓。至春秋時，徐子章禹爲楚所滅。」

○三月，公會齊侯、宋公、陳侯、衛侯、鄭伯、許男、曹伯盟于牡丘，【疏】差繆略云：「左氏陳侯下又有衛侯。公羊亦有衛侯，在陳侯之上。」按：今三傳注疏本及石經並作「公會齊侯、宋公、陳侯、衛侯」云云。杜云：「牡丘，地名，闕。」大事表云：「今東昌府治聊城縣東北七十里有牡丘，或云即春秋會盟處。」紀要：「牡丘在東昌府東北七十里。僖十年『盟于牡丘』，齊桓公築牡丘，即此。」

遂次于匡。【疏】杜云：「匡，衛地。在陳留長垣縣西南。」大事表云：「文八年〔一〕『晉侯使解揚歸匡、戚之田于衛』，杜注：『匡本衛邑，中屬鄭。孔達伐不能克。今晉令〔二〕鄭還衛。』論語『子畏於匡』，即此。史記：孔子自匡至蒲。括地志：『蒲城在匡城縣北十五里。』今俱在直隸大名府長垣縣境。」漢書地理志：「陳留郡：長垣。」孟康曰：「春秋會于匡，今匡城是。」紀要：「匡城在開州長垣縣西南十五里，春秋時衛邑。」穀梁傳云：「遂，繼事也。次，止也。有畏也。」注云：「畏楚。」

公孫敖率師及諸侯之大夫救徐。【注】言次者，刺諸侯緩於人恩，既約救徐而生事，止次不自往，遣大夫往，卒不能解也。大夫不序者，起會上大夫、君已目，故臣凡也。内獨出名氏者，臣不得因君殊尊省文，別尊卑也。【疏】校勘記云：「『率師』，唐石經、鄂本、宋本同，閩、監、毛本作『帥師』。按，此依左、穀作『帥』改也。公羊多作『率』。」〇注「言次」至「人恩」。〇(原文闕)〇注「既約」至「解也」。〇杜云：「諸侯既盟，次匡，皆遣大夫將兵救徐，故不復具列國別也。」按：左傳云：「楚人伐徐，徐即諸夏故也。」又云：「孟穆伯帥師及諸侯之師救徐，諸侯次于匡以待之。」明楚爲徐即諸夏伐之〔三〕，諸侯始爲救徐盟牡丘，既

〔一〕「八年」，原誤記爲「二年」，叢書本同，據大事表及左傳校改。
〔二〕「令」，原訛作「會」，叢書本同，據左傳正義校改。
〔三〕「明楚」句疑有誤。大意應爲：楚伐徐，諸夏救徐而伐之。

復遣大夫往，以致楚敗徐婁林，是不能解也。○春秋之例，凡大夫不序者，皆上有各國君，則下止書大夫，如襄三年「大夫盟」、二十七年「豹及諸侯之大夫盟于宋」之屬是。○注「大夫」至「凡也」。○注「内獨」至「卑也」。○舊疏云：「正以上言，公會齊侯以下，是殊尊魯之文。今若不舉内大夫名氏，即國君鄉者殊尊之經而省文。」

○夏，五月，日有食之。【注】是後秦獲晉侯，齊桓公卒，楚執宋公，霸道衰，中國微弱之應。【疏】通義云：「晦食。」漢五行志：「劉歆以爲，二月朔齊、越分。」○注「是後」至「之應」。○見下十一月、下十七年、二十一年。漢書五行志下之下：「僖公十五年『五月，日有食之』。劉向以爲，象晉文公〔一〕將行伯道，後遂伐衛，執曹伯，敗楚城濮，再會諸侯，召天王而朝之，此其效也。日食者臣之惡也，夜食者掩其罪也，以爲上亡明王，桓、文能行伯道，攘夷狄，安中國，雖不正猶可，蓋春秋實與而文不與之義也。」按：公羊無此義，且取應亦殊遠。彼志載「董仲舒以爲，後秦獲晉侯，齊滅項，楚敗徐于婁林」，均與何義相足。

○秋，七月，齊師、曹師伐厲。【注】月者，善録義兵。厲，葵丘之會叛天子之命也。曹稱師者，桓

〔一〕「晉文公」，原訛作「天下異」，叢書本不誤，據改。

公霸道衰，曹獨能從之，征伐不義，故褒之，所以勸勉不能，扶助霸功，激揚解惰也。【疏】杜云：「厲，楚與國。義陽隨縣北有厲鄉。」續漢志：「汝南褒信侯國，有賴亭，故賴國。」一統志：「厲鄉在德安府隨州北，今名厲山店。」惠氏棟云：「厲、賴一國。」沈氏欽韓云：「按，續志汝南褒信侯國，有賴亭，故國。今光州商城縣南有賴亭，志以爲古賴國者也。水經注：『溳水北出大義山，南至厲鄉西。』『亦云賴鄉，古賴國也。』即今隨州之厲山店。然酈氏以厲鄉爲烈山氏生處。列、厲古聲通用，厲又轉爲賴耳。此厲國，當從彪志在光州。又歸德府鹿邑縣〔一〕東亦有賴鄉。史記老子傳作厲鄉。正義：『厲音賴。』」顧氏棟高：「厲、賴一國。」論云：「春秋時有賴國，左氏桓十三年傳『楚子使賴人追之』，杜云：『賴國在義陽隨縣。』蓋賴人仕於楚者。僖十五年『伐厲』，杜云：『義陽隨縣北有厲鄉。』傳書『賴』，經書『厲』，古通用，實則一國也。宣九年『楚子爲厲之役故〔二〕，伐鄭』，十一年傳『厲之役，鄭伯逃歸』，則傳並書『厲』。昭四年『遂滅賴』，傳云：『賴子面縛銜璧。』則經、傳並書『賴』。前漢地理志：『南陽郡隨州厲鄉，故厲國也。』師古曰：『厲讀曰賴。』厲與賴之通用，證之左傳、漢書，歷有明據。公羊僖十五年『齊師、曹師伐厲』，何休云：『厲于葵丘之會叛天子之命。厲如字，舊音賴。』昭四年『楚子滅厲』，釋文左氏作賴。穀梁於僖、昭兩傳俱書厲。史記豫讓范雎列傳『漆身爲厲』，厲並音賴。古人之通用如此。杜佑通典乃以厲、賴並列兩國。杜氏精於考古，而

〔一〕「縣」，原訛作「東」，叢書本同，據春秋左氏傳地名補注校改。

〔二〕「故」字原脱，叢書本同，據春秋左傳校補。

乃有此失與？」○注「月者」至「義兵」。○舊疏云：「正以侵伐例時故也。」通義云：「前大夫之師無功，書次，見譏。此復伐楚，與國以緩徐寇，善齊桓誠謀救徐，故月録之。」○注「厲葵」至「命也」。○上九年傳「葵丘之會，桓公震而矜之，叛者九國」，注：「下伐厲，善義兵。是也。」何氏當有所据，書籍散亡，無文以言之。○注「曹稱」至「惰也」。○校勘記出〔一〕「解惰」，云：「宋本、閩本同。監、毛本『解』作『懈』，非。」按，釋文作『解惰』也。」隱五年傳云：「將卑師少稱人。」曹無大夫，又小國，不合稱師宜稱人，今書師，故解之。僖元年「次于聶北，救邢」，又「城邢」，曹並稱師，蓋亦褒義。於此解者，桓公霸道衰，曹獨能從征不義，善尤進，故著於此。論語爲政篇：「舉善而教，不能則勸。」

○**八月，螺。**【注】公久出，煩擾之所生。【疏】注「公久」至「所生」。○漢書五行志中之下：「釐公十五年『八月，螺』。劉向以爲，先是釐有鹹之會，後城緣陵。是歲復以兵車爲牡丘會，使公孫敖帥師及諸侯大夫救徐，兵比三年在外。」與此久出煩擾義合。

○**九月，公至自會。**

〔一〕「出」，原訛作「云」，據全書體例改。

桓公之會不致，此何以致？【注】据柯之會不致。【疏】注「据柯」至「不致」。○見莊十三年。**久也。**【注】久暴師衆過三時。【疏】注「久暴」至「三時」。○公以三月盟牡丘，至九月始反國，歷春夏秋三時，故書至，危之。穀梁〔一〕莊二十七年傳：「桓會不致，安之也。」而此致者，齊桓德衰，故危而致之。

○季姬〔二〕歸于鄫。【疏】通義云：「始嫁之辭也。前遇于防，季姬不繫鄫，此書歸，又與伯姬歸于紀、伯姬歸于宋文同例。故啖、趙、胡氏皆謂左傳之言不合於經。若言魯女，不當淫泆至此，則文、哀二姜流風舊矣。」

○己卯，晦，震夷伯之廟。

晦者何？冥也。【注】晝日而冥。【疏】注「晝日而冥」。○校勘記出「書日」，云：「鄂本書作晝，諸本皆誤書字。」詩鄭風風雨云：「風雨如晦。」傳：「晦，昏也。」周頌酌〔三〕云：「遵養時晦。」傳：「晦，昧也。」左

〔一〕「穀梁」下衍一「注」字，叢書本同，其下引文爲傳文，非注文，據删。
〔二〕「季姬」，原訛作「李姬」，叢書本不誤，據改。
〔三〕「酌」，原訛作「鑠」，叢書本同，據詩經校改。

傳昭元年説六氣曰：「陰陽風雨晦明。」以晦對明，故爲冥。晝冥爲晦，則春秋晦也。爾雅釋言：「晦，冥也。」淮南時則訓：「窮夏晦之極。」注：「晦，瞑也。」昭元年左傳：「晦淫惑疾。」注：「晦，夜也。」夜故昏瞑，當晝而夜，故曰晦也。開元占經引感精符云：「日者，陽之精，曜魄光明，所以察下〔一〕，夫〔二〕以照滅晝晦，甚所懼也。」漢書劉向傳曰：「晝冥晦。」皆謂此。通義云：「謹按，春秋不書晦，『己卯晦』、『甲午晦』，皆晝晦也。俗儒但推下正月戊申朔，則己卯適九月之盡；成十六年六月丙寅朔，則甲午亦其月之盡，遂指以爲月晦。蕎苟不似苗，何以亂苗？利口苟不近〔三〕義，何以亂義？二晦苟不值月晦，何以疑於月晦？彼未審春秋固有以辨之也：晝晦曰晦，月晦曰是月〔四〕，不相疑也。是月亦爲記異録之爾。常事則但舉日，鷄父之戰，左氏以爲『戊辰晦』，而經不書晦，此顯證也。妄者猶譏公羊自誤，設不書晦之例，故以『晦，冥』强訓之。若乃穀梁於『甲午晦』，固云『日事，遇晦曰〔五〕晦』，於此亦曰『晦，冥也』。可知是日晝冥，自有師傳，非窮詞矣。春秋兩見晝晦，皆適當月晦者，蓋讀秦本紀昭襄王六年，日食晝晦，得其説焉。凡正晝而日無光，必由食既之甚乃然。然而不言日食者，春秋之記異也。記見至于冥晦，則日不可得見，

〔一〕「下」，原訛作「不」，叢書本同，據開元占經校改。
〔二〕「夫」，原訛作「失」，叢書本同，據開元占經校改。
〔三〕「近」，原訛作「亂」，叢書本同，據公羊通義校改。
〔四〕「晝晦曰晦，月晦曰是月」句中兩個「曰」字，原均訛作「日」，叢書本不誤，據改。
〔五〕「曰」，原訛作「日」，叢書本同，據公羊通義及穀梁傳校改。

其食不食，未之或知也。但以理論之，非日食無晦道，故亦非晦朔無晦道也。」包氏慎言云：「經書九月『晦，震夷伯之廟』，月之二日晦。公、穀皆以爲晦也，不以爲晦日。二傳例，春秋記朔不記晦。」按：曆九月庚辰朔，則晦爲八月之二十九日，月小也。

震之者何？雷電擊夷伯之廟者也。【疏】說文雨部：「震，劈歷振物者。春秋傳曰：『震夷伯之廟。』」段注：「引此者，以爲劈歷震物之證也。史記殷武乙暴雷震死，神道設教之至㬎者也。」又云：「劈歷，疾雷之名。釋天曰：『疾雷爲霆。』倉頡篇：『霆，霹靂也。』然則古謂之霆，許謂之震。振與震疊韻也。」按：震必有電，易象傳曰：「雷電，噬嗑。」又彖傳曰：「雷電合而章。」故此雷電並舉也。舊疏云：「加之者，以震有二種〔一〕故也，且避問輕重兩舉。」

夷伯者曷爲者也？季氏之孚也。【注】孚，信也。季氏所信任臣。【疏】注「孚信」至「任臣」。○詩大雅文王云：「萬邦作孚。」傳：「孚，信也。」又下武：「成王之孚。」箋云：「孚，信也。」禮記緇衣：「萬國作孚。」注：「孚，信也。」一切經音義引字林云：「孚，信也。」季氏所信任，故曰孚。俞氏樾公羊平議云：「季氏所信任之臣，而但曰『季氏之孚』，文不成義，殆非也，孚當讀爲保〔二〕。據說文：『孚，古文作采，从爪从

〔一〕「二種」，原訛作「種種」，叢書本同，據公羊注疏校改。
〔二〕「保」，原訛作「偶」，叢書本同，據羣經平議校改。

采。』采〔一〕即保古文。而保又从采省〔二〕，是其字轉展相從，故聲近而義亦通也。國語晉語曰：『失趙氏之典刑，而去其師保。』又曰：『擇師保以相子。』是古大夫之家亦有師保。季子親爲桓公之子，其有師保明矣，故曰『夷伯者曷爲者也？季氏之保也』。因其字叚孚爲之，而説者望文生義，失其解矣。」

季氏之孚則微者，其稱夷伯何？大之也。曷爲大之？【注】據陽虎稱盜。【疏】注「據陽虎稱盜」。○定八年，「盜竊寶玉大弓」是也。通義云：「爲重天戒，不得不書其廟。書其廟，則不得不稱夷伯也。」

天戒之，故大之也。【注】明此非但爲微者異，乃公家之至戒，故尊大之，使稱字，過于大夫，以起之，所以畏天命。孔子曰：「君子有三畏：畏天命，畏大人，畏聖人之言。」【疏】繁露奉本篇云：「夫流深者，其水不測；尊重者，其敬無窮。是故天之所加，雖爲災害，猶承而大之，其欽無窮，震夷伯之廟是也。」○注「使稱」至「起之」。○隱元年注：「天子上大夫字，尊尊之義也。」夷伯，陪臣，比之天子大夫稱字，是過於大夫矣。所以明爲公家至戒之義。○注「所以」至「之言」。○論語季氏篇文。繁露郊語篇引此語説之，云：「彼豈無傷害於人，如孔子徒畏之哉！以此見天之不可不畏敬，猶主上之不可不謹事。不謹事主，其禍來至顯；不畏敬天，其殃來至闇。闇者不見其端，若自然也。故曰：堂堂如天殃。言不必立校，默而

〔一〕「采」字原脱，叢書本同，據羣經平議校補。

〔二〕「省」字原脱，叢書本同，據羣經平議校補。又，下「望文生義」，原文作「望文生訓」。

無聲，潛而無形也。由是觀之，天殃與上罰所以別者，闇與顯耳。不然，其來逮人，殆無以異，孔子同之，俱言可畏也。天地神明之心，與人事成敗之真，固莫之能見也，唯聖人能見之。聖人者，見人之所不見者也，故聖人之言亦可畏也。」

何以書？記異也。【注】此象桓公德衰，彊楚以邪勝正，僖公蔽於季氏，季氏蔽於陪臣，陪臣見信得權，僭立大夫廟，天意若曰：「蔽公室者，是人也，當去之。」【疏】注「此象」至「去〔一〕之」。○漢書五行志下之上：「釐公十五年『九月己卯，晦，震夷伯之廟』。劉向以爲，晦，冥也；震，雷也；夷伯，世大夫；正晝〔二〕雷，其廟獨冥。天戒若曰：勿使大夫世官，將專事冥晦。明年，公子季友卒，果世官，政在季氏。至成公十六年『六月甲午，晦』，正晝皆暝，陰爲陽，臣制君也。成公不寤，其冬季氏殺公子偃。季氏萌於釐公，大於成公。此其應也。董仲舒以爲，夷伯，季氏之孚也，陪臣不當有廟。震者，雷也。晦暝，雷擊其廟，明當絶去僭差之類也。向又以爲，此皆所謂夜妖者也。劉歆以爲，春秋及朔言朔，及晦言晦，人道所不及，則天震之。展氏有隱慝，故天加誅於其祖夷伯之廟，以譴告之也。成公十六年『六月甲午，晦，晉侯及楚子、鄭伯戰于鄢陵』，皆月晦云。」經義雜記云：「劉子政言『晦，冥也；震，雷也』，本穀梁傳。董仲舒云『夷伯，季氏之孚』，本公羊傳。董又云：『明當絶去僭差之類。』則僭差之事，不止一夷伯廟，凡似夷伯之

〔一〕「去」，原訛作「云」，叢書本同，據【注】文改。
〔二〕「晝」，原訛作「書」，據中華書局點校本漢書校改。

僭差者，皆當去之。何邵公云：『僖公蔽於季氏，季氏蔽於陪臣，陪臣見信得權，僭立大夫廟，天意若曰：蔽公室者，是人也，當去之。』頗得經傳意。左傳：『震夷伯之廟，罪之也。於是展氏有隱慝焉。』劉歆以爲，人道所不及，則天震之，故天加誅其祖廟，以譴告之。立義精也。正義曰：『杜以長曆推之，己卯晦，九月三十日。春秋值朔書朔，值晦書晦，無義例也。』此即本劉子駿說。」按：劉向與董義近。唯子政謂爲譏世大夫，則本穀梁說。然當時世卿非一，何獨於夷伯廟加罪？魯前後大夫不見有夷伯焉。當以公羊爲正。蓋桓公德衰，彊楚以邪勝正，晦之應焉。僖公蔽於季氏，季氏蔽於陪臣，震夷伯之廟之應也。故通義引董仲舒說云：「廣森以爲季氏專魯，其弊極於陪臣執國命，故天於季友將卒，震其私人之廟，以示戒，若曰：勿使季氏世卿位，將害於而國，凶於而家。明年友卒，魯君不痦，復卿其子。天垂象，見吉凶。其端在數十年之前，而應變於易世之後也。」按：論語季氏篇：「禄之去公室五世矣，政逮於大夫四世矣。」聖人此語，蓋發於季平子逐昭公之時，已逆知有陽虎執季桓事，故曰：「三桓子孫微矣。」魯自仲遂專國，文公失政，禄去公室者，文、宣、成、襄、昭五世也；政逮大夫者，季友、文子、武子、平子也。故季氏專政，自友始，天之震其孚，有以哉！

○冬，宋人伐曹。

○楚人敗徐于婁林。【注】謂之徐者，爲滅杞，不知尊先聖法度，惡重，故狄之也。不月者，略兩夷狄也。【疏】杜云：「婁林，徐地。下邳僮縣東南有婁亭。」大事表云：「在今江南泗州境。後漢書志下邳國：『徐縣有樓亭。或曰古蔞林。』伏滔北征記曰：『縣北有大冢，徐君墓。延陵解劍之處。』」一統志：「古婁亭在鳳陽府虹縣東北。」是也。○注「謂之」至「之也」。○成三年：「鄭伐許。」注：「謂之鄭者，惡鄭襄公與楚同心，數侵伐諸夏，故夷狄之。」昭十二年：「晉伐鮮虞。」注：「謂之晉者，先伐同姓，從親親起，欲以立威行霸，故夷狄之。」此徐不稱人，不稱師，故爲狄辭也。滅杞，事見上十四年。禮記郊特牲云：「天子存二代之後，猶尊賢也。尊賢不過二代。」故滅杞爲不知尊聖法度，惡重也。○注「不月」至「狄也」。○舊疏云：「正以敗例書月，即莊十年『春，王正月，公敗齊師于長勺』、『秋，九月，荆敗蔡師于莘』是也。以其非〔一〕兩夷，故不月。」穀梁傳：「夷狄相敗，志也。」彼傳以「夷狄相敗，書文不具，令起禍亂之原，謹兵車之始」，故志是也。

○十有一月，壬戌，晉侯及秦伯戰于韓，獲晉侯。【疏】包氏慎言云：「十一月無壬戌，十二月之十六日。」按：曆爲閏十一月之十四日也。上十年左傳云：「蔽于韓。」杜云：「韓，晉地。」大事表云：

〔一〕「以其非」，原訛作「此爲略」，叢書本同，據公羊注疏校改。

「今爲陝西同州府之韓城縣。後爲桓叔子韓萬食邑。左傳所謂韓原是也。」又云：「古〔一〕韓國，春秋前，晉文侯二十四年滅韓。」即此。元和志：「同州韓城縣。春秋『戰于韓原』即此。」一統志：「韓原在同州韓城縣西南二十里。」紀要或曰：「故韓原，當在河東，今山西芮城縣。河北故城有韓亭，即秦、晉戰處。」齊氏召南考證云：「顧炎武日知録曰：『及韓在涉河之後，此韓在河東。』史記正義引括地志云：『韓原在同州韓城縣。』非也。杜氏但云『韓，晉地』，卻有斟酌。按，此韓與古韓國在韓城以梁山爲望者不同。續漢郡國志曰：河東郡『河北縣：詩魏國。有韓亭』，當是也。」通義云：「此秦伐晉，故以晉侯主戰。」

此偏戰也，何以不〔二〕言師敗績？【注】据泓之戰，言「宋師敗績」。【疏】注「据泓」至「敗績」。○見下二十二年。

君獲，不言師敗績也。【注】舉君獲爲重也。釋不書者，以獲君爲惡；書者，以惡見獲，與獲人君者皆當絶也。主書者，從獲人例。【疏】注「舉君獲爲重」。○通義云：「胡康侯曰：君獲不言師敗績，君重於師也。大夫戰而見獲，必書師敗績，師與大夫敵也。君爲重，師次之，大夫敵，春秋之法也。與孟子之言何以異？孟子爲時君牛羊用人，莫之恤，故以民爲重君爲輕。春秋正名定分，爲萬世法，故以君爲重，師

〔一〕「古」，原訛作「左」，叢書本同，據春秋大事表校改。
〔二〕「何以不」，原訛倒作「何不以」，叢書本同，據公羊傳校乙。

次之。」按：昭二十三年傳曰：「君死乎位曰滅，生得曰〔一〕獲。大夫生死皆曰獲。」大夫獲稱師，宣二年，「宋華元帥師及鄭公子歸生帥師戰于大棘，宋師敗績，獲宋華元」之屬是也。○注「釋不」至「爲惡」。○舊疏云：「正決二十一年『釋宋公』之經矣。」彼傳云：「執未有言釋之者，此其言釋之何？公與爲爾也。」注：「善僖公能與楚議釋賢者之厄。」彼於上執宋公以伐宋，不與夷狄執中國，故不責楚獲人。○注「書者」至「絶也」。○包氏慎言云：「國君，天子所建。獲人君，無天子也。見獲，即當死亡；不死，辱社稷也，故罪皆絶。」按：成二年：「齊侯使國佐如師。」傳：「君不行使乎大夫，此其行使乎大夫，佚獲也。」注：「已獲而逃亡也，當絶賤。」又莊十年：「以蔡侯獻舞歸。」傳：「名，絶之，獲也。」是見獲者，坐絶，與獲人同也。○注「主書」至「人例」。○舊疏云：「莊十年『荆敗蔡師于莘，以蔡侯獻舞歸』，傳：『曷爲不言其獲？不與夷狄之獲中國也。』然則秦楚同類，得獲晉侯者，正以爵稱伯，非真夷狄，故與楚異。」是其從獲人例故也。

○十有六年，春，王正月，戊申，朔，霣石于宋五。【疏】釋文：「十六年，本或從此，下別爲卷。按，七志、七録，何注止十一卷。公羊以閔附莊故也。後人以僖卷大，輒分之爾。」按：漢書藝文志：「公羊、穀梁皆十一卷。」王、阮兩家著録卷數本此。包氏慎言云：「經書正月戊申朔，據曆戊申爲正月之二日，非朔也。經連書『六鷁退飛』之異，而云『是月』，傳云：『是月，僅逮是月也。何以不日？晦日也。

〔一〕「曰」字原脱，叢書本同，據公羊傳校補。

春秋不記晦，朔有事則書〔一〕。』此全經之通例，非爲霣石之書朔發也。」按：以曆推之，是年正月，實戊申朔。「霣」，左氏、穀梁作「隕」。隕、霣字通。説文引作「磒石」。周禮大司樂疏引左傳亦作「霣石」。或左氏本有作「霣」者。

是月，六鷁退飛，過宋都。【疏】校勘記出「是月」，云：「唐石經、諸本同。釋文：『是月，如字，或一音徒兮反。』盧文弨曰：『是月有作提月者，故一音徒兮反。』初學記『晦日』條引此作『提月』。又鶡冠子王鈇篇『家里用提』，陸佃注云：『提，零日也。』引公羊爲證。」左氏石經「月」下旁增「也」字，是後人妄加。校勘記又云：「『是月』，與月令『是月』似異而實同。改作『提』者，俗人所改也。」按：此説非也。釋文云「或音徒兮反」，即初學記〔二〕所引之「提月」本也。在正月之幾盡，故曰是月，與月令不同。校者猶牽涉左氏家爲説耳。校勘記又云：「『六鷁』，諸本同。唐石經『六鷁』字缺。釋文作『六鶂，五歷反』。」按：穀梁亦作「鶂」。左氏釋文：「鷁，五歷反。本或作鶂，音同。」説〔三〕文引傳文作「鶂」，史記宋微子世家注引同，則左傳亦作「鶂」。文選西都賦注引杜注「鶂，水鳥也」，然則，三傳文文本皆作「鶂」字矣。尚書大傳云：「鷁

〔一〕「則書」二字原脱，叢書本同，據公羊傳校補。
〔二〕「記」，原訛作「志」，叢書本同，逕改。
〔三〕「説」字原誤疊，叢書本不誤，據刪。

者，陽禽。」注：「鷁本或作鶂。」經義雜記云：「説文鳥部：『鶃，鳥也。从鳥兒聲。春秋傳曰：六鶃退飛。』鷊，鶃或從鬲。䳁，司馬相如説鶃从赤。按，春秋僖十六年『六鷁退飛』，正義曰：『鷁字或作鶂。』釋文：『六鷁，五歷反。本或作鶂，音同。』又公羊、穀梁釋文皆云『六鶂，五歷反』，可證三傳皆作『鶂』，與説文同。今公羊注、疏皆作『鷁』，惟何注六『鶂』無常，此一字未改。穀梁注、疏皆作『鶂』，惟經文『六鷁退飛』，此一字从益，蓋因唐時左傳已有作鷁者，故後人据以易二傳也。穀梁疏引賈逵云：『鶂，水鳥，陽中之陰，象君臣之訟鬩。』賈景伯以鬩解鶂，是取同聲字爲詁，尤可見六鶂字本從兒也。史記微子世家：『六鶂退蜚。』集解引賈注作『鶂』，引公羊作『鷁』，索隱引左傳『六鶂退飛』。漢書五行志下『六〔一〕鶂退蜚，過宋都』，師古曰：『鶂音五狄反。』玉篇：『鶂，午的反〔二〕，又五兮切。』鷊、䳁、鷁並同上，猶根据許書从兒爲正，从益者説文不收，故列末。廣韻二十三錫：『鷁，五歷切。鶂同上。説文又作䳁、鷊。』反以鷁爲正，首〔三〕尾倒置矣。」

曷爲先言霣而後言石？【注】据「星霣」，後言霣。【疏】注「据星」至「言霣」。○即莊七年，「夜中，星霣如雨」是也。

〔一〕「六」，原訛作「之」，叢書本同，據漢書校補。
〔二〕「反」，宋本玉篇、大廣益會玉篇各本均作「切」。
〔三〕「首」，原訛作「義」，叢書本同，據經義雜記校改。

霣石記聞，聞其磌然。【疏】校勘記云：「唐石經、諸本同。釋文：磌然，之人反，又大年反。聲響也。一音芳君反。本或作砰，八耕反。」注疏本砰誤碑。穀梁疏云磌字。説文、玉篇、字林等無其字。學士多讀爲砰。据公羊古本並爲磌字。張揖讀爲磌，是石聲之類，不知出何書也。經義雜記云：「按玉篇石部：『礩，柱下石。』『磌，之仁切，礩也，音響也。又大堅切。』『砰，披萌切，大聲。硑同上。』据楊氏所見玉篇無磌字，則今本有者，蓋孫强等增加。廣雅四釋詁：『砰，普耕反，聲也。』而無磌字。楊云：『張揖讀爲磌。』是古本廣雅有磌矣。五經文字：『磌，之人反，又大年反，聲響也。見春秋傳。』穀梁釋文同大年反，讀若孟子『填然鼓之』之填。説文土部訓爲塞。疑公羊古本通借用之。廣韻十七真：『磌，柱下石也。』一先：『磌，柱礎。』皆不具石聲一訓。十三耕：『砰，砰磕如雷之聲。』則作砰然者，義亦通。」孫氏志祖〔一〕讀書叢録云：「穀梁疏：『張揖讀爲磌，是石聲之類。不知出何書。』按，疏引張揖，是廣雅之文。廣雅釋詁：『砰，聲也。』是亦讀爲砰也。廣雅釋宫〔二〕：『磌，礩也。』文選西都賦：『雕玉瑱以居楹。』李善注：『瑱與磌同〔三〕。』非此義。」按：孟子梁惠王篇「填然鼓之」，趙注：「鼓，音也。」説文土部：「填，塞也。」荀子非十二子云：「填填然。」注：「填填然，滿足之貌。」聲之滿足爲填填然，貌之滿足亦爲填填然也。故楚辭九歌云：

〔一〕「孫氏志祖」當爲「洪氏頤煊」之訛。
〔二〕「釋宫」，原訛作「釋寳」，叢書本同，據廣雅校改。
〔三〕「瑱與磌同」，李善注作「瑱與磌古字通」。

「靁填填兮雨冥冥。」然則磌然即填然也。當與孟子之言同義。

視之則石，察之則五。【疏】繁露觀德云：「隕石于宋五，六鷁退飛。耳聞而記，目見而書。或徐或察，皆以其先接于我者序之。」又深察名號云：「春秋辨物之理，以正其名。名物如其真，不失秋毫之末，故名霣石，則後其五；言退鷁，則先其六〔一〕。聖人之謹於正名如此，君子於其言，無所苟而已，五石六鷁之辭是也。」文心雕龍宗經篇：「春秋辨理，一字〔二〕見義，五石六鷁，以詳略成文。」是也。穀梁傳：「先隕而後石，何也？隕而後石也。于宋四竟之内曰宋。後數，散辭也。耳治也。」注：「既隕後，乃知是石。」又云：「隕石，記聞也。」引此傳爲說。

是月者何？僅逮是月也。【注】是月邊也，魯人語也。在正月之幾盡，故曰劣及是月也。【疏】注「是月」至「月也」。○舊疏云：「上十年傳云『踊爲文公諱』，何氏云：『踊，豫也，齊人語。若關西言渾矣。』春秋之内，悉解爲齊人語，此一文獨爲魯人語者，以經文孔子作之，孔子魯人，故知爲魯人語。彼皆是諸傳文，乃胡母生、公羊氏皆爲齊人，故解爲齊人語。」逮，及也。僅及是月，故云是月邊也。爲在正月，云欲盡也。盧氏文弨鍾山札記云：「公羊經：『僖十有六年春，王正月，戊申，朔，隕石于宋，五。提月，六鷁退飛，過宋都。』傳云：『提月者何？僅逮是月也。』何注：『提月邊也，魯人語。在正月之幾盡，故曰劣及是

〔一〕「其六」二字原脱，叢書本同，據春秋繁露校補。
〔二〕「一字」二字原誤疊，叢書本同，據文心雕龍校刪。

月也。』在陸德明時所見本，固有以提月改作是月者。故釋文先言『是月，如字，或一音徒兮反』。陸氏不詳審傳文及邵公之注，明是爲提字作詁訓，若作是月，何勞如此費辭乎？」初學記「晦日」條引此正作「提月」。陸佃注鶡冠子王鈇篇「家里用提」云：「提，零日也。」亦引公羊爲證。按：集韻十二齊收「是」字，即引此傳。通義云：「是，讀爲隄。隄之言邊也。凡經傳言『是月』，有當如字讀者，其義爲此月也；有當讀『提月』者，其義爲盡此月。檀弓曰：『祥而縞，是月禫。』言盡縞之月而爲禫祭也。識古『是月』之語，乃得其解。」讀書叢録云：「鶡冠子注：『提，零日也。』公羊傳曰：『提月者，僅逮此月晦日也。』初學記引公羊皆作『提月』。『提』當通作『扺』字，故傳云：『僅逮此月也。』」説文人部：「僅，財能也。」段注：「財，今俗用之纔字也。」三蒼及漢書作纔。鄭注禮記、周禮、賈逵注國語、東觀漢記及諸史，並作「裁」。許書水部、叀部作財。材能言僅能也。公羊「僅逮是月也」，何注：「在正〔一〕月之幾盡，故曰劣及是月。」定八年曰：「公斂處父帥師而至，慬然後得免。」慬，蓋僅之譌字。射義：「蓋勫有存者。」言存者甚少，勫即僅字。广部「廑」下云「少劣之居」也，與僅義略同。今人文字但訓僅爲但。

何以不日？【注】据五石言日。【疏】注「据五石言日」。○舊疏云：「等是災異，何故五石書戊申朔，而六鶂不書日？故難之。」

晦日也。【注】凡災異晦日不日，日食是也。日食嘗於晦朔，不日，晦可知也。六鷁無常，故言是月以起

〔一〕「正」字原脱，叢書本同，據公羊注疏校補。

晦也。【疏】注「凡災」至「是也」。○舊疏云：「即莊十八年『三月，日有食之』之屬是也。今此亦晦，故不書日。」○注「日食」至「知也」。○隱三年傳云：「日食則曷爲或日或不日，或言朔或不言朔？曰某月某日朔，日有食之者，食正朔也。」注：「桓三年『秋，七月，壬辰，朔，日有食之』是也。」傳又云：「其或日或不日，或失之前或失之後。失之前者，朔在前也。」注云：「謂二日食，己巳日有食之是也。」傳又云：「失之後，朔在後也。」注云：「謂晦日食，莊十八年『三月，日有食之』是也。」是晦不日也。○注「六鷁」至「晦也」。○校勘記出「六鷁」，云：「鄂本、宋本同。閩、監、毛本鷁作鶂，爲錯見字，今本公羊經注及疏皆作鷁也。」

晦則何以不言晦？【注】據上言朔。

春秋不書晦也。【注】事當日者日，平居無他卓佹，無所求取，言晦朔也，趡盟奚戰是也。【疏】注「事當日者日」。○謂例書日，如君大夫盟例日，定、哀滅例日，大國卒例日，內〔一〕女卒例日，弒例日，失禮鬼神例日之屬，及褒貶所繫，當時月而日者皆是。此上事雖值朔，但書日，不言晦也。○注「平居」至「卓佹」。○校勘記云：「釋文：『卓佹，九委反。』惠棟云：『卓佹亦見漢書，蓋當時語。』」舊疏云：「謂無他卓異佹戾，平常之事。」○注「無所」至「是也」。○舊疏云：「即桓十七年『二月，丙午，及邾婁儀父盟于趡』，春秋說以爲二月晦矣。『五月，丙午，及齊侯戰于奚』，春秋說以爲五月之朔矣。然則此傳云：『春秋不書

〔一〕「內」，原訛作「納」，叢書本同，據公羊傳莊公二年注「內女卒例日，外女卒不日」校改。

晦。』朔謂平常之事。」若卓佹有所求取，則朔書，晦仍不書也。具見下。

朔有事則書，【注】重始，故書以録事，若泓之戰及此皆是也。【疏】注「重始」至「是也」。○明書朔義也。下二十二年：「冬，十有一月，己巳，朔，宋公及楚人戰于泓。」傳：「偏戰者日爾，此其言朔何？春秋辭繁而不殺，正也。」爲美宋公得正，故書朔，所謂卓佹是也。此特爲王者之後記異。宋襄伯道不終，爲夷夏起伏之機，故亦書朔也。

晦雖有事不書。【注】重始而終自正，故不復書以録事。【疏】注「重始」至「録事」。○明不書晦義也。春秋重始故也。

曷爲先言六而後言鷁？【注】据霣石後言五。

六鷁退飛，記見也。視之則六，察之則鷁，徐而察之則退飛。【注】鷁小而飛高，故視之如此，事勢然也。宋都者，宋國所治也。人所聚曰都。言過宋都者，時獨過宋都退飛。【疏】注「鷁小」至「然也」。○明經之先書六，後鷁，後退飛也。鷁小飛高，不可驟辨，六數易見，故用視。鷁則需察。退飛則必徐而察也。穀梁傳曰：「六鶂退飛，過宋都，先數，聚辭也，目治也。」注云：「六鶂退飛，記見也。」下引此傳爲説。彼傳又云：「君子之於物，無所苟而已。石、鶂且猶盡其辭，而況於人乎？故五石六鷁之辭不設，則王道不亢矣。」孔叢子公孫龍篇：「平原君曰：至精之説，可得聞乎？答曰：其説皆取之經、傳，不敢以意，春秋記六鷁退飛，視之則六，察之則鷁。」按：即董子所謂以其先接于我序之是也。○注「宋都」

至「曰都」。○宋世家：周公「乃命微子開代殷後，奉其先祀，作微子之命以申之，國於宋」，集解：「世本曰：宋更曰睢陽。」後漢書東平王蒼傳注：「人所聚曰都。」廣雅釋詁：「都，聚也。」書堯典曰：「幽都。」傳：「都，謂所聚也。」凡聚會謂之都，因謂建號之地爲都。釋名釋州國云：「國城曰都。都者，國君所居，人所都會也。」穀梁傳：「民所聚曰都。」○注「言過」至「退飛」。○宋世家：「六鶂退蜚，風疾也。」注引賈逵曰：「風起于遠，至宋都高而疾，故鶂逢風却〔一〕退。」明異著于宋，故言于宋都也。

五石六鷁何以書？記異也。外異不書，此何以書？爲王者之後記異也。【注】王者之後有亡徵，非新王安存之象，故重録爲戒，記災異也。石者，陰德之專者也；鷁者，鳥中之耿介者，皆有似宋襄公之行。襄欲行霸事，不納公子目夷之謀，事事耿介自用，卒以五年見執，六年終敗，如五石六鷁之數。天之與人，昭昭著明，甚可畏也。於晦朔者，示其立功善甫始而敗，將不克終，故詳録天意也。

【疏】通義云：「爲王者之後記災異者，示有加録，所以象賢崇德，亦春秋憲章文武以爲後法者也。録宋而略杞者，遠近之殺。」大事表云：「公羊屢發傳爲王者之後記異，先儒深闢之，以爲杞亦王者之後，何以不記？不知公羊之説未可厚非。杞棄其故都，而自即於東夷，無關於天下之故。而宋居天下要樞，晉楚之所視以爲强弱，故春秋恒重之。亦初不因其爲王者之後也。考春秋一書，書『雨螽于宋』、『隕石于宋五。六鷁退飛，過宋都』，以及『宋大水』、『宋災』，他國之災異未有如此其詳悉者也。又如會未有書其所

〔一〕「却」，原訛作「都」，叢書本同，據史記三家注校改。

爲者，而會于稷，則云『成宋亂』；會澶淵，則云『宋災故』，是春秋特筆志貶。盟亦未有書所爲者，盟于薄，則曰『釋宋公』，是聖人特筆志褒。晉、楚爭宋、鄭，而鄭及楚平，春秋不志。宣十五年『宋人及楚人平』，大書特書。蓋宋爲中國門户，常倔强不肯即楚，以爲東諸侯衛。至宋即楚，而天下之事去矣。故晉文、晉悼之興，首有事於救宋，先軫曰：『取威定伯，於是乎在。』韓獻子曰：『成伯安疆，自此始。』宋之關乎天下利害，非細故也。楚頵之猾夏也，於僖二十六年圍宋；楚莊之爭伯也，於宣十四年又圍宋；至向戌爲弭兵之策，合天下諸侯盟于宋而伯，統絶而蠻夷横矣。謂春秋全無意於宋者，豈識春秋之旨哉！」按：顧氏不解公羊録宋略杞之旨，故爲是説。而宋爲天下安危所繫，其於當時形勢，亦未爲無理也。○注「王者」至「異也」。○校勘記出「親王」，云：「閩、監、毛本同，誤也。鄂本親作新，當据正。」爲王者之後記災，見王者當安存之也，故詳録之。○注「石者」至「之數」。○五年見執，六年終敗，見下二十一年、二十二年。後漢書襄楷傳：「夫石者安類，墜者失執。故春秋五石隕宋，其後襄公爲楚所執。」穀梁注引劉向曰：「石，陰類也；五，陽數也，象陰而陽行，將致墜落。鶂，陽也；六，陰數也，象陽而陰行，必衰退。」左氏疏引考異郵云：「鷁者，毛羽之蟲，生陰而屬于陽。」漢書五行志下之下：「釐公十六年，正月戊申，朔，隕石于宋五。是月，六鷁退飛，過宋都。董仲舒、劉向以爲，象宋襄欲行伯道，將自敗之戒也。石，陰類；五，陽數；自上而隕，此陰而陽行，欲高反下也。石與金同類，色以白爲主，近白祥也。鶂，水鳥也；六，陰數；退飛，欲進反退也。其色青，青祥也，屬於貌之不恭。天戒若曰：德薄國小，勿持炕陽，欲長諸侯，與彊大爭，必受其害。襄公不寤，明年齊威死，伐楚喪，執滕子，圍曹，爲盂之會，與楚爭盟，卒爲所執。後得反國，不悔過自責，復會諸侯伐鄭，與楚戰于泓，軍敗身傷，爲諸侯笑。左氏傳曰：隕石，星也；鶂退飛，風也。宋襄公以問周内史叔興曰：『是何祥也？吉凶焉在？』對曰：『今兹魯多大喪，明年齊有亂，君將得諸侯而不終。』退而告人曰：『是陰陽之事，非吉凶所生也。吉凶繇人，吾不敢逆君故也。』是歲，魯公子季友、鄫季姬、公孫兹皆卒。明年，齊威死，嫡庶亂。宋襄公欲行伯道，卒爲楚所敗。劉歆以爲，是歲歲在壽星，其衝降婁。降婁，魯分壄也，故爲魯多大喪。正月，日在星紀，厭在元枵[一]。元枵，齊分壄也。石，山物；齊，大嶽後。五石象齊威卒而五公子作亂，故爲明年齊有亂。庶民惟星，隕于宋，象宋襄將得諸侯之衆，而治五公子之亂。星隕而鶂退飛，故爲得諸侯而不終。六鶂象後六年伯業始退，執于盂也。民反德爲亂，亂則妖災生，言吉凶繇人，然后陰陽衝厭受其咎。齊、魯之災非君所致，故曰『吾不敢逆君故也』。京房易傳曰：『距諫自[二]彊，兹謂卻行，厥異鶂退飛。適當黜，則鶂退飛。』按：班志與穀梁注所引劉向説，即其洪範五行傳説。志又載董仲舒、劉向以爲云云，是公羊舊説，均與何注微異。又志下之上云：「劉歆以爲，風發於它所，至宋而高，鶂高蜚而逢之，則退。經以見者爲文，故記退蜚。傳以實應著，言風，常風之罰也。象宋襄公區霿自用，不容臣下，逆司馬子魚之諫，而與彊楚争盟，後六年爲楚所執，應六鶂之數云。」此又一説也。史記注引賈逵云：「風起于遠，至宋都高而疾，故鶂逢風却退。」穀梁疏引賈逵云：「石，山岳之

[一]「元枵」，即「玄枵」，漢書避漢更始帝劉玄名諱，改玄爲元。下同。
[二]「自」，原訛作「日」，叢書本不誤，據改。

物；齊，太岳之胤。而五石隕宋，象齊桓卒而五公子作亂。宋將得諸侯，而治五公子之亂。鷁退，不成之象，後六年，霸業退也。鷁，水鳥，陽中之陰，象君臣之訟鬩也。」即用子駿說。彼疏又引異義：「穀梁說云：隕石于宋五，象宋公德劣國小，陰類也，而欲行伯道，是陰而欲陽行也。其隕，將拘執之象也，是宋公欲以諸侯行天子道也。」又引鄭君云：「六鷁俱飛，得諸侯之象也，其退示其德行不進，以致敗也。得〔一〕諸侯是陽行也，被執敗〔二〕是陰行也。」與何氏義皆大同。若然，耿介白用，得取敗者。漢書兩龔傳：「贊云：清節之士，大率多能自治，而不能治人。」所以不可常法也。孟子滕文公陳仲子章趙氏章指亦云：「聖人之道，親親尚和；志士之操，耿介特立。可以激濁，不可常法。是以孟子喻以丘蚓〔三〕比諸巨擘也。」春秋重義不重事，故美宋襄欲行霸事，惜其不納公子目夷之謀也。鄭氏駁異義從劉、董各說，其言得諸侯之象，兼採左氏說矣。何氏逆諫之言，與劉歆言常風之罰，皆與京氏距諫自彊、茲謂卻行等語合。又按：易林乾之兑云：「鷁飛中退，舉事不進，衆人亂潰。」又蹇之蠱云：「六鷁退飛，爲襄敗祥，陳師合義，左股夷傷，遂崩不起，伯功不成。」又解之噬嗑云：「鷁飛中退，舉事不遂，且守仁德，猶免失墜。」又困之坤云：「六鷁退飛，爲襄敗祥，陳師合戰，左股夷傷，遂以崩薨，伯道不終。」皆與公羊義合。○注「天之」至「畏也」。○舊疏云：「春秋說文也。」經義雜記十七云：「杜云：石隕、鷁退，陰陽錯逆所爲，非人所生。襄公不知陰

〔一〕「得」，原訛作「俱」，叢書本同，據穀梁注疏校改。
〔二〕「敗」字原脱，叢書本同，據穀梁注疏校補。
〔三〕「丘蚓」，原作「邱蚓」，清季避孔子丘聖諱，改丘爲邱，茲恢復本字。下同徑改，不出校。

陽，而問人事，故曰：君失問。正義曰：劉炫云：石隕、鷁飛，事由陰陽錯逆。陰陽錯逆，乃是人行所致。襄公不問己行何失，致有此異，乃謂既有此異，乃有吉凶。故答云：『是乃陰陽之事，非將來吉凶所生。』襄公不知陰陽錯逆爲既往之咎，乃謂將來吉凶出石、鷁之間，是不知陰陽而空問人事，故云『君失問』也。服虔云：『鷁退風咎，君行所致，非吉凶所從生。襄公不問己行何失，而致此變，但問吉凶焉在，以爲石隕、鷁退，吉凶所從而生，故云「君失問」。』是劉炫用服虔爲説也。」按：彼傳當從服注，義甚精密，即此傳「天之與人，昭昭著明」之義。劉光伯從服是也。杜預棄人事而空言陰陽，不可爲訓。〇注「於晦」至「意也」。〇通義云：「石、鷁之異，一在月本，一在月末，是宋襄始終之象也。五石者，五伯之數也；星霣于上，降而爲石，此王者威福下移于諸侯之徵〔一〕也。於朔者，示襄公將始起繼桓，列於五伯也。六鷁退飛，象伯業終退。劉歆以爲後六年爲楚所執，應六鷁之數云。」

〇三月，壬申，公子季友卒。【疏】包氏慎言云：「三月壬申，月之二十七日。」按：當二十六日。

其稱季友何？【注】据犂戰名，不稱季，來歸不稱友。【疏】注「据犂」至「稱友」。〇即僖元年，「公子友帥師敗莒師于犂」，不稱季也。閔元年，「季子來歸」，不稱友也。左傳杜注以爲季字友名。劉炫規過以

〔一〕「徵」，原訛作「象」，叢書本同，據公羊通義校改。

季爲氏，云：「季友、仲遂，皆生賜族，非字也。」按：孫以王父字爲氏。行父氏季，明季爲字。若慶父字仲，謚共，子孫以仲爲氏；叔牙字叔，謚僖，子孫以叔爲氏也。

賢也。【注】閔公不書葬，故復於卒賢之，明季子當蒙討慶父之功，遏牙存國，終當録也。不稱子者，上歸本當稱字，起事言子。【疏】舊疏云：「以君弑賊不討，惡臣子不討賊，君喪無所繫，往前閔公不書葬，恐季子有甚惡，故書字見其賢。」按：季友之功莫大於討慶父、叔牙，故宜見褒。穀梁傳曰：「稱公弟叔仲，賢也。」杜亦云：「稱字貴之。」通義云：「賢故稱季也。繫名者，卒從正。陸淳曰：季友之殺叔牙、慶父，義也。立閔公、僖公，權也。夫以義滅親，以權正國，中人之所惑，故於其卒以明之。」説苑尊賢云：「僖公即位而任季子，魯國安甯，内外無憂，行政二十一年。」按：二十一年字誤。○注「不稱」至「言子」。○舊疏云：「即閔元年歸之下注云：『不稱季友者，明齊繼魯，本感洛姑之託，故令與高子俱稱子起其事。』是也。」則此注爲決閔元年不稱字故也。

○**夏，四月，丙申，鄫季姬卒。**【疏】包氏慎言云：「夏四月書丙申，月之二十二日。」按：當二十一日。通義云：「棄正作淫，神弗福也。於春秋可以興，可以觀。」

○**秋，七月，甲子，公孫慈卒。**【注】日者，僖公賢君，宜有恩禮於大夫，故皆日也。一年喪骨肉三人，故日，痛之。【疏】包氏慎言云：「秋七月書甲子，月之二十一日。」按：當二十日。校勘記出〔一〕「公孫慈」，云：「唐石經、諸本作公孫慈，此本疏中慈皆作兹。」按：當作慈，作兹者左氏、穀梁本也。上四年左傳注云：「公孫兹，叔牙子叔孫戴伯。」○注「日者」至「日也」。○隱元年，「公子益師卒」，不日。以所傳聞世，大夫卒不聞有罪無罪皆不日也。此及季友卒，皆日，故解之。明僖公賢君，宜有恩禮於大夫故也。鄫季姬書日者，從上九年「秋，七月，乙酉，伯姬卒」書日之例。○注「一年」至「痛之」。○舊疏云：「言由是賢君，故宜痛骨肉之卒；若直見是賢君，宜有恩禮於大夫，但當見季一人書日，故知宜痛其頻死故也。」孔氏通義以隱、桓、莊、閔爲所傳聞世，別僖爲所聞世，以爲三喪皆日合無罪書日之例，非何氏義。

○冬，十有二月，公會齊侯、宋公、陳侯、衛侯、鄭伯、許男、邢侯、曹伯于淮。【注】月者，危桓公德衰，任豎刀、易牙，墮功滅項，自此始也。【疏】杜云：「臨淮郡左右。」○注「月者」至「始也」。○舊疏云：「盟會之例，大信書時，今而書月，故如此解。任豎刀、易牙者，下十八年傳云：『桓公死，豎刀、易牙争權，不葬。』是也。」滅項，下十七年「滅項」是也。校勘記出「豎刀」，云：「閩、監、毛本刀改刁，非。此本豎誤竪，今訂正。疏同。」史記齊世家云：「管仲病，桓公問曰：『羣臣誰可相者？』管仲曰：『知臣

〔一〕「出」，原訛作「書」，據全書體例改。

莫若君。』公曰：『易牙何如？』對曰：『殺子以適君，非人情，不可。』公曰：『開方何如？』對曰：『倍親以適君，非人情，難近。』公曰：『豎刀何如？』對曰：『自宮以適君，非人情，難親。』管仲死，而桓公不用管仲言，卒近用三子，三子專權。」是任豎刀、易牙事也。通義云：「桓之會止于此，功業墮敗不克令終，故危月之。邢侯次伯男下者，其序則主會者爲之也。繁露曰：『邢侯未嘗會齊桓也。附晉又微，晉侯獲于韓而背之，淮之會是也。』」上十五年，「齊師、曹師伐厲」，穀梁注引徐邈曰：「齊桓末年，用師及會，皆危之而月也。

于時伯業已衰，勤王之誠替于内，震矜之容見于外，禍衅已兆，動接危理，故月。衆國之君雖有失道，未足

爲一世興衰。齊桓威攝羣后，政行天下，其得失皆治亂所繫，故春秋重而詳之，録所善而著所危云爾。」

公羊義疏三十三

南菁書院　句容陳立卓人著

僖十七年盡二十一年

○十有七年，春，齊人、徐人伐英氏。【注】稱氏者，春秋前黜稱氏也。伐國而舍氏言之者，非主名，故伐之得從國舉。【疏】杜云：「英氏，楚與國。」一統志：「古英氏城在六安州英山縣東北。」○注「稱氏」至「氏也」。○史記楚世家：「成王二十六年滅英。」徐廣曰：「年表及他本皆作『英』。」明本稱英，則稱氏者，爲黜稱矣。惟成王二十六年，當魯僖十四年，時英已滅，齊、徐無爲伐之，或復爲楚封與？○注「伐國」至「國舉」。○舊疏云：「若其主名，即爵等是也。」校勘記出「舍氏」，云：「宋本同。閩、監、毛本『舍』作『含』。」按：含氏言之者，猶言連氏言之也。通義云：「齊稱人者，齊侯在會，別遣微者往伐。徐稱人者，以國不若氏，氏不若人。從伯主討蠻夷，不可退其等於所伐者下，故得進之也。」按：徐已貶於婁林示法，故此仍循其故稱也。

○夏，滅項。【疏】杜云：「項國，今汝陰項縣。」大事表云：「項，國名。今河南陳州府項城縣東北六十里有故項城。」水經注潁水篇：「潁水自堰東南，流逕項縣故城北。春秋僖十七年『魯滅項』是矣。」道元用左傳，故謂「魯滅項」。漢書地理志汝南郡項下云：「故國。」寰宇記：「項國在陳州項城縣北一里。」

孰滅之？齊滅之。【注】以言滅，知非内也。以不諱，知齊滅。【疏】穀梁傳曰：「孰滅之？桓公也。」○注「以言」至「内也」。○舊疏云：「正以春秋之例，内大惡諱，今言滅，知非内矣。」通義云：「承上伐英氏之師也。左氏云『魯滅』，彼未知内諱不言滅之義爾。」按：此亦適承上有伐英氏文，故知爲齊滅。亦没文不没實之意也。○注「以不」至「齊滅」。○舊疏云：「春秋之例，爲賢者諱，故上十二年『楚人滅黄』不爲諱，今諱不言齊人，故知齊滅之。」按：如舊疏注義未明，不字當衍文。何意謂不諱滅，故非内滅，不出滅國主名，與楚滅黄之屬異，知爲諱爲齊也。

曷爲不言齊滅之？【注】据齊師滅譚。【疏】注「据齊師滅譚」。○在莊十年冬。彼時功未足以覆滅人之惡，故滅譚、滅遂並書也。

爲桓公諱也。春秋爲賢者諱，【疏】穀梁傳曰：「何以不言桓公也？爲賢者諱也。項，國也，不可滅而滅之乎？桓公知項之可滅也，而不知己之不可以滅也。」凡諱者，皆在譏貶之科。爲賢者諱，爲賢者不應有此惡，爲善不終，聖人隱而爲之諱也。通義云：「蕭楚曰：襄公十年，諸侯『會吴于柤。夏五月甲午，遂滅偪陽』。今滅項不言遂，知其諱文也。爲賢者諱，非以其賢而諱之，將以成其義、全其功，以垂訓後世，此撥亂之志也。齊桓之功著矣，齊桓之事終矣，而又昧此一舉，故不斥著其惡，而爲之有遜避之文者，以其有衛中國之功，且示善善樂其終也。嗚乎！非實爲齊桓諱也，欲後人於此有遜避之辭，以見其不善焉。而爲善者，勉之令終也，然文微而實不没也。」

此滅人之國，何賢爾？君子之惡惡也疾始，【注】絶其始，則不得終其惡。【疏】釋文：「惡惡，並如字，一讀上烏路反。」穀梁傳曰：「既滅人之國矣，何賢乎？君子惡惡疾其始。」○注「絶其」至「其惡」。○穀梁注云：「絶其始，則得不終於惡〔一〕。邵曰：『謂疾其初爲惡之事，不終身疾之。』」意謂人有惡事，唯疾其初始爲惡，不終身疾也。有惡則疾，無惡則止，不念舊惡之意。按：以下善善樂終義對舉，則當如何意。謂絶其始，則不終於惡，防微止漸之義，故武子亦本何爲説。

善善也樂終。【注】樂賢者終其行。【疏】穀梁傳曰：「善善樂其終。」與公羊同。○注「樂賢者終其行」。○穀梁注云：「樂賢者終其行也。」亦取何義爲説。又引邵曰：「謂始有善事，則終身善之。」意謂君子嘉善人，則欲終身善之不忘，樂道人之善之意。與諱滅項之義少差。

桓公嘗有繼絶、【注】立僖公也。【疏】注「立僖公也」。○閔二年，「桓公使高子將南陽之甲，立僖公而城魯」是也。穀梁注引邵曰：「繼絶，謂立僖公。」

〔一〕「得不終於惡」，原誤爲「不得終其惡」，叢書本同，據穀梁注疏校乙。

存亡之功,【注】存邢、衛、杞。【疏】注「存邢、衛、杞」。○上元年「齊師以下救邢」,又「城邢」,二年「城楚丘」,十四年「諸侯城緣陵」是也。穀梁注:「邵曰:存亡,謂存邢、衛。」不數杞者,意謂「曰諸侯」,爲散辭,桓德衰矣。其實非齊桓倡率城杞。諸侯未必有緣陵之舉,故仍爲桓功。

故君子爲之諱也。【注】言嘗者,時桓公德衰功廢而滅人,嫌當坐,故上述所嘗盛美而爲之諱,所以尊其德,彰其功。傳不言服楚,獨舉繼絶存亡者,明繼絶存亡,足以除殺子糾,滅譚、遂、項,覆終身之惡。服楚功在覆篡惡之表,所以封桓公,各當如其事也。不月者,桓公不坐滅,略小國。【疏】穀梁傳曰:「桓公嘗有存亡繼絶之功,故君子爲之諱也。」○注「言嘗」至「其功」。○通義云:「明既有此功,乃得覆惡,并解滅譚、遂不諱意也。朱勃所謂春秋之義,罪以功除。」按:嘗者,曾也。曾所盛美,知今不然。君子善善樂其終,故本前而爲之諱也。漢書陳湯傳:「劉向上疏曰:『昔齊桓公前有尊周之功,後有滅項之罪,君子以功覆過而爲之諱。』」又:「田廣明謂杜延年曰:春秋之義,以功覆過。」皆謂此。○注「傳不」至「事也」。○校勘記出「名當」,云:「閩、監、毛本同。鄂本名作各,是也。」服楚者,上四年傳:「曷爲再言盟?喜服楚也。」是也。殺子糾,滅譚、遂,見莊九年、十年、十三年。舊疏云:「以繼絶,除殺子糾;以存三亡國,除其三滅。故云覆終身之惡。」其服楚,功在覆篡惡之表者,謂莊九年,「齊小白入于齊」,書入爲篡辭,故服楚功大,始足覆篡大惡。爲其有尊周室、安諸夏大功,不僅三繼絶存亡也。故論語孔子美管仲亦以「一匡天下,民到於今受其賜。微管仲,吾其被髮左衽」爲辭也。○注「不月」至「小國」。○決莊十年「滅譚」、莊十三年「滅遂」書月故也。時齊桓功未足覆滅人之惡也。此桓公不坐滅,故不月,又兼略小國也。舊疏云:

「言滅國例書月者，惡其簒而罪之。」按：坐滅即書月，不必原其簒與否。春秋滅例月，其不月或書日者皆有爲，如隱十年：「宋人、衛人、蔡人伐載。鄭伯伐取之。」注：「不月者，移惡上三國。」上五年：「冬，晉人執虞公。」注：「不從滅例月者，略之。」襄六年：「莒人滅鄫。」注：「不月者，取後於莒，非兵滅。」僖二十五年：「春，王正月，丙午，衛侯燬滅邢。」注：「日者，爲魯憂内録之。」宣十五年：「六月，癸卯，晉師滅赤狄潞氏。」注：「日者，痛録之。」襄十年：「夏，五月，甲午，遂滅偪陽。」注：「日者，甚惡諸侯不崇禮義，疾録之。」昭八年：「冬，十月，壬午，楚師滅陳。」注：「日者，疾詐諼滅人。」十一年：「冬，十有一月，丁酉，楚師滅蔡。」注：「日者，疾諼滅人。」是也。夷狄滅，微國不月。昭十三年：「吳滅州來。」注：「不月者，略兩夷。」故此不月亦從略也。劉氏逢禄解詁箋云：「何君云：凡諱者從實，爲桓諱滅項，正之使不得若行，所以强伯義。春秋功罪不相掩，以功覆惡而褒封之，非所聞也。不月，略小國是也。桓公不坐滅，失之。」按：以功除罪，兩漢經師多有是説。功罪不相掩，何必爲賢者諱？若主謂略小國，則譚、遂書月，豈皆大國耶？劉説非是。通義云：「不月者，已諱嫌滅國不爲大惡，故降從楚狄滅國例，見責略之。」按：孔説可補何義所未備。

○秋，夫人姜氏會齊侯于卞。【疏】杜云：「卞，今魯國卞縣。」大事表云：「在今兗州府泗水縣東五十里。」水經注泗水篇：「泗水出魯卞縣北山，西逕其縣故城南。春秋襄公二十九年，『季武子取卞，曰：聞守卞者將叛，臣帥徒以討之』是也。」漢書地理志魯國卞下云：「泗水西南至方與入沛。」師古曰：「即春秋『夫人姜氏會齊侯于卞』是也。」一統志：「卞縣故城在兗州府泗水縣東五十里。」差繆略云：「卞，公羊、左氏或作弁。」按：弁，覍之或體字，卞，别體也〔一〕。今本及石經皆作卞矣。

○**九月，公至自會。**【疏】穀梁注云：「桓會不致而今致會。桓公德衰，威信不著，陳列兵車，又以滅項。往會既非踰年乃反，故往還皆月危之。」何氏無説，當如彼解。

○**十有二月，乙亥，齊侯小白卒。**【疏】校勘記云：「唐石經『十』上有『冬』字，諸本誤脱。」按：去冬字，何氏無説，明冬爲脱文。乙亥爲十二月之九日。

○**十有八年，春，王正月，宋公會曹伯、衛人、邾婁人伐齊。**【注】月者，與襄公之征齊，善録義兵。【疏】左氏、穀梁無「會」字。按：三傳釋文俱無説。公羊此經「會」字衍文。通義云：「曹伯上舊有『會』字者〔二〕，誤。」○注「月者」至「義兵」。○侵伐例時，故解云「與襄公征齊」，義具下。左傳云：「納

〔一〕此以「卞」爲「弁」之别體，殆誤判。卞、弁爲通假，如禮記檀弓「弁人有其母死而孺子泣者」，孔子家語作「卞人有母死而孺子泣者」。

〔二〕「者」字原脱，叢書本同，據公羊通義校補。

孝公。」亦無貶辭，唯穀梁謂非伐喪，非。

○夏，師救齊。【疏】通義云：「穀梁云：『善救齊也。』非也。宋儒且謂凡書救，未有不善者。呂不韋有言：『兵苟義，攻伐亦可，救守亦可；兵苟不義，攻伐不可，救守不可。』若齊之事，乃伐者義，救者不義耳。」按：以史記、左氏事證之，雍巫、寺人貂共立武孟，太子昭奔宋，五公子各樹黨，爭立相攻，故宋襄伐之，正也。

○五月，戊寅，宋師及齊師戰于甗，齊師敗績。【疏】包氏慎言云：「五月無戊寅，六月之十六日也。」經正月書宋襄公之伐齊，而書戰于五月。据傳云「齊桓公死，豎刀、易牙爭權，不葬，故伐之」，則宋之伐齊，兵以不葬舉。桓公以十二月卒，春正月非葬期，期在四月。四月之十五日爲戊寅，似經文伐戰連書，故首發傳云：「戰不言伐，此其言伐何？宋公與伐而不與戰也。」簡策偶差，故日月因之俱誤耳。按：曆戊寅爲四月之十四日、六月之十五日。杜云：「甗，齊地。」大事表：「在今濟南府治歷城縣界。」

戰不言伐，此其言伐何？宋公與伐而不與戰，故言伐。【疏】舊疏云：「戰不言伐者，莊十年師解，故難之。」通義云：「以伐言公、戰言師，知不舉重者，非直爲曹、衛、邾婁不與戰而已。」舊疏又云：「謂宋公但與伐，不與戰，故不得舉重，是以兩舉之。」

春秋伐者爲客，伐者爲主。【疏】校勘記云：「唐石經原刻作『春秋伐者爲客，而不伐者爲主』，後磨改同今本。」按：莊二十八年傳：「春秋伐者爲客，伐者爲主。」注：「伐人者爲客，讀伐長言之；見伐者爲主，讀伐短言之。」石經原刻誤。

曷爲不使齊主之？【注】据甲寅衛人及齊人戰。【疏】注「据甲〔一〕」至「人戰」。○見莊二十八年。

與襄公之征齊也。【疏】穀梁傳：「言及，惡宋也。」注引：「廢疾云：『戰言及者，所以别客主直不直也。故文十二年，晉人、秦人戰于河曲，兩不直，故不云及。今宋言及，明直在宋，非所以惡宋也。即言及爲惡，是河曲之戰爲兩善乎？又穀梁以河曲不言及，略之也，則自相反矣。』鄭君釋之曰：及者，别異客主耳，不施於直與不直也。直不直，自在事而已。義兵則客直，宣十二年，『夏，晉荀林父帥師及楚子戰于邲，晉師敗績』是也。兵不義則主人直，莊二十八年，『春，衛人及齊人戰，衛人敗績』是也。今齊桓卒未葬，宋襄欲興伯事而伐喪，於禮尤反，故反其文以宋及齊，即實以宋及齊，明直在宋。邲之戰，直在楚，不以楚及晉何耶？秦、晉戰于河曲，不言及，疾其亟戰爭舉兵，故略其先後。」劉氏廢疾申何云：「邲之戰，晉、楚皆客也，即楚獨爲客，亦不當以楚及晉，内外之辨也。故變例以大夫敵君起之。凡書及，皆與爲主辭。以客爲主，則宋襄直矣，伐齊以定亂，于喪無薄也。春秋以嫌於伐喪，故變文以起之，惡宋之説，於義

〔一〕「甲」，原訛作「衛」，叢書本同，據【注】文改。

反矣。」按：以史記、左傳證之，襄公伐齊，主爲定亂，不得以伐喪爲責，故爲與辭。

年書「衛人及齊人戰」，以衛爲主也。彼注云：「戰序上，言及者，爲主。」是也。桓公時伯業已興，再會于鄄，再會于幽，猶不與爲主，故据之。

曷爲與襄公之征齊？【注】据齊桓公霸者，猶不與征衛。【疏】注「据齊」至「征衛」。○即莊二十八

桓公死，豎刀、易牙争權，不葬，爲是故伐之也。【注】不爲文實者，保伍連率，本有用兵征伐不義之道。【疏】校勘記出「豎刀」，云：「釋文、唐石經作『豎刁』，閩、監、毛本同。」齊世家云：「初，齊桓公之夫人三，曰王姬、徐姬、蔡姬，皆無子。桓公好内，多内寵，如夫人者六人。長衛姬，生無詭；少衛姬，生惠公元；鄭姬，生孝公昭；葛嬴，生昭公潘；密姬，生懿公商人；宋華子，生公子雍。桓公與管仲屬孝公於宋襄公，以爲太子。雍巫有寵於衛共姬，因宦者豎刀以厚獻于桓公，亦有寵，桓公許之立無詭。管仲卒，五公子皆求立。冬十月乙亥〔一〕，齊桓公卒。易牙入，與豎刁因内寵殺羣吏，而立公子無詭爲君。太子昭奔宋。桓公病，五公子各樹黨争立。及桓公卒，遂相攻，以故宫中空，莫敢棺。桓公尸在牀上六十七日，尸蟲出於户。十二月乙亥，無詭立，乃棺赴。辛巳夜，斂殯。」注引賈逵曰：「雍巫，雍人名巫。易牙，字。」是其争權不葬事，謂與諸公子争也。世家又云：「孝公元年三月，宋襄公率諸侯兵送齊太子昭而伐齊。齊人恐，殺其君無詭。齊人將立太子昭，四公子之徒攻太子。太子走宋，宋遂與齊人四公子戰。五

〔一〕「十月乙亥」，上年經文曰「十有二月乙亥，齊侯小白卒」，此「十」下脱「二」字，當據正。

月，宋敗齊四公子師，而立太子昭，是爲齊孝公。宋以桓公與管仲屬之太子，故來征之。」與左傳略同。説苑尊賢云：「桓公得管仲，九合諸侯，一匡天下，畢朝周室，爲五霸長。失管仲，任豎刁、易牙，身死不葬，蟲[一]流出户。一人之身，榮辱俱施，何者？其所任異也。」保傅記亦有是語。吕覽知接篇云：「蒙衣袂而絶乎壽宮，蟲流出於户，上蓋以楊門之扇，三月不葬。」韓非子二柄篇：「桓公蟲流出户而不葬。」管子戒篇：「公死七日不斂，九月不葬。」蓋五公子之争，起於易牙、豎刁之立無虧，故特舉也。通義云：「公子昭貴當立，而豎刁欲立公子無虧，易牙欲立公子雍，故争權也，征之言正也。齊亂無正，善襄公能正之。」其云易牙欲立公子雍，左傳、史記皆無此語。○注「不爲」至「之道」。○隱二年：「莒人入向。」注云：「諸侯擅興兵，不爲大惡者，保伍連帥，本有用兵征伐之道。」故襄公征齊，不必實與文不與也。舊疏云：「其爲文實者，即上元年，齊師以下『救邢』，傳云：『君則其稱師何？不與諸侯專封也。曷爲不與？實與而文不與。文曷爲不與？諸侯之義不得專封也。諸侯之義不得專封，則其曰實與之何？上無天子，下無方伯，天下諸侯有相滅亡者，力能救之則救之可也。』其二年『城楚丘』之下亦發此傳。此不發。此公也，其稱師何？不與諸侯專征云云者[二]。正以諸侯本無專封之道，故元年、二年經皆爲文實以保伍連帥，本有用兵征不義之道，不得貶宋公稱師也。」按：如傳義，宋公與伐而不與戰，亦不得稱爵，故亦不得責不與

[一]「蟲」，原訛作「尸」，叢書本同，據説苑校改。

[二]「城楚丘」以下句，脱奪不可卒讀，叢書本同，公羊注疏爲：「『城楚丘』之下亦復發『文實』之傳矣。今此經何以不言宋師伐齊？傳云：『此公也，其稱師何？不與諸侯專征。』」

諸侯專征也。

○狄救齊。【疏】通義云：「穀梁又云：『善救齊也。』尤非也。所善在此，而進之於伐衛，爲説甚曲。」按：春秋如進狄則當稱人，今如本稱，無善辭也。

○秋，八月，丁亥，葬齊桓公。【疏】包氏慎言云：「八月書丁亥，月之二十六日，閏餘七月，後已盈。然閏七月，則八月無丁亥，時蓋閏八月也。」按：當二十五日。隱三年傳：「過時而日，隱之也。」謂痛桓公賢君，不能以時葬也。齊世家云：「以亂，故八月乃葬。」注：「皇覽曰：『桓公冢在臨淄城南十七里所，菑水南。』」正義引括地志云：「齊桓公墓在臨菑縣南二十一里牛山上，亦名鼎足山，一名牛首堈，一所二墳。晉永嘉末，人發之，初得版，次得水銀池，有氣不得入。經數日，乃牽犬入。中得金蠶數十薄，珠襦、玉匣、繒綵、軍器不可勝數。又以人殉葬，骸骨狼籍也。」

○冬，邢人、狄人伐衛。【注】狄稱人者，善能救齊，雖拒義兵，猶有憂中國之心，故進之。不於救時進之者，辟襄公，不使義兵壅塞。【疏】繁露滅國下云：「桓公卒，豎刁、易牙之亂作，邢與狄伐其同姓，取之。其行如此，雖爾親，庸能親爾乎！是君也，其滅於同姓，衛侯燬滅邢是也。」○注「狄稱」至「進之」。

○穀梁傳：「狄，其稱人，何也？善累而後進之。」唯彼謂伐衛所以救齊，與此異。通義云：「狄稱人者，衛棄禮義，翦滅同姓。邢，初爲狄所滅，今狄幡然親邢，與共謀衛難，有憂中國之心，故進之，又因以抑衛也。」按：滅邢事，在二十五年，何爲於此逆責衛？安知衛之滅邢，非即由此起釁，則狄之憂邢，乃所以敗邢也？故前此邢、衛未有兵交，此後則十九年衛伐邢，二十年齊、狄盟于邢謀衛難，馴至於滅，是其明驗，何得反進狄乎？何君善狄救齊者，善夷狄者，不能備責狄，亦安知齊、宋之直否？但見齊爲宋敗，即興師救齊，尚有不畏彊禦之義，有憂中國之心，故春秋即如其意與之，所謂善善從長，不求備焉。○注「不於」至「壅塞」。○狄救齊時，設有與辭，則與宋襄義刺謬也。穀梁於狄救齊善之，於此又言伐衛所以救齊，注引：「廢疾曰：『即伐衛救齊，當兩舉，如伐楚救江矣。』又傳以爲江遠楚近，故伐楚救江。今狄亦近衛而遠齊，其事一也，義異何也？鄭釋之曰：『文三年冬，晉陽處父帥師伐楚救江，兩舉之者，以晉未有救江文，故明言之。今此春，宋公、曹伯、衛人、邾人伐齊；夏，狄救齊；冬，邢人、狄人伐衛，爲其救齊可知，故省文耳。事同，義又何異？』」劉氏申何云：「狄救齊後，未聞衛又伐齊也，何救之有？即伐衛以救齊，是爲諼也。伐楚救江，無救於滅，故致其意而責之，豈曰功近德遠乎？以此進狄稱人，是開趨易避難之路，非春秋貴誠之道矣。」按：何氏於廢疾駁伐衛救齊之説，而此注又以狄稱人爲善能救齊者，謂狄於上能救齊，故於此進之，非謂此時之伐衛爲救齊也。其不於救時進之，所以辟襄公義兵也。本自無妨，況與宋伐齊者，非衛一國，何獨伐衛以爲救齊乎？

○十有九年，春，王三月，宋人執滕子嬰齊。【注】名者，著葵丘之會，叛天子命者也。不得爲伯討者，不以其罪執之，妄執之。所以著有罪者，爲襄公殺恥也。襄公有善志，欲承齊桓之業，執一惡人，不能得其過，故爲見其罪。所以助賢者，養善意也。月者，録責之。【疏】注「名者」至「者也」。○上九年：「諸侯盟于葵丘。」傳云：「桓公震而矜之，叛者九國。」滕蓋與厲同爲九國之一者也。此何氏當別有所据。○注「不得」至「執之」。○上四年：「齊人執陳袁濤塗。」傳云：「稱侯而執者，伯討也；稱人而執者，非伯討也。」今此不稱爵，故知不得爲伯討。蓋未以叛命罪執之也。○注「妄執」至「意也」。○解經書名義也。不以其罪執，仍稱名以著叛天子之命，爲襄公殺妄執之恥故也。春秋於宋襄，自上九年，「宋公禦説卒」，不書葬，至下二十三年，「宋公慈父卒」，不書葬，中間「盟曹南」稱人，「宜申獻捷」不言捷乎宋，皆深爲之諱，爲其有志行伯，尊周攘楚，憂中國，功雖不成，聖人不憚其詞，重言複與之，所謂重義不重事也。○注「月者，録責之」。○正以執例書時，上四年「夏，齊人執陳袁濤塗」、五年「冬，晉人執虞公」是也。今此書月，故解之。責之者，責其執不以罪也。通義云：「宋稱人者，惡其專執也。此盟主執諸侯之始，特録王月，以王法正之。以下執悉不月。」然則，襄十六年三月「晉人執莒子、邾婁子」，十九年三月「晉人執邾婁子」，皆書月者，彼皆不蒙月，且晉平非伯主，又不在録責之例，故知例時此月，爲深責之也。

○夏，六月，宋人、曹人、邾婁人盟于曹南。【注】因本會于曹南，盟故以地，實邾婁。説在下。

【疏】校勘記云：「唐石經、諸本同。左氏、穀梁作宋公。」通義云：「襄公德信未著，而屬諸侯，曹尋背盟不服，邾婁執用鄫子，亦爲不從約束，伯功未成，故人之也。」大事表云：「曹南，曹之南鄙，今曹州東南八十里有曹南山。」又云：「詩曹風：『薈兮蔚兮，南山朝隮。』毛傳云：『南山，曹南山也。』今曹縣南八十里有曹南山。范氏謂『曹之南鄙』是也。杜注、孔疏以『會于曹南』，謂在曹之都者，非是。」一統志云：「曹南山在曹州府曹縣南八里。」○注「因本」至「在下」。○舊疏云：「言此盟之前，相與會于曹南。其實此盟在邾婁，故云實邾婁也。」說在下，即下注云「不於上地以邾婁者，深爲襄公諱」是也。

○**鄫子會盟于邾婁。**【疏】校勘記出「鄫子會于邾婁」，云：「唐石經、宋本『會』下有『盟』字，此脫。毛本『子』誤『人』。」按：傳云「其言會盟何」，知無盟者，有奪文也。

其言會盟何？【注】据外諸侯會盟不録，及曹伯襄言會諸侯。【疏】注「据外」至「諸侯」。○下二十八年，「曹伯襄復歸于曹，遂會諸侯圍許」是也。舊疏云：「舊本皆無『及』字。言外諸侯會盟不録者，正以竟春秋上下，無外諸侯會盟之文。若存『及』，宜下句讀之。」按：傳執會盟問，有二義：一問鄫子不宜獨與邾婁會盟，一問不言會盟于諸侯，謂上曹南之諸侯也。

後會也。【注】說與會伐宋同義。君不會大夫，刺後會者，起實君也。地以邾婁者，起爲邾婁事也。不言君者，爲襄公諱也。魯本許嫁季姬於邾婁，季姬淫泆，使鄫子請己而許之，二國交忿。襄公爲此盟，欲和解之。既在會間，反爲邾婁所欺，執用鄫子，恥辱加於宋無異，故没襄公，使若微者也。不於上地以邾婁者，深爲襄公諱，使若不爲邾婁事盟。而鄫子自就邾婁，爲所執者也。上盟不日者，深順諱文，從微者例，使若下執，不以上盟爲辨也。會盟不日者，言會盟不信已明，無取於日，自其正文也。【疏】通義云：「不言如會者，未至曹南也。于邾婁者，起下事言行及于邾婁，而爲所要執也。邾婁在曹東鄫西，將如曹南，道出其國。」按：似諸侯會曹南後，就盟于邾婁。鄫子不及會，遂如邾婁就盟也，非必爲所要執。○注「説與」至「同義」。○莊十四年：「春，齊人、陳人、曹人伐宋。夏，單伯會伐宋。」傳云：「其言會伐宋何？後會也。」彼注云：「本期而後，故但舉會。書者，刺其不信。」○注「君不」至「君也」。○莊九年：「春，公及齊大夫盟于暨。」傳曰：「公曷爲與大夫盟？齊無君也。然則何以不名？諱與大夫盟也，使若衆然。」又莊二十二年：「秋，及齊高傒盟于防。」傳曰：「曷爲不言公？諱與大夫盟也。」是君不會大夫也。君不會大夫，而經刺後會無信，故知上曹南之會，爲宋公、曹伯、邾婁子之屬矣。○注「地以」至「事也」。○下二十八年，「公會晉侯以下盟于踐土。陳侯如會」，此亦宜言鄫子如會矣，而云如邾婁，故云起爲邾婁事也。邾婁事在下。○注「不言」至「者也」。○解上曹南會書宋人等故也。上十四年：「季姬及鄫子遇于防，使鄫子來朝。」傳云：「鄫子曷爲使乎季姬來朝？内辭也，非使來朝，使來請己也。」注：「使來請娶己以爲夫人。魯不防正其女，乃使要遮鄫子淫泆，使來請己，與禽獸無異。」即此所云魯本許嫁季姬於邾婁，季姬淫泆，使鄫子請己而許事也。潛研堂答問曰：「季姬許嫁邾婁，何氏何以知之？」曰：白虎通嫁娶篇：『春秋伯姬卒時，娣季姬更嫁鄫，春秋譏之。』此必公羊家説。僖九年伯姬卒，十四年經『季姬遇鄫子』，十五年

『季姬歸于鄫』，蓋季姬本伯姬之娣，不欲爲娣於邾婁，而使鄫子請己爲適〔一〕，故季姬歸鄫，而二國之交惡始於此。」其説是也。襄公本欲和解邾婁與鄫，反爲所欺者。按：左傳曰：「宋公使邾文公用鄫子于次睢之社，欲以屬東夷。」其時宋襄方彊，邾婁必不敢擅用鄫子於會間，必邾婁以屬東夷等詞煽誘宋公，因假宋襄之命，執用鄫子，故云反爲所欺也。宋襄以伯主之威受欺小國，無異辱及于宋，故諱之使若微者會盟爾，所以不稱君，没其公文也。「會間」，鄂本「會」誤「人」。○注「不於」至「者也」。○舊疏云：「上經云『盟于曹南』者，實是盟于邾婁，故以此解之。所以不於上經地以邾婁者，深爲襄公諱，使若不爲邾婁事盟，而鄫子自就邾婁，爲所執者也。」按：此亦盈乎諱之義。○注「上盟」至「辨也」。○隱元年：「九月，及宋人盟于宿。」注：「微者盟例時，不能專正，故責略之。此月者，隱公賢君，雖使微者，有可采取，故録也。」此順諱文，故從賢君使微者例書月也。若其不諱，直書宋公，則宜書日，正以不信日。盟事未訖，邾婁人即戕鄫君，不信之尤者也。從微者例，則下文之執，似與上盟不同事，可不以上盟爲辨也。○注「會盟」至「文也」。○校勘記云：「『已明』，毛本『明』誤『盟』。」舊疏云：「正以春秋之例，不信者日故也。言自其正文也者，謂既言會盟，即是不信之正文，不勞書日以見。」

○己酉，邾婁人執鄫子，用之。【疏】包氏慎言云：「六月書己酉，月之二十三日。」按：當二十二

〔一〕「適」，潛研堂答問作「嫡」。適通嫡。

日。孟子梁惠王篇：「爲其象人而用之也。」彼雖非用生人，此用之云者，猶彼「用之」之用也。

惡乎用之？用之社也。其用之社奈何？蓋叩其鼻以血社也。【注】惡無道也。不言社者，本無用人之道，言用之已重矣，故絶其所用處也。日者，魯不能防正其女，以至於此，明當痛其女禍而自責之。【疏】校勘記出「血社」，云：「唐石經、諸本同。」周禮肆師注引春秋僖十九年『夏，邾人執鄫子，用之』，傳曰：『用之者何？蓋叩其鼻以衈社也。』惠士奇云：『山海經東山經：祠，毛用一犬祈聃。』注云：『聃音餌，以血塗祭爲聃也。』公羊傳蓋叩其鼻以聃社。今本公羊作血，譌。穀梁作衈社，與鄭注合。」通義云：「血社者，釁社也。日者，用重于執也，與用世子有同例。」公羊古義云：「血當爲衈，壞字也。穀梁作衈社。山海經云：『祈聃用血。』郭璞云：『以血塗祭爲聃也。』公羊傳云：『蓋叩其鼻以聃社。』音釣餌之餌。禮説曰：『以牲告神，欲神聽之，曰聃。』蓋兼取膟膋，故耳从血，用祈神聽，故聃从申。」説文刀部「刉」下段注云：「周禮士師職凡刉珥，小子職作珥祈，肆師職作祈珥。按，鄭讀珥皆爲衈，云作刉衈爲正字。刉衈者，釁禮之事。用牲，毛者曰刉，羽者曰衈。小子衈於社稷，刉於五祀，謂始成其宮兆時也。雜記云：雍人舉羊升屋，自中，中屋南面，刲羊，血流于前，乃降門。夾室皆用雞，其衈皆于屋下。割雞，門，當門，夾室，中室，是刉衈之事也。許云劃傷者正謂此。禮不主於殺之，但得其血塗祭而已。血部無『衈』字，蓋許依經作『珥』。雜記注曰：衈謂將刲割牲以釁。先搣耳旁毛薦之。」是也。周禮注引此作「衈社」，故惠氏以今本血爲衈之壞字。山海經注引此作「聃社」，亦讀如衈字。異義同聃，蓋从神省耳。又按：肆師職云：「及其祈珥。」注：「故書祈爲幾。杜子春讀幾當爲祈，珥當爲餌。玄謂祈當爲進禨之禨，珥當爲衈。機衈者，釁禮之事。」据雜記説，成廟釁之，云「雍人舉羊」，是則機用羊血。小子職掌珥于社稷，祈于五祀，皆謂宫兆始成時，宜與釁廟同。士師職云凡刉珥則奉犬牲，或亦用犬也。説文有「餌」無「珥」、「衈」，故士師注云「珥讀爲餌」也。叩者，玉篇：「叩，擊也。」禮學記：「叩之以小者，則小鳴；叩之以大者，則大鳴。」論語憲問篇：「以杖叩其脛。」史記秦始皇本紀〔一〕：「叩關而攻秦。」是也。○注「惡無道也」。○左傳：「司馬子魚曰：古者六畜不相爲用。小事不用大牲，而況敢用人乎？祭祀，以爲人也。民，神之主也。用人，其誰饗之？」明無道也。○注「不言」至「處也」。○左傳言用於「次睢之社」，杜云：「睢水受汴，東經陳留、梁、譙、沛、彭城縣入泗，此水次有妖神，東夷皆社祠之，蓋殺人而用祭。」按：妖神之説及用人以祭，皆杜氏杜撰，不足信，非祀典所載，故謂爲淫昏之鬼爾。此注云「不言社」，或即左氏之次睢之社。祭無用人之道，故絶其所用處不言社，明凡祭皆然也。昭十年左傳季子伐莒，獻俘，始用人于亳社。蓋作俑於此矣。○注「日者」至「責之」。○執例時，此日，故解之。通義云：「謹按，邾婁人自以女怨執鄫子，而託罪其後會，以説于宋耳。左氏壹不知季姬事實，乃歸惡于宋襄。果爾，則春秋舍宋而責邾婁，理不可通也。又託子魚諫語，趙匡譏之曰：『凡左氏謬釋經文，必廣加文辭，欲以證實其事。』信哉斯言。」按：孔説非是。邾婁欺宋必以東夷爲辭，爲宋襄鋭意圖伯故也。若但後會，宋襄亦何至懆而爲此。公羊雖不責宋襄，然既爲之諱，又没公稱若微者，明亦以襄公爲罪首矣。左傳紀其實，公羊變其文耳。邾婁，君也，而

〔一〕「本紀」二字原脱，叢書本同，據史記篇目稱謂校補。

稱人，亦春秋貶爵之意也。

〇秋，宋人圍曹。

〇衛人伐邢。

〇冬，公會陳人、蔡人、楚人、鄭人盟于齊。【注】因宋征齊有隙，爲此盟也。是後楚遂得中國，霍之會執宋公。【疏】左氏、穀梁無「公」字。春秋異文箋云：「陳、蔡、楚、鄭皆稱人，則不當書公會，公羊衍『公』字。」按：此經如無公字，傳注當有説。先是楚未與中國會盟，此後楚遂得中國，春秋書公，所以責公也。四國書人，若曰與微者盟爾，深爲公諱，使若非齊盟所致也。〇注「因宋」至「盟也」。〇舊疏云：「謂上十八年，襄公征齊，齊與宋有間隙，齊遂搆會諸侯之人而爲此盟，以謀宋矣。」按：齊有易牙、豎刀之亂，宋襄帥諸侯以定之，且史記、左傳皆以齊孝公爲宋襄所立。今齊反以爲隙，合諸侯以謀之，以德爲怨，故春秋人之。書公會，明非人，皆諸侯也。通義云：「復與以大信辭者，諸侯之人，相與就盟于齊，以無忘齊桓之德，故春秋深善之。」牽涉左氏爲説也。〇注「是後」至「宋公」。〇舊疏云：「即下二十一年，『秋，宋公、楚子、陳侯、蔡侯、鄭伯、許男、曹伯會于霍。執宋公以伐宋』是也。」按：彼年宋、齊、楚盟于鹿上。齊、鄭、陳、蔡、許男皆從楚盟，是其得中國也。讎宋既屬非宜，復又致楚得諸夏，故深抑之。

○梁亡。【疏】杜云：「梁國在馮翊夏陽縣。」大事表云：「今同州府韓城縣西南二十里爲梁國地。秦滅之，爲少梁邑。與晉之韓原錯壤，後入于晉。」穀梁傳曰：「梁亡，鄭棄其師，我無加損焉，正名而已矣。」

此未有伐者，其言梁亡何？【注】据蔡潰以自潰爲文，舉侵也。【疏】注「据蔡」至「侵也」。○見上四年「蔡潰」，與「梁亡」文法同。「蔡潰」上舉諸侯侵蔡，此上無侵伐文，故据以問。通義云：「据虞不與滅，猶言晉人執。」不相比附，似非所据。

自亡也。其自亡奈何？魚爛而亡也。【注】梁君隆刑峻法，一家犯罪，四家坐之。一國之中，無不被刑者。百姓一旦相率俱去，狀若魚爛。魚爛從内發，故云爾。著其自亡者，明百姓得去之，君當絶者。【疏】史記秦本紀後論曰：「河決不可復壅，魚爛不可復全。」齊氏召南考證云：「魚爛而亡。史記秦始皇本紀後有此文。但是後漢明帝時，班固答詔語，非史記本文。梁亡之事，史記秦本紀繆公『二十年，秦〔一〕滅梁、芮』，是也。」○注「梁君」至「云爾」。○舊疏云梁君至絶者，爲史記、春秋説文。按：著其自亡下，當是何邵公語。繁露王道云：「梁内役民無已，其民不能堪，使民比地爲伍，一家亡，五家殺刑。其民

〔一〕「秦」字原脱，文義不明朗，叢書本同，據史記校補。

曰：『先亡者封，後亡者刑。』君者，將使民以孝於父母，順於長老，守丘墓，承宗廟，世世祀其先。今求財不足，行罰如將不勝，殺戮如屠，仇讎其民，魚爛而亡，國中盡空。春秋曰：『梁亡。』梁亡者，自亡也，非人亡之也。」又仁義法云：「故王者愛及四夷，伯者愛及諸侯，安者愛及封內，危者愛及旁側，亡者愛及獨身。春秋不言伐梁，而言梁亡，蓋愛獨及其身者也。」通義云：「梁實爲秦滅，緣其民先亡地，乃入秦，故以自亡言之。」史記索隱引宋均曰：「言如魚之爛，從內而出。」爾雅釋器云：「魚謂之餒。」注云：「肉爛。」郝氏懿行爾雅義疏云：「説文『魚敗曰餒』。論語皇疏：『餒謂魚臰壞也。魚敗而餒餒然也。』」又引李巡云：「肉敗久則臭，魚餒肉爛。」按：郭亦云「肉爛」，蓋皆「内爛」字形之誤。公羊注是此注所本，唯邢疏作「内爛」不誤。穀梁傳曰：「湎於酒，淫於色，心昏，耳目塞。上無正長之治，大臣背叛，民爲寇盜。梁亡，自亡也。如加力役焉，湎不足道也。」注：「如使伐之而滅亡，則淫湎不足記也。使其自亡，然後其惡明。」按：彼云「大臣背叛，民爲寇盜」，與此同爲自亡也。○注「著其」至「絶者」。○校勘記出「者〔一〕其自亡者」，云：「鄂本、宋本作『著其自亡者』，此誤。」繁露仁義法云：「春秋不言伐梁者，而言梁亡，蓋愛獨及其身者也。」又曰：「故曰：仁者愛人，不在愛我，此其法也。」又王道云：「觀乎梁亡，知枉法之窮。」是也。按：白虎通諫諍篇：「明有分土，無分民也。詩曰：『逝將去女，適彼樂土。』」又五行篇：「有分土無分民何法？法四時各有分

〔一〕「者」，原被誤改作「著」。陳立於【注】中已然校改「者」爲「著」了，又於此處將阮元所校之錯字也改正了，使得阮之校語不知所云，似無的放矢，故此恢復校勘記原文，並予以説明。

而所生者通也。」明君無道，得去之，所以孤惡君也。包氏慎言云：「絶，謂絶其祀也。后非衆罔與守邦，峻刑法者，懼民之叛，而以刑劫之。土崩瓦解，亡在一朝，則宗社虚矣，以民之去，書梁亡。秦始皇二世知此，則無陳、項之禍矣。」杜云：「以自亡爲文，非取之者之罪，所以惡梁。」三傳義無大異。

○二十年，春，新作南門。【疏】水經注泗水篇：「沂水北對稷門。昔圉人犖有力，能投蓋于此門。春秋僖二十年『新作南門』，杜預曰：『本名稷門，僖公更高大之，今猶不與諸門同，故名高門也。』其遺基猶在，地八丈餘矣。亦曰雩門。」史記孔子世家：「選齊國中女子好者八十人，皆衣文衣而舞康樂，文馬三十駟，遺魯君，陳於魯城南高門外。」謂此。

何以書？譏。何譏爾？門有古常也。【注】惡奢泰，不奉古制常法。【疏】注「惡奢」至「常法」。○繁露王道云「作南門」，「譏驕溢不䘏下也」。穀梁傳：「作，爲也。有加其度也。言新，有故也，非作也。南門者，法門也。」左傳疏引劉、賈先儒云：「言新，有故木；言作，有新木。」孔疏云：「新者，易舊之意；作者，興事之辭。」皆是更造之文，故何云「不奉古常也」。通義云：「南門本名稷門。時僖公更高大之，改名高門，故譏其奢泰，不用舊制也。古語曰：『變古亂常，不死則亡。』劉敞曰〔一〕：二百四十二年，所

〔一〕公羊通義所引「劉敞曰」，其大意取自劉氏春秋意林。「二百四十二年」，非劉敞原文所有，應是指春秋所記載的魯國十二公二百四十二年的歷史。

興作修舊多矣，僖公修泮宮，詩人頌之，而春秋不書。泮宮，諸侯之學，僖公修之，得其時制，故春秋不書也。『新宮災』、『大室屋壞』，災與壞，不能不修，而經無修之文。『雉門及兩觀災』，記新作焉。以此數者參之，修舊不足書，其書者，皆非禮之制，不務公室者也。」

○夏，郜子來朝。【疏】差繆略云：「郜，穀梁作邾，係誤字。」按：今穀梁本無作「邾」者。

郜子者何？【注】未有存文，嫌不名，故執不知問。【疏】注「未有」至「知問」。○桓二年經「取郜大鼎于宋」，是宋人滅郜在春秋前，故隱二年傳云：「始滅昉於此乎？前此矣。」注：「前此者，在春秋前，謂宋滅郜是也。」自爾以來不見存文，明爲失地之君，例合書名，而此文不名，故据以難。

失地之君也。【疏】通義云：「前爲宋所滅，寓於他國。今更來朝。計滅郜事，在隱十年以前。然七八十年間，容其君壽考，理猶得存。」

何以不名？【注】据鄧、穀名。【疏】注「据鄧、穀名」。○即桓七年書「穀伯綏來朝。鄧侯吾離來朝」，傳曰：「皆何以名？失地之君也。」是也。禮記曲禮云：「諸侯失地名。」此不名，故問之。

兄弟辭也。【注】郜，魯之同姓，故不忍言其絕賤，明當尊遇之，異於鄧、穀也。書者，喜内見歸。【疏】儀禮喪服傳曰：「小功以下爲兄弟。」故凡疏遠族屬，皆以兄弟稱也。此云兄弟辭，謂兄弟之之辭也。○注「郜，魯之同姓」。○下二十四年左傳云：「富辰諫曰：『管、蔡、郕、霍、魯、衛、毛、聃、郜、雍、曹、滕、畢、原、豐、郇，文之昭也。』」注：「十六國，皆文王子也。」是爲魯同姓。○注「故不」至「穀也」。○舊疏云：「即不書其名是也，何者？若非兄弟，宜書其名，絶而賤之。」繁露觀德云：「盛伯、郜子俱當絶，而獨不名，爲其與我同姓兄弟也。」爲其同姓，故雖失地，猶當尊禮之，異於庶姓也。

○五月，乙巳，西宫災。【疏】包氏慎言云：「五月書乙巳，五月無乙巳，四月之二十三日。」襄九年：「宋火。」傳：「曷爲或言災，或言火？大者曰災，小者曰火。」注：「大者，謂正寢、社稷、宗廟、朝廷也。」此西宫，爲楚女所居止，宜書火，而書災者。彼傳又云：「内何以不言火？内不言火者，甚之也。」注：「春秋以内爲天下法，動作當先自克責，小有火，如大有災。」是以雖小言災也。義或然也。

西宫者何？小寢也。小寢則曷爲謂之西宫？有西宫，則有東宫矣。魯子曰：「以有西宫，亦知諸侯之有三宫也。」【注】西宫者，小寢内室，楚女所居也。禮，諸侯娶三國女，以楚女居西宫，知二國女於小寢内各有一宫也，故云爾。禮，夫人居中宫，少在前；右媵居西宫，左媵居東宫，少在後。【疏】杜云：「西宫，公别宫也。」蓋取此爲説。穀梁以爲閔公之廟。孔疏云：「禮，宗廟在左，不得稱西宫。」是也。○注「西宫」至「云爾」。○莊十九年傳云：「諸侯娶一國，則二國往媵之，以姪娣從。」又曰：「諸侯壹聘九女。」是娶三國女也。論語八佾云：「管氏有三歸。」注引包咸説，謂三歸是三姓女。婦人謂嫁曰歸，蓋管仲以大夫而僭諸侯，娶三姓女也。○注「禮夫」至「在後」。○周禮内宰注云：

「六宮之人，夫人以下，分居后之六宮者，每宮九嬪一人，世婦三人，女御九人；其餘九嬪三人，世婦九人，女御二十七人，從后唯其所燕息焉。」公羊雖不取三夫人、九嬪、二十七世婦、八十一御妻之説，然以理推之，當夫人居中，左右媵分居東西，其姪娣各從其長也。知者，穀梁桓十四年傳：「甸粟而納之三宮，三宮米而藏之御廩。」疏引禮：「王后六宮，諸侯夫人三宮也。」禮記祭義：「卜三宮之夫人、世婦之吉者。」注：「諸侯夫人三宮，半王后也。」江氏永鄉黨圖考載諸侯宮寢圖，前列君路寢，次君小寢，次夫人正寢，次夫人小寢，爲得其制。唯江氏永謂，諸侯夫人皆於正寢外別有小寢三，則與何、鄭之義皆不合。劉氏寶楠愈愚録云：「曲禮疏：『周禮王有六寢，一是正寢，餘五寢在後，通名燕寢。』」「是王之六寢，即王之六宮也。陳氏禮書謂后之六宮，亦正宮在前，五宮在後，其制如王之五〔一〕寢。」「諸侯之制殺於天子，宮人疏：『路寢一，燕〔二〕寢一，側室一。』內則所云是也。如賈氏言，是諸侯路寢居中，別有二寢，當名東宮、西宮。」「夫人亦路寢居中，別有二寢，亦名東宮、西宮。東宮，則襄九年傳『穆姜薨于東宮』是也。西宮，則公羊傳所云『西宮者何？小寢也。』」是也。「惟然夫人有東宮、西宮而無北宮。在襄十年傳言『北宮』者，君宮在南，夫人宮在北，故名北宮。內宰：『憲禁令於王之北宮而糾其守。』鄭注：『北宮，后之六宮。謂之北宮者，繫王言之。』」是也。通義云：「謹按，周禮曰『以陰禮教六宮』，諸侯半天子，故三宮也。傳云爾者，取

〔一〕「五」，原訛作「燕」，叢書本同，據愈愚録校改。
〔二〕「燕」，原訛作「小」，叢書本同，據愈愚録校改。

明春秋因事見法，有西宮則知有東宮，有東宮、西宮則亦知有中宮。故觀於此經，而諸侯宮寢之制可得考焉。」按：何氏所引禮文，當是禮緯文，或逸禮語，今不可考矣。通義又云：「君子之爲春秋，該六經而垂憲，其設刺譏、襃貶，同乎詩；序四序、審五行，同乎易；記王者之政、列國之事，同乎書。若乃因税畝用賦，以見田制；因作舍中軍，以見軍制；因卒葬、含賵，以見喪制；因公卿大夫士名字之等，以見官制；因西宮，以見寢制；因世室、武宮，以見廟制；而至於禘郊烝嘗之節、昭穆之位、楹桷之飾，靡不畢舉，蓋兼周公制禮之意乎？」

西宮災何以書？記災也。【注】是時僖公爲齊所脅，以齊媵爲嫡，楚女廢在西宮而不見恤，悲愁怨曠之所生也。言西宮不繫小寢者，小寢夫人所統，妾之所繫也。天意若曰楚女本當爲夫人，不當繫於齊女，故經亦云爾。【疏】校勘記云：「唐石經、鄂本作記『災』也，諸本作『異』，誤。」通義云：「此於洪範應『以妾爲妻』之罰云。」○注「是時」至「生也」。○校勘記出「以齊媵爲嫡」，云：「宋本同。鄂本、閩、監、毛本『嫡』作『適』。釋文『適本又作嫡』。」漢書五行志上：「釐公二十年，五月，己酉，西宮災。穀梁以爲愍公宮也，以謚言之則若疏，故謂之西宮。劉向以爲，釐立妾母爲夫人，以入宗廟，故天災愍宮。若曰：去其卑而親者，將害宗廟之正禮。董仲舒以爲，釐娶于楚，而齊媵之，脅公使立以爲夫人。西宮者，小寢，夫人之居也，若曰：妾何爲此宮？誅去之意也。以天災，故大之曰西宮也。左氏以爲西宮者，公宮也。言西，知有東。東宮，太子所居。言宮，舉區皆災也。」臧氏琳經義雜記云：「按，杜注左氏謂無傳，則班志所引當是解左氏者之言。如劉歆輩説，知西宮災，不獨一西宮也。公宮爲國君所居，既不可斥言；東宮，太子宮，太子，國之本也，又不可言災，故舉西宮以概之。據董生説，則知西宮即夫人所居。僖公爲齊所脅，以妾爲夫人而居此宮，故天災誅去之，乃何氏既用董義，而又采禮緯爲夫人居中、右媵居西、左媵居東之説，以西宮爲楚女所居。然楚女無罪，何反焚其所居？又言楚女本當爲夫人，不當繫於齊女，故言西宮而不繫小寢，皆曲説也。范解穀梁未能發明，當以劉子政説補之。三傳之學，惟穀梁最微，今所宜急治者。」按：左氏家以爲公宮，果爲公宮，不妨直斥，春秋何所忌，而以西宮言之？東宮，太子所居。居西宮者何人乎？「雉門及兩觀災」，可謂災之重矣，經皆書之，舉重可以該輕，以公宮概西宮可也，不聞舉輕以包重也。如穀梁説，則當書「新宮」。劉子政牽涉釐立妾母之事，天即示罰，於閔宮何涉？尤屬支離。即如穀梁家劉子政説，「禘于太廟，用致夫人」，以夫人爲成風，當災及太廟矣，不宜災及閔宮。仲舒之説，往往與何氏少異，蓋又公羊先師傳授之殊耳。然夫人不應偏居西宮，傳引魯子明云「亦知諸侯有三宮也」，則有中宮可知。夫人居西宮，左右媵反居中宮乎？則此當以何氏注爲定。怨曠之氣，上干天和，激而成災，理所時有，不必災西宮即爲示罰居宮之人也。然則「雉門及兩觀災」，又「宋災，伯姬卒」，又將何説？故修西宮不書，明修所當修故也。後漢書呂强傳：「强上疏曰：昔楚女悲愁，則西宮致災。」又陳蕃傳：「是以傾宮嫁而天下化，楚女悲而西宮災。」鹽鐵論備胡云：「宋伯姬愁思而宋國火，魯妾不得意而魯寢災。」皆與何義合也，臧氏之言未可從。○注「言西」至「云爾」。○何意以西宮亦小寢之别，經不舉其重者，故解之若以齊女本非夫人，楚女不當反繫于齊女，故不以西宮繫之小寢也。諸侯有路寢治外政，夫人亦有小寢聽内政，故小寢爲夫人統妾之所繫也。劉氏解詁箋云：「何君説本董子。按，穀梁子曰：『謂之新宮，則近爲禰宮，以謚言之，則如疏之然，以是爲閔宮也。』於義穀梁爲長。詩曰：『新廟奕奕，奚斯所作。』毛云：『新廟，閔公廟也。有大夫奚斯者，作是廟也。』經云『西宮』者，知僖公，季友、奚斯不以閔序昭穆，而别爲築宮，則躋僖之意，不始於文公矣。詩又曰：『靡有不孝，自求伊祜。』亦微辭也。天戒若曰：閔當序昭穆，不當爲築西宮，故經亦云爾。」按：劉氏此説殊爲臆斷，且公羊先師既指楚女所居，亦不得以穀梁説羼入。啖助、趙匡之徒所辨，何嘗無理哉！

○**鄭人入滑。**【疏】史記注引賈逵云：「滑，姬姓之國。」大事表云：「高江村駁正地理處，説多當理，獨於僖二十年『鄭人入滑』，謂非緱氏之滑，而反取熊過之説，以爲大名之滑縣，大謬。滑縣在春秋〔一〕止稱漕邑，無滑之名。漢魏爲白馬縣，隋開皇始改曰滑州，聞有前代之地名後世因之者矣，未有後世所改革而前代可假用者也。漕本爲衛下邑，所謂白馬，與北岸黎陽止隔一河，衛舊都在黎陽之廢衛縣，爲狄人所逐，渡河野處，去其國都不遠。若先有滑國在焉，戴公安得廬之，則齊侯又安得驅滑之衆庶而更封衛乎？若謂既爲滑，又以封衛，則衛爲鵲巢鳩居，而滑爲鳥鼠同穴，必無之事也。又江村云：『戴公野處漕邑，與齊桓城楚丘封衛皆在滑境，滑蓋衛都所在，故鄭人力争之。自古無與人争國都之理，以戰國秦之强圍趙邯鄲已爲異事，春秋時尚無此等。且使滑爲衛都，則滑已滅於衛矣，安得更謂之滑？屬於列國，而上煩天

〔一〕「春秋」，殆「詩」之誤記。春秋有滑無疑，詩中確無「滑」，而有「漕邑」。

子之命乎?』」江村蓋以傳云滑人聽命師還,又即衛,謂滑必鄭衛交界地。緱氏遠河南,非衛所及,考『秦人滅滑』,傳『秦師過周北門』,次及滑,鄭商人弦高遇之。滑與鄭近,自不必言,而衛之儀封,亦在河南,與滑非絶遠,不必以此爲疑也。」按:以遠近言之,則滑在緱氏,中隔鄭地,其去衛不爲不遠,要非大名之滑。當時小國附屬大國,亦有相去絶遠者,如江、黄、道、柏之睦於齊是。究非睦鄰事大所宜,故滑亦不久即亡也。

○秋,齊人、狄人盟于邢。【注】狄稱人者,能常與中國也。【疏】注「狄稱」至「國也」。○上十八年伐衛,狄稱人,善其憂中國之心;此稱人,故爲善其能與中國也。左傳以爲「謀邢難」,是亦狄人有憂中國之心矣。通義云:「以邢地者,邢與盟也。左傳曰:『爲邢謀衛難也。』狄稱人,與前同義。」

○冬,楚人伐隨。【注】叛楚故也。【疏】桓六年左傳杜注云:「隨國,今義陽隨縣。」正義引世本:「隨國,姬姓。不知始封爲誰。」水經注溳水篇:「東南過隨縣西,縣故隨國矣。春秋左傳所謂漢東之國,隨爲大者也。楚滅之以爲縣。」蓋在春秋後。○注「叛楚故也」。○左傳:「隨以漢東諸侯叛楚。冬,楚鬬穀於菟帥師伐隨,取成而還。」是也。

○二十有一年，春，狄侵衛。【注】貶狄者，爲犯中國諱。【疏】注「貶狄」至「國諱」。○按：「諱」字誤，蓋衍文也。通義云：「狄不復稱人者，附邢而後得進，明非憂中國不進。」

○宋人、齊人、楚人盟于鹿上。【疏】通義云：「不月者，與襄公以大信辭。」杜云：「鹿上，宋地，汝陰有原鹿縣。」大事表云：「今江南潁州太和縣西有原鹿城。」一統志：「原鹿縣在潁州府阜陽縣南。」方輿紀要：「鹿城鄉在曹州曹縣東北。」則去潁州遠矣。水經注淮水篇：「東過原鹿縣南。」縣有鹿城鄉。酈元曰：「春秋之鹿上也。」則顧氏祖禹所本。又水經注：「濮水又東北，逕鹿城南，春秋僖公二十一年『盟于鹿上』，京、杜並謂此亭也。」則與淮水篇文不合。然杜預自指汝陰之原鹿，不以爲在乘氏也。

○夏，大旱。【疏】通義云：「主書旱者，譏不雩也。」上十一年穀梁傳曰：「得雨曰雩，不得雨曰旱。」范注：「喜其有益也。」則凡書旱，皆是雩而不雨，此及宣七年「秋，大旱」是也。禮，八月不雨，君乃不舉。此夏已書大旱者，蓋自此至秋仍不雨，故經追書於夏時也。

何以書？記災也。【注】新作南門之所生。【疏】注「新作」至「所生」。○見上二十年漢書五行志中之上：「釐公二十一年夏，大旱。董仲舒、劉向以爲，齊威既死，諸侯從楚，釐尤得楚心。楚來獻捷，釋宋之執。外倚彊楚，炕陽失衆，又作南門，勞民興役。」

○秋，宋公、楚子、陳侯、蔡侯、鄭伯、許男、曹伯會于霍。【疏】校勘記云：「唐石經、諸本同。」解云：左氏作『盂』，穀梁作『雩』，蓋誤，或所見異。」按：古音霍同護，與盂、雩皆同部，得通也。杜云：「盂，宋地。」范注同。大事表云：「今歸德府睢州有盂亭。」一統志：「盂亭在歸德府睢州界。」

○執宋公以伐宋。【疏】楚世家云：「宋襄公欲爲盟會，召楚。楚王怒曰：『召我，我將好往襲辱之。』遂行，至盂，遂執辱宋公，既而歸之。」穀梁傳曰：「以重辭也。」

孰執之？楚子執之。【注】以下獻捷貶。【疏】注「以下獻捷貶」。○即下「冬，楚人使宜申來獻捷」，傳：「此楚子也，其稱人何？貶。曷爲貶？爲執宋公貶。」是也。

曷爲不言楚子執之？【注】据湨梁盟下，執莒子、邾婁子，復出晉人也。【疏】注「据湨」至「人也」。○襄十六年，「公會晉侯以下于湨梁」，下云：「晉人執莒子、邾婁子以歸。」是也。

不與夷狄之執中國也。【注】不舉執爲重，復舉伐者，劫質諸侯，求其國事，當起也。不爲襄公諱者，守信見執，無恥，説在下也。【疏】通義云：「故使若諸侯共執之者然。」沈氏欽韓左傳補注云：「宋襄雖無德，中夏之上公也；楚雖强大，荆山之蠻夷也。若云楚執之，則爲禮樂之邦羞，俾强梁之志逞，聖人扶陽抑陰，不與楚子執宋公，故不言楚。」通義又云：「序楚子於諸侯之上，使主其罪也。楚至此稱子者，方將終僖之篇貶若壹，皆稱人，嫌但是外楚常文，須張其本爵於前，貶之於後，意乃得顯。」按：沈氏説，亦即不與夷狄執中國義。○注「不舉」至「起也」。○下傳云：「楚人謂宋人曰：『子不與我國，吾將殺子君矣！』」是劫質求國事也。故執伐並舉，不專舉執君爲重也。○注「不爲」至「下也」。○下傳云：「宋公與楚子期以乘車之會，公子目夷諫曰：『楚，夷國也，彊而無義，請君以兵車之會往。』宋公曰：『不可，吾與之約以乘車之會，自我爲之，自我墮之，曰不可。』終以乘車之會往。楚人果伏兵車，執宋公以伐宋。」是守信見執，故不爲恥也。

○冬，公伐邾婁。

○楚人使宜申來獻捷。

此楚子也，其稱人何？【注】据稱使知楚子。【疏】注「据稱使知楚子」。○正以使者上命下之詞，故知楚子。

貶。曷爲貶？【注】据齊侯獻戎捷不貶。【疏】注「据齊」至「不貶」。○莊三十一年，「齊侯來獻戎捷」，稱爵也。其實彼書月，即以刺齊桓威我。此第据其稱侯不貶，與楚人殊耳。

爲執宋公貶。【疏】沈氏欽韓云：「經不言楚子，所以惡楚也。戎狄得志，驕夸上國，所謂上無明天子、下無賢方伯以致此。」

曷爲爲執宋公貶？【注】据上已没，不與執中國。【疏】注「据上」至「中國」。○謂上執宋公没去楚子也。

宋公與楚子期以乘車之會，【注】蓋鹿上之盟。【疏】注「蓋鹿上之盟」。○謂上鹿上之盟約霍之會也。

公子目夷諫曰：【疏】上八年左傳曰：「太子兹父固請曰：『目夷長且仁。』」注：「目夷，兹父庶兄子魚也。」

「楚，夷國也，彊而無義，請君以兵車之會往。」宋公曰：「不可，吾與之約以乘車之會，自我爲之，自我墮之，曰不可。」終以乘車之會往。楚人果伏兵車，執宋公以伐宋。【注】詐諼劫質諸侯，求其國，當絶，故貶。【疏】通義云：「墮，敗也。」説苑尊賢云：「宋襄公不用公子目夷之言，大辱于楚。」○注「詐諼」至「故貶」。○釋文作「誰諼」，云：「誰，本亦作詐。」公羊問答云：「問：古有劫質之事乎？曰：於古未見也。有之自此始。此〔一〕傳『執宋公以伐宋』，莊二十三年『曹子手劍而從之』，皆是也。後世之見於史者，後漢書橋元〔二〕傳：『元少子，十歲，獨游門次。卒有三人持杖劫執

〔一〕「此」字原脱，叢書本同，據公羊問答校補。

〔二〕「橋元」，即「橋玄」，公羊問答作者清人凌曙，避康熙皇帝玄燁之名諱，改玄爲元。此段引文中之「元」，均指橋玄。

之，入舍登樓，就元求貨，元不與。有頃，司隸校尉陽球率河南尹、洛陽令圍守元家。球等恐並殺其子，未欲迫之。元瞋目呼曰：「姦人無狀，元豈以一子之命而縱國賊乎！」促令兵進。於是攻之，元子亦死。元乃詣闕謝罪，乞天下凡有劫質者，皆並殺之，不得贖以貨寶，開長〔一〕姦路。詔書下其章。初自安帝以後，法禁稍弛，京師劫質，不避豪貴，自是遂絶。』三國志夏侯惇傳：『吕布襲得惇軍輜重，遣將僞降，共執持惇，責以寶貨。惇軍中震恐，惇將韓浩乃勒兵屯惇營門，召軍吏諸將皆按甲當部不得動，諸營乃定。遂詣惇所，叱持質者曰：「汝等凶逆，乃敢劫執大將軍，復欲望生耶！且吾受命討賊，寧能以一將軍之故而縱汝乎？」因涕泣謂惇曰：「當奈國法何！」促召兵擊持質者。持質者惶遽叩頭，言：「我但欲乞資用去耳！」浩數責，皆斬之。惇既免。太祖聞之，謂浩曰：「卿此可爲萬世法。」乃著令。』注：『孫盛曰：按光武紀，建武九年，盜劫陰貴人母弟，吏以不得拘質迫盜，盜遂殺之也。然則合擊者，乃古制也。』按，人君於此又有不同，曹子求邑，則與之；楚人求國，則不與，諸侯死國不死邑之義也。劫人之臣子以要其君父，並擊之可也。劫人之君父以要其臣子，並擊之則不可。於此當權其輕重矣。若祭仲、目夷真有當於春秋之義也夫！」包氏慎言云：「求其國，謂下『楚人謂宋人曰：子不與我國，吾將殺子君矣』，絶而稱人，絀其爵也。劫質者，盜賊之行。國君而爲盜賊之行，故絶。」按：今律有捉人勒贖，即劫質類也。通義云：「故貶楚人之諼，以伸宋公之信。」

〔一〕「長」字原脱，叢書本同，據公羊問答校補。

宋公謂公子目夷曰：「子歸守國矣！國，子之國也。【疏】宋世家：「三十年春，桓公病，太子茲甫讓其庶兄目夷爲嗣。桓公義太子意，竟不聽。三十一年春，桓公卒，太子茲甫立，是爲襄公。以其庶兄目夷爲相。」是目夷，襄公庶兄，本有讓國之意，故公云然。

吾不從子之言，以至乎此！」【疏】校勘記云：「唐石經、鄂本同。閩、監、毛本『乎此』誤倒。」

公子目夷復曰：「君雖不言國，國固臣之國也！」【注】所以堅宋公意，絶彊楚之望。【疏】校勘記云：「唐石經原刻『言』下不疊『國』字，後磨改同今本。此行及前一行皆本九字，此行後磨改，故亦十字。讀『君雖不言』句，『國固臣之國也』句。」舊疏云：「即言君假令不道是臣之國，今國當是爲臣之國矣。所以堅宋公意，欲使宋公乃心在楚，不急求還。又欲絶楚人，使知宋難取，不復望之也。」蓋目夷權辭以對，與鄭成公被執，其臣公孫申之謀相似，有幸有不幸爾。

於是歸，設守械而守國。【疏】莊三十二年注有「攻守之器曰械」。

楚人謂宋人曰：「子不與我國，吾將殺子君矣！」宋人應之曰：「吾賴社稷之神靈，吾國已有君矣！」楚人知雖殺宋公，猶不得宋國，於是釋宋公。【疏】通義云：「下經『釋宋公』是也。經不言楚釋者，不與專執，即不與專釋也。」又云：「昔秦獲惠公，晉大夫謀『征繕以輔孺子』。晉人執鄭伯，鄭公孫申之謀曰：『我改立君，而紓晉使，晉必歸君。』此喪君守國之上算也。然鄭伯歸而殺申，其後于肅慜效之，亦以致禍。若襄公之於目夷，推誠不疑，君臣同濟，可不謂賢乎！」

宋公釋乎執，走之衛。【注】襄公本謂公子目夷曰：「國，子之國也！」宋公愧前語，故慚不忍反，走之衛。不書者，執解而往，非出奔也。【疏】注「走之」至「奔也」。○舊疏云：「決襄十四年『衛侯衎出奔齊』是也。」

公子目夷復曰：「國爲君守之，君曷爲不入？」然後逆襄公歸。【注】凡出奔歸書、執獲歸不書者，出奔已失國，故録還，應盜國。與執獲者異，臣下尚隨君事之，未失國，不應盜國，無爲録也。【疏】注「凡出」至「録也」。○出奔歸書者，桓十五年「鄭世子忽復歸於鄭」，又「鄭伯突入于櫟」、莊六年「衛侯朔入于衛」之屬是也。有書歸、書復歸、書復入、書入之殊。桓十五年傳：「復歸者，出惡歸無惡；復入者，出無惡入有惡；入者，出入惡；歸者，出入無惡。」有盜國、不盜國之殊，故分別録之也。下二十五年：「納頓子于頓。」注云：「出奔當絶，還入爲盜國，當誅文。」定元年注：「昭公出奔國當絶，定公不得繼體奉正，故諱爲微詞，使若在正月後，故不書正月。」盜國當絶，故書入與復入也。其執獲而歸，不書者，本未失國，臣下尚君事之，故其歸也與盜國異。且君若被獲，於其獲時已絶，故不必絶於其歸也。其下二十八年「晉侯執曹伯」下書「曹伯襄復歸于曹」，又「晉人執衛侯」、三十年書「衛侯鄭歸于衛」、哀七年「公伐邾婁，以邾子益來」、八年「歸邾婁子益于邾婁」之屬，是執而書歸者。當文各自有解，不得相難。執與獲異。執者有書爵、書人之殊，故被執亦不必皆坐罪也。

惡乎捷？捷乎宋。【注】以上言伐宋。

曷爲不言捷乎宋？【注】据戎捷也。【疏】注「据戎捷也」。○莊三十一年，「齊侯來獻戎捷」是。

爲襄公諱也。【注】襄公本會楚，欲行霸，憂中國也。不用目夷之言，而見詐執伐宋，幾亡其國，故諱爲没國文，所以申善志。不月者，因起其事。【疏】穀梁傳曰：「其不曰宋捷，何也？不與楚捷於宋也。」與此「不與夷狄執中國」義同。穀梁無善宋襄之意，故不以爲襄諱。○注「襄公」至「善志」。○通義云：「高襄公，故不與楚捷乎宋也。」○注「不月」至「其事」。○以獻戎捷書六月也起事者，舊疏云：「春秋之義，滅國例月，莊十年『冬，十月，齊師滅譚』、十三年『夏，六月，齊人滅遂』之類。今此宋公幾亡國，是以爲諱之，去其月以起其賢。」

此圍辭也，曷爲不言其圍？【注】据上言守國，知圍也。【疏】通義云：「据戰乃有捷，言捷者起戰也，而不言戰者起圍也。經之大例，圍不言戰，故知此言捷不言戰者是圍辭也。」○注「据上」至「圍也」。○即上傳「歸，設守械而守國」是也。舊疏云：「舊本傳注三者皆作『圍』字，唯有『守』下『知』上一『國』字，以其有皆作『圍』字者，誤。」

爲公子目夷諱也。【注】目夷遭難，設權救君，有解圍存國免主之功，故爲諱圍起其事，所以彰目夷之賢也。歸捷書者，刺魯受惡人物也。【疏】注「目夷」至「賢也」。○設權者，即上傳「公子目夷曰：『君雖不言國，國固臣之國也。』」救君者，即上傳「宋公釋乎執」是也。楚釋宋公後，不見有圍楚文，故知解圍也。逆襄公歸，是其存國免主也。爲目夷諱，春秋之爲賢者諱也。繁露玉英云：「夫權雖反經，亦必在可以然之域，不在可以然之域，故雖死亡，終弗爲也，公子目夷是也。故諸侯父子兄弟，不宜立而立者，春秋視其國，與宜立之君無以異也，此皆在可以然之域也。」又云：「故春秋之道，博而要，詳而反一也。公子目夷復其君，終不與國，祭仲已與，後改之，晉荀息死而不聽，衛曼姑拒而弗内，此四臣事異而同心，其義一也。目夷之弗與，重宗廟；祭仲與之，亦重宗廟；荀息死之，貴先君之命；曼姑拒之，亦貴先君之命也。事雖相反，所爲同，俱爲重宗廟、貴先君之命耳。」通義云：「目夷之事，欲彰其賢而反諱之。此聖經之高義，賢傳之達言。蓋以鳴其孝者非令子，矜其忠者非令臣。原臣子之道，莫不欲尊榮君父，故讓德歸美，過則稱己。曹羈以義去，公子目夷以仁守，二子易地皆然。目夷有成勞矣，羈雖不克濟君於難，而並有愛國之心，悃悃忱忱，要殊武安倖敗之意，終鮮慶鄭愎諫之懟。春秋緣羈與目夷之心，而君死國辱，爲之不忍言焉。斯二臣之風期千載可想矣！」按：注言諱圍起其事者，謂起其設權救君之屬是也。因以彰目夷之賢。○注「歸捷」至「物也」。○莊三十年書「齊侯獻戎捷」，見王魯義。此貶楚子稱人，故受捷者亦從乎貶例矣。刺受惡人物，所以深惡楚也。

○十有二月，癸丑，公會諸侯盟于薄。【注】言諸侯者，起霍之會諸侯也。不序者，起公從旁以議釋宋公，會、盟一事也。言會者，因以殊諸侯也。【疏】包氏慎言云：「十二月書癸丑，月之十一日。」宋世家薄作亳。漢書地理志山陽郡薄下云：「臣瓚曰：湯所都。」一統志：「薄縣故城在歸德府商丘縣西北。」閻氏若璩尚書古文疏證云：「亳有三：一南亳，後漢梁國穀熟縣，是湯所都也。一北亳，梁國蒙縣，是即景亳，湯所盟地。一西亳，河南尹偃師縣，是盤庚之遷都也。鄭康成謂湯亳在偃師，皇甫謐即據孟子以正之曰：『湯居亳，與葛伯爲鄰。葛在今梁國甯陵之葛鄉，若湯居偃師，去甯陵八百里，豈能使民爲之耕乎？亳今穀熟是也。』其説精矣。」王氏鳴盛尚書後案云：「皇甫謐以偃師爲西亳，而別以蒙爲北亳，穀熟爲南亳。按，續志梁國屬縣有蒙，有穀熟。劉昭注即引謐帝王世紀『蒙，北亳；穀熟，南亳』之文。梁國屬縣又有薄。司馬彪自注：『湯所都。』此即本之臣瓚者。劉昭又引杜預左傳注云：『蒙縣西北有薄城，中有湯冢。』於是，張守節史記正義云：『湯即位，都南亳，後徙西亳。』謐又以與葛鄰，乃是居南亳時事。盤庚言商先王五遷，鄭、馬、王皆以始居商丘，後遷居亳，當五遷之二。水經注：『汳水東逕大蒙城北。』大蒙在今商丘縣北四十里，穀熟故城在今商丘縣東南四十里，湯本居此，後乃遷偃師，即其後微子封此，亦以湯之舊邑封之。謐説似非無稽。但馬、鄭唯言湯曾居商丘，商丘本不名亳。觀漢志，但于偃師言湯都，而梁國蒙、山陽薄縣不言是亳，可見謐因經言三亳，遂造北亳、南亳，配偃師爲三。其實蒙、穀熟，古但名商丘，不名亳也。杜預、臣瓚、司馬彪皆晉人，劉昭梁人，妄相附和，豈如班、鄭之可信乎？其辨一也。既名三亳，宜遠近相等，商丘、偃師相去七八百里，蒙、穀熟相去止數十里，分之無可分也。即如其説，只有東西二亳耳。奈何於數十里中强分爲二，以充三亳之數？其辨二也。商丘平衍與成皋等地大不類，何山險之有，而云阪乎？其辨三也。」漢志云：「宋地，今之沛、梁、楚、山陽、泲陰〔一〕、東平及東郡之須昌、壽張皆宋分

〔一〕「泲陰」，漢書作「濟陰」，濟水又稱泲水是也。

也。」蓋諸郡皆微子所封。杜猶稱亳，當時人或以亳在宋地。班氏於此文下又云：「昔堯作游成陽，舜漁雷澤，湯止于亳。」則此爲湯所游息之地，後人遂稱亳在梁國沛陰、山陽之間。而其實湯都則在偃師，與宋地無涉。蓋薄縣者，漢本屬山陽郡，後漢分其地置蒙，穀熟與薄並改稱梁國，晉又改薄爲亳，且改屬沛陰，故臣瓚謂湯都在沛陰亳縣者，即其所謂在山陽亳縣者也，亦即司馬彪所謂在梁國薄縣、杜預所謂在蒙縣北亳城者也，而亦即皇甫謐所分屬於蒙、穀熟者也，本一說也。薄，薄也，非亳也。立政三亳，鄭解爲遷亳之民而分爲三，亳本一也，安得有三？按：薄與亳同聲而不同韻，王氏分亳與薄，是也。杜氏於此無注。○注「言諸」至「侯也」。○即上「宋公、楚子、陳侯、蔡侯、鄭伯、許男、曹伯會于霍。執宋公以伐宋」是也。上文歷序其爵，此總言諸侯，故得起其爲上會諸侯也。○注「不序」至「宋公」。○舊疏云：「若其序之，宜云公會某侯某侯，即無以見公從旁別來。今諸侯不序，並作一文，別言公會，則知魯公從旁而來，是以不序諸侯，以起其義。」按：若序公會某侯某侯于某，則嫌別爲此會，故無以起公從旁議釋，故但書諸侯，明公即就彼諸侯而爲薄之盟。霍在今之睢州，固與薄近也。穀梁傳曰：「外釋不志，此其志何也？以公之與之盟目之也。」又曰：「會者，外爲主焉爾。」○注「會盟」至「侯也」。○舊疏云：「上言會于霍，下言盟于薄，明其一出之行，而更言公會諸侯，因以殊諸侯矣。」

○釋宋公。

執未有言釋之者，此其言釋之何？【注】据執滕子不言釋。【疏】注「据執」至「言釋」。○見上十九年。舊疏云：「不言楚子釋宋公者，何氏廢疾：公羊以爲公會諸侯釋之，故不復出楚耳。」通義云：「執而釋者，自天子釋之以歸書，自諸侯釋之不書。此特書，故問之。」

公與爲爾也。公與爲爾奈何？公與議爾也。【注】善僖公能與楚議釋賢者之厄。不言公釋之者，諸侯亦有力也。【疏】通義云：「與議爾者，公與言説贊成之也。以公有力焉，故從内録釋也。」經傳釋詞云：「爾猶此。隱二年公羊傳『託始焉爾』，注：『焉爾猶於是。』是亦此也。『公與爲爾奈何〔一〕？公與議爾也』，言公與爲此，公與議此也。」○注「善僖」至「力也」。○周禮典瑞云：「穀圭以和難。」又調人：「掌司萬民之難而諧和之。」宋襄賢者，僖公能會諸侯與爲和議，故並善之焉。穀梁傳以爲「不言楚，不與楚專釋」，彼注引何氏曰：「春秋以執之爲非，不以釋之爲罪，責楚子專釋，非其理也。」公羊以爲公會諸侯釋之，故不復出楚耳。鄭釋之曰：『不與楚專釋者，非以責之也。』傳云：『外釋不志，此其志何也？以公之與盟目之也。』言公與諸侯盟而釋宋公，公有功焉，與公羊義無違錯。」劉氏申何云：「如鄭君説，傳當云：不言楚，歸功于諸侯也。」通義又云：「自是盡二十七年，僖遂背齊、宋，合衛，以睦于楚。春秋之所深責，故其盟皆日以危之，其會皆不致以略之。」義或然也。

〔一〕「公與爲爾奈何」，原訛作「此公爲爾也」，叢書本同，據經傳釋詞校改。

公羊義疏三十四

南菁書院　句容陳立卓人著

僖二十二年盡二十六年

○二十有二年，春，公伐邾婁，取須朐。【疏】校勘記云：「須朐，唐石經、諸本同。釋文：『須朐，左氏作句。』」上二十一年左傳杜注云：「須句在東平須昌縣西北。」作句者省文。漢書五行志中之下「取須朐」，與公羊同。師古曰：「須朐，邾邑。朐音鉅俱反。」又地理志濟陰郡冤句，師古曰：「句音劬。」薛宣傳「爲宛句令」，師古曰：「句音劬。」大事表云：「今兖州府東平州東南有須句故城。」左、穀作「須句」。水經注：「濟水又北逕須句城西，城臨濟水。」故須朐國，風姓也。杜預曰「須句在須昌縣北」，非也。地理志曰「壽張縣西北有朐城」者是也。京相璠曰：「須句一國二城兩名，蓋遷都須昌，朐是其本，秦以爲縣。」馬氏宗槤左傳補注：「按，劉昭郡國志補注引杜預注云：『須句古國在須昌西北，即須朐也，後乃遷都須昌耳。』京說是。」

○**夏，宋公、衛侯、許男、滕子伐鄭。**

○**秋，八月，丁未，及邾婁人戰于升陘。**【疏】包氏慎言云：「八月書丁未，月之九日。」杜云：「升陘，魯地。」玉篇：「陘，胡經切，鄉名，在高密。」引左傳作「戰於升陘」。按：魯、邾之戰不得至高密也。左傳釋文「升」作「登」，云：「本亦作升陘。」按：內不言戰，言戰乃敗矣。穀梁傳曰：「內諱敗，舉其可道者也。不言其人，以吾敗也。不言及之者，爲內諱也。」內外俱不言主名，蓋爲內深諱也。左傳云：「邾人獲公冑，縣諸魚門。」是其敗事也。

○**冬，十有一月，己巳，朔，宋公及楚人戰于泓。**【疏】僧一行合朔議曰：「僖公二十二年十一月己巳，朔，宋、楚戰于泓。周、殷、魯曆皆先一日，楚人所赴也。按，己巳朔，正與殷曆合。」杜云：「泓，水名。」大事表云：「寰宇記：『鄢城北里許有泓水，即宋、楚戰處。』鄢城在今河南歸德府柘城縣北三十里。金史地理志：『柘城縣有泓水。』即渙水支流也。」

宋師敗績。【疏】穀梁傳：「則衆敗而身傷焉。」彼注引：「何君廢疾曰：即宋公身傷，當言公不當言師，成十六年『楚子敗績』是也。又成十六年傳曰：『不言師，君重乎師也。』即成十六年是，二十二年虛言也。即二十二年是，十六年非也。鄭君釋之曰：傳說楚子敗績，曰四體偏斷，此則目也。此言君之目與手足有破斷者，乃爲敗矣。今宋襄公身傷耳，當持鼓，軍事無所害，而師猶敗，故不言宋公敗績也。傳所以言『則〔一〕衆敗身傷焉』者，疾其信而不道，以取大辱。」劉氏申何云：「傳言身傷而致死，則視傷目尤重矣。譏其取辱，何得言師不言公乎？春秋貴偏戰而惡詐戰，以爲彼善於此者，正以其信耳。詐而勝，不如信而敗也。以詐爲道，異乎吾所聞。」

偏戰者日爾，此其言朔何？【注】据奚之戰不言朔。【疏】注「据奚」至「言朔」。○即桓十七年「五月，丙午，及齊師戰于奚」。春秋説以爲五月朔日也。

春秋辭繁而不殺者，正也。【注】繁，多也。殺，省也。正，得正道尤美。【疏】莊氏存與春秋正辭云：「若救邢城衛，再言齊師、宋師；又若侵曹伐衛，再言晉侯；又若首止無中事，而復舉諸侯。」繁露祭義云：「書之重，辭之複，其中必有美者焉。」

何正爾？宋公與楚人期戰于泓之陽。【注】泓，水名。水北曰陽。【疏】期，約也。

楚人濟泓而來。【注】濟，渡。

有司復曰：「請迨其未畢濟而擊之。」【注】迨，及。【疏】復，白也。左傳曰：「宋人既成列，楚人未既濟，司馬曰：『彼衆我寡，及其未既濟也，請擊之。』」穀梁傳：「司馬子反曰：『楚衆我少，鼓險而擊之，

〔一〕「則」，原訛作「敗」，叢書本同，據穀梁注疏及公羊注疏校改。

勝無幸焉。』」彼疏引麋信云：「子反當爲子夷。」即子魚也。○注「迫，及」。○爾雅釋言文。

宋公曰：「不可。吾聞之也，君子不厄人。【疏】穀梁傳曰：「君子不推人危，不攻人厄，須其出。」注：「須其出險。」左傳：「公曰：君子不重傷，不禽二毛。古之爲軍也，不以阻隘也。」

吾雖喪國之餘，【注】我雖前幾爲楚所喪，所以得其餘民以爲國。喻褊弱。【疏】注「我雖」至「褊弱」。○謂二十一年「會霍，執宋公伐宋」事也。朱氏彬經傳考證云：「喪即亡也。王懷祖先生曰：『喪國之餘，指商而言之也。』左傳：『寡人雖亡國之餘，不鼓不成列。』杜注：『宋，商紂之後。喪，亡也。』檀弓：『舅犯曰：喪人無寶。』大學引作『亡人無以爲寶』，是喪與亡同。」經義述聞曰：「家大人曰：喪國，謂商也；喪國之餘，謂宋也。左傳載襄公之言曰『寡人雖亡國之餘』，杜注『宋，商紂之後』是也。何注謂宋幾爲楚所喪，失之迂矣。」知不然者，襄公無故追及亡殷，與左傳宋司馬華孫來盟，忽稱其先人華督何異？正以上年霍盟後，爲楚所敗，君執國圍，幾乎亡覆，此衰弱之後能守文王之法，所以爲善。述聞又云：「若如注解，則於『喪』上增『幾爲楚所』四字，『餘』下增『民』字矣。」按：何氏以幾爲楚所喪釋「喪」字，以得其餘民解「餘」字，本無所謂增成也。此之餘，猶詩之孑遺耳。

寡人不忍行也。」【疏】左傳：「公曰：不可。」

既濟，未畢陳。有司復曰：「請迨其未畢陳而擊之。」宋公曰：「不可，吾聞之也，君子不鼓不成列。」【注】軍法以鼓戰，以金止，不鼓不戰。不成列，未成陳也。君子不戰未成陳之師。

【疏】左傳曰：「既濟而未成列，又以告。公曰：『未可。』」穀梁傳：「既出，旌亂於上，陳亂於下，子反曰：『楚衆我少，擊之，勝無幸焉。』襄公曰：『不鼓不成列。』」注：「列，陳。」○注「軍法」至「金止」。○荀子議兵篇云：「聞鼓聲而進，聞金聲而退。」哀公十一年左傳云：「吾聞鼓而已，不聞金矣。」注：「鼓以進軍，金以退軍。」孟子梁惠王篇：「填然鼓之。」注：「填，鼓音也。兵以鼓進，以金退。」皆本荀子也。

已陳，然後襄公鼓之，宋師大敗。【疏】左傳：「既陳而後擊之，宋師敗績。公傷股，門官殲焉。」穀梁傳曰：「須其成列而後擊之，則衆敗而身傷焉。」通義云：「左傳曰『公傷股』，不從君痍例斥宋公敗績者，爲襄公諱，不使楚人得加傷乎宋公也。此楚人，亦楚子也，所以賤楚而尊宋。」

故君子大其不鼓不成列，臨大事而不忘大禮。有君而無臣。【注】言朔亦所以起有君而無臣，惜其有王德而無王佐也。若襄公所行，帝王之兵也。有帝王之君，宜有帝王之臣；有帝王之臣，宜有帝王之民。未能醇粹而守其禮，所以敗也。【疏】繁露俞序云：「故善宋襄公不由其道而勝，不如由其道而敗。春秋貴之，將以變習俗而成王化也。」史記宋世家：「太史公曰〔一〕：襄公既敗于泓，而君子或以爲多，傷中國闕禮義，褒之也，宋襄之有禮讓也。」淮南子泰族訓云：「泓之戰，軍敗君獲，而春秋大之，取其不鼓不成列也。」繁露王道云：「宋襄公曰『不鼓不成列』、『不阨人』，此春秋之救文以質也。」漢書魏

〔一〕「太史公曰」上原衍一「贊」字，叢書本同，據史記校刪。

相丙吉傳〔一〕：「蓋君爲元首，臣爲股肱，明其一體，相待而成。」有君而無臣，春秋刺焉。皆取公羊爲説。○注「言朔」至「敗也」。○鹽鐵論論誹云：「故雖有堯之明君，而無舜、禹之佐，則純德不流。故春秋刺有君而無臣。」宋世家云：「國人皆怨公。公曰：『君子不困人於阨，不鼓不成列。』子魚曰：『兵以勝爲功，何常言與？』」左傳亦曰：「國人皆咎公。」又曰：「子魚曰：君未知戰，勍敵之人隘而不列，天贊我也。阻而鼓之，不亦可乎？猶有懼焉。且今之勍者，皆吾敵也，雖及胡耇，獲則取之，何有乎二毛？明恥教戰，求殺敵也，傷未及死，如何勿重？若愛重傷，則如勿傷；愛其二毛，則如服焉。三軍以利用焉，金鼓以聲氣也，利而用之，阻隘可也，聲盛致志鼓，儳可也。」是有君無臣之驗也。穀梁曰：「日事遇朔曰朔。」非公羊義。上十六年注云：「平居無他卓佹，無所求取，言晦朔也。」此書朔，重始，爲有此卓佹賢君，無賢臣爲繼故也。通義云：「司馬法曰：『逐奔不過百步，從綏不過三舍，明其禮也；不窮不能而哀憐傷病，明其仁也；成列而鼓，明其信也；争義不争利，明其義也。』此所謂文王之戰也。襄公之於楚，始爲乘車之會，期以禮服之不可得服，然後以兵治之。跡其征齊以義，會霍以信，不厄險以仁，雖功烈不及伯者之爲，其所嚮慕，則王者之用心焉，是以引而進之。楚之病中國久矣，召陵之役，有王事焉；泓之役，有王心焉；能言距楚者，春秋之所高也。苟將伸齊而抑宋，則是先功利而後仁義，豈文王之所以爲治！繁露曰：『春秋之義，貴信而賤詐，詐人而勝之，雖有功，君子弗爲也。』『故善宋襄公不厄人，不由其道而勝，不如由其道

〔一〕以下引文實出自「魏相丙吉傳」之「贊曰」，原誤記爲「王褒傳四子講德論」，據漢書校改。

而敗，春秋貴之，將以變習俗而成王化。』嗚乎！以此教後世，而左氏、穀梁氏親傳春秋，猶徒以成敗論事，則甚矣，習俗不易變，而王化之難成矣。」論語皇疏引：「蔡謨曰：聖人之化，由羣賢之輔。闇主之亂，由衆惡之黨。是以有君無臣，宋襄以敗；衛靈無道，夫豈其喪？」

以爲雖文王之戰，亦不過此也。【注】有似文王伐崇。陸戰當舉地，舉水者，大其不以水厄人也。

【疏】隱元年傳曰：「王者孰謂？謂文王也。」文九年傳曰：「繼文王之體，守文王之法度。」故此以文王之戰喻之也。白虎通號篇云：「宋襄伐楚，不擒二毛，不鼓不成列。春秋傳曰：『雖文王之戰不是過。』知其伯也。」而詩疏引鄭箴膏肓云：「刺襄公不度德，不量力。」又引考異郵云：「襄公大辱，師敗于泓，徒信不知權譎之謀，不足以交鄰國、定遠疆也。」此是譏師敗也。公羊不譏，違考異郵矣者，此不知春秋之義者也。劉氏逢禄評之云：「緯亦出於劉歆，固宜其附左氏而違經意也。何氏之於緯，擇善而從之，鄭則固矣。」宣二年〔一〕左傳：「狂狡輅鄭人，鄭人入于井。倒戟而出之，獲狂狡。君子曰：『失禮違命，宜其爲禽也。』」膏肓以爲合於道，鄭箴之曰：「狂狡臨敵，拘於小仁，忘在軍之禮。譏之，義合於讖。」劉氏逢禄評之曰：「讖違經義，安可從也？」即謂考異郵刺宋襄之説。然狂狡蓋欲生致鄭人，亦非古道。包氏慎言云：「易比之九五云：『顯比，王用三驅，失前禽。邑人不誡。』此王者征伐之禮也。周衰，司馬九伐之法不行於諸侯。然齊景之時，穰苴論司馬兵法不阻隘，不傷二毛，不逆奔，鼓而成列，然後戰猶能言之。則宋襄所云君子

〔一〕「二年」，原誤記爲「三年」，以下引文實出自左傳宣公二年，據校改。

不迫人於險，不鼓不成列者，周之兵典也。周之正朔，改自文王，周之兵典，亦創自文王，故詩頌維清奏象舞曰：『維清緝熙，文王之典。』春秋無義戰，守文王之典者，一人而已。故經書其戰之朔，傳曰：『雖文王之師不是過也。』」宋襄以守禮爲楚所傷，七月而死。以曹殺大夫之不死曹君者例之，則凡在師者，論罪皆當誅，故曰有君而無臣。齊桓、晉文之霸，皆先教其民而後用之，襄公以不教之民，與强楚争勝，殃民以殃身，其愚可責，其志可嘉。而春秋表而出之，以爲有王者起，行一不義，殺一不辜，而得天下，不爲也。其行師也，則必爲襄公之所爲焉爾。楚邲之戰還師而佚晉寇，春秋以其有王心而大之。莊王不以險阸既敗之寇，而襄公不以險阸遂師之寇，其心尤爲磊落光明矣。責襄公之不度德不量力者，皆以成敗論人者也。○注「有似」至「伐崇」。○上十九年左傳曰：「子魚言於宋公曰：『文王聞崇德亂而伐之，軍三旬而不降，退修教而復伐之，因壘而降。』」詩大雅皇矣述伐崇云：「是類是禡，是致是附，四方以無侮。」又云：「是伐是肆，是絶是忽，四方以無拂。」皆謂文王伐得其罪，行得其法，故四方服德畏威，無敢侮慢，無敢違拂之者也。○注「陸戰」至「人也」。○宣十二年注云：「陸戰當舉地，而舉水者，大莊王閔隋水而佚晉寇。」義與此同。蓋自楚子爲舟師伐吴，始有水戰矣。

○二十有三年，春，齊侯伐宋，圍緡。

【疏】穀梁「緡」作「閔」。緡、閔同音叚借字。漢書地理志山陽郡東緡下師古曰：「春秋僖二十三年，齊侯伐宋，圍緡，即謂此。音旻。」杜云：「緡，宋邑。高平昌邑縣東南有東緡城。」大事表云：「古緡國。昭四年左傳曰：『椒舉曰：桀爲仍之會，有緡叛之。』即此。今在山東兗州府金鄉縣東北三十里。」水經注濟水篇：「濟水又東逕東緡縣故城北，故宋地。春秋齊侯伐宋，圍緡。十三州記曰：『山陽有東緡縣。鄒衍曰「余登緡城以望宋都」者〔一〕也。』」一統志：「東緡故城在兗州府金鄉縣東北二十三里。」

邑不言圍，此其言圍何？疾重故也。【注】疾，痛也。重故，喻若重故創矣。襄公欲行霸，守正履信，屬爲楚所敗，諸夏之君宜雜然助之，反因其困而伐之，痛與重故創無異，故言圍以惡其不仁也。

【疏】注「疾，痛也」。○通義云：「疾，惡也。」○注「重故」至「創矣」。○通義云：「重故，重有故也。」言故有創，今復重之也。俞氏樾云：「重故創而但曰重故，於文不明，何解非也。故，當讀爲固，古字通。國語周語『咨於故實』，史記魯世家故作固；論語子罕篇『固天縱之將聖』，論衡知實篇固作故，並其證也。閔元年左傳『親有禮，因重固』，杜注曰：『能重能固則當成就之。』此重固二字之證。隱五年傳：『邑不言圍，此其言圍何？彊也。』解詁：『必欲爲得邑，故如其意言圍也。』然則此傳曰『疾重固也』，義與彼同。疾其必欲得之也。左傳之重固，以善者言也。此傳之重固，以不善者言也。蓋均是重且固也，以自守則善，以謀人則不善，善惡不嫌同辭矣。」按：以左傳之重固解此之重故，義亦不了。○注「襄公」至「仁也」。○按：穀梁傳曰：「伐宋不言圍邑，此其言圍，何也？不正其以惡報惡也。」穀梁無善宋襄義，故以爲報十八年伐齊之役，其謂惡圍同也。

〔一〕「者」，原訛作「地」，叢書本同，據水經注校改。

○夏，五月，庚寅，宋公慈父卒。【疏】包氏慎言云：「五月書庚寅，月之二十六日。」慈父，左氏、穀梁作茲父，宋世家作慈甫。

何以不書葬？盈乎諱也。【注】盈，滿也，相接足之辭也。襄公本以背殯，不書其父葬，至宋公身書葬，則嫌霸業不成，所覆者薄，故復使身不書葬，明當以前諱除背殯，以後諱加微封。內娶不去日，略之者，功覆之也。【疏】注「盈滿」至「辭也」。○詩召南鵲巢云：「維鳩盈之。」傳：「盈，滿也。」廣雅釋詁云：「盈，滿也。」按：宋襄自上九年「宋公禦說卒」不書葬，爲諱背殯之惡；後十九年執滕子盟曹南、二十一年會霍見執楚獻捷、戰泓，無不爲宋襄諱，無非爲其有憂中國尊周室之心，故於其卒焉盈諱之，故爲接足辭也。穀梁傳曰：「不葬，何也？失民也。其失民何也？以其不教民戰，則是棄其師也。」彼注引：「何君廢疾曰：所謂教民戰者，習之也。春秋貴偏戰而惡詐戰，宋襄公所以敗于泓者，守禮偏戰也，非不教其民也。孔子曰：『君子去仁，惡乎成名？造次必於是，顛沛必於是。』未有守正以敗而惡之也。公羊以爲不書葬爲襄公諱，背殯出會，所以美其有承齊桓尊周室之美志。鄭君釋之曰：教民習戰而不用，是亦不教也。詐戰謂不期也。既期矣，當觀敵爲策，倍則攻，敵則戰，少則守。今宋襄公于泓之戰違之，又不用其臣之謀而敗。故徒善不用賢良，不足以興伯主之功；徒信不知權譎之謀，不足以交鄰國、會遠疆。故易譏『鼎折足』，詩刺『不用良』。此說善也。」劉氏申何云：「期地，必不于水也；期時，必不于半渡也。以水厄人，未陳而擊之，交鄰而尚權譎，戰國之所謂賢良，非春秋之所貴也。以敗績而去葬，則敗而書葬者多矣，不敗而不書葬者亦多矣，豈君子詞乎？」按：鄭氏仍本考異郵說，所謂襄公大辱師敗于泓，徒信不知權譎，不足以交鄰國、定遠疆是也。何氏所不取。經義述聞云：「傳謂以不教民戰，非謂教而不用也。不觀敵爲策，又不用其臣之謀，義在戰泓傳，非此傳不葬之義也。」論語里仁篇：「子曰：苟志於仁矣，無惡也。」戴氏望注云：「言人果志在於仁，則君子不加惡。」宋襄伯雖不成，春秋予之，以其猶有憂中國尊周室之心也。○注「襄公」至「微封」。○上九年：「宋公禦説卒。」傳云：「何以不書葬？爲襄公諱也。」彼注云：「襄公背殯出會宰周公，有不子之惡。後有征齊憂中國尊周室之心，功足以除惡，故諱不書葬。」是不書其父葬也。通義云：「春秋之法，許人子者必使子。本以襄公背殯，故桓公不書葬，今若更葬襄公，則是揚子抑父，非教孝之道，故亦不書葬，以足成其諱義。葵丘之會有宋子，而禦説、慈父再世不書葬；溫之會有陳子，而款、朔亦再世不葬，屬詞比事，孰有灼著於此矣。」舊疏云：「以後諱加微封。」謂以至功薄微，故加而爲之諱而封之。其封字亦有下句讀之，非也。○注「内娶」至「之也」。○下二十五年：「宋殺其大夫。」傳：「何以不名？宋三世無大夫，三世内娶也。」注：「三世，謂慈父、王臣、處臼也。」文七年：「夏，四月，宋公王臣卒。」注：「不日者，内娶，略文。」十六年：「冬，十一月，宋人殺其君處臼。」注：「不日者，内娶，略賤之。」然則，此亦内娶，而書不從略，故爲功覆之也。

○秋，楚人伐陳。

○冬，十有一月，杞子卒。【注】卒者，桓公存王者後，功尤美，故爲表異卒録之。始見稱伯，卒獨稱子者，微弱爲徐、莒所脅，不能死位。春秋伯、子、男一也，辭無所貶。貶稱子者，春秋黜杞不明，故以其一等貶之，明本非伯，乃公也。又因以見聖人子孫有誅無絶，故貶不失爵也。不名、不日、不書葬者，從小國例也。【疏】注「卒者」至「録之」。○上十四年：「諸侯城緣陵。」傳：「孰城之？桓公城之。」是存王者之後，功尤大於邢、衛。故録其卒，爲表異桓公之功也。舊疏云：「正所以傳聞之世，小國之卒未合書見，故解之。」○注「始見稱伯」。○舊疏云：「即莊二十七年『冬，杞伯來朝』是也。」○注「卒獨」至「死位」。○即上十四年傳云：「曷爲城杞？滅也。孰滅之？蓋徐、莒脅之。」責其不能死位也者。國君死社稷，微齊則國爲徐、莒國矣。○注「春秋」至「所貶」。○桓十一年傳〔一〕云：「杞見春秋稱伯，此書子，伯之與子，春秋合爲一。杞伯從伯而子，仍一等。」故云辭無所貶。○注「貶稱」至「公也」。○舊疏云：「春秋之前，周王舊有黜陟之法，隱元年儀父稱字、上十七年英氏稱氏之類。今杞公之爵雖爲伯，仍恐春秋之前周王黜之，非爲新周，故曰不明。」然則，莊二十七年稱伯者，春秋所黜，已降稱伯，故此止可以一等貶之也。繁露三代改制云：「以春秋當新王，不以杞侯，弗同王者之後也。稱子又稱伯何？見殊之小國也。」明與諸小國殊。春秋之小國也，若本爲伯爵，今再貶，則當從失爵例矣。鄭氏詩魯頌譜云：「周尊魯，巡守述職，不陳其詩。」又商頌譜云：「問者曰：列國政衰，則變風作，宋何獨無乎？曰：有焉，乃不録之。王者之後，時

〔一〕「傳」下所引文字，未見於公羊傳，疏中有其大意。

王所客也。」巡守述職，不陳其詩，亦示無貶黜客之義，明杞爲二王後，於義無黜。黜者，春秋以春秋當新王，新周故宋，故黜杞爲小國。又以其微弱，不能死位，故貶之，所謂因其可貶而貶之也。○注「又因」至「爵也」。○五經通義云：「二王之後不考功，有誅無絶。」白虎通考黜云：「二王後不貶黜者何？尊賓客，重先王也。以其當〔一〕公也。罪惡足以絶即絶，更立其次。周公誅禄甫，立微子。」漢書梅福傳亦云：「二王後犯誅絶之罪者絶，而更封他親爲始封之君，上承其王者之祀。」所謂有誅無絶也。詩魯頌譜又云：「周之不陳其詩，爲優耳。其有大罪，侯伯監之，行人書之，亦示覺也。」是亦有誅無絶之義。蓋用以周公之故，等魯於二王後故也。舊疏云：「若有過，但誅責，不絶去其爵，是以雖微弱見貶，仍但從伯至子，不失其爵也。」○注「不名」至「例也」。○上四年：「許男新臣卒。秋，葬許繆公。」注：「得卒葬，於所傳聞世者，許大小次曹，故卒少在曹後也。」此不名、不日、不卒葬，所傳聞世小國如此，蓋又降於曹、許矣。左傳曰：「書曰『子』，杞，夷也。」彼疏引膏肓難之云：「杞子卒，豈當用夷禮死乎？」通義云：「王者之封四夷，雖大曰子，故用夷禮者，即以夷爵言之。左氏唯於杞見春秋有貶絶諸侯之法，得與公羊相證明。此既無傳，就取其説焉。」非何氏義。然杞於春秋亦不得爲大國也，春秋故即以小國貶之。

○二十有四年，春，王正月。

〔一〕「當」，原訛作「尚」，叢書本同，據白虎通校改。

〇夏，狄伐鄭。

〇秋，七月。

〇冬，天王出居于〔一〕鄭。【疏】水經注河水篇：「汜水〔二〕又北流，注于河。征艱賦所謂『步汜口之芳草，弔周襄之鄙館』是也。余按，先儒之論，周襄所居在潁川襄城縣，是乃城名，非爲水名。原夫致謬之由，俱以汜、鄭爲名故也。」大事表云：「南汜水在今許州府襄城縣南。京相璠曰：『南汜水出襄城縣，以周襄王出居於此，故名襄城。』」

王者無外，此其言出何？【注】据王子瑕奔晉不言出。【疏】漢書終軍傳曰：「故春秋王者無外。」獨斷上：「天子無外，以天下爲家，故稱天家。」故据以難。〇注「据王」至「言出」。〇襄三十年，「王子瑕奔晉」，是不言出也。

〔一〕「于」，原訛作「士」，叢書本不誤，據改。
〔二〕「汜水」，原訛作「氾水」，叢書本同，據水經注校改。該段以下幾處「汜」均誤作「氾」，徑改。

不能乎母也。【注】不能事母，罪莫大於不孝，故絶之，言出也。下無廢上之義，得絶之者，明母得廢之，臣下得從母命。【疏】經義述聞云：「能與柔義相近。詩民勞：『柔遠能邇。』箋：『能猶伽也。安遠方之國，順伽其近者。』伽與如古字通，是能爲如順之意，猶周官言『安擾』爾。能與而古字通。彖傳『宜建侯而不甯』，鄭本而作能，云：『能猶安也。』漢書百官公卿表『柔遠能邇』，師古曰：『能，善也。』安善二義並與順伽相近。古者謂相善爲相能。康誥『不能厥家人』，僖九年左傳『入而能民』，文十六年左傳『不能其大夫，至於君祖母，以及國人』，昭十一年左傳『蔡侯獲罪於其君，而不能其民』，三十一年左傳言『不能外內也』，公羊言『不能乎母也』，宣十一年穀梁傳『輔人之不能民而討』，並與『柔遠能邇』之『能』同。某氏、杜預等皆不得其解。」○注「不能」至「出也」。○周本紀云：「初，惠后欲立王子帶，故以黨開翟人，翟人遂入周。襄王出奔鄭，鄭居王于汜〔一〕。」漢書杜鄴傳：「周襄王內迫惠后之難，而遭居鄭之危。」按：如左氏，則惠后廢嫡立庶，襄王不能順從，似未可全以爲罪。公羊謂不能乎母，當別有謂。霍光傳：「五辟之屬，莫大不孝。周襄王不能事母，春秋曰『天王出居于鄭』，由不孝出之，絶之於天下也。」嚴助傳：「助上書稱：天王出居于鄭。」衛侯朔入于衛，皆是也。占經引鉤命決曰：「周襄王不能事其母，孛入北斗。」御覽引作「彗入斗，亡其度」。新語無爲云：「周襄王不能事後母，出居于鄭，而下多叛其親。」鹽鐵論孝養云：「周襄王之母，非無酒肉也，衣食非不如曾晳也，然而被不孝之名，以其不能事其父母也。」又云：「周襄王富有

〔一〕「汜」，原訛作「氾」，叢書本同，據史記校改。

天下，而有不能其母之累。」注：「夏侯勝曰：五辟之屬，莫大不孝，周襄王不能事母。」○注「下無」至「母命」。○繁露精華云：「出天王不爲不尊上。」穀梁傳：「天子無出，出失天下也。」注引：「江熙曰：天子必巡守然後行，故河陽之守，全天王之行也。平王東遷，其詩不能復雅，而列爲國風。襄王奔鄭，不得全天王之行，則與諸侯不異，故書出也。」舊疏引：「鄭發墨守云：『聖人制法，必因其事，非虛加。』孟子曰：『夫人必自侮，而後人侮之。家必自毁，而後人毁之。國必自伐，而後人伐之。』今襄王實不能孝道，稱惠后之心，令其寵專於子帶，失教而亂作，出居于鄭，自絶于周，故孔子因其自絶而書之，公羊以母得廢之，則左氏已死矣。」劉氏逢禄解詁箋云：「按，据左氏事説經，此鄭君之學，不得以難何氏。但公羊引魯子之説，本存疑詞，意亦以爲春秋得絶之，非云母得廢子、臣下得以母命廢天子也。婦人有三從之義，王子有行遯之權，貴戚且不得專廢置，而謂臣下得易位乎？稱母命廢立者，趙盾之私心，而霍光、王莽祖之，以亂漢者也。春秋爲撥亂而作，豈反開亂賊之門乎？書『出居』者，猶『公孫于齊』、『居于運』之義，非謂隱如得逐君也。穀梁子謂失天下，鄭氏謂因其自絶書之，得矣！書居于鄭者，明諸侯當憂勤反正之，與王室亂，天王居于狄泉同義。故晉文定王，從常事不書例也。」按：孟子言貴戚之卿得易位，果已犯絶，臣下何不可奉君母命廢之？若謂開後世亂賊之門，則丕懿服堯舜，卓溫服伊尹，能歸咎於先聖乎？

魯子曰：「是王也，不能乎母者，其諸此之謂與？」【注】猶曰是王也，無絶義，不能事母而見絶外者，其諸謂此灼然異居，不復供養者與？主書者，録王者所居也。【疏】通義云：「傳稱所聞于師魯子：嘗言春秋之中，有天王與母不相得者，其即此出居于鄭之王與？蓋不能乎母之愛弟，即爲不能乎母，與左氏無錯。」義亦通。包氏慎言云：「魯子之言，舉天子以儆諸侯也。人君之貴，懟母之愛有所溺，而憤憤以出，不復供養母，是自絕於母也。春秋因其自絕而絕之，天子且然，則諸侯不待言矣。」鄭發墨守云：「襄王實不能孝道，稱惠后之心，令其寵專於子帶，失教亂作，出居自絕，孔子因而絕之。」稱是而論，則鄭莊之克段，取諸母之懷而殺之，不孝更甚於襄王，罪更宜絕。按：鄭氏雜取三家，自與公羊此義相發。○注「其諸」至「者與」。○舊疏云：「公羊謂此天王出居于鄭，不事其母，而自出居于鄭，春秋惡其所爲，是以書『出』以絕之，實非出奔，故云灼然異居，不復供養者與。」○注「主書」至「居也」。○穀梁傳曰：「居者，居其所也。雖失天下，莫敢有也。」按：與書「公在楚」、「公在乾侯」同義。

○晉侯夷吾卒。【注】篡故不書葬，明當絕也。不日月者，失衆身死，子見篡逐，故略之，猶薛伯定也。

【疏】注〔一〕「篡故」至「絕也」。○舊疏云：「以惠公無立、入之文，故去葬以絕之。」按：桓十三年，「葬衛宣公」，以隱四年書「衛人立晉」，篡明也。莊二十五年：「衛侯朔卒。」注：「篡明當書葬。不葬者，犯天子命，與盜國同。」爲莊六年已書「入」，故爲篡明也。然書葬者，臣子之事，篡君本臣子所得共討，今得國而終，不與其有臣子也。○注「不日」至「定也」。○上十七年，「冬，十有二月，乙亥，齊侯小白卒」，是大國之卒例書日月也。此不日，故解之。上十年傳注云：「懷公者，惠公子也。惠公卒，懷公立，而秦納文公，故出

〔一〕「注」字原脫，叢書本同，據全書體例補。

奔。」是子見簒逐也。失衆身死者，上十五年「獲晉侯」，穀梁傳：「晉侯失民矣。」蓋取彼爲義。薛伯定卒，見定十二年，彼注云：「不日月者，子無道，當廢之，而以爲後，未至三年失衆見弑，危社稷宗廟，禍端在定，故略之。」是與晉侯立懷公爲後，致爲晉文簒逐同。薛小國，得引以例晉者，所見世小國卒葬皆月日也。

○二十有五年，春，王正月，丙午，衛侯燬滅邢。【疏】包氏慎言云：「正月丙午，月之二十二日。」按：宜二十一日。繁露滅國下云：「齊桓卒，豎刁、易牙之亂作。邢與狄伐其同姓，取之。其行如此，雖爾親，庸能親爾乎？是君也，其滅於同姓，衛侯燬滅邢是也。」蓋衛滅同姓，固當絶，邢亦有取滅之道也。

衛侯燬何以名？【注】据楚子滅蕭不名。【疏】注「据楚」至「不名」。○宣十二年，「楚子滅蕭」是也。舊疏云：「以此言之，則知公羊、何氏以爲齊人滅萊、楚滅隗、晉滅下陽之屬，皆非同姓，是以不名耳。」然則，楚滅蕭不名，豈以其夷略之與？

絶。曷爲絶之？【注】据俱滅人。

滅同姓也。【注】絶先祖支體尤重，故名，甚之也。日者，爲魯憂内録之。【疏】注「絶先」至「之也」。○繁露觀德云：「滅人者不絶，衛侯燬滅同姓獨絶，賤其本祖而忘先也。」禮記曲禮云：「滅同姓名。」注：「絶之。」穀梁傳:「燬之名,何也? 不正其伐本而滅同姓也。」注:「絶先祖支體尤重,故名以甚之。」取此爲說。○注「日者」至「録之」。○上二十四年左傳:「富辰曰:凡蔣、邢、茅、胙、祭,周公之胤也。」是邢與魯尤親,故爲魯憂内録之。通義云:「謹案,滅同姓名,唯謂滅周之同姓。若齊之於萊,楚之於隗,彼雖自爲同姓,而於王家則爲庶姓,罪猶差輕。繁露曰:『周之子孫,其親等也,而文王最先。』文王,周公、康叔之所自出也,邢又周公之後。春秋立愛自親,立敬自尊,以親則莫如邢,以尊則莫如王之同姓。燬滅親無王,是以惡而絶之。凡滅日者,罪重於常滅。」按:滅同姓名,自謂滅己之同姓耳,人各有先祖支體,何分於周之同姓庶姓? 春秋因事見義,特於衛之滅邢示法,非謂齊滅萊、楚滅隗爲無罪也。又邢與魯同出,春秋王魯,於邢滅尤當憂,故爲内録辭。不然,晉人執虞公,虞雖有罪謀,肇於晉連滅二同姓國,不當絶乎? 滅例月,莊十年「冬,十月,齊師滅譚」是也。此日,故解之。

○**夏,四月,癸酉,衛侯燬卒。**【疏】包氏慎言云:「夏四月書癸酉,月之二十日。」

○**宋蕩伯姬來逆婦。**

宋蕩伯姬者何? 蕩氏之母也。【注】蕩氏,宋世大夫。【疏】注「蕩氏」至「大夫」。○孔疏:「宋有蕩氏者,宋桓公生公子蕩,蕩生公孫壽,壽生蕩意諸,意諸之後以蕩爲氏。」孫以王父字爲氏,則當字蕩也。

其言來逆婦何？【注】据莒慶言逆叔姬。連來者，嫌内女，爲殺直來也。【疏】注「据莒」至「來也」。○莊二十七年，「莒慶來逆叔姬」是也。舊疏云：「弟子本意，据〔一〕莒慶逆叔姬，難此逆婦之文，宜云其言逆婦何，而連來言之者，正以伯姬是内女，嫌經言來逆婦〔二〕，爲殺直來之恥，非實逆婦，是以連來問之。似若上五年『杞伯姬來朝其子』，傳云：『其言來朝其子何？』彼注云：『連來者』，『問爲直來乎，爲下朝出』之類。其直來者，即莊二十七年『冬，杞伯姬來』，傳：『其言來何？直來曰來。』注：『直來，無事而來也。』是也。」

兄弟辭也。其稱婦何？有姑之辭也。【注】宋、魯之間，名結婚姻爲兄弟。稱婦者，見姑之辭，以逆實文，知不殺直來也。主書者，無出道也。【疏】注「宋魯」至「兄弟」。○周禮大司徒云：「以本俗六安萬民：三曰聯兄弟。」注：「兄弟，婚姻嫁娶也。」儀禮士昏禮：「見主婦。」注：「見主婦者，兄弟之道，宜相親也。」禮記曾子問曰：「壻已葬，壻之伯父致命女氏曰：『某之子有父母之喪，不得嗣爲兄弟，使某致命。』」注：「必使人弔者，未成兄弟。」穀梁宣十年：「齊人歸我濟西田。」傳：「公娶齊，齊以爲兄弟反之。」注：「齊由是以婚族，故還魯田。」又下三十一年：「冬，杞伯姬來求婦。」傳：「言其來求婦何？兄弟辭也。」

〔一〕「据」，原訛作「援」，叢書本同，據公羊注疏校改。
〔二〕「逆婦」二字原脱，叢書本同，據公羊注疏校補。

皆指兄弟爲婚姻。推之，凡父母之黨皆稱兄弟。詩小雅伐木：「兄弟無遠。」箋：「兄弟，父之黨，母之黨。」外姻之服不過緦麻，以尊加，以名加者，始至小功，因謂同姓小功，以下爲兄弟。詩王風葛藟「終遠兄弟」，箋：「兄弟猶言族親也。」禮士冠禮「兄弟畢袗」，玄注：「兄弟，主人親戚也。」既夕記：「兄弟出，主人拜送。」喪服記：「大夫之子于兄弟降一等。」注：「兄弟猶言族親也。」又云：「凡妾爲私，兄弟如邦人。」注：「私，兄弟目其族親是也。」又云：「爲人後者，于兄弟降一等，報。于所爲後之兄弟之子，若子。兄弟皆在他邦，加〔一〕一等。不及知父母，與兄弟居，加一等。」禮記檀弓：「小功不稅，則是遠兄弟，終無服也。」又云：「聞遠兄弟之喪，奔喪。」聞遠兄弟之喪，皆謂本宗小功以下之親，由外姻皆小功，故通稱之也。禮聘禮：「若兄弟之國，則問夫人。」注：「兄弟，謂同姓若婚姻甥舅有親者。」既夕禮：「兄弟，賵、奠可也。」注：「兄弟，有服親者。」喪服記：「夫之所爲兄弟服。」禮記奔喪：「與諸侯爲兄弟，亦爲位而哭。」注：「族親婚姻在異國者。」左氏襄三年傳：「寡君願與一二兄弟相見。」注：「列國之君，相謂兄弟。」此兄弟，兼宗族、母黨、妻黨言之也。是以爾雅釋親有云「夫之黨，爲婚兄弟；妻之黨，爲姻兄弟也」。俞氏樾云：「二十年『郜子來朝』，傳曰：『何以不名？兄弟辭也。』解詁：『郜，魯之同姓。』文十二年『盛伯來奔』，傳：『何以不名？兄弟辭也。』解詁曰：『與郜子同義。』以彼例此，則兄弟非謂婚姻也。何氏此解殆失之矣。今按，隱二年『紀履緰來逆女』，傳曰：『然則紀有母乎？曰：有。有則何以不稱母？母不通也。』可知婦人無外事，不

〔一〕「加」，原訛作「降」，叢書本同，據儀禮校改。

得通於他國。蕩伯姬乃蕩氏之母，而得言來逆婦者，以其本魯女也，故曰兄弟辭也。與邵、盛一律，不得輒爲異説。又三十一年「杞伯姬來求婦」，傳文與此同，杞伯姬亦魯女也。」按：俞氏專以兄弟屬同姓，泥矣。○注「婦者見姑之辭」。○穀梁傳曰：「其曰婦，何也？緣姑言之之辭也。」杜云：「稱婦，姑存之辭。」詩衛風氓云：「三歲爲婦。」箋：「有舅姑曰婦。」顏氏家訓書證云：「婦是對舅姑之稱。」通義云：「此所逆女，蓋伯姬之姪。然婦人外成，故正其姑婦之稱也。」○注「以逆」至「來也」。○決莊二十七年書「杞伯姬來也」，實來逆婦，知非無事來也。○注「主書」至「道也」。○穀梁傳：「婦人既嫁，不踰竟。宋蕩伯姬來逆婦，非正也。」繁露玉英云：「婦人無出境之事，經禮也；母爲子逆婦，奔喪父母，變禮也。」按：彼云春秋有經禮，有變禮。爲如安性平心者，經禮也；於性雖不安於心、雖不平於道，無以易之，此變禮也。明乎經變之事，然後知輕重之分，可與適權矣。則何、董並無譏文。但春秋所不予耳。通義云：「主書者，譏娶母黨，且姑無逆婦之禮。」按：白虎通嫁娶篇：「外屬小功以上不得娶也，以春秋傳譏娶母黨也。」考三傳皆無此語，此書蕩伯姬來逆婦，姪其從姑，明其即譏娶母黨。下三十一年，「杞伯姬來求婦」，與此同。

○宋殺其大夫。

何以不名？【注】据宋殺其大夫山名。【疏】注「据宋」至「山名」。○見成十七年。

宋三世無大夫，三世内娶也。【注】三世，謂慈父、王臣、處臼也。内娶大夫女也。言無大夫者，禮，不臣妻之父母，國内皆臣，無娶道，故絶去大夫名，正其義也。外小惡正之者，宋以内娶，故公族以弱，妃黨益彊，威權下流，政分三門，卒生篡弑，親親出奔。疾其末，故正其本。【疏】穀梁傳：「其不稱名姓，以其在祖之位〔一〕，尊之也。」注引：「何君廢疾云：『曹殺其大夫，亦不稱名姓，豈可復以爲祖乎？』鄭釋之曰：『宋之大夫盡名〔二〕姓，禮，公族有罪，刑于甸師氏，不與國人慮兄弟也，所以尊異之。孔子之祖孔父，累於宋殤公而死，今骨肉在其位而見殺，故尊之，隱而不忍稱名氏。若罪大者，名之而已，使若異姓然，此乃祖之疏也。曹殺其大夫，自以無大夫，不稱名氏耳。春秋辭同事異〔三〕者甚多，隱去即位爲見讓，莊去即位爲繼弑，是復可以此例非之乎〔四〕。』」劉氏申何云：「宋之大夫未必孔父之後，且春秋非孔子家乘。公族致刑之義，託公子牙卒見之。『司城來奔』，復何所隱而不忍稱名氏乎？稱名氏，使若異姓，緣飾宋殺山之文，言之非經誼也。」○注「三世」至「臼也」。○宋世家云：「桓公三十一年春卒，太子兹甫立，是爲襄公。十四年夏，襄公病，傷于泓而竟卒，子成公王臣立；十七年，成公卒，成公弟禦殺太子及大司馬公孫固而自立爲君，宋人共殺君禦，而立成公少子杵臼，是爲昭公。」杵臼之立，與左傳少異。○注「内娶」至「義也」。○禮記坊記云：「諸侯不下漁色。」注：「謂不内娶於國中也。内娶國中爲『下漁色』。昏禮始納

〔一〕「位」，原訛作「故」，叢書本同，據穀梁傳校改。
〔二〕「盡名」，原訛作「書子」，叢書本同，據穀梁注疏校改。
〔三〕「異」，原訛作「累」，叢書本同，據穀梁注疏校改。
〔四〕「乎」，原訛作「子」，叢書本不誤，據改。

采，謂采擇其可者也。國君而内娶，象猶捕魚然，中網取之，是無所擇。」白虎通王者不臣篇：「不臣妻父母何？妻者，與己爲一體，恭承宗廟，欲得歡心，上承先祖，下繼萬世，傳於無窮，故不臣也。又譏宋三世内娶於國中，謂無臣也。」又嫁娶篇：「諸侯所以不得自娶國中何？諸侯不得專封，義不可臣其父母。春秋傳曰：『宋三世無大夫，惡其内娶也。』」並用公羊爲説。後漢書李固傳：「今梁氏戚爲椒房，禮所不臣。」春秋諸侯之禮，不得例諸後世。通義云：「謹案，禮，諸侯不娶女於國中者，杜漁色之漸也。下漁色則不君，妃族交政則不臣。三世失禮，君臣道喪，故奪其君臣之辭，示防亂于微，以爲後世戒。春秋有非常之文，必有非常之議。蓋唯公羊得之。俗儒未有非常之識，其妄生訾辨宜矣。杜預以殺大夫不名者爲無罪，泄治、郤宛甯有罪乎？或以爲闕文，豈自僖迄文，獨宋大夫三見而三闕也？」○注「外小」至「其本」。○文七年左傳云：「樂豫曰：公族，公室之枝葉也，若去之，則無所芘蔭。葛藟猶能芘其本根，故君子以爲比。」是公族以弱之事也，但左氏無内娶義耳。舊疏云：「『外小惡正之者』，所傳聞之世，外小惡不書故也。」王臣、處臼在所聞世，故於此正其本。鄂本「末」誤「宋」。

○秋，楚人圍陳，納頓子于頓。【疏】大事表云：「頓，今河南陳州府商水縣爲頓國地。商水舊名南頓縣。」水經注潁水篇：「又東南過南頓縣北，㶏水從西來流，注之。㶏水於樂嘉縣入潁，不至於頓。頓，故頓子國也，周之同姓，春秋『納頓子于頓』是也。」地理志汝南郡南頓下云：「故頓子國，姬姓。」應劭曰：「頓迫于陳，其後南徙，故號南頓。故城尚在。」杜云：「頓迫於陳而出奔楚，故楚圍陳，以納頓子。」亦以納頓爲楚事。唯穀梁云：「蓋納頓子者，陳也。」彼疏引：「廢疾云：『休以爲即陳納之，當舉陳，何以不言陳？』鄭君釋之曰：『納頓子固宜爲楚也。穀梁見經云「楚人圍陳，納頓子于頓」，有似「晉陽處父伐楚救江」之文，故云蓋陳也。』」按：穀梁自以納頓爲陳事，鄭君特欲爲調人耳。故劉氏申何云：「陳納之，即不舉陳，當加陳人執頓子等文以起之。救江亦晉非楚，引之欲以何明也？然則，鄭氏亦知穀梁義難通，故爲此説。范氏云：『圍陳，使納頓子。』亦同鄭義。欲牽合公、左而又增一使字，通經無此例也。」

何以不言遂？【注】据楚子、鄭人侵陳，遂侵宋。【疏】注「据楚」至「侵宋」。○宣元年，「楚子、鄭人侵陳，遂侵宋」是也。

兩之也。【注】微者不別遂，但別兩耳。別之者，惡國家不重民命，一出兵爲兩事也。納頓子書者，前出奔當絶，還入爲盜國當誅。書楚納之，與之同罪也。主書者，從楚納之。頓子出奔不書者，小國例也。不見挈者，故君不可見挈於臣。【疏】注「微者」至「兩耳」。○校勘記出「遂但別兩耳」，云：「鄂本同。閩、監、毛本『兩』下衍『稱』字，此本下復衍『別兩耳』三字，皆當删正。」按：下二十八年疏引亦有「稱」字。宣元年注云：「微者不得言遂，遂者，楚子之遂也。」据左傳爲令尹子玉，是爲微者，故不得別遂也。校勘記以「遂」屬下讀，非。若然，莊十九年，「公子結媵陳人之婦于鄄。遂及齊侯、宋公盟」，得言遂者，彼自以竟外有利國家之事，亦權許之也。杜云：「不言遂，明一事也。」孔疏引此傳云：「一舉兵而行此兩意，非因前生後。」按：公羊與左氏同者，圍陳、納頓皆楚也。與左傳異者，公羊以大夫無遂事，故不言遂，而兩之，左氏以非因前生後，故不言遂爾。通義云：「實兩事，非遂事也。不再言楚人者，嫌致圍意也。但不言遂，兩事明矣。」○注「别之」至「事也」。○如公羊義，則圍陳自圍陳，納頓子自納頓子，既非因頓子圍陳，亦非圍陳以納頓子矣。○注「納頓」至「罪也」。○桓十六年云：「衛侯朔出奔齊。」注：「名，絶之。」莊六年：「衛侯朔入于衛。」傳：「名，絶之。其言入何？篡辭也。」是也。莊二十五年：「衛侯朔卒。」注：「去葬與盜國同，明失衆出奔，皆當坐絶，則還入爲盜國當誅也。」下二十八年：「衛侯鄭自楚復歸于衛。」注：「名者，刺天子歸有罪也。」故楚納頓應同罪。○注「主書」至「納之」。○下二十八年注又云：「言自楚者，爲天子諱也。」此不書所自，明以罪楚，納有罪也。○注「頓子」至「例也」。○舊疏云：「春秋之例，小國出入不兩書。桓十五年，『許叔入于許』，注云：『不書出時者，略小國。』是例也。」通義云：「前〔一〕不見頓子出奔者，所聞之世，小國之君非滅國出奔，猶未得書。」何氏無此義。○注「不見」至「於臣」。○莊九年：「公伐齊納糾。」傳：「何以不稱公子？」注：「据下言子糾，知非當國，本當去國見挈言公子糾。」然則此若作挈文，宜書楚人納某于頓，去其國爵矣。今書納頓子，知不見挈於楚人矣。挈者，桓十一年：「突歸于鄭。」傳：「突何以名？挈乎祭仲也。」注：「挈猶提挈也。」本當書鄭突，春秋去其國，明見挈于祭仲，所以賤突也。彼爲君見挈于臣，與此異也。楚稱人，知非楚子矣。通義又云：「納不言伐者，得入之辭也。諸納或見國名于下，若接菑是；或見國名于上，若糾及蒯聵皆是。唯此再言頓者，納君正也，與使有頓之辭也。」然納糾得正，何以不與使有國辭？蓋書于頓者，頓子已得國，故與歸邾婁子益同例。糾、聵皆未得國，故不得

〔一〕「前」字原脱，叢書本同，據公羊通義校補。

言于齊、于衛。捷菑書于某，故下言弗克納，明其未得國也。

○葬衛文公。【注】不月者，滅同姓，故奪臣子恩也。【疏】注「不月」至「恩也」。○桓十三年「三月，葬衛宣公」，明大國葬皆書月，此不月，故解之。滅同姓當絶，故不與有臣子，爲葬者生者事也故也。

○冬，十有二月，癸亥，公會衛子、莒慶盟于洮。【注】莒無大夫，書莒慶者，尊敬壻之義也。洮，内地。公與未踰年君、大夫盟，不别得意，雖在外猶不致也。【疏】包氏慎言云：「十二月書癸亥，月之二十四日。」按：當十四日。禮記疏引服虔云：「時先君已葬，成公猶稱子者，明不失子道也。」杜云：「善其成父之志，故上繫於父而稱子。」按：公羊例既葬稱子，踰年稱公。故顧氏炎武補正云：「衛文公已葬，成公稱子者，未踰年也。春秋之例，踰年即位，然後稱公。文十八年『六月，癸酉，葬我君文公』，『冬，十月，子卒』，是稱爵、稱子繫乎踰年、未踰年，而不在乎葬與未葬也，解誤。」○注「莒無」至「義也」。○莊二十七年：「莒慶來逆叔姬。」傳：「大夫越竟逆女，非禮也。」是莒慶内壻也。爾雅釋親云：「女子子之夫爲壻。」説文士部：「壻，女夫也。从士胥聲。詩曰：『女也不爽，士貳其行。』士者，夫也。」徐鍇通論：「壻者，胥也。胥有才智之稱也。」亦謂之甥。釋親又云：「妻之父爲外舅，妻之母爲外姑。」注：「謂我舅者，吾謂之甥。」孟子「帝館甥於貳室」是也。以壻爲外姻，故客待之也。方言：「東齊[一]之間壻謂之倩。」郭注：「言可借倩也。今俗呼壻爲卒便是也。」莒無大夫者，所傳聞世，小國無大夫也。○注「洮，内地」。○杜云：「洮，魯地。」○注「公與」至「致也」。○莊六年注云：「公與二國以上出會盟，得意致會，不得意不致。」此一則未踰年君，一則大夫，故不别得意與否，皆不致也。洮爲内地，本不致。何氏言此者，明雖在外亦不致也。定十二年書「公至自圍成」，亦内邑書致者，彼注云：「天子不親征下土，諸侯不親征叛邑，公親圍成不能服，不能以一國爲家，甚危，若從他國來，故危録之。」然則，彼爲不能服叛爲危辭，故成雖内邑亦致也。通義云：「穀梁傳曰：『莒無大夫，其曰莒慶，何也？以公之會目之也。』明年『盟于向』，傳曰：『公不會大夫，其曰甯遬，何也？以其隨莒子，可以言會也。』蓋公專會大夫，則貶大夫曰人，公與諸侯俱會大夫，則自言其名氏，正以諸侯在焉，不嫌使大夫敵公，故反得從乎内而貴録之也。事若相錯，意實相成。」按：甯遬，大國大夫，故如彼解。此莒小國，書慶，故如此解也。

○二十有六年，春，王正月，己未，公會莒子、衛甯遬盟于向。【疏】左氏、穀梁「遬」作「速」。按：速、遬字同。左氏莊十九年傳「石速」，周語作「石遬」，定十四年左傳「謂戲陽速曰」，史記衛世家作「戲陽遬」。説文辵部：「速，疾也。遬，籀文，从敕。」是遬、速古今文也。故襄十六年左傳「孺子速」，

[一]「東齊」，原訛作「秦晉」，叢書本同，據方言、方言疏證校改。

釋文：「速，本亦作遫。」是也。包氏慎言云：「正月無己未，二月之十一日也。」按：於曆宜爲十日。

○齊人侵我西鄙。

○公追齊師至巂，弗及。【疏】左氏作「酅」，公、穀作「巂」，省文也。左傳釋文亦作「巂」。説文邑部：「酅，東海之邑。从邑巂聲。」杜云：「濟北穀城縣西有地名酅下。」大事表云：「在今泰安府東阿縣西南。」趙氏曰：酅，齊之附庸，紀季之邑。」焦氏循左傳補疏云：「莊三年『紀季以酅入于齊』，注：『酅，紀邑，在齊國東安平縣。』紀在齊東，酅爲紀邑，則亦在齊東。魯在齊南，魯追齊至酅，則酅必近魯，一屬安平，一屬穀城。杜注是也。大事表引趙氏説非是。」一統志：「巂下聚在泰安府東阿縣西南。」差繆略云：「巂，公羊、左氏或作酅。」釋文：「巂，户圭反，又似兖反。」盧氏文弨云：「本或作儁，故有似兖一音。」

其言至巂弗及何？【注】据公追戎于濟西，不言所至，又不言弗及。【疏】注「据公」至「弗及」。○見莊十八年左傳。本有作「不及」者，誤。石經、左傳本作「弗」也。

侈也。【注】侈，猶大也。大公能卻强齊之兵。弗者，不之深者也。言齊人畏公士卒精猛，引師而去之，深遠不可得及，故曰侈。不直言大之者，自爲追，唯臣子得褒之耳，不得與追戎同也。言師者，侈大公所追也。國内兵不書而舉地者，善公齊師去則止，不遠勞百姓，過復取勝，得用兵之節，故詳録之。【疏】注

「侈猶」至「之兵」。○集韻引字林云：「侈，大也。」國語吴語：「以廣侈吴王之心。」注：「侈，大也。」禮記雜記：「其衰侈袂。」注：「侈，猶大也。」鄂本「强」作「彊」。○注「弗者」至「者也」。○段氏玉裁尚書撰異云：「弗與不，古義略同，而淺深有别。如雖有嘉肴，弗食不知其旨也；雖有至道，弗學不知其善也。可證弗不之不同矣。二字古音亦逕庭遠甚，弗在脂微部，不在之咍部，而轉入尤部，絶不相叚借也。不字之不可入物韻，猶弗字之不可入尤韻也。集韻始誤認爲一字，不字下云：『分物切，無也〔一〕。通作弗。』薛季宣書古文，不問弗不字，皆作弜。夫弜字本即説文之左戾右戾兩字之合，則與弗同音可矣。何以不亦作弜也？不亦作弜，則尚書有『弗』而無『不』也。有弗而無不〔二〕，則〔三〕語言之輕重全不可考〔四〕矣。」按：孔子世家云「弗乎弗乎」，蓋不可之深也。○注「言齊」至「曰侈」。○此言書弗不書不義。○注「不直」至「同也」。○莊十八年：「公追戎于濟西。」傳：「其言追何？大其爲中國追也。此未有伐中國者，則其言爲中國追何？大其未至而豫禦之也。其言于濟西何？大之也。」注：「大公除害，恩及濟西也。言大者，當有功賞也。」蓋彼爲中國追，於王法當賞，故大之。此自爲追，唯臣子褒詞，故言侈也。繁露仁義法云：「仁者，愛人之名也。鄰，傳無大之之詞，自爲追，則善其所卹遠也；兵已加焉，乃往救之，則弗美；未至，

〔一〕「切無也」，原訛作「即」，叢書本同，據段玉裁古文尚書撰異及集韻校改。
〔二〕「有弗而無不」句原脱，叢書本同，據古文尚書撰異校補。
〔三〕「則」，原訛作「而」，叢書本同，據古文尚書撰異校改。
〔四〕「考」，原訛作「聞」，叢書本同，據古文尚書撰異校改。

豫備，則美之，善其救害之先也。夫救早而先之，則害無由起，而天下無害矣。然則觀物之動，而先覺其萌，絶亂塞害於將然而未形之時，春秋之志也，其明至矣，非堯舜之智，知禮之本，孰能當此。故救害而先，知之明也，公之所恤遠，而春秋美之，詳其美恤遠之意，則天地之間，然後快其仁矣。非三王之德，選賢之精，孰能如是。」○注「言師」至「追也」。○舊疏云：「正以上言『齊人侵我西鄙』，下言『公追齊師』，與上文異故也。」通義云：「謹案，以公而追人，則卑公矣。故其義可言公追齊師，不可言公追齊人。春秋稱名之慎，有如此者。」穀梁傳：「其侵也曰人，其追也曰師。以公弗及，大之也。」與此傳義同。○注「國内」至「録之」。○校勘記出「録詳」，云：「鄂本作詳録，此誤倒。」定十二年注云：「天子不親征下土，諸侯不親征叛邑。」故春秋之例，封内用兵不書也。襄十二年，「季孫宿帥師救台，遂入運」，書者，彼注云：「討叛也。封内兵書者，爲遂舉討叛惡。」又十五年，「公救成」，書者，彼注云：「封内兵書者，爲不進張本。」定十二年書「圍成」者，彼注云：「公親圍成不能服，不能以一國爲家，甚危，故危録之。」此亦封内用兵而書地，故解之。襄十五年：「至遇。」傳：「不敢進也。」注：「不言止次，以刺之者，量力不責重民也，故與至巂同文。」蓋此爲可追而不追，彼爲不可進而不進，皆爲重民命，故善之。

○夏，齊人伐我北鄙。【疏】大戴禮保傅篇盧注：「齊在魯北。」

○衛人伐齊。

○公子遂如楚乞師。

乞者何？卑辭也。【疏】校勘記出「乞師者何」，云：「閩、監、毛本同，誤也。唐石經、鄂本無師字，此誤衍。按，疏標起訖云『乞者至若辭』，亦無師字。」繁露精華云：「魯僖公以亂即位，而知親任季子。季子無恙之時，內無臣下之亂，外無諸侯之患，行之二十年，國家安甯。季子卒之後，魯不支鄰國之患，直乞師楚耳。僖公之情，非輒不肖，而國益衰危者，何也？以無季子也。以魯人之若是也，亦知他國之皆若是，亦知天下之皆若是也。」曰乞師楚，明其爲卑辭矣。一切經音義引蒼頡篇曰：「乞謂行匄也。」行匄即求意，故爲卑辭。公子遂，左傳校勘記引惠棟云：「遂，世本作述。述與遂古字通。秦大夫西乞術，本亦作遂是也。」

曷爲以外內同若辭？【注】据春秋尊魯。【疏】成十六年書「晉侯使欒黶來乞師」，十七年「晉侯使荀罃來乞師」，此爲內乞師亦書，是內外同辭也。○注「据春秋尊魯」。○如桓十年傳「內不言戰」、上三年「公子友如齊莅盟」之屬皆是。

重師也。【注】外內皆同，卑其辭者，深爲與人者重之。【疏】注「深爲」至「重之」。○下云「師出不正反，戰不正勝」，故深責服人者也。

曷爲重師？【注】据泓之戰不重師。【疏】注「据泓」至「重師」。○見上二十二年。彼傳云：「宋公與楚人期戰于泓之陽。楚人濟泓，有司復曰：『請迨其未畢濟而擊之。』宋公曰：『不可！吾聞之也，君子不厄人。』既濟，未畢陳，有司復曰：『請迨其未畢陳擊之。』宋公曰：『不可！吾聞之也，君子不鼓不成列。』已陳，然後宋公〔一〕鼓之，宋師大敗。」宋公守古敗師，春秋大之，故据以難。

師出不正反，戰不正勝也。【注】不正者，不正自謂出當復反，戰當必勝。兵，凶器；戰，危事，不得已而用之爾，乃以假人，故重而不暇別外内也。稱師者，正所乞名也。乞師例時。【疏】注「不正」至「必勝」。○舊疏云：「以義言之，此句亦宜云戰不正勝者，不正自謂戰當必勝，但何氏省文，不復備言。」按：穀梁傳云：「何重焉？重人之死也。非所乞也。師出不必反，戰不必勝，故重之也。」通義云：「謹案，正如貞觀之貞。不正反者，不常得反也。不正勝者，不常得勝也。」經義述聞云：「謹案，正之言定也，必也。周官宰夫鄭注曰：『正猶定也。』堯典『以閏月定四時』，史記五帝紀『定』作『正』。齊語『正卒伍，修甲兵』，漢書刑法志『正』作『定』。是正與定同義。『師出不正反，戰不正勝』者，言師之出也，不能豫定其得反；其戰也，不能豫定其得勝。蓋敗亡亦事之常也。穀梁『師出不必反，戰不必勝』是也。不正者，事不可必之謂，非不正其自謂反、自謂勝也。何注失之。」按：何氏意亦以正如定解，解不正自謂猶言不定自謂、不

〔一〕「宋公」，公羊傳作「襄公」。又，此「宋公」上原衍一「去」字，叢書本同，據公羊傳校删。

必自謂也。○注「兵凶」至「内也」。○下「公以楚師伐齊，取穀〔一〕」，穀梁傳云：「民者，君之本也。使民以其死，非其正也。」注引雍曰：「兵，不祥之器，不得已而用之，安有驅民於死地，以共假借之役乎？」鹽鐵論論災云：「兵者，凶器也。甲堅兵利，爲天下殃。以母制子，故能久長。聖人法之，厭而不揚。」又論功云：「故兵者凶器，不可輕用也。其以强爲弱，以存爲亡，一朝爾也。」注：「鼂錯曰：兵，凶器；戰，危事也。以大爲小，以强爲弱，在俛仰之間耳。」○注「乞師〔二〕例時」。○舊疏云：「正以文承『夏』下。又成十三年『春，晉侯使郤錡來乞師』。」是也。

○秋，楚人滅隗，以隗子歸。【注】不月者，略夷狄滅微國也。不言獲者，舉滅爲重。書以歸者，惡不死位。不名者，所傳聞世，見治始起，責小國略，但絶不誅之。【疏】左氏、穀梁隗作夔。夔隗同部，叚借字，亦作歸。水經江水篇「又東過秭歸縣之南」，注云：「縣故歸鄉。地理志曰：『歸子國也。』樂緯曰：『昔歸典叶〔三〕聲律。』宋忠曰：『歸即夔，歸鄉蓋夔鄉矣。』古楚之嫡嗣有熊摯者，以廢疾不立，而居於夔，爲楚附庸，後王命爲夔子。春秋僖公二十六年，楚以其不祀滅之者也。」又云：「江水又東南，逕夔城南，

〔一〕「穀」字原脱，叢書本不誤，據補。
〔二〕「師」字原脱，叢書本同，據何休注文校補。
〔三〕「叶」，原訛作「協」，叢書本同，據水經注校改。

跨踞川阜，周迴一里百一十八步，西北背枕深谷，東帶鄉谿，南側大江。」「熊摯始治巫城，後疾移此，蓋夔徙也。春秋『楚子玉滅夔』，服虔曰：『在巫之陽，秭歸歸鄉矣。』」杜云：「夔，楚同姓國，今建平秭歸縣。」史記索隱引譙周古史考作「滅歸」。大事表云：「今湖廣宜昌府歸州治東二十里有夔子城，爲楚所分之夔國，熊摯之後。熊摯有疾，弗得立，而遜居國都者也。」惠氏棟左傳補注云：「古史考云『滅歸』，太康地理志：『歸鄉，故夔子國。』尚書中候：『伯禹䭫首讓于益歸。』鄭注：『益歸，賢者，堯臣。歸讀曰夔。』」方輿紀要云：「夔子城在歸州東二十里。」名勝志：「地名夔。」○注「不月」至「國也」。○莊十年「冬，十月，齊師滅譚」，十三年「夏，六月，齊人滅遂」，皆月，此不月，故解之。○注「不言」至「爲重」。○決上十五年書「獲晉侯」也。彼舉君獲爲重，故不言師。此以國滅爲重，故不言君獲也。明楚當坐滅不坐獲也。孟子盡心下：「民爲貴，社稷次之，君爲輕。」○注「書以」至「死位」。○襄六年：「齊侯滅萊。」傳：「曷爲不言萊君出奔？國滅君死之，正也。」以歸與被獲同爲責不死位也。禮記曲禮曰：「國君死社稷。」○注「不名」至「誅之」。○舊疏云：「上二十三年『杞子卒』下注云：『又以見聖人子孫有誅無絶。』似誅輕絶重。此注云『但絶不誅』，自相違者，誅有二種：一是誅責之誅，若『齒路馬有誅』、『於予與何誅』之類；一是誅絶之誅，似『武王誅紂』、『誅君之子不立』之類。則是上言有誅無絶，聖人子孫但有誅責，不合絶去。此言但絶不誅，但欲絶去一身，不聽爲君，不合誅滅其國。蓋所傳聞世，責小國略也。哀七年『以邾婁子益來』，傳：『邾婁子益何以名？絶之。』又莊十年『以蔡侯獻舞歸』，傳：『蔡侯獻舞何以名？絶之。』以此二文言絶之，則似書名爲絶。今此云『不名』爲絶者，蓋絶亦有二義：一是絶去其身，一是絶滅其國。蔡侯獻舞，大國之君，不能死難，爲楚所獲，春秋不與夷狄獲中國，故不書獲，名蔡侯，以起其合絶滅矣。邾婁正當所見之世，爲魯所獲，春秋之義，内獲人皆諱不書，故名邾婁子，以起不死難，當絶滅矣。今此隗子既是微國，又當所傳聞世，若其書名，恐如二君，亦合絶滅，故不名，見責之略也，但合一身絶去而已。」

○冬，楚人伐宋，圍緡。

邑不言圍，此其言圍何？刺道用師也。【注】時以師與魯，未至，又道用之，於是惡其視百姓之命若草木，不仁之甚也。稱人者，楚未有大夫，未聞稱師，楚自道用之，故從楚文。【疏】穀梁「緡」作「閔」。傳云：「伐國不言圍邑，此其言圍，何也？以吾用其師，目其事也，非道用師也。」注：「楚人出師，爲魯伐齊，而中道以伐宋，故伐圍兼書，所以責楚。」○注「時以」至「甚也」。○繁露竹林云：「今戰伐之於民，其爲害幾何？考意而觀指，則春秋之所惡者，不任德而任力，驅民而殘賊之。」故春秋於戰伐，必一二書，傷其害所重。此假師與魯，已屬不仁，復道用師，是不仁之甚也。○注「稱人」至「稱師」。○校勘記出「未聞稱師」，云：「閩、監、毛本誤也。鄂本聞作得，當據正。」文九年：「楚子使椒來聘。」傳：「椒者何？楚大夫也。楚無大夫，此何以書？始有大夫也。」是文九年始有大夫也。然則上四年書「屈完來盟于師」，下二十八年書「得臣」，皆在椒前得書大夫者，上四年傳云：「屈完者何？楚大夫也。何以不稱使？尊屈完也。曷爲尊屈完？以當桓公也。」下二十八年注云：「楚無大夫，其言大夫者，欲起上楚人，本當言子玉得臣。所以詳録霸事。」按：隱五年傳云：「將卑師衆稱師，將卑師少稱人。」知不從將卑師少例者，彼据大國分别之。楚夷在所傳聞世，知不得据彼説。○注「楚自」至「楚文」。○舊疏云：「欲道下文『公以楚師』得稱楚師，而此不得者，以楚自道用之，故從楚文也。」

○**公以楚師伐齊，取穀。**【注】言以者行公意，别魯兵也。稱師者，順上文。【疏】注「言以」至「兵也」。○桓十四年：「宋人以齊人、衛人、蔡人、陳人伐鄭。」傳：「以者何？行其意也。」注：「以已從人曰行，言四國行宋意也。」故此以爲行公意也。鹽鐵論刑德云：「盜傷與殺同罪，所以累其心而責其意也。猶魯以楚師伐齊，而春秋惡之。故輕之爲重，淺之爲深，有緣而然。法之微者，固非衆人之所知也。」○注「稱師者順上文」。○決上「楚人伐宋」，不稱師也。上云「如楚乞師」，此故順之稱楚師。

○**公至自伐齊。**

此已取穀矣，何以致伐？【注】据伐邾婁取叢不致。【疏】注「据伐」至「不致」。○見下三十三年。彼注云：「取邑不致者，得意可知例。」正以春秋之例，不得意致伐，此伐齊取穀，明得意矣，書致伐，故据以難。

未得乎取穀也。【注】未可謂得意於取穀。【疏】謂雖取穀，有危，不得從得意例也。經義述聞云：

「謹案，得，非得意之謂也。『得猶便也』，見呂氏春秋淫辭篇注。魯内虚而外乞師以犯强齊，則後患將至。穀雖已取，其計不便於魯也。下文『患之起，必自此始也』，正發明魯計不便之義，故曰未得乎取穀也，猶言未爲計之得也。此與莊六年傳之言『得意不得意』者殊義，不得据彼以説此。」又云：「言未爲計得也。解者曰：未可爲得意於取穀，則於得下增意字矣。」按：傳云「何以致伐」，正据莊六年「不得意致伐」爲問。故答云：「未得乎取穀。」言雖取穀，仍未得意也，遥爲承應，不必如王氏之别生異説也。

曷爲未得乎取穀？【注】据俱取邑。

曰：患之起，必自此始也。【注】魯内虚而外乞師，以犯强齊，會齊侯昭卒，晉文行霸，幸而得免。孔子曰：「人之生也直，罔之生也幸而免。」故雖得意，猶致伐也。【疏】注「魯内」至「得免」。○鄂本「强」作「彊」。齊侯昭卒，見下二十七年。晉文行霸，即下二十八年侵曹、伐衛、敗楚、盟踐土之屬是也。繁露隨本消息云：「先齊孝未卒一年，魯僖公乞師取穀。晉文之威，天子再致，先卒一年，魯僖公之心分而事齊。」又云：「由此觀之，所行從不足恃所事者，不可不慎，此亦存亡榮辱之要也。」按：下「先卒一年」涉上文衍。「分而事齊」，疑當作「分而事晉」，蓋謂刺公子買不卒戍衛等也。穀梁傳曰：「此其致之，何也？危之也。」注：「以蠻夷之師伐鄰近大國，招禍深怨，危亡之道。」與此傳同也。説苑尊賢云：「季子卒後，邾擊其南，齊伐其北，魯不勝其患。將乞師於楚，以取全身。故傳曰：『患之起，必自此始也。』」繁露俞序云：「愛人之大者，莫大乎思患而豫防之。故蔡得意於吴，魯得意於齊，而春秋皆不告。故次以言，怨人不可邇，敵國不可狎，攘竊之國不可使久親，皆防患、爲民除害之意。」按：「不告」疑「不善」之誤。○

注「孔子」至「伐也」。○見論語雍也章集解：「包曰：誣罔正直之道而亦生者，是幸而免。」皇疏引李充曰：「失平生之道者，則動之死地矣。必或免之善，由於幸耳。故君子無幸而有不幸，小人有幸而無不幸也。」明魯僖乞師伐齊，不以道，竟得免禍，故曰幸也。得意不致，不得意致伐，此雖得意取穀，合不致，仍作不得意解之也。

公羊義疏三十五

南菁書院　句容陳立卓人著

僖二十七年盡二十八年

○二十有七年，春，杞子來朝。【注】貶稱子者，起其無禮不備，故魯入之。【疏】校勘記出「二十七年」，云：「唐石經作廿有七年。鄂本二十下有有字，此脱。」○注「貶稱」至「入之」。○舊疏云：「杞本公爵，但春秋新周故宋，黜之稱伯，即莊二十七年『冬，杞伯來朝』是也。至二十三年書『杞子卒』者，以微弱爲徐、莒所脅，不能死位，故以其一等貶之。此經復書子者，起其無禮。故左氏皆有魯入之文也。」按：左傳云：「杞桓公來朝，用夷禮，故曰子。」又云：「入杞，責無禮也。」與何注同。劉氏解詁箋云：「正伯子男一也，辭無所貶。何君不用左氏。此及下『入杞』解詁無禮之云，皆依違左氏，非也。」按：何君所見公羊説，或有與左氏同者，故依用之，未必專本左氏也。

○夏，六月，庚寅，齊侯昭卒。【疏】包氏慎言云：「六月書庚寅，月之二十日，於曆當爲十九日。」

○秋，八月，乙未，葬齊孝公。【疏】包氏慎言云：「八月書乙未，月之二十六日。」按：當二十五日。隱三年傳云：「不及時而日，渴葬也。」

○乙巳，公子遂帥師入杞。【注】日者，杞屬脩禮朝魯，雖無禮，君子躬自厚而薄責於人，不當乃入之，故録責之。【疏】包氏慎言云：「八月無乙巳，九月之五日也。」按：當爲六日。○注「日者」至「責之」。○正以入例時，傷害多則月，此日故解之。春秋於入，書日多惡辭，唯下二十八年「三月，丙午，入曹」爲善義兵。

○冬，楚人、陳侯、蔡侯、鄭伯、許男圍宋。

此楚子也，其稱人何？【注】据序諸侯之上。

貶。【疏】杜云：「經書人者，恥不得志，以微者告。」沈氏欽韓補注云：「稱人者，猶賤之也。傳明云『楚子』，杜既云：『楚主兵。』赴告之體，可稱其君微者與？」

曷爲貶？【注】据圍鄭不貶。【疏】注「据圍鄭不貶」。○下三十年，「晉人、秦人圍鄭」是也。

爲執宋公貶，故終僖之篇貶也。【注】古者諸侯有難，王者若方伯和平之，後相犯，復故罪。楚前執宋公，僖公與共議釋之。今復圍犯宋，故貶，因以見義。終僖之篇貶者，言君子和平人，當終身保也。然則調人和難保之終身，故先動者誅之。

【疏】注「古者」至「故罪」。○惠氏士奇禮説云：「終僖之篇貶者，言君子和平人，當終身保也。」康成謂猶今二千石以令解讎怨，後復相報，移徙之。即何休所謂後相犯，復故辠，是也。楚人先動，其能免於王法之誅乎？」按：周禮調人云：「凡有鬬怒者成之。」鄭司農云：「成之，謂和之也。和之，猶今二千石以令解讎怨，後復移徙之。此其類也。」惠氏棟公羊古義云：「何氏此注，此調人成之之法也。成之者何？和之也。王褒集僮約注：『漢時官不禁報怨，故二千石以令解之。』令者，漢令有和難之條。鄭云云者，後漢桓譚上疏曰：『今人相殺傷，雖已伏法，而私結怨讎，子孫相報復，後忿深前，至於滅户殄業，而俗稱豪健。故雖怯弱猶勉而行之，此爲聽人自理而無復法禁者也。今宜申明舊令，若已伏官誅，而私相傷殺者，雖一身逃亡，皆徙家屬于邊；其相傷者，加常二等，不得贖罪。如此則讎怨自解。』譚所云舊令，即先鄭移徙之法也。」何云復故罪，疑亦當時令甲文，引以爲況與？○注「楚前」至「見義」。○即上二十一年「秋，執宋公以伐宋」，十二月「公會諸侯盟于薄，釋宋公」。傳：「執未有言釋之者，此其釋之何？公與議爾也。」注：「善僖公能與楚釋賢者之厄。」是也。通義云：「傳緣入文之篇，髡即見弒，故就經文以終僖之篇言之，其實乃終髡之世貶耳。此與翬傳云『終隱之篇貶』，文同而義異。何者？翬有罪於隱，髡非有罪於僖也。何氏之説今故未取。」知不然者，傳即專言終髡之世貶，何必不言終髡之世，春秋託王於魯，僖公託王者方伯之職，和平諸侯，今復相犯，即是得罪於僖，即爲得罪於王法，故云終僖之篇貶耳。穀梁傳曰：「楚人者，楚子也。其曰人，何也？人楚子，所以人諸侯也。其人諸侯，何也？不正其信夷狄而伐中國也。」彼注引：「何君廢疾云：哀元年，『楚子、陳侯、隨侯、許男圍蔡』，不稱人，明不以此故也。鄭君釋之云：時晉文爲賢伯，故譏諸侯不從，而信夷狄也。哀元年時，無賢伯，又何据而當貶之耶？」彼注又引：「江熙云：夫屈信理對，言信必有屈也，宋楚戰于泓，宋以信義而敗，未有闕也，楚復圍之。我三人行必有我師，諸侯不能以義相帥〔一〕，反信楚之曲，屈宋之直，是義所不取。信曲屈直猶不可，況乃華夷乎？楚以無義見貶，則諸侯之不從，不待貶而見也。然則，四國信楚而屈宋，春秋屈其信而信其屈，貶楚子於兵首，則彼碌碌者以類見矣，故曰：『人楚子，所以人諸侯。』」按：穀梁無善宋襄義。江氏彼注，正用此傳，爲執宋公貶意也。劉氏申何云：「晉文伯業未顯，何以責諸侯？江熙從公羊解，近之。」

○十有二月，甲戌，公會諸侯盟于宋。【注】地以宋者，起公解宋圍，爲此盟也。宋得與盟，則宋解可知也。而公釋之見矣。【疏】包氏慎言云：「十二月書甲戌，月之七日。」按：當六日。○注「地以」至「見矣」。○范云：「地以宋者，則宋得與盟，宋圍解可知。」用此注爲説也。左氏以公會諸侯盟于宋，宋不與盟。春秋凡書會盟於國都，皆本國與焉，如隱元年「及宋人盟于宿」、桓二年「蔡侯、鄭伯會于鄧」皆是，此不應殊。

〔一〕「帥」，阮元校勘記云：「上文之必有我師，帥是師之誤字。」

○二十有八年，春，晉侯侵曹。晉侯伐衛。

曷爲再言晉侯？【注】据楚人圍陳。納頓子于頓，亦兩事，不再出楚人。【疏】注「据楚」至「楚人」。○見上二十五年。彼傳云：「兩之也。」是亦兩事也。

非兩之也。【疏】上二十五年云：「楚人圍陳。納頓子于頓。」傳：「何以不言遂？兩之也。」注：「徵者不别遂，但别兩稱耳。别之者，惡國家不重民命，一出兵爲兩事也。」則此初出師時，原有兩伐之意矣。

然則何以不言遂？【注】据侵蔡遂伐楚言遂。【疏】注「据侵」至「言遂」。○見上四年，「公會齊侯以下侵蔡，蔡潰，遂伐楚」是也。

未侵曹也。未侵曹，則其言侵曹何？致其意也。其意侵曹，則曷爲伐衛？晉侯將侵曹，假塗于衛，衛曰：「不可得。」則固將伐之也。【注】曹有罪，晉文行霸征之，衛壅遏，不得使義兵以時進〔一〕，故著言侵曹，以致其意，所以通賢者之心，不使壅塞也。宋襄公伐齊月，此不月者，晉文公功信未著，且當脩文德，未當深求於諸侯，故不美也。【疏】左傳云：「晉侯將伐曹，假道于衛。衛人弗許。還，自河南濟，侵曹伐衛。」注：「從汲郡南渡，出衛南而東。」水經注河水篇：「又東逕燕

〔一〕「進」，原訛作「追」，叢書本同，據公羊注疏校改。

縣故城北，則有濟水自北來注之。亦謂之濟津，故南津也〔一〕。春秋僖公二十八年，晉將伐曹，曹在衛東，假塗于衛，衛人不許，還，自南河濟，即此。」按：汲郡亦衛地。衛既不假道，則仍不可得伐也。○注「曹有」至「塞也」。○校勘記出「晉文行霸征之」，云：「鄂本文下有公字，此脱。」又云：「釋文壅又作壅，同。此本進誤追，今据諸本訂正。」曹有罪者，下傳云：「曹伯之罪何？甚惡也。其甚惡奈何？不可以一罪言也。」是也。雖未克侵曹，書以致其意，不使伯功壅塞也。通義云：「謹案，凡有兩事，前事既後事繼者，則言遂。前事未既別有後事者，則不得言遂。晉本爲侵曹出師，衛不假道，伐衛而後進。若言伐衛遂侵曹，則失其本意；若言侵曹遂伐衛，則似既侵曹還伐衛，又失其事實。故遂文兩不可施也。」舊疏云：「言征者，上討下之辭，謂伐而正之，如上十八年傳云『與襄公之征齊也』。」○注「宋襄」至「美也」。○上十八年「春，王正月，宋公以下伐齊」是也。彼云：「月者，善録義兵。」明此晉文功信未著，遽求諸侯，未得爲義，故不月也。

○公子買戍衛，不卒戍，刺之。【疏】左傳：「殺子叢以説焉。」蓋名買字叢。

〔一〕以上所引爲水經原文，且「濟水」訛作「津水」。水經注改作：「又逕東燕縣故城北。注：『原本及近刻此句下衍「則有濟水自北來注之」九字。』河水于是有棘津之名，亦謂之石濟津。注：『原本及近刻并脱「石」字。今考即胙城縣東北石濟津。』故南津也。」

不卒戍者何？不卒戍者，内辭也，不可使往也。【注】即往，當言戍衛不卒。【疏】通義云：「畏晉，故不可使往。」説苑尊賢云：「公子買不可使戍衛，内侵於臣下，外困於兵亂，弱之患也。」指此。鹽鐵論備胡云：「春秋貶諸侯之後，刺不卒戍。」明實不可使往，諱爲不卒戍辭。

不可使往，則其言戍衛何？【注】据言戍衛行文。【疏】注「据言」至「行文」。○舊疏云：「欲言實戍，乃有不卒戍之文；欲言不戍，而經書戍衛。」以戍衛爲行文。

遂公意也。【注】使臣子不可使，恥深，故諱使若往不卒竟事者，明臣不得壅塞君命。【疏】晉伐衛。衛，楚之與國；魯與楚昏姻。上年楚爲魯出師伐齊，故爲戍衛。明公意欲戍衛焉。○注「使臣」至「君命」。○通義云：「臣已受命，雖未往，當以不終事之辭言之。公本使買戍衛，買畏晉，不可往，公殺之。及聞晉剋衛而懼，反以殺買之事説于晉。時量力度義，不當往戍，臣於君有替否之道。買無罪，故不日。」按：左傳云：「公子買戍衛，楚人救衛，不克。公懼于晉，殺子叢以説焉。告楚人曰：『不卒戍也。』」以買實戍衛。孔氏猶依違左傳焉。又云：「買無罪。」與何氏有罪不日例乖。穀梁傳曰：「先名後刺，殺有罪也。公子啓曰：『不卒戍者，可以卒也。可以卒而不卒，譏在公子也，刺之可也。』」

刺之者何？殺之也。殺之，則曷爲謂之刺之？内諱殺大夫，謂之刺之也。【注】有罪無罪，皆不得專殺，故諱殺言刺之。不言刺公子買，但言不卒戍刺之者，起爲上事刺之也。内殺大夫例，有罪不日，無罪日。外殺大夫皆時。【疏】説文刀部：「刺，君殺大夫曰刺。刺，直傷也。」段

注：「刺，直傷也，當爲正義。君殺大夫曰刺，當別一義。」「周禮：『司刺職掌三刺之法：壹刺曰訊羣臣，再刺曰訊羣吏，三刺曰訊萬民。』注：『刺，殺也。』訊而有罪則殺之。然則，春秋於他國大夫書殺，於内殺大夫書刺。」若皆殺當其罪然，故諱之曰刺。杜云：「内殺大夫皆書刺，言用周禮三刺之法，示不枉濫也。」是也。爾雅釋詁云：「刺，殺也。」郭注引此傳。蓋對文異，散則通，故國語晉語云：「殺懷公于高梁。」又云：「刺懷公于高梁也。」諱殺曰刺，春秋之義也，固不必通之他經也。○注「有罪」至「刺之」。○孟子告子下：「無專殺大夫。」是不別有罪無罪也。舊疏云：「孟子言大夫者，天子命之輔助其政，諸侯不得專殺大夫也。」按：諸侯不得專殺，疑指命大夫耳。其命於其君者，似不必請之天子矣。○注「不言」至「之也」。○若直言刺公子買，與刺公子偃同，所刺事不明，故言不卒戍刺之，明其爲上事也，若有罪也。○注「内殺」至「罪日」。○舊疏云：「有罪不日，即此文是。無罪日者，成十六年『冬，十有二月，乙酉，刺公子偃』是也。」解詁箋云：「上書『晉侯伐衛』，下書『楚人救衛』，則此『戍衛』爲黨楚背晉明矣。歸罪于買而殺之，僖之大惡也。故以不卒戍爲内辭。傳順經諱文。解詁以爲有罪不日，無罪日者，謂著其罪狀與否爾，非從實也。」亦通。○注「外殺大夫皆時」。○上七年「鄭殺其大夫申侯」，書夏；下三十年「衛殺其大夫元咺」，書秋，是也。

○楚人救衛。

○三月，丙午，晉侯入曹，執曹伯，畀宋人。【疏】包氏慎言云：「三月書丙午，月之十日。」

畀者何？與也。其言畀宋人何？【注】据下言執衛侯，言「歸之于京師」。【疏】穀梁傳云：「畀，與也。」杜云：「畀，與也。」襄二年左傳「烝畀祖妣」，注：「畀，與也。」爾雅釋詁：「畀，予也。」予、與古通。禮記祭統云：「畀之爲言與也。」説文丌部：「畀，相付與之。約在閣上也。」○注「据下」至「京師」。○見下。彼言「于京師」，此言「畀宋人」，故難之也。

與使聽之也。【注】與使聽其獄也。時天王居于鄭，晉文欲討楚師，以宋王者之後，法度所存，故因假使治之。宋稱人者，明聽訟必師斷，與其師衆共之。【疏】注「時天」至「治之」。○劉氏解詁箋云：「時天王實已歸京師，下書『公朝于王所』，王自京師至踐土也。襄王不能正曹伯之罪，晉文自正之，故爲伯討張義。以殷彝蔽其罪，愈於以歸多矣。」按：左傳以晉文定襄王在二十五年，與此異。

曹伯之罪何？甚惡也。其甚惡奈何？不可以一罪言也。【注】曹伯數侵伐諸侯，以自廣大。傳曰：「晉侯執曹伯，班其所取侵地于諸侯。」是也。齊桓既没，諸侯背叛，無道者非一。晉與曹同姓，恩惠當先施，刑罰當後加，起而征之，嫌其失義，故著其甚惡者可知也。以兵得不言獲者，晉文伯討；不坐獲者，故亦不責曹不死義兵。日者，喜義兵得時入。【疏】注「曹伯」至「是也」。○下三十一年：「取濟西田。」傳云：「惡乎取之？取之曹也。此未有言伐曹者，則其言取之曹何？晉侯執曹伯，班其所取侵地于諸侯。」知曹數侵伐人以自廣大也。通義云：「謹案，不可以一罪言，則非獨數侵伐矣。曹詩序曰：『共公遠君子而好近小人。』『侵刻下民，不得其所。』」○注「齊桓」至「知也」。○舊疏云：「『恩惠當先施』，即堯典云『九族既睦，平章百姓』是也。『刑罰當後加』，小司寇『議親、議賢之辟』是也。『著其甚惡』，即執而言畀宋人，使治其罪是也。」○注「以兵」至「不死」。○上四年傳：「稱侯而執者，伯討也。」晉文書侯，故知伯討。兵得當言獲，上十五年「戰于韓，獲晉侯」是也。彼傳云：「君獲，不言師敗績也。」注：「釋不書者，以獲君爲惡。書者，以惡見獲，與獲人君者皆當絕也。」是坐獲之例也。晉文伯討，故不坐獲，不書獲，亦不責曹伯不死位也。○注「日者」至「時入」。○入例時，書日，故解之。定四年：「庚辰，吴入楚。」注：「日者，惡其無義。」彼爲無義日，此爲義兵日，春秋無達例也，故此爲義兵得日入。

○夏，四月，己巳，晉侯、齊師、宋師、秦師及楚人戰于城濮。楚師敗績。【疏】包氏慎言云：「夏四月書己巳，月之三日。」莊二十七年左傳：「公會齊侯于城濮。」大事表云：「杜注：『城濮，衛地。』將討衛之立子頽，是時王命齊桓爲侯伯。」僖二十八年『晉文敗楚于城濮』，即此。今山東曹州府濮州南七十里有臨濮城。」方輿紀要云：「臨濮城在東昌府濮州南七十里，或曰即古城濮地。」

此大戰也，曷爲使微者？【注】据秦稱師録功，知大戰必不使微者。楚雖無大夫，齊桓行霸書屈完也。【疏】注「据秦」至「微者」。○舊疏云：「文十二年『秋，秦伯使遂來聘』，傳：『秦無大夫，此何以書？賢繆公也。』然則，文十二年，秦始有大夫，知此時未合稱師。今乃稱師録功，故知大戰。既是大戰，則知不應使微者。」○注「楚雖」至「完也」。○楚無大夫者，文九年：「冬，楚子使椒來聘。」傳云：「楚無大夫，此何以書？始有大夫也。」則僖公爲所傳聞世，亦不合有大夫。惟上四年書「屈完來盟于師」云：「屈完者何？楚大夫也。何以不稱使？尊屈完也。曷爲尊屈完？以當桓公也。」注：「增倍使若得其君，以醇霸德，成王事。」則此晉文行霸，亦宜增倍楚大夫。書名，許其有大夫，以醇霸業。今稱人，似微者，故据以難。

子玉得臣也。【注】以上敗績，下殺得臣。【疏】通義云：「子玉者，得臣字也。古人多引字冠名上言之者，若左傳稱華父督、孟明視、子越椒之比。」王氏引之周秦名字解詁〔一〕云：「定九年：『得寶玉大弓。』左傳：『陽虎歸寶玉大弓，書曰「得」，器用也。凡獲器用曰得。』按，器用之美者莫如玉，故名得字玉，或曰得讀爲德，古字得與德通。玉藻：『君子無故玉不去身。君子於玉比德焉。』聘義：『君子貴玉而賤瑉，何也？夫昔者君子比德於玉焉。』管子水地篇：『夫玉之所貴者，九德出焉。』」按：後一說是。

子玉得臣，則其稱人何？【注】据屈完當桓公，稱名氏。【疏】注「据屈」至「名氏」。○見上四年：「曷爲尊屈完？以當桓公也。」按：左傳得臣氏成。

貶。曷爲貶？【注】据邲之戰，林父不貶。【疏】注「据邲」至「不貶」。○即宣十二年「晉荀林父帥師

〔一〕「周秦名字解詁」，後更名爲「春秋名字解詁」，收在經義述聞卷二十二、卷二十三。該説見於周法高周秦各家解詁叙例。

及楚子戰于邲」，不貶〔一〕，是也。

大夫不敵君也。【注】臣無敵君戰之義，故絶正也。秦稱師者，助霸者征伐，克勝有功，故褒進之。齊桓先朝天子，晉文先討夷狄者。晉文之時，楚與争彊，所遭遇異。【疏】注「臣無」至「正也」。○宣十二年傳亦云「大夫不敵君」，與此同。若然，林父亦大夫，得敵楚子，不絶正之者，彼爲善楚子不與晉，特書荀林父主名，專見其罪，得臣下有殺文，足見其罪。不必於戰見，故但貶稱人，以張示大夫不敵君義。董生所謂「辭，已明者去之」是也。○注「秦稱」至「進之」。○秦於所傳聞世，因其未能用周禮，擯之比戎狄，則此不合稱師。因其助伯者征伐褒進之，如郳婁子克、瑣，皆以附從霸者朝天子，行進也。聖人於書終秦誓，若秦之繼周於春秋，抑秦以諸夏同夷狄，明其爲周之亂臣也。○注「齊桓」至「遇異」。○齊桓先朝天子，何氏或别有所見。舊疏云：「正以莊十三年冬柯之盟，桓公之信著于天下，豈不朝天子而能然乎？但以外朝不書，是以無經可指耳。」按：信之著不著，不係乎朝天子與否也。依左傳，則晉文先定襄王，後服楚，非何氏所取也。所遭遇異者，舊疏云：「齊桓初霸之時，楚未强大，雖侵諸夏，未能爲霸者之害，是以桓公養成其晦，至僖四年乃討而服之。晉文之時，楚人孔熾，圍宋救衛，與之争盛，是以未暇朝王，先討子玉矣。」義或然也。

〔一〕「不」字原脱，叢書本同，據【注】文改。

○楚殺其大夫得臣。【注】楚無大夫，其言大夫者，欲起上楚人，本當言子玉得臣。所以詳録霸事不氏者，子玉得臣，楚之驕蹇臣，數道其君侵中國，故貶，明當與君俱治也。【疏】注「楚無」至「霸事」。○文九年：「楚子使椒來聘。」傳：「始有大夫也。」此書得臣，與上四年書屈完同義，皆爲詳録伯事也。上以大夫不敵君，絶去其名，故於其殺著之。○注「不氏」至「治也」。○校勘記出「明當與君俱昭」，云：「鄂本『昭』作『治』，無『也』，此誤衍。」上二十六年左傳：「楚成得臣、鬬宜申帥師滅夔。」此不書成得臣，爲貶去其氏也。按：以左傳考之，伐隨、圍陳、滅夔、圍宋，皆子玉事，故知數道其君侵中國也。傳又載「蔿賈曰：子玉剛而無禮，不可以治民」，其驕蹇可知。繁露滅國上云：「楚王髡託其國於子玉得臣，而天下畏之；及髡殺得臣，天下輕之。」又五行相勝云：「金者，司徒也。司徒爲賊，内得於君，外驕軍士，專權擅勢，誅殺無罪，侵伐暴虐，攻戰妄取，令不行，禁不止，將帥不親，士卒不使，兵弱地削，令君有恥，則司馬誅之，楚殺其司徒得臣是也。得臣數戰破敵，内得於君，驕蹇不卹其下，卒不爲使〔一〕，當敵而弱，以危楚國，司馬誅之。金者，司徒，司徒弱不能使士衆，則司馬誅之，故曰火勝金。」按：楚大夫有氏，始成二年公子嬰齊。

〔一〕「使」，原訛作「死」，叢書本同，據春秋繁露校改。

○**衛侯出奔楚。**【注】晉文逐之。不書逐之者，以王事逐之，擇立其次，無絶衛之心，惡不如出奔重。

【疏】禮記祭統篇載孔悝鼎銘曰：「叔舅，乃祖莊叔，左右成公。乃命莊叔，隨難于〔一〕漢陽。」即此也。○注「晉文逐之」。○左傳：「晉侯、齊侯盟于斂盂。衛侯請盟，晉人弗許。衛侯欲與楚，國人不欲，故出其君以説于晉。」是雖衛人出君，猶晉文逐之也。○注「不書」至「奔重」。○舊疏云：「立叔武是也。叔武，衛侯之弟，故曰其次耳。」左傳：「或訴元咺於衛侯，曰：『立叔武矣。』其子角從公，公使殺之。咺不廢命，奉夷叔以入守。」是也。惡不如出奔重者，舊疏云：「言文公逐人之惡，少於衛侯出奔之罪。」按：謂文公立其次不絶衛，故謂其惡少耳。

○**五月，癸丑，公會晉侯、齊侯、宋公、蔡侯、鄭伯、衛子、莒子盟于踐土。**【疏】包氏慎言云：「五月書癸丑，月之十八日。」杜云：「踐土，鄭地。」大事表云：「括地志：『滎澤縣西北十五里有故王宮城，城内東北隅有踐土臺，去衛雍三十餘里。』滎澤，今屬開封府。」史記注引賈云：「踐土，鄭地名，在河内。」則在河北，非也。史記魏世家：「無忌謂魏王曰：王有鄭地，得垣雍。」續漢志河南尹：「有垣雍城，或曰古衡雍。」是衡雍爲鄭地，在河南。踐土，近垣雍，亦在河南矣。一統志：「王宮城在開封府滎澤縣西

〔一〕「于」，原訛作「子」，叢書本不誤，據改。

北。」通義云：「此晉伯之始也，盟不致者，比文于桓也。」

○陳侯如會。

其言如會何？【注】據曹伯襄言會諸侯。【疏】注「據曹」至「諸侯」。○下「曹伯襄復歸于曹，遂會諸侯圍許」是也。

後會也。【注】説與會伐宋同，刺陳侯不慕霸者，反歧意于楚，失信後會。會不致者，安信與晉文也。盟日者，譎也。衞稱子者，起叔武本無即位之意。陳歧意于楚，在二十七年。【疏】注「説與會伐宋同」。○莊十四年：「單伯會伐宋。」傳：「其言會伐宋何？後會也。」彼爲本期而後，書以刺不信。故此後會亦以刺陳侯。○注「刺陳」至「後會」。○校勘記出「刺諸侯」，云：「鄂本同。宋本諸作陳，此誤。監、毛本『歧』作『岐』，下並同。」按：作「岐」是也。杜云：「陳本與楚，楚敗，懼而屬晉，來不及盟，故曰如會。」繁露觀德云：「『陳侯後至，謂如會。』」○注「會不」至「文也」。○桓之盟不致，爲無危也。晉文盟亦不致，是以信與晉。○注「盟日者，譎也」。○舊疏云：「『春秋之例，不信者日。今而書日，故解之。而言譎者，正以孔子謂之『譎而不正』，故取其文。」通義云：「日者，未若桓之信也。」○注「衞稱」至「之意」。○舊疏云：「『衞侯爲王伯所逐，而立叔武。叔武即是成君，何不稱侯而作未踰年之君號？欲起其本無即位之心故也。無即位之心，即下云『文公逐衞侯而立叔武，叔武辭立而他人立，則恐衞侯之不得反也，故於是己立，然後爲踐土之會，治〔一〕反衛侯』是也。」杜預云：「周禮典命云：『諸侯之適子，誓於天子，攝其君，則下其君一等。未誓，則以皮帛繼子男。』叔武，衛侯之弟，未得從世子之法，以其非王命所加，使從未成君之禮，故稱子而序於鄭伯之下。蓋晉文之意使然。」段氏玉裁經韻樓集云：「衛侯出奔，使元咺奉叔武受盟而入守，經云『衛子』。諸家皆曰未成君。按，凡稱子者，如其君之子，奚齊、宋子、子般卒、子卒、子野卒、僖二十五年『衛子』、僖二十八年、定四年兩『陳子』，與此而九，皆謂未踰年未成君也。云子者，皆謂先君之子也。僖二十五年之『衛子』，謂文公子也。二十八年之『衛子』，謂成公弟也。弟曷爲謂之子？成公既奔楚適陳，叔武攝位不稱君，比於在喪未踰年之君，聖人以其持大統也，故曰衛子，此亦可見爲人後者，即爲人子之禮矣。」通義云：「黄道周曰：叔武非世子，又無君喪，而子之何也？以喪禮處之也。晉立以爲君，書侯則無等也，書名則没其實，故以喪禮處之，若以君父奔楚之爲哀痛也，降服致敬，以聽天子之命。」按：成公出奔，不得以喪禮自處。蓋叔武不欲即位，故以未成君之稱會諸侯也。○注「陳岐」至「七年」。○校勘記云：「鄂本同。監、毛本『于』作『於』，閩本誤『如』。」在二十七年，蓋斥楚人、陳侯以下圍宋役也。按：陳自齊桓没後，不與中國會盟，惟霍會有陳，以楚子在會也。

○**公朝于王所。**【疏】詩小雅吉日云「天子之所」，又太叔于田云「獻于公所」，凡君在外，指其所居則曰

〔一〕「治」，原訛作「始」，叢書本不誤，據改。

所，猶後世之行在所也。史記衛將軍驃騎列傳云：「軍吏皆曰：『善。』遂因建詣行在所。」注：「蔡邕曰：天子自謂所居曰行在所。」是也。毛氏奇齡春秋傳：「禮，行在必朝。所者，王居之稱。詩『獻于公所』，孟子『使之居於王所』，故漢制，車駕所在曰所，蔡邕獨斷曰『行在所』。穀梁謂『朝不言所』，誤矣。襄王親至踐土，經無明文，而於此見之，經之互可考驗如是。止書公朝，不及諸侯者，言公則諸侯可知耳。」是也。

曷爲不言公如京師？【注】据三月公如京師。【疏】注「据三」至「京師」。○見成十三年。

天子在是也。天子在是，曷爲不言天子在是？【注】据狩于河陽。【疏】注「据狩于河陽」。○即下「天王狩于河陽」是也。

不與致天子也。【注】時晉文公年老，恐霸功不成，故上白天子曰：「諸侯不可卒致，願王居踐土。」下謂諸侯曰：「天子在是，不可不朝。」迫使正君臣、明王法。雖非正，起時可與，故書朝，因正其義。不書諸侯朝者，外小惡不書，獨録內也。不書如，不言天王者，從外正君臣，所以見文公之功。【疏】注「時晉」至「其義」。○舊疏云：「皆春秋説及史記文。」按：史記晉世家云：「晉侯會諸侯于溫，欲率之朝周，力未能，恐其有畔者，乃使人言周襄王狩于河陽。壬申，遂率諸侯朝王於踐土。」敘事較略，又以兩事爲一。何氏蓋本之春秋緯文也。通義云：「晉文慮無以屬諸侯，上假天子爲重，作王宮于踐土，使王就而受諸侯朝焉。子曰：『以臣召君，不可以訓。』故但言朝于王所，舉其可訓者而已。」繁露玉英云：「春秋之書事，時詭其實以有避也。其書人，時易其名以有諱也。故詭晉文得志之實，以代諱避致王也。」説苑敬慎云：「晉文公出亡，修道不休，至於饗國。饗國之時，上無明天子，下無賢方伯，强楚主會，諸侯背畔，天子失道，出居于鄭。文公於是憫中國之危〔一〕，厲養戎士。四年，政治内定，則舉兵而伐衛，執曹伯，還敗强楚，威震天下。明王法，率諸侯而朝天子，莫敢不聽，天下曠然平定，周室尊顯。」白虎通號篇云：「春秋曰：『公朝于王所。』于是知晉文之霸也。」按：公羊以襄王出居于鄭，至此未返，以上下經考之，良是。踐土，鄭地，明晉文欲假天子命號召諸侯，故就天子所居朝之，復爲温之會，致天子於河陽，以定王位。蓋至是始回京師。所謂求諸侯莫如勤王與？○注「不書」至「内也」。○舊疏云：「諸侯朝王，不在京師，亦是其惡，但非大惡，當所傳聞之世，見在不録之限，是以特書公朝，故隱元年注『於所傳聞世，見治起於衰亂之中，用心尚粗觕，故内其國而外諸夏，先詳内而後治外，内小惡書，外小惡不書』是也。」是則朝于王所非正，特時勢不得不然，故猶在可與之數。書王所，又以見正臣無召君之義，若皆就王朝然。○注「不書」至「之功」。○舊疏云：「春秋之例，内朝言如，外來言朝。今此魯侯不言如，反言朝者，故云從外正君臣，所以見文公之功也。不言天王，所以得正君臣。見文公之功者，以隱元年書天王，注云：『天王者，時吴、楚上僭稱王，王者不能正，而上自繫于天也。春秋不正者，因以廣是非。』然則，稱王爲正，稱加天則非禮。今此經書不言天，亦是正君臣，以見文公之功也。」通義云：「王所，不稱天者，典禮常名也。覲禮曰：『伯父順命

〔一〕「危」，叢書本同，説苑原文作「微」，義更貼切。又「微」下脱「任咎犯、先軫、陽處父，畜愛百姓」十二字。

于王所。』射祭侯〔一〕：『辭曰：無或若女不甯侯，不屬于王所。』」

○六月，衛侯鄭自楚復歸于衛。【注】言復歸者，天子有命歸之。名者，刺天子歸有罪也。言自楚者，爲天子諱也。天子所以陵遲者，爲善不賞，爲惡不誅。衛侯出奔當絶，叔武讓國，不當復廢，而反衛侯令殺叔武，故使若從楚歸者。復歸例皆時，此月者，爲下卒出也。

【疏】注「言復」至「歸之」。○舊疏云：「春秋説文。桓十五年傳曰：『復歸者，出惡歸無惡。』」○注「名者」至「罪也」。○禮記曲禮云：「諸侯不生名。」是則春秋於諸侯有罪當絶者皆名，此書名，明衛侯有罪，則歸之者，在刺科矣。○注「言自」至「歸者」。○舊疏云：「正以自者有力之文，故言自楚，得爲天子諱者，若似自得楚力而歸然。」宋本「子」下衍「之」字，疏同。下傳云：「然後爲踐土之會，治反衛侯。」注：「叔武訟治於晉文公，令白王者反衛侯。」下傳又云：「衛侯得反，曰：『叔武簒我。』終殺叔武。」是衛侯殺叔武事也。衛侯殺叔武由於得反，得反由於天子歸有罪，故書自楚者，爲天子諱也。衛侯以王事得罪，爲晉文所逐，合絶。天子歸之，是失誅惡之義。○注「復歸」至「出也」。○舊疏云：「桓十七年『秋，蔡季自陳歸于蔡』，下三十年『秋，衛侯鄭歸于衛』，是歸書時也。其復歸書時者，下『冬，衛元咺自晉復〔二〕歸于衛』是也。而此月，故知爲他

〔一〕「射祭侯」指周禮梓人之「梓人爲侯：祭侯之禮」。

〔二〕「復」，原訛作「後」，叢書本同，據公羊注疏校改。

事出也。」

○衛元咺出奔晉。

○陳侯款卒。【注】不書葬者，爲晉文諱。行霸不務教人以孝。陳有大喪，而彊會其孤，故深爲恥之。宋襄亦背殯，獨不爲齊桓諱者，時宋襄自會之。卒不日者，賤其岐意于楚。【疏】校勘記云：「唐石經、諸本欵作款，是也。」○注「不書」至「恥之」。○宣元年傳：「臣有大喪，君三年不呼其門。」今陳有大喪，而彊會其孤，晉文之過也，故不書葬，以爲諱。通義云：「謹案，桓、文，春秋所善也。若葵丘之致宋子、温之致陳子，乃其末盡善者也。令宋桓、陳繆自如常文書葬，則責伯者之意不見，故爲之諱其葬，使若既葬而後會其子者，爲愈文諱而實譏也。」○注「宋襄」至「會之」。○上九年：「宋公禦説卒。」傳：「何以不書葬？爲襄公諱也。」彼以宋襄往會葵丘，非齊桓所彊，故不爲桓諱，移其諱於宋襄也。所以爲宋襄諱者，爲後有憂中國、尊周室，功足以除惡故也。劉氏解詁箋云：「何君以傳唯云爲襄公諱，知不爲齊桓諱。又以傳於宋襄不書葬爲盈諱，解爲功惡相覆，宜加微封，則諱爲褒文，非從實矣，失之。」按：何意蓋以有功當得微封，故其過宜覆而爲諱也。○注「卒不」至「于楚」。○大國之卒例書日，此月，故解之。又以見上月爲此出也。岐，本有作歧者，非。岐意於楚，見上「陳侯如會」下。通義云：「款本簒立，不當葬，今爲文公諱去葬，篡尚未顯，故復略其卒日以見義。」按：史記陳杞世家「宣公有嬖姬生子款，欲立之，乃殺其大子御寇〔一〕」，在宣之二十一年。四十五年，宣公卒，子款立，則禦寇之殺，宣公爲之，無爲責款以篡。晉獻公殺世子申生，春秋無責奚齊文。

○秋，杞伯姬來。【疏】杜云：「莊公女。歸甯曰來。」

○公子遂如齊。

○冬，公會晉侯、齊侯、宋公、蔡侯、鄭伯、陳子、莒子、邾婁子、秦人于温。【疏】通義云：「秦稱人者，小國無大夫也。不以公會目之者，伯者之會，非公爲主，不得從内録。」穀梁傳無「齊侯」，或脱。差繆略云：「左氏晉侯下有齊侯。」則陸所見公羊本亦無齊侯矣。按：齊、晉方睦，有齊侯者是也。左傳本有作「郲人」者，誤。石經左傳作「邾子」。

〔一〕左傳作「御寇」，公羊傳、穀梁傳、史記作「禦寇」。

○天王狩于河陽。【疏】史記注引賈逵云：「河陽，晉之温也。」杜云：「晉地。今河内有河陽縣。」穀梁傳：「水北爲陽，山南爲陽。温，河陽也。」大事表云：「本周盟邑，後歸晉，謂之河陽。古河陽城在今河南懷慶府孟縣西南三十里。」水經注河水篇：「河水又東，逕河陽縣故城南。」春秋書「天王狩于河陽」。壬申，公朝于王所。晉侯執衛侯，歸之于京師」。服虔左傳曰：「河陽〔一〕，温也。」班固漢書地理志、袁崧、司馬彪郡國志、晉太康地道記、十三州志：「河陽，别縣，非温邑也。」大事表又云：「今河南懷慶府孟縣西南三十里，武王會諸侯于盟津即此，後歸晉，謂之河陽。杜預於此造舟爲橋，名曰河橋。」一統志：「河陽故城在懷慶府孟縣西三十五里。」按：河陽在今之孟縣，即古孟津。温爲今温縣，在孟縣東。今盟津移治於河之南矣，統名南陽，左傳上二十五年「晉於是始啓南陽」是也。由孟津渡河五十里則至洛陽矣。穀梁「狩」作「守」。周易明夷九三「明夷于南狩」，釋文：「狩本亦作守。」孝經孝治章鄭注：「天子亦五年一巡守。」釋文：「守，手〔二〕又反，本又作狩。」左傳釋文云：「狩，本又作守。」是左氏經本作「守」，而水經河水篇引經傳並作「狩」，與陸氏所見本同。古書多借守作狩。

狩不書，此何以書？【注】据常事也。【疏】注「据常事也」。○張氏尚瑗左傳析諸云：「左氏、公羊皆以狩爲時田，而後儒多指爲巡守。按，古者巡守、朝會諸侯，每兼田獵，宣王車攻之詩是也。傳云『以諸

〔一〕「陽」字原脱，叢書本同，據水經注校補。
〔二〕「手」，原訛作「乎」，叢書本同，據經典釋文校改。

侯見，且使王狩』，正是會諸侯選車徒之事。」

不與再致天子也。【注】一失禮尚愈，再失禮重，故深正其義，使若天子自狩，非致也。【疏】左傳：「是會也，晉侯朝王，以諸侯見，且使王狩。仲尼曰：『以臣召君，不可以訓。』故書曰：『天王狩于河陽。』言非其地也，且明德也。」穀梁傳曰：「全天王之行也，爲若將守而遇諸侯之朝也。爲天王諱也。」又於上「會于温」傳云：「諱會天王也。」三傳之義皆同。史記孔子世家云：「踐土之會，實召天子，而春秋諱之曰『天王狩于河陽』。推此類以繩當世，貶損之義，後有王者舉而開之。春秋之義行，則天下亂臣〔一〕賊子懼焉。」又周本紀：「晉文公召襄王，襄王會之踐土，諸侯畢朝，書諱曰：『天王狩于河陽。』」又晉世家：「冬，晉侯會諸侯于温，欲率之朝周，乃使人言周襄王狩于河陽。壬申，遂率諸侯朝王于踐土。孔子讀史記，至文公，曰：『諸侯無召王。』『王狩河陽』，著春秋諱之也。」按：朝王踐土事在上，此爲再致，史記渾言之，知踐土亦實召王也。左傳於踐土無召王之事，直云：「作王宫于踐土。」杜謂：「襄王聞晉戰勝，自往勞之。」非也。繁露王道云：「晉文再致天子，諱致言狩。」又云：「晉文再致天子，皆止不誅，善其牧諸侯，奉獻天子，而復周室。春秋予之爲伯，誅意不誅辭之謂也。」是諱致言狩，春秋之不誅辭也。家語曲禮子貢問篇：「子貢問曰：『晉文召天子，而使諸侯朝焉，春秋云「天王狩于河陽」，何也？』孔子曰：『臣召君，不可以訓，

〔一〕「臣」，原訛作「世」，叢書本同，據史記校改。

亦書其率諸侯朝天子而已。』」史記司馬相如傳：「贊：春秋推見〔一〕至隱。」注：「韋昭曰：推見事〔二〕至於隱諱，謂若晉文召天子，經言『狩河陽』之類。」杜云：「晉實召王，爲其辭逆而意順。」○注「一失」至「致也」。○通義云：「再失禮，重不復爲諱，故著言『天子在是』。然不可以斥言其致天子，故加狩辭焉。」公羊古義云：「天子巡狩，有朝諸侯之禮，故尚書曰：『五載一巡狩，羣后四朝。』」馬融、王肅皆云：「四面朝于方岳之下。」王巡守而朝之，正也；召王，非正也。故仲尼書曰：「天王守于河陽。」所以正君臣之禮，所以諱致言狩。穀梁傳：「全天王之行也。」是也。彼傳又云：「會于温，言小諸侯。温，河北地，以河陽言之，大天子也。」

魯子曰：「温近而踐土遠也。」【注】此魯子一說也，温近狩地，故可言狩；踐土遠狩地，故不言狩也。公以再朝而日言之，上說是。【疏】注「此魯」至「狩也」。○通義云：「此別一說。言温在圻内，較踐土近，致天子失禮尚輕，故爲言狩以飾，成其義焉。」禮，諸侯狩不出近郊，天子宜然。温在河北，已越近郊，尚在圻内，故爲近。杜以爲晉地，非。○注「公以」至「悦也」。○舊疏云：「正以上朝不日而下朝始日，危録内再失禮，則知此書狩者，不與再致天子也，故言上說是。」按：朝聘例時，此日，故据以言。穀梁傳：「其日，以其再致天子，故謹而日之。」

〔一〕「見」，原訛作「及」，叢書本同，據史記校改。
〔二〕「事」，原訛作「争」，叢書本同，據史記三家注校改。

○壬申，公朝于王所。【疏】包氏慎言云：「無月，十月之九日也。」

其日何？【注】据上朝不日。

録乎内也。【注】危録内再失禮，將爲有義者所惡。不月而日者，自是諸侯不繫天子，若日不繫於月。

【疏】注「危録」至「所惡」。○上十年注：「如京師，善則月榮之；如齊、晉，善則月安之；如楚，則月危之。」此不必有善文，故知爲危加録也。通義云：「上與諸侯旅見，此公特朝，故從内事詳録之。」穀梁傳：「於廟，禮也；於外，非禮也。」故爲危。○注「不月」至「於月」。○通義云：「不繫月者，蓋閏月之日。哀五年傳曰：『閏不書。』此及『乙未，楚子昭卒』是其据也。古曆歸餘于終，閏恒在十有二月，屬上，十二月無事，故不繫月矣。」按：穀梁傳曰：「日繫於月，月繫於時。『壬申，公朝于王所』，其不月，失其所繫也，以爲晉文之行事爲已傎矣。」此何氏所本。故范氏注云：「以臣召君，傎倒上下，日不繫於月，猶諸侯不宗於天子。」然則，此朝亦會温，諸侯盡朝，爲内録，故但書公。穀梁傳：「獨公朝與？諸侯盡朝也。」是也。孔氏謂此公特朝，非。

○晉人執衛侯歸之于京師。

歸之于者何？歸于者何？歸之于者，罪已定矣；歸于者，罪未定也。罪未定，則何以得爲伯討？【注】此難成十五年「晉侯執曹伯歸于京師」。【疏】校勘記出「伯討」，云：「唐石經原刻作執，後磨改作討。按，下云『歸于者，非執之于天子之側者也』，則此當從原刻作執矣。」○注「此難」至「京師」。○校勘記云：「鄂本『成』下有『公』字。」稱侯而執者，伯討，彼稱晉侯，故据以難。以此，傳當以作伯討爲是，不得据下文執字改執。

歸之于者，執之于天子之側者也，罪定不定已可知矣。【注】歸之者，決絶之辭。執于天子之側，已白天子，罪定不定自在天子，故言已可知。【疏】注「歸者」至「可知」。○校勘記出「次絶」，云：「鄂本『次』作『決』，此誤。」又云：「毛本側誤例。」通義云：「已知天子罪之，但歸之于京師，徐治其罪耳。」後漢書李膺傳：「昔晉文公執成公，歸于京師，春秋是焉。」可知者，罪由天子定，故爲可知。

歸于者，非執之于天子之側者也，罪定不定未可知也。【注】未得白天子分别之者，但欲明諸侯尊貴，不得自相治，當斷之于天子爾。大惡雖未可知，執有罪，當爲伯討矣。無罪而執人，當貶稱人。【疏】注「未得白天子」。○通義云：「須歸于京師，然後知天子罪之否也。罪雖未定，執之當其罪，縱天子宥之，不失爲伯討。」蓋必得天子分别之，故罪定不定未可知，其執之者，不能知也。○注「分别」至「子爾」。○此注明經所以分别「歸之于」、「歸于」故也。惠氏士奇春秋説云：「執人歸京師，伯討也。曷爲或作歸于，或作歸之于？一説歸之于者，決絶之辭，罪已定矣；歸于者，非決絶之辭，罪未定也。一説歸之于者，緩辭；歸于者，急辭。兩説孰是？前説近之。曹伯負芻殺大子而自立，在成十三年，諸侯請討，而晉人緩之，至十五年始執之于會，歸于京師，未可謂之急也。蓋晉厲本無殺負芻之心，晉文實有殺衛侯之志，既歸京師，旋寘深室，危且急矣，焉可謂之緩哉？周官：『訝士掌四方之獄訟。』凡四方之有治于士者造焉，謂先造訝士，後達士師，如漢郡國讞疑，來詣廷尉。王制：『成獄辭，史以獄成告于正，正聽之。以獄成告于大司寇，大司寇聽之。以獄成告于王，大司寇聽之于朝。』羣士司刑皆在，王欲免之，或王會其期，或公會其期。然則，歸于京師者，疑則讞之，未定之辭，猶周達士師、漢詣廷尉；歸之于京師者，罪名定，獄辭成，恐王欲免之，猶必告王也。」蓋諸侯分土而治，不得自治，即不得專執，皆必斷之天子也。○注「大惡」至「討矣」。○禮記王制云：「諸侯賜弓矢然後征，賜鈇鉞然後殺。」則賜鈇鉞者，得專討矣。彼疏引崔氏云：「以不得鈇鉞不得專殺，故執衛侯，歸之于京師也。」大惡雖未可知，猶言罪未可定也；雖未定，如執有罪，亦得爲伯討，此衛侯有罪故也。○注「無罪」至「稱人」。○定元年「晉人執宋仲幾，歸于京師」之屬是也。

衛侯之罪何？殺叔武也。何以不書？【注】据殺大夫書。【疏】注「据殺大夫書」。○通義云：「難當言衛侯殺其弟武。」

爲叔武諱也。春秋爲賢者諱，何賢乎叔武？【注】据失兄意。

讓國也。其讓國奈何？文公逐衛侯而立叔武。【疏】通義云：「經言『衛侯出奔』，傳言『文公逐衛侯』者，文公伐衛，衛人出其君，以説于晉。晉命元咺奉叔武以列于諸侯。是與文公逐之同。」

叔武辭立，而他人立，則恐衛侯之不得反也，【疏】言若叔武辭，則必立其他，未必能讓國於成，令其得反。

故於是已立。【注】故上稱子。【疏】校勘記云：「唐石經原刻作『爲是』，後磨改作『於』。」按：於有爲義。禮記郊特牲「於其質也」，即爲其質也。孟子離婁篇「殆於不可」，即殆爲不可也。

然後爲踐土之會，治反衛侯。【注】叔武訟治於晉文公，令白王者反衛侯，使還國也。叔武讓國見殺，而爲叔武諱殺者，明叔武治反衛侯，欲兄饗國，故爲去殺己之罪，所以起其功，而重衛侯之無道。

【疏】通義云：「時衛侯謀自楚復歸，叔武恐其爲晉所討，故爲之請託于文公。」成十六年傳，公子喜時「外治諸京師而免之」，注：「訟治于京師，解免使來歸。」與此「治反」義同。故注云：「訟治，治即訟也。」經義述聞云：「治與訟義相近。小司徒云：『地訟，以圖正之。』注：『地訟，爭疆界者。』即大司徒之『有地治者』也。訝士：『凡四方之有治于士者造焉。』亦謂訟於士者也。古謂理訟爲治訟，亦曰辭訟。小宰曰：『聽其治訟。』小司徒曰：『聽其辭訟。』司市曰：『聽大治、大訟，小治、小訟。』胥師：『聽其小治、小訟而斷之。』皆與此治字同義。」按：治、辭音同。訟治猶訟辭也，得相叚借。〇注「叔武」至「無道」。〇春秋之法，許人臣者必使臣。叔武讓國，不見諒於君兄，反爲所殺。若更書殺己，其罪益著，故緣叔武心而爲之諱，叔武之賢愈明，衛侯之無道愈見，所謂志而顯也。

衛侯得反，曰：「叔武篡我。」元咺爭之曰：「叔武無罪！」終殺叔武，元咺走而出。

【疏】左傳曰：「衛侯先期入。」注：「不信叔武。」又曰：「公子顓犬、華仲前驅。叔武將沐，聞君至，喜，捉髮走出。前驅射而殺之。公知其無罪也，枕之股而哭之。」與此小異。按：彼傳又云：「衛侯與元咺訟，衛侯不勝。」若非衛侯有意殺叔武，何不勝之有？ 明其因疑而殺也。

此晉侯也，其稱人何？【注】此以伯討而何貶者，言歸之于伯討，明知坐他事，故更問之。【疏】通義云：「難執有罪何以不得爲伯討也？」○注「此以」至「問之」。○舊疏云：「上四年『齊人執袁濤塗』，傳云：『此執有罪，何以不得爲伯討？』然則，此傳宜云此執〔一〕有罪，何以不稱侯？ 而云：『此晉侯也，其稱人何？』問其貶者，正以言歸之于者，罪定已可知，即是伯討明矣。知稱人更有所爲，故問其稱人之義。」

貶。曷爲貶？【注】据他罪不見。【疏】通義云：「天子雖罪之，不得爲伯討者，執之以其私也。」按：衛世家云：「晉文公重耳伐衛，分其地予宋，討前過無禮及不救宋患也。」孔義本此。

衛之禍文公爲之也。文公爲之奈何？文公逐衛侯而立叔武，使人兄弟相疑。【注】春秋許人臣者必使臣，許人子者必使子。文公惡衛侯大深，愛叔武大甚，故使兄弟相疑。【疏】注「春秋」至「使子」。○襄二十九年傳文。彼注云：「緣臣子尊榮，莫不欲與君父共之。」蓋必使臣、必使子者，必使全其爲臣子之道。文公但知惡衛侯、愛叔武，轉使叔武無以自處，則臣子之道難全，兄弟之所以致疑也。

〔一〕「執」，原訛作「稱」，叢書本同，據公羊注疏校改。

放乎殺母弟者，文公爲之也。【注】文公本逐之，非故致此禍也。逐之文不見，故貶。主書者，以起文公逐之。【疏】通義云：「放者，窮其所至之辭。」按：孟子梁惠王篇「放乎琅邪」，離婁云「放乎四海」，注並云：「放，至也。」禮記祭義云「推而放諸東海而準」，注：「放，猶至也。」至有極義，言充類極至，殺母弟皆文公也。○注「文公」至「禍也」。○舊疏云：「上注文公以王事逐之，而言非者，雖王事不供，罪不至逐，而文公逐之，疾惡太甚，故以爲非也。論語云：『人而不仁，疾之已甚，亂也。』」按：舊以非字絶句，非也。注意謂文公第欲逐之，非有心故致此禍，始與傳文放字義合。○注「逐之」至「故貶」。○經無逐文，故書人示貶，與稱人而執非伯討者殊。○注「主書」至「逐之」。○舊疏云：「其主書者，即文公執衛侯之事也。今執衛侯，貶文公稱人，見其失所，是故貶以起文公逐之。」亦以經不見逐文故也。

○衛元咺自晉復歸于衛。

自者何？有力焉者也。【注】有力焉者，有力于晉也。言恃晉有屬己力以歸，方難下意，故於是發問。【疏】注「有力」至「以歸」。○穀梁傳曰：「自晉，晉有奉焉爾。」○注「方難」至「發問」。○舊疏云：「文公賢伯，而有力於惡人，似非其義，故執不知問。」

此執其君，其言自何？【注】上元咺出奔晉，而文公執衛侯，知以元咺訴執之，怪訴其君而助之。【疏】注「上元」至「助之」。○通義云：「方仇衛，何復爲衛力？」按：孔義未明傳義當如何解。

爲叔武争也。【注】解文公助之意，以元咺爲叔武争訴，以爲忠於己而助之。雖然，臣無訴君之義，復於衛非也，悖君臣之義，故著言自，明不當有力於惡人也。言復歸者，深爲霸者恥之，使若無罪。【疏】左傳：「衛侯與元咺訟，甯武子爲輔，鍼莊子爲坐，士榮爲大士。衛侯不勝，殺士榮，刖鍼莊子。謂甯俞忠而免之。執衛侯歸之于京師，寘諸深室。元咺歸于衛。」是爲叔武争，文公助之之事也。○注「臣無」至「人也」。○君雖不君，臣不可以不臣。咺以臣訴君，逆倫悖理，晉文助令復歸，文公於是有惡矣。今律有干名犯義條，凡子孫告祖父母、父母，妻妾告夫及夫之祖父母、父母，雖得實，亦徒三年是也。○注「言復」至「無罪」。○復歸者，出惡歸無惡。元咺之歸不得爲無罪，而書復歸，故解之。通義云：「謹案，元咺訴君而言復歸者，春秋賢叔武未顯，故爲之争者直之，直咺所以直武也。若咺之罪，下三十年有歸惡文明，故於此從無惡詞不嫌矣。」劉氏解詁箋云：「言復歸者，移惡於衛侯鄭。」

○諸侯遂圍許。【疏】穀梁傳：「遂，繼事也。」

○曹伯襄復歸于曹，遂會諸侯圍許。【注】曹伯言復歸者，天子歸之也。名者，與衛侯鄭同義。執歸不書，書者，名惡當見。本無事，不當言遂，又不更舉曹伯者，見其能悔過，即時從霸者征伐也。霸兵不月者，刺文公不偃武脩文以附疏，倉卒欲服許，卒不能降，威信自是衰，故不成其善。【疏】注「曹伯」至

「當見」。○校勘記云：「浦鏜云：自此下二十九字當在上文『曹伯襄復歸于曹』之下。按，二十一年疏引此曰『曹伯之下注云』，則此注本在上經下也。」又出「名惡當見」，云：「鄂本『見』誤『是』。」按：「曹伯襄」至「圍許」，經文似爲一節，故注於「圍許」下。各本二句截爲二節，故浦氏有此説。其實無庸移置也。穀梁傳曰：「復者，復中國也。天子免之，因與之會。其曰復，通王命也。」是天子歸之也。舊疏云：「天子歸之，以得天子之命，其罪可除，故言復歸，作入無惡之文。上衛侯之下，注云：『言復歸者，天子有命歸之。』不言衛侯。而此處著言曹伯者，正以文承元咺復歸之下，辨嫌也。」按：舊疏非。注複言曹伯者，爲注在圍許下，與元咺無涉，且中隔諸侯遂圍許事也。舊疏又云：「上二十一年，宋公被執而歸，經不書之，故知執歸不書。今書者，其名之惡當須見之。」按：與衛侯鄭同書名者，上注云：「刺天子歸有罪。」曹伯不可一罪言，書名以絶之，絶曹伯正以刺天子也。○注「本無」至「伐也」。○舊疏云：「謂何以不言曹伯遂會諸侯圍許，正以言遂，又不更舉曹伯，皆是風疾之義，故可以見悔過，即時從霸者征伐也。」按：穀梁注云：「免之於宋，身未反國，因會于許。」即從反國之辭，通王命，是尚未復國，即隨從圍許，故善其能悔過。○注「霸兵」至「其善」。○桓十五年：「冬，十有一月，公會齊侯以下于侈，伐鄭。」注：「月者，善諸侯征突，録義兵。」上十五年：「秋，七月，齊師、曹師伐厲。」注：「月者，善録〔一〕義兵。」十八年：「春，王正月，宋公

〔一〕「善録」二字原脱，叢書本同，據公羊注疏校補。

以下伐齊。」注〔一〕：「月者，與襄公之征齊，善録義兵。」是霸功宜月，此不月，故解之。舊疏云：「正以上文温之會，許男不至，是不慕霸者而從於楚，故因而服之。卒不降者，正以二十九年書『公至自圍許』，作不得意之文故也。」解詁箋云：「不月者，與上壬申同月，上已去月，不能復出，非刺文公也。」

〔一〕「注」字原脱，叢書本同，「月者」句非傳文，爲何休之注文，據補。

公羊義疏三十六

南菁書院　句容陳立卓人著

僖二十九年盡三十一年

○二十有九年，春，介葛盧來。【疏】杜云：「介，東夷國也。在城陽黔陬縣。」大事表云：「後入于齊。今萊州府膠州南七十里有介亭。」水經注膠水篇：「膠水又北，逕黔陬縣故城西。袁山松郡國志曰：『縣有介亭。』地理志曰：『古介國也，春秋介葛盧來朝。』」此也。寰宇記：「東陬城在密州諸城縣東北一百十里，古介國也。」一統志：「黔陬故城在萊州府膠州西南。」穀梁傳：「介國也。」

介葛盧者何？夷狄之君也。【疏】杜云：「葛盧，介君名也。」穀梁傳：「葛盧，微國之君，未爵者也。」禮記曲禮云：「其在東夷、北狄、西戎、南蠻，雖大曰『子』。」知此微國，故止名也。

何以不言朝？【注】据諸侯來曰朝。【疏】注「据諸」至「曰朝」。○隱十一年傳文。

不能乎朝也。【注】不能升降揖讓也。介者，國也；葛盧者，名也。進稱名者，能慕中國，朝賢君，明當扶勉以禮義。【疏】注「不能」至「讓也」。○白虎通禮樂篇：「王者制夷狄樂，不制夷狄禮何？」○注「進稱」至「禮義」。○舊疏云：「正以下三十年『介人侵蕭』不名，故知此稱名是其進。」按：莊五年「郳犂來來朝」，亦未得爵命，而稱朝，蓋行朝禮者，此與襄十八年書「白狄來」同。彼穀梁注云：「不言朝者，不能行朝禮也。」是也。繁露玉杯云：「志爲質，物爲文，文著于質，質不居文，文安施質；質文兩備，然後其禮成；文質偏行，不得有我爾之名；俱不能備，而偏行之，甯有質而無文，雖弗予能禮，尚少善之，介葛盧來是也。」

○**公至自圍許。**【疏】莊六年傳云：「得意致會，不得意致伐。」明此不得意也。不得意，見前年「遂會諸侯圍許」下注「刺文公」者是。

○**夏，六月，公會王人、晉人、宋人、齊人、陳人、蔡人、秦人盟于狄泉。**【注】文公圍許不能服，自知威信不行，故復上假王人以會諸侯，年老志衰，不能自致，故諸侯亦使微者會之。月者，惡霸功之廢於是。【疏】校勘記云：「唐石經、諸本同。左氏作『翟泉』。」按：穀梁亦作「翟」。杜云：「翟泉今洛陽城内太倉西南池水也。」狄、翟字通。水經穀水篇注：「晉永嘉元年，洛陽東北步廣里地陷，有二鵝出，蒼色者飛翔〔一〕冲天，白色者止焉。陳留孝廉董養曰：步廣，周之翟泉，盟會之地。陸機洛陽記曰：步廣里在洛陽城内宫東，是翟泉所在，不得於太倉西南也。」大事表云：「鄭氏曰：『狄泉本在下都城北城，成周時乃繞狄泉于城内。昭二十三年『天王居于狄泉』，二十六年『始入于成周』，此時狄泉與成周猶爲兩地。」水經注引京相璠春秋土地名：「今大倉西南池水名翟泉。舊説狄泉本在洛陽北萇弘〔二〕城，成周乃繞之。」沈氏欽韓云：「周是時都于王城。漢河南郡之河南縣也。故得盟于翟泉。若敬王遷成周，即漢之洛陽，狄泉在城中，非可爲會盟之地矣。」按：未城成周之前，狄泉亦不在成周城内。差繆略云：「公羊作『公會』。」按：石經穀梁亦作「公會」，左氏經無「公」字。按：彼傳云「公會王子虎以下盟于翟泉」，又云「卿不書，罪之也」，並不言不書公義，則左氏經當有公字，無者脱漏耳。杜以爲「王子虎下盟列國，以瀆大典，諸侯大夫上敵公侯，虧禮傷教，故貶諸大夫，諱公與盟」，非也。○注「文公」至「會之」。○左氏以王人爲王子虎，晉人、宋人之屬爲狐偃、公孫固等。按：所傳聞世大國有大夫，此稱人，故知微者。説苑敬慎云：「文公於是霸功立，期至意得，湯、武之心作而忘其衆，一年三用師，且弗休息。遂進而圍許，兵亟弊，不能服，罷諸侯而歸。自此而怠政事，爲狄泉之盟不親至，信衰説缺，如羅不補，威武詘折不信，則諸侯不朝，鄭遂叛，夷狄内侵，衛遷于帝丘。故曰衰滅之過，在於得意而怠，浸蹇浸亡。」通義云：「皆何以稱人？公

〔一〕「翔」，原訛作「翻」，叢書本同，據水經注校改。
〔二〕「萇弘」，原作「萇宏」，清代避乾隆皇帝弘曆名諱，以宏代弘，兹恢復本字。下同，徑改不出校。

會大夫之辭也。」牽涉左氏爲說。○注「月者」至「於是」。○舊疏云：「正以月非大信之辭也。」

○秋，大雨雹。【注】夫人專愛之所生。【疏】漢書五行志中之下：「釐公二十九年『秋，大雨雹』。劉向以爲，盛陽雨水，温煖而湯[一]熱，陰氣脅之不相入，則轉而爲雹；盛陰雨雪，凝滯而冰寒，陽氣薄之不能入，則散而爲霰。故沸湯之在閉器，而湛於寒泉，則爲冰，及雪之消，亦冰解而散，此其驗也。故雹者陰脅陽也，霰者陽脅陰也。春秋不書霰者，猶月食也。」又云：「左氏傳曰：『聖人在上無雹，雖有不爲災。』說曰：『凡物不爲災不書，書大，言爲災也。凡雹，皆冬之愆陽，夏之伏陰也。』」○注「夫人」至「所生」。○蓋與「西宮災」同義。五行志：「劉向以爲，釐公末年信用公子遂，遂專權自恣，將至於殺君，故陰脅陽之象見。釐公不悟，遂終專權，後二年殺子赤，立宣公。」按：子政習穀梁，故與此小異。御覽引考異郵云：「僖公二十九年季秋，昭公三年冬，並大雨雹。時僖公專樂齊女、綺畫、珠璣之好，掩月光，陰陽凝，而爲災異。昭公事晉，陰精用密，故災。」何氏與春秋說同也。吴嘉禾四年七月雨雹，與僖二十九年秋大雨雹同，占說者謂：「僖專任公子遂，猶孫吴專任吕壹，寵任亞于公子遂，抑或然乎？」此惠氏士奇說。按：此占，本之劉向。

[一]「湯」，原訛作「陽」，叢書本同，據漢書校改。「湯熱」與下「冰寒」相對，是。

○冬，介葛盧來。【注】前公圍許不在，故更來朝。不稱字者，一年再朝不中禮，故不復進也。【疏】注「前公」至「來朝」。○上經書「公至自圍許」在「介葛盧來」下，故知公圍許不在也。左傳於「春，介葛盧來」云：「舍于昌衍之上。公在會，饋之芻米，禮也。」上年因會而圍也，彼傳又云：「以未見公，故復來朝。」○注「不稱」至「進也」。○嫌再朝内，宜再進稱字也。諸侯於天子，比年一小聘，三年一大聘，五年一朝。諸侯相朝，亦以五年，近得正。宣公九年如齊，加録書月，是也，所謂朝罷朝也。一年再朝非禮，故無善文。

○三十年，春，王正月。

○夏，狄侵齊。

○秋，衛殺其大夫元咺及公子瑕。

衛侯未至，其稱國以殺何？【注】据歸在下。

道殺也。【注】時已得天子命還國，於道路遇而殺之，坐之與至國同，故但稱國，不復別也。言及公子瑕者，下大夫別尊卑。【疏】注「時已」至「別也」。○通義云：「衛侯在道，使人殺咺而後入，故從君殺大夫辭也。」史記衛世家云：「已而周爲請晉文公，卒入之衛，而誅元咺。」左傳曰：「公爲之請，納玉於王與晉侯，皆十瑴。王許之。」又曰：「衛侯使賂周歂、冶廑，曰：『苟能納我，吾使爾爲卿。』周、冶殺元咺。」詳略不同，卒皆得天子命，未至國而殺元咺也。按：道殺，似謂衛侯在道遣人殺之。何謂於道路遇而殺之，未得其實。坐之，謂坐專殺也。○注「言及」至「尊卑」。○穀梁傳：「及公子瑕累也，以尊及卑也。」通義云：「瑕者，元咺所立，不成爲君，故以咺累之也。」史記謂「衛君瑕出奔」，誤。

○衛侯鄭歸于衛。

此殺其大夫，其言歸何？【注】据未至而有專殺之惡，與入惡同。【疏】歸者，出入無惡之文。此衛侯出入俱不得無惡，而曰歸，故難之。○注「据未」至「惡同」。○舊疏云：「正以復入者，出無惡，入有惡。今此衛侯未至而專殺，故宜與入惡同，不合言歸。」

歸惡乎元咺也。【注】衛侯歸殺無惡，則元咺之惡明矣。【疏】注「衛侯」至「明矣」。○春秋之義，君殺無罪大夫則不書葬。成十年：「晉侯獳卒。」注：「不書葬者，殺大夫趙同〔一〕等。」是此衛侯出歸，與元咺出

〔一〕「趙同」原脱「趙」字，叢書本同，據公羊注疏校補。

入一事，如衛侯殺元咺爲無罪大夫，衛侯當書入以見義。此書歸，明衛侯無惡，元咺惡矣。

曷爲歸惡乎元咺？【注】据師還。【疏】注「据師還」。○莊八年文。彼傳云：「還者，善辭也。此滅同姓，何善爾？非師之罪也。」注：「明君之使，重在君。」則彼爲歸善于師，歸惡于君；此歸惡于元咺，不歸於衛君，與彼義違，故据以難也。

元咺之事君也，君出則己入，【注】晉人執衛侯歸之于京師，元咺自晉復歸于衛，恃晉力以歸，是也。【疏】校勘記云：「唐石經、諸本同。隸釋載公羊殘碑，後云三十年言『君出則己入』，然則，熹平石經不與何本同，故舉其異者言之。」○注「晉人」至「是也」。○並見二十八年。彼傳云：「自者何？有力焉者也。」注：「有力焉者，有力於晉也。言恃晉有屬己力以歸。」即此見咺罪。

君入則己出，【注】衛侯鄭自楚復歸于衛，元咺出奔晉是也。【疏】注「衛侯」至「是也」。○亦見上二十八年。

以爲不臣也。【注】故不從犯伯執，爲天子所還，言復歸，從出入無惡言歸，以見元咺有出入罪，衛侯得殺之，所以專臣事君之義。名者，爲殺叔武之惡，天子歸有罪也。執歸不書，主書者，名惡當見。【疏】正以元咺不臣，故衛侯得從出入無惡言歸，不從出犯伯討爲出有惡。今爲天子所還，爲入無惡，書復歸也。○注「以見」至「之義」。○包氏慎言云：「此爲懟君者儆也。君，天也，與君争曲直，是無天也。元咺以不臣論誅，明君臣之義，無所逃於天地間也。」○注「名者」至「罪也」。○校勘記出「之惡」，云：「閩、監、毛本同。鄂本無『之』字，此衍。按，二十一年疏引此注亦無『之』字。」諸侯不生名，此書名者，君殺無罪世子母弟合絶，又以見天子歸有罪，與二十八年書衛侯鄭自楚歸于衛同意。○注「執歸」至「當見」。○解此主書衛侯鄭義也。上執歸不書名，爲叔武諱，又當書名以見惡，故於其歸也書之，互文見義也。

○**晉人、秦人圍鄭。**【疏】稱人者，非伯討。据左傳爲晉文修不禮之怨故。

○**介人侵蕭。**【注】稱人者，侵中國，故退之。【疏】注「稱人」至「退之」。○決上二十九年來稱名，爲進之故也。毛氏奇齡春秋傳云：「蕭地近宋。据宣十二年『楚人滅蕭』，當是宋附庸國。」按：介去蕭絶遠，蕞爾微夷。稱師寇侵略諸華，故貶稱人退之。

○**冬，天王使宰周公來聘。**【注】與葵丘會同義。【疏】注「與葵丘會同義」。○見上九年。彼注云：「宰猶治也，三公之職號尊名也。以加宰，知其職大尊重，當與天子參聽萬機，而下爲諸侯所會，惡不勝任也。」此宰周公而下聘諸侯，知亦爲不勝任。穀梁傳云：「天子之宰，通乎四海。」亦與葵丘會傳同。按：春秋於王世子出會、三公會諸侯、出聘皆譏，所以尊尊也。

○公子遂如京師，遂如晉。

大夫無遂事，【疏】白虎通爵篇：「爵皆一字也，大夫獨兩字何？春秋傳曰『大夫無遂事』，以爲大夫職在之適四方，受君之法，施之於民，故獨兩字言之。」按：公、卿、士皆一字者，公職大尊重，無之適四方事，卿亦大夫，士卑故也。

此其言遂何？公不得爲政爾。【注】不從公政令也。時見使如京師，而横生事，矯君命聘晉，故疾其驕蹇自專，當絶之。不舉重者，遂當有本。【疏】通義云：「政，主也，義如今日之事我爲政，遂本受命聘周，在道自生事聘晉。此政逮大夫之始，是以謹而録之。如晉非君命，而從内使文者，言遂，則生事已見，故不嫌也。」何氏謂不得爲政，爲不從公政令。按：孔義亦通。○注「時見」至「聘晉」。○釋文：「撟，居表反，又作矯。」漢書燕王旦傳：「方今寡人欲撟邪防非。」師古曰：「矯，正也。撟與矯同，其字从手。」是撟、矯通。矯，託也。○注「故疾」至「絶之」。○校勘記云：「宋本同。閩、監、毛本『之』在『專』下，誤也。」繁露精華云：「公子遂受命使京師，道生事，之晉，春秋非之。以爲是時僖公安甯無危。故有危而不專救，謂之不忠；無危而擅生事，是卑君也。」説苑奉使篇亦云：「故君有危而不專救，是不忠也；君無危而擅生事，是不臣也。」又尊賢云：「公子遂不聽君命，而擅之晉，内侵於臣下，外困於兵亂，弱之患也。」風俗通十反云：「公子遂偃蹇不使，下陵上替，能無亂也！」○注「不舉」至「有本」。○遂者，繼事之辭，必有所本，故不得舉重也。穀梁傳：「以尊遂乎卑，此言不敢叛京師也。」彼注引：「何君廢疾曰：『大夫無遂事。』按，襄〔一〕十二年，季孫宿救台，『遂入鄆』，惡季孫不受命而入也。如公子遂受命如晉，不當言遂。鄭君釋之曰：『遂固受命如京師如晉，不專受命如周，經近上言「天王使宰周公來聘」，故公子遂報焉，因聘于晉，尊周不敢使並命，使若公子遂自往然。即云公子遂如京師、如晉，是同周于諸侯，叛而不尊天子也。公羊傳有美惡不嫌同辭，何獨不廣之於此乎？』」劉氏申何云：「文八年，公子遂會晉、會戎，四日之間不能再出，而兩書公子遂，以後之奉命，正前之專命，故加日以表之。春秋非爲尊周而作，故朝聘俱言如，與諸侯同文，豈得云叛乎？大夫無遂事，故公子遂遂卒弑子赤，季孫宿遂卒逐昭公，見微知著，爲萬世戒也。穀梁不傳斯義，動成燕説，鄭氏從而爲之辭。夫子曰：『惡佞，恐其亂義也；惡利口，恐其亂信也。』殆不免矣。」按：何氏此意極爲嚴正，鄭氏必欲入室操矛，故爲劉所駁。

○三十有一年，春，取濟西田。【疏】左傳：「自洮以南，東傅于濟，盡曹地也。」注：「濟水自滎陽東，過魯之西，至樂安入海。」水經注濟水篇：「濟水又東至乘氏縣西，分爲二。春秋分曹地，東傅于濟。濟水自是東北流出鉅澤。其一水東南流，其一水從縣東北流，入鉅野澤。」又瓠子河篇：「又東逕桃城南，春秋傳曰：『分曹地，自洮以南，東傅于濟，盡曹地也。』今鄄城西南五十里有桃城，或謂之洮也。」大事表云：「禹貢：『濟水東出于陶丘北。』鄭氏曰：『曹在濟陰定陶。』是在濟水之南，其地夾於魯、衛之間。曹在

〔一〕「襄」，原訛作「宣」，叢書本同，事在襄公十二年，據穀梁注疏及春秋校改。

衛東，魯更在曹東，故在曹則曰東傅于濟。而杜注則曰：『濟水過魯之西也。』曹、魯分境之濟，在鉅野、壽良、須昌之間，鉅野縣今分屬曹州府，壽良即今兖州府壽張縣，須昌在今泰安府東平州。今曹州府治即古曹國，與魯之東鄆、鉅野相接，所争濟西田，蓋在此。」馬氏宗槤左傳補注云：「水經注：『菏水東逕重鄉南，左傳臧文仲宿于重館者也。菏水又東逕武棠亭北，公羊以爲濟上邑也。城有臺，高二丈許，其下臨水，昔魯侯觀魚于棠，謂此也。在方與縣故城北十里。經所謂菏水也。』是曹與魯境相接在菏、濟二水之間。今分曹田傅于濟，蓋過重鄉以南矣。」

惡乎取之？【注】以不月，與取運異，知非内叛邑。【疏】注「以不」至「叛邑」。○舊疏云：「昭元年三月『取運』，傳云：『運者何？内之邑也。其言取之何？不聽也。』注云：『不聽者，叛也。不言叛者，爲内諱，故書取以起之。月者，爲内喜得之，故書月也。』此不月，知非内邑。」故問之。

取之曹也。曷爲不言取之曹？【注】据取叢，言邾婁田也。【疏】注「据取叢」至「田也」。○見下二十三年。按：彼無邾婁田事，疑此涉上「取濟西田」而衍。

諱取同姓之田也。【注】同姓相貪利，惡差重，恥差深。【疏】注「同姓」至「差深」。○隱四年注云：「取邑以自廣大，比於貪利差爲重。」是取邑皆貪利。此取同姓田，故惡愈重，恥愈深也。

此未有伐曹者，則其言取之曹何？【注】据伐同姓不諱。即有兵，當舉伐曹，下日，若甲戌取須朐。【疏】注「据伐」至「須朐」。○文七年：「公伐邾婁。三月，甲戌，取須朐。」傳：「取邑不日，此何以日？內辭也。使若他人然。」注：「使若公伐邾婁而去，他人自以甲戌日取之。」若有兵伐曹，宜書公伐曹，下書某月日取濟西田矣。校勘記云：「宋本、閩、監、毛本同。鄂本『下』誤『不』。」

晉侯執曹伯，班其所取侵地于諸侯也。【注】班者，布徧還之辭。【疏】左傳：「取濟西田，分曹地也。」注：「二十八年，晉侯討曹，分其地，竟界未定，至是乃以賜諸侯。」昭四年左傳：「例曰，凡克邑，不用師徒曰取。」取田義亦同。按：左氏以濟西田實是曹地，非公羊義。○注「班者」至「之辭」。○校勘記云：「鄂本『徧』字空缺。按，釋文作『布徧』。經、注本蓋作布還，此合併爲一。」爾雅釋言云：「班，賦也。」注：「謂布與。」書序：「武王既勝殷，邦諸侯，班宗彝。」左傳襄二十六年：「班荆相與食。」注：「班，布也。」書堯典：「班瑞于羣侯。」義亦同。國語晉語云：「車班外內，順以訓之。」注：「班，徧也。」通義云：「班者，有差等而徧分之辭也。奪非其有曰取，占廣其界曰侵。」

晉侯執曹伯，班其所取侵地于諸侯，則何諱乎取同姓之田？【注】据晉還之得爲伯。【疏】注「据晉」至「爲伯」。○舊疏云：「即上二十八年『晉侯入曹，執曹伯畀宋人』是也。何者？稱侯以執，伯討之文，然此傳云『晉侯執曹伯，班其所取侵地于諸侯』，正指上二十八年『執曹伯以畀宋人』之文。言晉還之者，謂執曹伯而還諸侯之田矣。」按：何意晉還之，得爲伯討，則魯取之無所庸其諱矣。

久也。【注】魯本爲霸者所還，當時不取，久後有悔，更緣前語取之，不應復得，故當坐取邑。【疏】注「魯本」至「取邑」。○校勘記出「不應以得」，云：「鄂本『以』作『復』，此誤。宣元年疏引此注，此本、閩本皆作

『復』。」通義云：「晉班曹田，在二十八年，距此已久，事不相承。若云取濟西田于曹，直似我取同姓之田，不顯伯者所班，故諱不言曹，使遠蒙晉侯執曹伯爲文，足以相起也。」解詁箋云：「當時取之亦坐取邑。如鞌戰書『取汶陽田』，亦不言取之齊也。此重在同姓，故爲爲久之文深諱之，輕重之旨也。傳解詁似失之。」按：此爲晉侯所班，彼爲乘勝脅齊求賂，恥甚，故雖當時坐取邑，然與此辭同義異也。

○公子遂如晉。

○夏，四月，四卜郊，不從，乃免牲，猶三望。

曷爲或言三卜，或言四卜？【疏】襄七年「夏，四月，三卜郊，不從，乃免牲」，是三卜也。四卜即此經及襄十一年是也。

三卜，禮也；四卜，非禮也。【疏】禮記曲禮注：「求吉不過三，魯四卜郊，春秋譏之。」

三卜何以禮，四卜何以非禮？【注】據俱卜也。

求吉之道三。【注】三卜，吉凶必有相奇者，可以決疑，故求吉必三卜。【疏】注「三卜」至「三卜」。○禮記曲禮云：「卜筮不過三。」疏引王肅云：「禮以三爲成也。上旬、中旬、下旬，三卜筮不吉，則不舉也。」又引：「崔靈恩云：謂不過三用。若大事龜筮並用者，先用三王筮，次用三王龜，始是一也。三如是乃爲三也。若初始之時，三筮三龜皆凶，則止。或逆多從少，或從多逆少，如此者皆至於三也。單卜單筮，其法惟一用而已，不吉則擇遠日，不至於三也。前以用三王之龜筮者有逆有從，故至三也。此惟用一，故不至三也。」正義又云：「卜郊之事，或三或四或五，襄七年『夏，四月，三卜郊，不從，乃免牲』，僖三十一年及襄十一年『夏，四月，四卜郊，不從，乃免牲』，成十年『夏，四月，五卜郊，不從』。三傳之説，參差不同。若左氏之説，魯郊常祀，不須卜可郊與否，但卜牲與日，唯周之三月爲之，不可在四月，雖三卜亦爲非禮。故僖三十一年左傳：『禮，不卜常祀。』是常祀不卜也。襄七年左傳：『啓蟄而郊，郊而後耕。今既耕而卜郊，宜其不從也。』是用周之三月，不可至四月也。若公羊之義，所云卜者，皆爲卜日，故僖三十一年公羊傳云：『三卜，禮也；四卜，非禮也。』又成十七年公羊傳云：『郊用正月上辛。』何云：『魯郊博卜三正，三王之郊，一用夏正。』又定十五年：『禮，三卜之運也。』何注：『運，轉也。已卜春三正〔一〕，不吉，復轉卜夏三月，周五月，得二吉，故五月郊。』如休之意，魯郊轉卜三正，假令春正月卜不吉，又卜殷正，殷正不吉，則用夏正郊天。若此三正之内，有凶不從，則得卜夏三月，但滿三吉日，則得爲郊。此公羊及何休之意也。穀梁之説，春秋卜者皆卜日也。哀元年穀梁傳曰：『郊自正月至三月，郊之時也。』或以十二月下辛卜正月上辛；卜如不從，則以正月下辛卜二月上辛；如不從，則以二月下辛卜三月上辛；如不從，則不郊。如是穀梁三正正月卜吉，則爲四月，五月則不可，與公羊説同，與何休義異。休以四月、五月卜滿三吉，則可郊

〔一〕「正」，原訛作「月」，叢書本不誤，據改。

也。若鄭玄意，禮不當卜常祀，與左氏同。故鄭箴膏肓云：『當卜祀日月爾，不當卜可祀與否。』鄭又云：『以魯之郊天，惟用周正建子之月，牲數有災不吉，改卜後月，故或用周之二月、三月，故有啓蟄而郊，四月則不可。』故駁異義引明堂位云：『孟春正月，乘大路，祀帝于郊。』又云：『魯用孟春建子之月，則與天子不同明矣。魯數失禮，牲數有災不吉，則改卜後月。』如鄭之言，則與公羊、穀梁傳卜三正不同也。」按：鄭氏曲禮注云：「魯四卜郊，春秋譏之。」正用公羊義。何氏定十五年注謂：「已卜春三正，不吉，復轉卜夏三月，周五月，得二吉，故五月郊。」但論魯郊，一時故事耳，非謂五卜郊合禮也。與此傳「三卜，禮也；四卜，非禮也」亦合。春秋凡四月郊，皆非禮。故舊疏云：「三卜是禮，理不應書。襄七年『三卜郊』何以書？正以魯人之郊，博卜三正，襄七年乃在周之四月，以其不時，是以書也。」是也。蓋魯之正郊在建子月，明堂位所載是也，所以避天子也。周圜丘之祭在子月，故郊用寅月，三王同也，所謂「啓蟄而郊」也。周郊不卜，魯郊卜。舊疏云：「三卜禮，是魯禮。若天子之郊則不卜，以其常事。魯郊非常，是以卜之，吉則爲之，凶則已之。」是也。故子月不吉，卜丑月；丑月不吉，卜寅月；寅月若不吉，則止；至卯月，皆四卜也，故春秋譏之。不從，則不郊，而書之者，爲猶三望故也。諸家唯與左氏禮不卜常祀之説殊耳。崔氏三禮義宗自論天子三筮三卜之常，與此經三卜四卜之義異也。然如何氏此注，則每卜皆三，三卜之中，觀其從逆之多少以爲吉凶，蓋即洪範所謂「三人占，則從二人言」與？然則，傳文求吉之道三，與上傳三卜禮也之三卜各自爲義，不相涉也。

禘嘗不卜，郊何以卜？【注】禘比祫爲大，嘗比四時祭爲大，故据之。【疏】御覽引五經異義：「今春秋公羊説，祀宗廟筮而不卜。傳曰：禘祫不卜。古周禮説大宗伯曰：『凡祀大神、享大鬼、祭大示，率執事而卜日。』大鬼謂先王也。」按：曲禮疏引鄭箴膏肓云：「當卜祀日月耳，不當卜可祀與否。」其意以爲魯郊常祀，不須卜，但卜祀日。則宗廟常祀，亦不卜可祀與否，仍卜日。又周禮：「大祭祀命龜：凡國之大事，先簭而後卜。」鄭皆無祭不用卜之解，而學記「未卜禘，不視學」，鄭亦不以記文爲誤，蓋從古周禮説也。繁露郊祀云：「百神之祭不卜，而郊卜，郊祭最大也。」按：周禮大神、大示有卜日之説。然如圜丘方澤，皆用二至，郊用上辛，皆不卜日也。四時迎氣，在四立之先三日，亦不卜日。惟九月明堂大享帝，或須卜日耳。其祭大示，則無文以言之。通義云：「夏祭爲禘，秋祭爲嘗。祭統曰：『周公既没，成王、康王追念周公之所以勳勞者，而欲尊魯，故賜之以重祭，外祭則郊社是也，内祭則大嘗禘是也。皆重祭，故舉以相難也。禘嘗不卜，非不卜也，但据春秋無卜文也。」以禘爲時祭，非何義。然周人以禘爲大祭，夏祭改名礿矣。○注「禘比祫爲大」。○王制疏云：「其禘祫大小。鄭以公羊傳云：『大事者何？大祫也。』『毁廟之主，陳於太祖；未毁廟之主，皆升，合食于太祖。』故爲大事。若王肅、張融、孔晁皆以禘爲大，祫爲小，故王肅論引賈逵説云：吉禘于莊公。禘者，諦也，審諦昭穆遷主遞位，孫居王父之處。又引禘于太廟，逸禮『其昭尸穆尸，其祝辭總稱孝子孝孫』，則是父子並列。又云：『皆升，合食於其祖。』所以劉歆、賈逵、鄭衆、馬融等皆以爲然。鄭不從者，以公羊爲正，逸禮不可用也。又曾子問云：『七廟無虚主。虚主者，唯天子崩，與祫祭，祝取羣廟之主。』明禘祭不取羣廟之主可知。」按：何氏説公羊，則以禘大祫小。爾雅釋天云：「禘，大祭也。」明比各祭爲大，故禮疏引孫炎等注皆以禘爲五年大祭，且經、傳凡大祭皆稱禘。祭法之禘黄帝、禘嚳，謂圜丘大祭也。大傳之禮不王不禘，謂夏正郊天也，故宗廟大祭亦稱禘。祭義云：「古者於禘也，發爵賜服。於嘗也，出田邑，發秋政。」又中庸以禘嘗之義與郊社之禮並舉，知禘比祫爲大矣。文二年傳以「大事爲祫」者，以祫亦大祭，非必專以祫爲祭之大也。舊疏云：「禘之與祫，雖皆大祭，但禘及功臣，於祫則否，故以禘爲大。」○注「嘗比」至「爲大」。○禮記祭統云：「内祭則大嘗禘是也。」曾子問云：「嘗、禘、郊、社，尊無二上。」又曰：「天子嘗、禘、郊、社，五祀之祭。」禮家多以嘗、禘與郊、社並舉。郊特牲篇首亦先言郊、社、稷，次言禘、嘗、禘、祫，同爲宗廟大祭，而禘大於祫。礿、祠、烝、嘗，同爲四時常祭，而嘗大於礿、祠、烝。以秋時百物告成，故其祭較三時爲特盛也。

卜郊，非禮也。【注】禮，天子不卜郊。【疏】注「禮天」至「卜郊」。○御覽引異義：「古周禮說：大宗伯曰：『凡禮天神、享人鬼、祭地祇，率執事而卜日。』春秋左氏說：郊及日皆不卜，常以正月上丁也。」按：春秋、禮記皆以郊用上辛，惟書召誥三月「丁巳，用牲于郊」。左氏説謂郊以正月上丁，蓋据此。周三月，夏正月也。故南齊書禮儀志顧憲之議：「春秋傳以正月上辛郊祀，禮記亦云郊之用辛，尚書獨云丁巳用牲于郊。先儒以爲先甲三日辛，後甲三日丁。」丁亦可以接事天神與？天子郊有常日，故不須卜也。通義云：「卜禘嘗得禮，故不書。卜郊非禮，乃書。」然禘亦成王特賜，與郊祭同，不得以郊非禮，禘得禮。禮運云：「魯之郊禘非禮也。」是也。

卜郊何以非禮？【注】据上言三卜禮。

魯郊非禮也。【注】以魯郊非禮，故卜爾。昔武王既没，成王幼少，周公居攝，行天子事，制禮作樂，致太平，有王功。周公薨，成王以王禮葬之，命魯使郊，以彰周公之德。非正故卜，三卜，吉則用之，不吉則免牲。謂之郊者，天人相與交接之意也。不言郊天者，謙不敢斥尊。【疏】注「以魯」至「卜爾」。○以魯郊非諸侯常禮，故卜爾，非謂魯郊失禮也。郊爲成王所賜，何非禮之有？故舊疏云：「三卜禮，謂是魯禮。若天子之郊不卜，以其常事。但以魯郊非常，是以卜之，吉則爲之，凶則已之。」御覽引異義云：「今春秋公羊說：祀宗廟筮而不卜。傳曰：禘祫不卜。魯於天子並事變禮，今成王命魯使卜郊，從乃郊，不從則已，下天子也。魯以上辛郊，不敢與天子同也。」按：天子郊亦用辛，見郊特牲。通義云：「謹案，周禮以冬日至，祀昊天上帝于圜丘，配以帝嚳，謂之禘。又以夏正正月上辛，祈穀于上帝，配以后稷，謂之郊。禘、郊皆有常日，故不卜也。魯不敢效天子日至事天之事，故用郊禮而擬禘月，轉卜三正，與周禮殊。康周公得有此祭耳，非常禮也。魯郊雖非禮，成王賜之，魯公受之，有自來矣。非八佾、兩觀之比，故不譏，譏其牲卜失禮者而已。」齊氏召南考證云：「凡春秋書郊，皆非禮也。於非禮中，又有失禮，此爲異耳。公羊之說精於左氏。」繁露郊祀云：「郊因先卜不吉不敢郊。」又云：「春秋譏喪祭，不譏喪郊。郊不辟喪，喪尚不辟，况他物。」○注「昔武」至「之德」。○禮記明堂位云：「成王以周公爲有勳勞於天下，命魯公世世祀周公以天子之禮樂。是以魯君孟春乘大路，載弧韣，旂十有二旒，日月之章，祀帝于郊，配以后稷，天子之禮也。」注：「孟春，建子之月，魯之始郊日以至。大路，殷之祭天車也。弧，旌旗所以張幅也，其衣曰韣。天子之旌旗，畫日月。帝，謂蒼帝，靈威仰也。昊天上帝，魯不祭。」又祭統云：「昔者，周公旦有大勳勞於天下，周公既没，成王、康王追念周公之所以勳勞者，而欲尊魯，故賜之以重祭，外祭則郊社是也，內祭則大嘗禘是也。」詩魯頌譜云：「初，成王以周公有太平制典法之勳，命魯郊祭天，三望，如天子之禮，故孔子録其詩之頌同於王者之後。」又閟宮箋云：「成王以周公功大，命魯郊祭天，亦配之以君祖后稷，其牲用赤牛純色，與天子同也。」明堂位又云：「武王崩，成王幼弱，周公踐天子之位，以治天下。六年，朝諸侯於明堂，制禮作樂，頒〔一〕度量，而天下大服。」是其攝天子制太平事也。周公制禮攝政，鄭氏與諸家不同。鄭以武王崩時，成王年十歲。周書以武王十二月崩，至成王年十二。十二月喪畢，成王即位，求攝，周公將代之，管、蔡流言，周公避居東都，時成王年十三。明年，成王盡執拘周公黨與。故金縢云：「周公居東二年，則罪人斯得。」時成王年十四。至明年秋，有雷風之異，迎周公而反，則居攝之元年，時成王年十五。明年，誅武庚、管、蔡。又明年，自奄而還。四年，封康叔，成王年十八。明年，營洛邑。六年，制禮作樂。七年，致政成王，年二十一焉。王肅等以家語武王崩時，成王年十三，故詩疏引金縢注云：「文王十五生武王，九十七而終。」時受命九年，武王八十三矣。十三年伐紂，明年有疾，時年八十八。九十三而崩，以冬十二月，其明年稱元年。周公居攝稱元年，遭流言東征，二年克殷，殺管、蔡，三年歸，制禮作樂，出入四年，至六年而成。七年營洛邑，作康誥、召誥、洛誥，致政成王。然則，成王即位時十三，攝政七年，成王年二十。僞孔傳同。詩鴟鴞傳：「甯亡二子，不可以毁我周室。」則無避居之事，應同王、孔之説。何氏此注亦言成王幼少，周公居攝，明即位時即攝位，不必俟東征後。或與王肅等同也。王肅亦必有所受，

〔一〕「頒」，原訛作「頌」，叢書本同，據禮記校改。

或即班固、賈逵舊説耳。白虎通封公侯篇：「周公身薨，天爲之變，成王以天子之禮葬之，命魯郊，以明至孝，天所興也。」論衡感類篇：「開匱得書，覺悟泣過，決以天子之禮葬公，出郊觀變，天止雨反風，禾盡起。」漢書梅福傳：「昔成王以諸侯禮葬周公，而皇天動威，風雷著變。」又儒林傳：「谷永上疏曰：昔周公薨，成王葬以變禮，而得正。」後漢書周舉傳：「詔問曰：『言事者多云，昔周公攝天子事，及薨，成王欲以公禮葬之，天爲之動變。及更葬以天子之禮，即有反風之應。』舉對曰：『昔周公有請命之應，隆太平之功，故皇天動威，以彰聖德。』」後漢孝靈紀：「張奐上疏曰：昔周公既薨，成王葬不具禮，天乃大風，偃木折樹。成王發書，感悟，備禮改葬，天乃立反風，樹木盡起。」按：書金縢云：「秋，大熟，未穫，天大雷電以風，禾盡偃，大木斯拔，邦人大恐。王與大夫盡弁，以啓金縢之書。」又云：「王執書以泣，曰〔一〕：『昔公勤勞王家，惟予沖人弗及知。今天動威，以彰周公之德，惟朕小子其親迎，我國家禮亦宜之。』王出郊，天乃雨，反風，禾則盡起。」似風雷金縢之變在周公未没之前。與此殊者，後漢書注引洪範五行傳云：「周公死，成王不圖大禮，故天大雷雨，禾偃木拔。及成王寤金縢之策，改周公之葬，尊以王禮，申命魯郊，而天立復風雨，禾稼盡起。」漢書注引書大傳又曰：「周公疾，曰：『吾死必葬於成周，示天下臣于周也。』周公死，天乃雷雨以風，禾盡偃，大木斯拔。國恐，王與大夫開金縢之書，執書以泣曰：『周公勤勞王家，予幼子不及知。』乃不葬於周而葬于畢，示天下不敢臣。」通鑑前編引書大傳又云：「所以明大功、尊有德，故忠孝之道咸在周

〔一〕「王執書以泣，曰」諸字，原文摘引所無，致使上下文義不接難解，故據尚書金縢補之。

公、成王之間。故魯郊，成王所以禮周公也。」然則，今文尚書以風雷之變在周公没後，以王禮葬、賜魯郊均在啓金縢後，與今文春秋同也。史記魯世家亦云：「周公既卒，成王亦讓，葬周公于畢，從文王。以明予小子不敢臣周公也。周公卒後，秋未穫，暴風雷雨，禾盡偃，大木盡拔，周國大恐。成王與大夫朝服以開金縢書，王乃得周公所自以爲功代武王之説。」「王出郊，天乃雨，反風，禾則盡起。二公命國人，凡大木所偃，盡起而築之，歲則大熟。於是成王命魯得郊祭文王。魯有天子禮樂者，以褒周公之禮也。」史公多從安國問故，則古文尚書家亦同此説也。繁露郊事對云：「臣湯問仲舒：『天子祭天，諸侯祭土，魯何緣以祭郊？』臣仲舒對曰：『周公傅成王，成王遂及聖，功莫大於此。周公，聖人也，有祭於天道，故成王令魯郊也。』」禮記禮運云：「醆、斝及尸君，非禮也，是謂僭君。」注：「僭禮之君也。醆、斝，先王之爵也，唯魯與王者之後得用之耳。」疏云：「明堂云：『夏曰醆，殷曰斝。』是先王之爵也。魯有六代之樂，王者之後得用郊天，故知唯魯與王者之後用之。」然則，二王之後得郊天，故禮運云：「杞之郊也，禹也；宋之郊也，契也。」魯以周公之故，特賜以郊，故春秋以爲非禮，謂非諸侯之正禮，非謂魯不宜郊也。○注「非正」至「免牲」。○正以天子郊，常事，故不須卜。魯郊非正，故卜，下於天子也。三卜者，博卜三次，謂用止正二三月也。月各一卜，無論何月，吉則用之，三不吉則止，故免牲。○注「謂之」至「意也」。○禮記郊特牲云：「於郊，故謂之郊。」何氏所不取。郊、交疊韻爲訓，穀梁傳注：「謂之郊者，天人相與交接之意也。」本此爲説。繁露郊祀云：「立爲天子者，天予是家；天予是家者，天使是家；天使是家者，是天之所予也，天之所使也。天已予之，天已使之，其間不可以接天，何哉？」○注「不言」至「斥尊」。○穀梁傳注云：「不言郊天者，不敢斥尊也。」舊疏云：「欲道禘于太廟，于莊宮、武宮之屬，皆斥尊言之。若然，『乙亥，嘗』、『己卯，烝』之屬又不斥言者，以是時祭于太廟，小於禘故也。」按：時祭偏及羣廟，故不可斥也。其禘于莊公之屬，非禮記時祭之禘，且各有所爲也。

魯郊何以非禮？【注】据成公乃不郊惡之。【疏】注「据成」至「惡之」。○成十年：「夏，四月，五卜郊，不從，乃不郊。」

天子祭天，【注】郊者，所以祭天也。天子所祭，莫重於郊。於南郊者，就陽位也。稾席玄酒[一]，器用陶匏，大珪不琢，大羹不和，爲天至尊，物不可悉備，故推質以事之。【疏】注「郊者」至「於郊」。○禮記曲禮：「天子祭天地。」繁露郊義云：「春秋之法，王者歲一祭天於郊。」又云：「郊因於新歲之初，聖人有以起之，其以祭不可不親也。天者，百神之君也，王者之所最尊也。以最尊天之故，故易始歲更紀，即以其初郊。郊必以正月上辛者，言以所最尊，首一歲之事。每更紀者以郊，郊祭首之，先貴之義也。」通典注引：「丞相匡衡、御史大夫張譚奏言：『帝王之事莫大乎承天之序，承天之序莫重郊祀。』」荀子禮論篇：「郊止乎天子，社止於諸侯，道及士大夫，所以別尊者事尊，卑者事卑，宜大者鉅，宜小者小。」通義云：「謹案，禮三本

〔一〕「玄酒」，原作「元酒」，陳立爲避康熙皇帝玄燁之名諱，以元代玄，以下還有「元衣」、「元端」之類，同此，茲均予恢復本字，徑改不再出校。

曰：『郊止天子，社止〔一〕諸侯，道及士大夫。』此言天之道尊，地之道親，尊則祭其尊者，卑則祭其親者。」禮經多天地社稷並稱，諸侯不得祭天，故天子以郊祭爲至重。繁露郊祭云：「春秋之義，國有大喪者，止宗廟之祭，而不止郊祭，不敢以父母之喪廢事天地之禮也。夫古之畏敬天而重天郊如此甚也。」是也。○注「於南」至「位也」。○校勘記云：「鄂本『於』作『居』，此本疏標起訖同，當据正。」禮記郊特牲曰：「郊之祭也，大報天而主日也。兆於南郊，就陽位也。」注：「日，太陽之精也。」通典注引匡衡等奏亦云：「祭天南郊，就陽之義也。」○注「稾席」至「事之」。○校勘記云：「何校本稾作稾，从禾是也。」又出「大珪不瑑〔二〕」，云：「鄂本同。閩、監、毛本瑑作琢，非。疏同。釋文亦作瑑。」又出「推質」，云：「鄂本同。閩、監、毛本『推』誤『惟』。」舊疏云：「皆出禮記郊特牲文。」按：彼記云：「酒醴之美，玄酒、明水之尚，貴五味之本也。黼黻、文繡之美，疏布之尚，反女功之始也。莞簟之安，而蒲越、藁鞂之尚，明之也。太羹不和，貴其質也。大圭不琢，美其質也。丹漆雕幾之美，素車之乘，尊其樸也。貴其質而已矣。」又曰：「掃地而祭，於其質也。器用陶匏，以象天地之性也。」注：「觀天下之物，無可以稱其德。」「所以交於神明者，不可同於所安褻之甚也。如是而後宜。」注：「尚質貴本，其至如是，乃得交於神明之宜也。」稾席者，禮記禮器云：「而藁鞂之設。」注：「穗去實曰鞂。禹貢：『三百里納鞂服。』」稾鞂，除穗粒取稈稾爲席也。玄酒者，禮

〔一〕「止」，原訛作「至」，公羊通義原本即誤，據大戴禮記校改。

〔二〕「瑑」，原訛作「緣」，叢書本不誤，據改。

運云：「玄酒在室。」正義：「玄酒，謂水也。以其色黑，謂之玄。太古無酒，此水當酒所用，故謂之玄酒。」謂用陶匏者，郊特牲疏云：「陶謂瓦器，謂酒尊及豆簋之屬。故周禮旊人爲簋匏謂酒爵。」大圭不瑑者，禮器作不琢，注云：「大圭長三尺，杼上，終葵首。琢當爲篆，字之誤也。」太羹不和者，禮器疏云：「太羹，肉汁也；不和，無鹽梅也。太古初變腥，但煑肉而飲其汁，未知調和。」是也。續漢志注引援神契云：「燔燎掃地，祭牲繭栗，或象天酒旗坐星，廚倉具黍稷布席，極敬心也。」

諸侯祭土。【注】土，謂社也。諸侯所祭，莫重於社。卿大夫祭五祀，士祭其先祖。【疏】禮記王制云：「天子祭天地，諸侯祭社稷。」○注「土，謂社也」。○禮記郊特牲云：「社祭土而主陰氣也。君南鄉於北墉下，答陰之義也。日用甲，用日之始也。」風俗通祀典篇：「孝經説，社者，土地之主。土地廣博，不可徧敬，故封土以爲社而祀之，報功也。」漢書郊祀志：「帝王建立社稷，百王不易。社者，土也。」吴氏經説：「按，土地聲轉，土之於地，猶火之於焜，貨之於賄，古今字也。故經傳多以土對天，易『麗乎天』、『麗乎土』，詩『溥天』、『率土』，與此傳皆是。」公羊禮説云：「傳不言社而言土者，公羊之説，不取左氏句龍爲后土，祀以爲社也。」郊特牲曰：「社祭土而主陰氣。」孝經説：「社者，土地之神。」白虎通：「土生萬物，天下之所主。」則此不言社而言土者，指五土而不指句龍。鄭康成曰：「社爲五土總神，稷爲原隰之神，句龍以有平水土之功，配社祀之；稷有播種之功，配稷祀之。若王肅、馬融之徒，以社祭句龍，稷祭后稷，然皆人鬼也，而非地神。」鄭駁異義曰：「宗伯，以血祭祭社稷、五祀、五嶽。社稷之神，若是句龍，柱、弃，不得先五岳而食。」鄭氏説諒矣，足以破許説之謬。蓋土是本名，神之爲社。傳言土者，据本名也。漢高以夏禹配官社，所配之人鬼，可以任其推遷，而五土之神，終不可易。孟子所謂變置社稷，亦指所配之人耳。○注「諸侯」至「於社」。○舊疏云：「欲道魯郊爲非禮之義也。」對五祀宗廟，則社祭爲重。○注「卿大」至「先祖」。○禮記曲禮云：「大夫祭五祀，歲徧。士祭其先。」白虎通五祀篇：「五祀者，何謂也？謂門、户、井、竈、中霤也。所以祭何？人之所處、出入、所飲食，故爲神而祭之。何以知五祀謂門、户、井、竈、中霤也？月令曰：『其祀户。』又曰：『其祀竈。』『其祀中霤。』『其祀門。』『其祀井。』獨大夫以上得祭之何？士者，位卑禄薄，但祭其先祖耳。」漢書郊祀志：「大夫祭門、户、井、竈、中霤五祀，士、庶人祖考而已。」尸子：「先王之祀禮也。天子祭四極，諸侯祭山川，大夫祭五祀，士祭其廟也。」若然，祭法云「大夫立三祀」者，鄭注曲禮「大夫五祀，爲夏、殷法」，注王制「五祀，是有采地者」。按：曲禮注較妥。夏、殷禮質，周文，有等威之辨，降殺以兩，則大夫不得同諸侯五祀，故減去司命中霤，適士又減去族厲，立二祀，庶士、庶人立一祀，或户或竈也。

天子有方望之事，【注】方望，謂郊時所望祭四方羣神、日月星辰、風伯雨師、五嶽、四瀆及餘山川，凡三十六所。【疏】注「方望」至「六所」。○方望謂四方所望也。舊疏引：「舊説云，四方羣神是爲四也，通日月爲六，星是五星，爲十一也，辰是十二辰，爲二十三，風伯雨師爲二十五，五嶽爲三十，四瀆爲三十四，餘小山川爲二，是爲三十六所。」漢書郊祀志曰：王莽引周官大合樂，祀四望釋之曰：「四望謂日、月、星、海也。三光高而不可得親，海廣大無限界，故其樂同。祀天則天文從，祭墬[一]則墬理從。三光，天文也；山川，地理也。」鄭司農注大宗伯云：「四望，謂日、月、星、海。」與漢志同，蓋古周禮説。通義云：「言通乎四方也。周禮：『兆四望于四郊[二]。』」按：注言四方羣神，言其凡；日月星辰以下，其目也。日月星辰以下，即四方之神，天子郊天時，望而祭之，故周禮即以四望括之。四方羣神，不在三十六所内，夫曰羣，則每方不止一神矣。舊説誤。

無所不通。【注】盡八極之内，天之所覆，地之所載，無所不至，故得郊也。【疏】注「盡八」至「郊也」。○正以極至也。盡四方之所至，故天所覆，地所載，無不包也。爾雅釋地有「四極」，彼謂四方極遠之國。其實猶未盡極也。分言之八極，總言之四極，同也。詩文王云：「使不挾四方。」傳：「挾，達也。」御覽引白虎通云：「門四出何？以通四方也。」大戴禮虞戴德云：「天子之宫四通，正地事也。」唯天子乃能達四方，故無所不通。諸侯則殺。亦如天子周城，諸侯則軒城；天子宫縣，諸侯則軒縣。天子脩四時之祭，諸侯則礿則不禘，禘則不嘗，嘗則不烝，烝則不祠，皆闕其一也。此天子有四望之祭，諸侯止三望，亦猶是也。郊祀志云：「天子祭天下名山大川[三]，懷柔百神，咸秩無文。五嶽視三公，四瀆視諸侯。」是無所不至，

〔一〕「墬」，古「地」字，原訛作「墜」，叢書本同，據漢書校改。
〔二〕「兆四望于四郊」句，周禮作「兆五帝於四郊，四類、四望亦如之」。
〔三〕「名山大川」，原誤倒作「名大山川」，叢書本同，據漢書郊祀志校乙。

嶽、瀆舉其大也。

諸侯山川有不在其封内者則不祭也。【注】故魯郊非禮也。【疏】繁露王道云：「春秋立義，天子祭天地，諸侯祭社稷，諸山川不在封内者則不祭。」禮記王制云：「諸侯祭名山大川之在其地者。」又祭法云：「有天下者祭百神。諸侯在其地則祭之，亡其地則不祭。」郊祀志云：「諸侯祭其疆内名山大川。」爾雅釋山〔一〕：「梁山，晉望也。」又禮記禮器云：「晉人將有事于河，必先有事于惡池。齊人將有事于泰山，必先有事于配林。」左傳昭七年「韓宣子曰：並走羣望。」又昭十三年左傳：「楚共王大有事於羣望。」謂此屬也。説苑君道篇：「楚昭王有疾，卜之曰：『河爲祟。』大夫請用三牲焉。王曰：『止，古者先王割地制土，祭不過望。江、漢、睢、漳，楚之望也，禍福之至，不是過也。不穀雖不德，河非所獲罪也。』遂不祭焉。仲尼聞之曰：『昭王可謂知天道矣，其不失國，宜哉！』」又見哀六年左傳。明河非其封内山川也。風俗通怪神云：「禮，天子祭天地、五嶽、四瀆。諸侯不過其望也。大夫五祀。士門户。庶人祖。蓋非其鬼而祭之，諂也。」不過其望，即不出封内也。通義云：「若晉望，梁山；楚望，江、漢、睢、漳是也。諸侯所祭，唯封内山川而已，無方望之事也。」穀梁注引鄭君曰：「望者，祭山川之名也，謂海也、岱也、淮也。」此專指魯言。○注「故魯郊非禮也」。○通義云：「魯之望亦非禮。」按：魯止望祭其封内山川，不得云非禮。

〔一〕「釋山」，原誤記爲「釋地」，叢書本同，據爾雅釋山校改。

曷爲或言免牲，或言免牛？【疏】成七年，「春，王正月，鼷鼠食郊牛角，改卜牛。鼷鼠又食其角，乃免牛」是也。

免牲，禮也。【注】魯卜郊，不吉，免之。禮，卜郊不吉，則爲牲作玄衣、纁裳，使有司玄端，放之於南郊。明本爲天，不敢留天牲。【疏】注「魯卜」至「免之」。○正以天子不卜郊，故專指魯言也。○注「禮卜」至「南郊」。○穀梁傳曰：「免牲者，爲之緇衣纁裳，有司玄端，奉送至于南郊。免牛亦然。」注：「玄端黑衣，接神之道。玄纁者，天地之色也。南郊，天位，歸之于陽也。」淮南子齊俗訓：「譬若芻狗土龍之始成，文以青黄，絹以綺繡，纏以朱絲，尸祝袀袨，大夫端冕，以送迎之。」義亦同此。穀梁哀元年傳：「卜免牲者，吉則免之，不吉則否。」又曰：「嘗置之上帝矣，故卜而後免之，不敢專也。卜之不吉，則如之何？不免。安置之？繫而待，六月上甲，始庀牲，然後左右之。」公羊無此義。○注「明本」至「天牲」。○成十年〔一〕傳：「不免牲，故言乃不郊也。」注：「不免牲，當坐盜天牲，失事天之道。」

免牛，非禮也。免牛何以非禮？傷者曰牛。【注】養牲不謹敬，有災傷，天不饗用，不得復爲天牲，故以本牛名之。非禮者，非大牲不當復見免，但當内自省責而已。【疏】哀元年穀梁傳曰：「全曰牲，傷曰牛，未牲曰牛。其牛一也，其所以爲牛者異。有變而不郊，故卜免牛也。已牛矣，其尚卜免之，

〔一〕「十年」，原誤記爲「七年」，叢書本同，據公羊傳校改。

何也？禮，與其亡也甯有。」按：彼傳「未牲曰牛」，即哀元年之「改卜牛」，定十五年之「牛死，改卜牛」，宣元年之「改卜牛」，成七年之「改卜牛」是也。「傷曰牛」，則定十五年之「鼷鼠食郊牛」，哀元年之「鼷鼠食郊牛角」，宣三年之「郊牛之口傷」，成七年之「鼷鼠食郊牛角」，又「乃免牛」是也。傳以傷者曰牛，别乎全者曰牲，其未成牲曰牛，從可知也。〇注「養牲」至「名之」。〇校勘記出「養牲不謹敬，有災傷」，云：「鄂本、宋、閩本同。監本剜改『有』作『致』，毛本從之。」按：作致是也。禮記郊特牲云：「帝牛不吉，以爲稷牛。帝牛必在滌三月，稷牛唯具，所以别事天神與人鬼也。」注：「滌，牢中所搜除處也。」周禮牛人：「凡祭祀，共其享牛、求牛，以授職人〔一〕而芻之。」注：「職讀爲櫼。櫼人者，謂牧人、充人與？」牧人云：「凡祭祀，共其犧牲，以授充人繫之。」充人云：「祀五帝，則繫于牢，芻之三月。」蓋牲中選者，牛人入之牧人，臨祭時，牧人授之充人，充人繫養之，三月一時，節氣成，此養牲之節也。左傳：「牛卜日曰牲。」注：「既得吉日，則牛改名曰牲。」謂在滌三月無災者，故尊而異之也。不謹而災傷，天神不享，則仍其本稱牛也。通義云：「養牲不謹，致有傷而免之，失敬事之禮。故言免牲者不譏，言免牛者譏也。牛得卜曰牲，牲傷不可用，乃復名之曰牛。」〇注「非禮」至「而已」。〇校勘記出「非大牲」，云：「鄂本同。閩、監、毛本『大』作『天』，是也。上文兩言天牲。」穀梁傳言「免牛亦然」，與公羊義乖。按：既不成牲，天之所棄，仍玄衣纁裳放之南郊何爲？故但自省責而已。繁露順命云：「孔子曰：『畏天命，畏大人，畏聖人之言。』至於祭天不享，其

〔一〕「人」，原訛作「又」，叢書本不誤，據改。

卜不從，使其牛口傷，鼷鼠食其角，或言食牛，或言食而死，或食而生，或不食而自死，或改卜而牛死，或卜而食其角，過有深淺薄厚，而災有簡甚，不可不察也。」是則省責之義也。

三望者何？望祭也。然則曷祭？祭泰山、河、海。【疏】校勘記云：「唐石經、鄂本同。閩、監、毛本『泰』作『大』，下同。按，釋文作『太山』，云：『本亦作泰。』今本當据此改。」周禮疏引異義：「謹案云：春秋『魯郊祭三望』。言郊天，日、月、星、河、海、岱，凡六宗。魯下天子，不祭日月星，但祭其分野星，國中山川，故言三望。」按：左傳「望郊之細也」，疏引賈逵、服虔，以爲「三望分野之星，國中山川」，與許説同。毛詩疏引鄭駁異義云：「昔者，楚昭王曰：『不穀雖不德，河非所獲罪。』言竟内所不及則不祭也。魯則徐州地，禹貢『海、岱及淮惟徐州』。以昭王之言，魯之竟界亦不及河，則所望者海也、岱也、淮也，是之謂三望。」陳氏壽祺五經異義疏證云：「分星不涉於望，河又魯竟所不及，説者咸失其義。康成駁異義獨据禹貢『海、岱及淮惟徐州』，謂魯即徐地，而以淮易河。考職方氏，周無徐州，徐入于青，魯地兼跨兖、徐。尚書費誓言『徂兹淮夷、徐戎並興』，詩魯頌言『泰山巖巖，魯邦所瞻』，又曰『遂荒大東，至于海邦，淮夷來同』，又曰『遂荒徐宅，至于海邦，淮夷蠻貊。及彼南夷，莫不率從』。漢書地理志：『魯地，奎、婁之分野也。東至東海，南有泗水，至淮，得臨淮之下相，睢陵〔一〕、僮、取慮，皆魯分也。』康成本此。」按：此下云河、海潤乎千里，以其通氣致雨，潤澤所及，故亦秩而祭之，蓋又不在竟内山川之限矣。通義云：「北望泰

〔一〕「下相」，原訛作「卜相」，叢書本不誤，據改。又「下相」下脱「睢陵」，叢書本同，據漢書校補。

山，西望河，東望海，南不及淮者，闕其一方，以下天子。」是也。蓋望爲祭羣神之通稱。白虎通封禪云：「望，祭山川、祀羣神也。」魯祭泰山、河、海，故止三望耳。堯典：「望于山川，徧于羣神。」詩疏引鄭注：「望者，祭山川之名。徧者，以尊卑秩祭」「羣神，若丘陵、墳衍」之屬。彼對文，故望與徧異，其實山川之神，亦以尊卑秩祭，王制「五嶽視三公，四瀆視諸侯」之屬是也。又王制：「諸侯祭名山大川在其地者。」注云：「魯人祭泰山，晉人祭河。」疏：「泰山是齊、魯之界，故齊亦祭之也。」

曷爲祭泰山、河、海？【注】据郊者主爲祭天。

山川有能潤于百里者，天子秩而祭之。【注】此皆助天宣氣布功，故祭天及之。秩者，隨其大小尊卑高下所宜。禮，祭天牲角繭栗，社稷宗廟角握，六宗、五嶽、四瀆角尺，其餘山川視卿大夫。天燎地瘞，日月星辰布，山縣水沈，風磔雨升。燎者，取俎上七體，與其珪寶在辨中，置於柴上燒之。【疏】注「此皆」至「及之」。○說苑辨物篇：「五嶽何以視三公？能大布雲雨焉，能大斂雲雨焉。雲，觸石而出，膚寸而合，不崇朝而雨天下。施德廣博，故視三公也。四瀆何以視諸侯？能蕩滌垢濁焉，能出雲雨千里焉。爲施甚大，故視諸侯也。山川何以視子男也？能出物焉，能潤澤物焉，能生雲雨，爲恩多。然品類以百數，故視子男也。書曰：『禋于六宗，望秩于山川，徧于羣神矣。』」博物志：「五嶽視三公，四瀆視諸侯，通靈助化，位相亞也。」○注「秩者」至「所宜」。○書堯典：「望秩于山川。」公羊疏引鄭注：「秩者，徧以尊卑秩祭之。五嶽視三公，四瀆視諸侯，其餘小者或視卿大夫，或視伯子男。」是即隨其尊卑高下之義也。說文豊部：「豑，爵之次弟也。」引虞書曰：「平豑東作。」豑，正字；秩，叚借也。○注「禮祭」至「大夫」。○舊疏云：「皆王制與禮説文。」穀梁疏引稽命徵〔一〕云：「祭天牲〔二〕角繭栗，社稷宗廟〔三〕牛角握，六宗、五嶽、四瀆之牛角尺。」禮記王制云：「祭天地之牛角繭栗，宗廟之牛角握，賓客之牛角尺。」此舊疏所謂王制及禮説文也，二者相兼乃備。王制注云：「握，謂長不出膚。」蓋社稷次于天地，故與宗廟同。六宗、五嶽、四瀆與大夫賓客同，其餘山川，則舊疏云小山川之屬，但牽牛而已，所謂視卿大夫也。按：詩疏引稽命徵云：「宗廟社稷角握。」禮郊特牲疏引云「山川五嶽之牛角尺」，禮器疏引云「社稷牛角握，五嶽、四瀆角尺」，穀梁疏引云「郊天牛角繭栗，三望之牛角尺」，皆爲稽命徵語，小異也。王制注云：「視者，視其牲器之數。」疏引：「書大傳云：『五嶽視三公，四瀆視諸侯，其餘山川視伯，小者視子男。』鄭注云：『謂其牲幣粢盛籩豆爵獻之數。』按，周禮上公饗餼九牢，飧五牢，饗禮九獻，豆四十。侯伯饗餼七牢，飧四牢，饗禮七獻，豆三十有二。子男饗餼五牢，飧三牢，饗禮五獻，豆二十有四。又五等諸侯，膳皆太牢，祭亦太牢，簋皆十有二，祭四望山川，用毳冕。鄭注禮器『五獻察』云：『謂祭四望山川也。』又侯伯無別，三公皆與子男同。今此云：『五嶽、四瀆角尺，其餘山川視卿大夫。』則嶽瀆無異，不別公侯伯子男，則以諸侯同。而王

〔一〕「穀梁疏引稽命徵」，引文出處有誤。所引之文穀梁注疏中無，實出自何休公羊注。

〔二〕「牲」，原訛作「犢」，叢書本同，據公羊注疏校改。

〔三〕「宗廟」二字原脱，叢書本同，據公羊注疏校補。

制云五嶽視三公，四瀆視諸侯，則〔一〕三公尊於諸侯。書大傳夏傳又云：『四瀆視諸侯，其餘山川〔二〕視伯，小者視子男，』是伯與侯別。」並與周禮不同。王制疏云：「此王制所陳，多論夏、殷之制。夏傳所説，又非周代之禮。鄭之所注者，當据異代法也。」然則，何氏所据，或亦非盡周禮與？孫氏志祖讀書脞録云：「詩『有捄其角』，毛傳：『社稷之牛角尺。』疏云王制無社稷之文。卑於宗廟，疑與賓客同尺也。志祖疑『賓客』或即『社稷』之譌，蓋祭字貫下三句也。賓客不得言祭矣。禮器『牲不及肥大』，正義：『謂郊牛繭栗，宗廟角握，社稷角尺，各有所宜。』亦可證。」然繁露郊事對引王制亦作「賓客之牛角尺」，下云：「德滋美而牲滋微也。」按：以牛角次之，則四望山川卑於社稷，而禮器述諸神獻數則社稷五祀在「三獻」，四望山川在「五獻」。又周禮司服絺冕三章，祭社稷五祀；毳冕五章，祭四望山川，在社稷上者。禮記疏引熊氏云：「獻與衣服從神之尊卑，其餘處尊者，以其有功，與地同類，故進之在上。從國中之神，莫貴於社稷之類，直以功見其實卑也。以是地別神，故不爲尊也。」義或然也。○注「天燎」。○爾雅釋天：「祭天曰燔柴。」郭注：「既祭，積薪燒之。」禮覲禮曰：「祭天燔柴。」禮記祭法曰：「燔柴于泰壇，祭天也。」正義：「謂積薪于壇上，而取玉及牲置柴上燔之，使氣達于天也。」説文示部：「祡，燒柴尞祭天也。」引虞書作「祡」。又火部：「尞，柴祭天也。」柴與祡〔三〕同此聲，故燒柴祭曰祡。白虎通封禪篇：「燎祭天，報之義

〔一〕「則」，原訛作「似」，叢書本同，據禮記正義校改。
〔二〕「其餘山川」四字，原訛作「小者」，叢書本同，據禮記正義校改。
〔三〕「祡」，原訛作「柴」，叢書本不誤，據改。

也。」書堯典：「至于岱宗，柴。」柴即尞。故禮記注引鉤命決、禮記疏引斗威儀並云：「封于太山，考績柴燎。」是也。詩大雅棫樸：「薪之槱之。」箋云：「白桵相樸屬而生者，枝條芃芃然，豫斫以爲薪。至祭皇天上帝及三辰，則聚積以燎之。」周禮大宗伯云：「以禋祀祀昊天上帝，以實柴祀日月星辰，以槱燎祀司中、司命、飌師、雨師。」注：「禋之言煙，周人尚臭，煙氣之臭聞者。槱，積也。詩曰：『芃芃棫樸，薪之槱之。』」按：大宗伯所記，總釋祀天神之禮，爾雅徒釋祭名，祭法專指祭天每歲常禮。覲禮据鄭注引郊特牲曰：「郊之祭也，迎長日之至也，大報天而主日也。」又引宗伯職：「以實柴祀日月星辰。」則燔柴祭天，謂祭日也，蓋皆燔柴也。○注「地瘞」。○釋天曰：「祭地曰瘞薶。」注：「既祭，埋藏之。」詩疏引：「李巡云：『祭地，以玉埋地中曰瘞埋。』孫炎云：『瘞者，翳也。既祭，翳藏地中也。』」祭法：「瘞埋于泰折，祭地也。」疏：「謂瘞繒埋牲，祭神州地祇于北郊也。」周禮司巫云：「凡祭祀，守瘞。」注：「瘞謂若祭地祇〔一〕有埋牲玉者也。守之者，以祭禮未畢，若有事然。」爾雅釋言云：「瘞，幽也。」鄭注禮運云：「埋牲曰瘞。」埋於地尚幽，故謂之瘞也。又周禮肆師云：「立大祀，用玉帛牲牷。」鄭司農云：「大祀，天地。」蓋祭天，則燎柴加牲、玉。祭地，則埋牲、玉焉。覲禮云：「祭地，瘞。」鄭注云：「柴爲祭日，則祭地瘞者，祭月也。」則與爾雅、祭法文同而義微別。周禮大宗伯云：「以血祭祭社稷、五祀、五嶽，以貍沈祭山林、川澤，以疈辜祭四方百物。」注：「陰祀自血起，故書疈爲罷。鄭司農云：『罷辜，披磔牲以祭，若今時磔狗祭以止風。』玄謂，祭山林曰

〔一〕「祇」，原訛作「示」，叢書本同，據周禮注疏校改。

貍，川澤曰沈，順其性之含藏。疈〔一〕，疈牲胷也。疈而磔之，謂磔攘及蜡祭。」明地示之屬，皆取義於幽陰也。埋牲，蓋先磔而後埋與？○注「日月星辰布」。○釋天云：「祭星曰布。」郭云：「布散祭於地。」釋文引李巡云：「祭星者，以祭布露地，故曰布。」埤雅引釋名云：「祭星曰布，布取其象之布也。」舊疏引孫炎又云：「既祭布散於地，位似星辰布列也〔二〕。」按：祭法云：「幽宗，祭星也。」注：「宗當爲禜。幽禜亦謂星壇也。星以昏始見，禜之言營也。」又云：「王宮，祭日也。夜明，祭月也。」注：「王宮，日壇。王，君也，日稱君。宮，壇，營域也。夜明，月壇也。」日月星辰，天神，故築壇以祭。布者，其祭之形蓋日月，亦布象日月之麗乎天也。大宗伯云：「以實柴祀日月星辰。」則亦燔柴用牲矣。祭義曰：「郊之祭，大報天而主日，配以月。」知郊天並祭日月也。○注「山縣」。○釋天曰：「祭山曰庪縣。」注：「或庪或縣，置之于山。山海經曰：『縣以吉玉。』是也。」舊疏引李巡注云：「祭山以黃玉及璧，以庪置几上，遥遥而眂之，若縣，故曰庪縣。」又引孫炎云：「庪縣，埋於山足曰庪，埋於山上曰縣。」是也。覲禮云：「祭山丘陵，升。」賈疏：「升即庪縣也。」大宗伯於祭山林川澤曰「貍沈」。注：「祭山林〔三〕曰埋。」然則，覲禮之升即縣，大宗伯之貍即庪，各舉其一也。○注「水沈」。○釋天云：「祭川曰浮沈。」注：「投祭水中，或浮或沈。」覲禮云：「祭川沈。」

〔一〕「疈」字原脱，叢書本同，據周禮正義校補。
〔二〕「位似」句，原脱「位」、「辰」二字，叢書本同，據公羊注疏校補。
〔三〕「林」，原訛作「陵」，叢書本同，據周禮注疏校改。

疏：「言沈不言浮者，文略也。」大宗伯注：「祭川澤曰沈。」書大傳云：「沈四海〔一〕。」鄭注：「沈，祭名。」襄十八年左傳「沈玉以濟」，昭二十四年左傳「子朝以成周之寶圭湛於河」，定三年左傳「執玉而沈」，皆謂沈玉以祭也。夏官小子云：「凡沈辜侯禳，飾其牲〔二〕。」鄭司農云：「沈謂祭川。」則祭川牲玉並用矣。蓋牲玉投水則沈，故祭名沈。爾雅名「浮沈」者，對「祭山曰庪縣」成文，物必先浮而後沈，有或浮或沈之象故也。胡氏培翬庪縣浮沈解云：「承詢爾雅庪縣浮沈之義，謂庪縣不當訓爲埋。庪，當與禮經閣庪食同義。按，尊見甚確。玉篇云：『庪，閣也。』庪同庋，引『祭山曰庪縣』可證。但爾雅、儀禮、周禮三經，文各有當，而義無妨。鄭志引疑爾雅文雜，不可据以難禮。周禮賈疏『庪縣』爲『異代法』，皆非。爾雅『祭地曰瘞薶〔三〕』，『祭山曰庪縣，祭川曰浮沈』。儀禮云：『祭山丘陵，升。祭川，沈。祭地，瘞。』周禮云：『以貍沈祭山林〔四〕川澤。』按，瘞埋，是以牲玉埋藏於地中。庪縣，則有陳列之義。李巡曰：『祭山以黄玉以璧，庪置几上。』〔五〕邢疏云：『縣謂縣其牲幣于山林中。』其説良近。蓋古者祭山之法，先庪縣而後埋之，故祭山又名旅。旅，臚陳之也。山海經凡祠山多言『肆瘞』，注：『肆，陳之也。』陳牲玉而後薶藏之。』此先陳後貍之證。庪縣

〔一〕「海」，原訛作「注」，叢書本同，據尚書大傳校改。下鄭注應作「祭水曰沈」。
〔二〕「牲」下原衍「玉」字，叢書本同，據周禮校删。
〔三〕「薶」，原作「貍」，貍通薶。爾雅作「薶」，據改。
〔四〕「林」，原訛作「陵」，叢書本同，據周禮注疏校改。
〔五〕「李巡曰」，語出公羊注疏。下「邢疏」指爾雅疏。

蓋旅陳之義，祭山先庪縣而後埋，故亦謂之埋。對文則『祭地爲瘞埋，祭山爲庪縣』有異，散文則通。惟祭川，是以牲玉投置水中，不得名埋，故名浮沈，或名沈。凡以物入水，通謂之浮沈。詩云：『載沈載浮。』舟浮物亦名沈，可見浮沈無定稱。或欲分牲爲浮，玉爲沈，非是。周禮小子職：『沈辜侯禳，飾其牲。』鄭司農云：『沈謂祭川。』則牲亦言沈也。祭川或言浮沈，或言沈，猶爾雅『祭地曰瘞埋』，儀禮云『祭地，瘞』，文有詳略，而義不殊。儀禮祭山丘陵，不云庪縣，而云升者，對沈言之，且兼明就祭之義，其實名異義同。周禮止云『祭山林川澤』，無祭地之文，故祭山林亦通謂之貍。此三經詳略異同之義。謂爾雅『庪縣』爲即周禮之所謂『貍』，固非，而以周禮疑爾雅亦非也。」按：胡氏謂先陳後貍，其説精確，不然則與祭地之瘞貍何異？不燒而埋者，爲地祇故也，以別乎天神。○注「風磔」。○釋天云：「祭風曰磔。」郭云：「今俗當大道中磔狗，云以止風，此其象。」舊疏引：「李巡云：『祭風以牲頭蹏及皮，破之以祭，故曰磔。』孫炎云：『既祭披磔其牲，以風散之。』」鄭司農注大宗伯云：「罷辜，披磔牲以祭，若今時磔狗祭以止風。」又注小子云：「辜，謂磔牲以祭也。」引月令：「九門磔攘以畢春氣。」賈疏大宗伯云：「此舉漢法以況疈辜爲磔之義也。必磔狗止風者，狗屬西方金，金制東方木之風，故用狗止風也。」邵氏晉涵爾雅正義云：「封禪書：『秦德公作伏祠，磔狗邑四門，以禦蠱菑。』按，於文皿蟲爲蠱，蠱生於風，秦制是祭風之制也。」後鄭大宗伯注云：「疈，疈牲胸也。疈而磔之，謂磔攘及蜡祭。」蓋當時疈磔牲體，皆從胸臆解析之。月令於季春云磔攘，又十二月大儺時亦磔攘，蓋磔牲以禳去惡氣，猶磔狗以止風也。○注「雨升」。○舊疏云：「無文，何氏更有所見。」公羊問答云：「問：雨升，果無文乎？曰：釋名有此文：『祭雨曰升，祭星曰布。升取其氣之升也，布取其象之布也。』徐特未之見耳。」按：周禮大宗伯：「以槱燎祀飌師、雨師。」蓋燔燎而煙氣上達，故謂之升，與禋祀實柴互文見義焉。○注「燎者」至「燒之」。○禮記疏引韓詩内傳云：「天子奉玉升柴加于牲上。」三禮義宗云：「祭天以燔柴爲始，然後行正祭。」又云：「凡祭天神有二玉，禮神者訖事即收，祀神者與牲俱燎。今國家郊祀天地，祀神之玉常用，禮神之玉則無。請下有司求良玉，造蒼璧、黄琮等九器，訖則藏之，其燎玉依常制，從之。」禮神之玉即大宗伯之蒼璧以事天，黄琮以禮地。又典瑞之「四圭有邸以祀[一]天」、「兩圭有邸以祀地」者也。其燔柴之玉，則肆師云「立大祀用玉帛牲牷」，其實肆師所共，不獨升煙瘞埋之玉帛牲，亦兼有禮神之玉帛牲也。大宗伯注：「鄭司農云：實柴，實牛柴上焉。」書釋文引馬融書注云：「祭時積柴加牲其上而燔之。」蓋大宗伯之煙祀實柴槱燎大同。凡祀天神，皆積柴燔之，上加牲體，其玉帛或有或無也。其祭圜丘方澤南北郊，則牲帛俱有。其七體者，舊疏云：「即少牢之肩、臂、臑、肫[二]、胳、正脊[三]、脡脊、横脊、短脅、正脅、代脅之屬也。」按：何注言七體者，指豚解言，謂殊左右肱股而爲四，又兩脅一脊而爲七也。禮記禮運云：「腥其俎。」謂豚解而腥之，謂之全脅。左右肱骨各三，亦謂之前脛骨。三者，肩、臂、臑也。左右股骨各三，又謂之後脛骨。三者，肫、胳、觳也。共十二體，有骨三，

[一]「祀」，原訛作「事」，叢書本同，據周禮校改。
[二]「肫」，原訛作「膞」，叢書本同，據公羊注疏校改。
[三]「脊」，原訛作「有」，叢書本不誤，據改。

正脊〔一〕、脡脊、横脊也，合爲十五。又左右兩脅骨各三，正脅、代脅、短脅也，合爲二十一體，所謂體豚也。又謂之房脅。少牢十一體，去觳也。又按：類聚引書曰：「白魚入于舟中，王跪取，出涘以燎。」即今文大誓語。詩疏引鄭彼注云：「涘，涯也。王出于岸上，燎魚以祭，變禮也。」蓋祭天禮用特牲，今取魚以燎，故爲變禮。武王以魚爲瑞，故特燎以祭。儀禮疏引書中候云：「魚者，水精，隨流出入，得申朕意。」是也。

觸石而出，膚寸而合，【注】側手爲膚，按指爲寸，言其觸石理而出，無有膚寸而不合。【疏】白石神君碑：「觸石而出，膚寸而合，不終朝而澍雨沾洽。」後漢書注引書大傳曰：「五岳皆觸石出雲，膚寸而合，不崇朝而雨天下。」○注「側手」至「不合」。○通義云：「謹案，膚與『堂上七扶』之扶同。四寸曰扶〔二〕，取其鋪四指也。」阮氏福膚寸而合解云：「膚之音，與扶相通。禮記投壺云：『室中五扶，堂上七扶，庭中九扶。』鄭康成注：『鋪，四指曰扶。』伏生尚書大傳：『扶寸而合。』鄭注：『四指曰扶，音膚。』韓非子：『上失〔三〕扶寸。』注：『四指爲扶。』玉篇、廣韻皆作扶。由是觀之，則膚、扶聲之轉。所謂膚寸而合者，如雲出山，散而不合，則不得雨，今膚寸而合，如人以兩手之四指平鋪，先分兩處，向下覆之，由分而合，漸肖雲合

〔一〕「脊」，原訛作「有」，叢書本不誤，據改。
〔二〕「扶」，公羊通義作「膚」。
〔三〕「失」，原訛作「告」，叢書本同，據韓非子校改。

之狀，合之甚易，故云膚寸而合。不崇朝而雨遍天下，非謂泰山之雲相離四寸而合也。」按：王制云：「牛角握。」注：「握，謂長不出膚。」疏引公羊此傳并鄭注投壺禮「四指曰扶」，亦以扶與膚同。玉篇引公羊作「扶寸而合」，廣韻同。又引注云：「側手曰扶。」按：指曰寸，是古本公羊膚皆作扶也。膚亦或謂之握，禮鄉射禮：「箭籌八十。長尺有握，握素。」注：「握，本所持處也。握本以作膚。」張氏爾岐鄭注句讀云「握本以作膚」，「以」字疑誤，别本、刊本「一作膚」，亦費解，或刊本一讀屬上句，「一作膚」，指握字有作膚者。四指曰膚，與握義同。握曰指，即四寸。籌長尺四寸，其四寸則刊之使白也。儀禮古義云：「按，文當云握，本或作膚〔一〕。依鄂本改。」按：膚寸而合如注解，甚直捷。言雲觸石而出，膚寸之微皆合。注云「無有膚寸而不合」是也，不必如阮説之另生别解也。按：指爲寸者，説文寸部：「寸，十分也。人手卻一寸，動衇，謂之寸口。从又一。」徐鍇曰：「一者，記手腕下一寸。」此指事也，凡寸尺丈皆取法於人身故也。

不崇朝而偏雨乎天下者，唯泰山爾。【注】崇，重也。不重朝，言一朝也。【疏】後漢書肅宗紀：「禱五岳、四瀆及名山能興雲致雨者，冀不崇朝偏雨天下之報。」詩召南殷其靁傳：「山出雲雨，以潤天下。」翁氏方綱兩漢金石記云：「傳文初無『雲』字，唐人類書引此，乃加一雲字，曰唯大山雲爾，誤也。何休注曰：『言其觸石理而出，無有膚寸而不合。』下文『河海潤乎千里』，彼注曰：『亦能通氣致雨，潤澤及

〔一〕「本或作膚」句，原脱訛爲「本作按」，叢書本同，據九經古義校改。

于千里。』據此，則所謂出合者，山之氣爲之也。觀此白石神君碑，上言『幽讚天地，長育萬物』〔一〕，下言『澍雨沾洽』，信知公羊二語之不指雲矣。」劉氏寶楠云：「翁氏以觸石二句爲山氣，非山雲，不知雲亦氣也。尚書大傳：『五岳皆觸石出雲，扶寸而合，不崇朝而雨天下。』即本公羊傳。三公山碑『觸石興雲，不崇朝而雨』，祀三公山碑『興雲膚寸』，無極山碑『觸石膚寸，興雲祁祁』，西岳華山碑『觸石興雲，雨我農桑』，皆指雲説，其非始於唐人明甚。但『大山』下不必更增『雲』字，此類書之誤。」○注「崇重」至「朝也」。○詩大雅鳧鷖云：「福禄來崇。」傳：「崇，重也。」公羊問答云：「鄘風『崇朝其雨』，傳：『崇，終也。從旦至食時爲終朝。』與僖三十一年傳『不崇朝而徧雨乎天下』者，其訓詁何以不同？曰：何注：『崇，重也。』陸氏音義：『崇，重，直龍反。』何注从爾雅釋詁『崇，重也』，郭注：『增崇，皆所以爲崇疊。』何氏之意，言崇朝則兩朝，不崇乃一朝也，與詩絶然不同。俗儒於此傳，欲强合毛傳，適形其謬妄而已。」説苑辨物云：「五岳，能大布雲雨焉，能大斂雲雨焉。雲，觸石而出，膚寸而合，不崇朝而雨天下，施德博大。」然則，五岳皆然，此以魯祭大山，故斥大山言焉。風俗通山澤云：「岱者，長也。萬物之始，陰陽交代，雲觸石而出，膚寸而合，不崇朝而偏雨天下，其惟泰山乎！故爲五岳之長。」淮南氾論訓：「觸石而出，膚寸而合，不崇朝而雨天下者，唯大山。」皆取此傳爲説。「泰」，當依釋文本作「大」。

河、海潤于千里，【注】亦能通氣致雨，潤澤及于千里，韓詩傳曰「湯時大旱，使人禱于山川」是也。郊望

〔一〕「幽讚天地，長育萬物」句，原「幽」字訛作「出」，又脱「天地」、「萬物」四字，叢書本同，據白石神君碑校改。

非一，獨祭三者，魯郊非禮，故獨祭其大者。【疏】淮南子氾論訓：「赤地三年而不絶流，澤及百里而潤草木者，唯江河也，是以天子秩而祭之。」説苑辨物云：「四瀆能蕩滌垢濁，能通百川于〔一〕海，能興雲雨千里，爲施甚大。」山川能出物，能潤澤物，能生雲雨，爲恩多，是其義也。○注「亦能」至「千里」。○亦者，亦上泰山也。○注「韓詩」至「是也」。○桓五年注云：「君親之南郊，以六事謝過，自責曰：『政不一與？民失職與？宫室榮與？婦謁盛與？苞苴行與？讒夫倡與？』」彼疏云：「皆韓詩傳文。」禮記疏又引韓詩内傳云：「天子奉玉升柴加於牲上。」蓋皆大雅雲漢詩語也。○注「郊望」至「大者」。○正以天子方望之事，無所不通，四方羣神、日月星辰、五岳四瀆、風伯雨師，及餘山川三十六所，故云非一。魯本不宜郊，徒以周公之故，得以三正郊天，本非禮之正，故方望亦第祭其大者三而已，則河雖不在竟内，潤澤所及，故亦望而祭焉。

猶者何？通可以已也。【注】已，止。【疏】穀梁傳曰：「猶者，可以已之辭也。」通義云：「通之爲言，文見於此，義起於彼。」經義述聞云：「通之爲言猶道也。道，言也。道可以已，言可以已也。」漢書劉向傳曰：『臣誠見陰陽不調，不敢不通所聞。』通所聞，即道所聞也。夏侯勝傳：『上謂勝曰：先生通正言，無懲前事。』顔師古注：『通謂陳道之也。』是通與道同義，通、道一聲之轉。道言之道轉爲通，猶通達之通轉爲道矣。襄三十一年左傳：『不如小決使道。』注：『道，通也。』法言問道篇云：『道也者，通也。』」按：爾

〔一〕「于」，原訛作「云」，叢書本不誤，據改。

雅釋詁云：「猷，已也。」猷、猶二字通，猶兼可、已二義，釋言云：「猶，可也。」是也。猶有疑惑之意，又有遲回之意，故凡言猶，皆兼可、已二義也。○注「已，止」。○一切經音義引廣雅云：「已，止也。」詩鄭風風雨云：「雞鳴不已。」箋：「已，止也。」又秦風蒹葭云：「白露未已。」傳：「未已，猶未止也。」已、止疊韻爲訓也。左氏此經及文五年「猶朝于廟」，宣八年「猶繹」，杜注並云：「猶者，可止之辭。」本此。

何以書？譏不郊而望祭也。【注】譏尊者不食，而卑者獨食。書者，惡失禮也。魯至是郊者，僖公賢君，欲尊明其先祖之功德，不就廢之。譏者，春秋不見事不書，皆從事舉可知也。不吉言不從者，明已意汲汲欲郊，而上不從爾。所以見事鬼神，當加精誠。【疏】注「譏尊」至「禮也」。○左傳：「望郊之細也。不郊，亦無望可也。」繁露郊祀云：「故春秋譏[一]郊，未嘗譏君德不成于郊也。及不郊而祭山川，失祭之敘，逆於禮，故必譏之。以此觀之，不祭天者，乃不可祭小神也。」又郊語云：「天者，百神之大君也。事天不備，雖百神猶無益也。何以言其然也？祭而地神者，春秋譏之。孔子曰：『獲罪於天，無所禱也。』是其法也。」○注「魯至」至「廢之」。○決閔以前不書郊也，明禮廢已久，僖公修之。鄭氏詩魯頌譜云：「自後政衰，國事多廢。十九世至僖公，當周惠王、襄王時，而遵伯禽之法，養四種之馬於牧野，尊賢禄士，修泮宮，守禮教，謀東略，遂伐淮夷，新作南門，又修姜嫄之廟，是其尊明先祖之功德，不就廢之事也。知非閔以前郊皆卜吉，故不書者，桓、莊失德尤甚，鬼神所不饗，必無閔數十年無一卜不從之事。」○

[一]「譏」，原訛作「議」，叢書本同，據春秋繁露義證校改。

注「譏者」至「知也」。○正以僖公修復郊祭爲復古，詩魯頌閟宫序所謂「美僖公能復周公之宇」，而纖芥之惡必貶，則春秋之義也。僖公有四卜郊之非禮，書以見魯之得郊，明春秋但譏其四卜不從，譏其猶三望焉爾。○注「不吉」至「精誠」。○校勘記出「而上不從爾」，云：「鄂本『上』作『卜』，此誤。」書洪範於「龜從，筮從」皆言從，與逆對，知從爲吉，逆爲凶。變吉言從，即書「汝則從」之義。孔傳：「人心和順，龜筮從之，是謂大同於吉。」是也。穀梁傳：「乃者，亡乎人之辭也。」注引凱曰：「其猶易稱『闚其户，闃其無人』。詩曰『巷無居人』。譏僖公不共，致天變。」洪範云：「龜筮共違于人，用静吉，用作凶。」故不郊以敬天變。

○**秋，七月。**

○**冬，杞伯姬來求婦。**【疏】杜云：「自爲其子成昏。」

其言來求婦何？兄弟辭也。【疏】兄弟辭也，義具上二十五年。

其稱婦何？有姑之辭也。【注】書者，無出道也。【疏】説文女部：「婦，服也。」禮記内則云：「婦事舅姑。」禮喪服不杖期章：「婦爲舅姑。」皆以婦爲對舅姑之稱。此止言姑者，就杞伯姬立文。宣元年傳亦云：「其稱婦何？有姑之辭也。」明宣母頃熊在也。○注「書者，無出道」。○繁露玉英云：「婦人無出竟之事，經禮也；母爲子娶婦，變禮也。」穀梁傳：「婦人既嫁，不踰竟。杞伯姬來求婦，非正也。」

○狄圍衛。

○十有二月，衛遷于帝丘。【注】月者，惡大國遷至小國，城郭堅固，人衆彊遷，徙畏人，故惡之也。

【疏】杜云：「帝丘，今東郡濮陽縣，故帝顓頊之虚，故曰帝丘。」釋例：「帝丘，故帝顓頊之虚，故曰帝丘。昆吾氏因之，故曰昆吾之虚。東郡濮陽是也。」大事表云：「今爲直隸大名府之開州。」按：元和郡縣志：「淇縣東渡河，一百十五里，至滑縣。滑縣東北五里爲漕，又東北五十五里爲楚丘，又東北一百三十里至開州。自始封朝歌至此，凡三百零五里，黄河更在開州北十五里。衛之再遷皆在河之南矣。」漢書地理志東郡濮陽下云：「衛成公自楚丘徙此。故帝丘，顓頊虚。」一統志：「濮陽故城，本古帝丘，大名府開州西南二十里。」齊氏召南考證云：「按，漢書地理志東郡濮陽：『衛成公自楚丘徙此。故帝丘，顓頊虚。』又續漢郡國志注引皇覽曰：『顓頊冢在城門外廣陽里中。』」○注「月者」至「之也」。○僖元年注云：「遷例大國月，重煩勞也；小國時。」此以其遷徙畏人，故月以惡之，不但重煩勞也。僖元年：「夏，六月，邢遷于夷儀。」月者，彼注云：「霸者所助城，故與大國同。」〔一〕

〔一〕「僖元年注云」以下文句錯亂，叢書本同，據整理後當爲：僖元年：「夏，六月，邢遷于夷儀。」注云：「遷例大國月，重煩勞也；小國時，此小國月者，霸者所助城，故與大國同。」此以其遷徙畏人，故月以惡之，不但重煩勞也。

公羊義疏三十七

僖三十二年盡三十三年

南菁書院　句容陳立卓人著

○三十有二年，春，王正月。

○夏，四月，己丑，鄭伯接卒。【注】不書葬者，殺大夫申侯也。君殺大夫，皆就葬，別有罪無罪，唯內無貶公之道，不可去葬，故從殺時別之。【疏】包氏慎言云：「二月書己丑，二月有閏，此爲三月之十六日。經繫之四月，時蓋閏四月也。」左傳、穀梁「接」作「捷」，漢書古今人表作「接」。○注「不書」至「侯也」。○見上七年。○注「君殺」至「無罪」。○舊疏云：「謂大夫有罪，則書其君葬；若大夫無罪，則去其君葬以見〔一〕惡。」包氏慎言云：「無罪殺大夫不書葬，明當絀爵，不得以侯禮終也。」按：上九年：「晉侯詭諸卒。」

〔一〕「見」，原訛作「其」，叢書本同，據公羊注疏校改。

注：「不書葬者，殺世子無罪也。」襄二十六年：「宋公殺其世子痤。」注：「痤有罪，故平公書葬。」是殺有罪者不去葬也。成十年：「晉侯獳卒。」注：「不書葬者，殺大夫趙同等。」是殺無罪大夫也。○注「唯内」至「別之」。○即上二十八年，「春，公子買戍衛。不卒戍，刺之」，又成十六年，「乙酉，刺公子偃」，以日不日別有罪無罪也。蓋有罪不日，無罪日也。然則，内大夫有日不日之分，外大夫之有罪無罪，即於其君之書葬不書葬別之也。此及晉景不書葬，明申侯、趙同等無罪矣。内大夫所以別於日不日者，以内無貶公之道也。宣元年傳：「内無貶於公之道也。」明下無貶上之義，故不可去葬也，又以見爲尊者諱。

○衛人侵狄。【疏】杜云：「報前年狄圍衛。」

○秋，衛人及狄盟。【注】不地者，起因上侵就狄盟也。復出衛人者，嫌與内微者同也。言及者，時出不得狄君也。稱人而言及，則知狄盟者卑。【疏】注「不地」至「盟也」。○決宣十一年，書「晉侯會狄于欑函」〔一〕，書地也。杜云：「不地者，就狄廬帳盟。」劉炫述義云：「春秋時，戎狄錯居中國，此狄無國都處所，直云及狄盟，盟於狄之處也。」孔疏云：「猶若公如晉及晉侯盟是也。」○注「復出」至「同也」。○隱元年：

〔一〕以上引文出自宣十一年，原誤記爲宣十二年。「晉侯」訛作「晉人」，「欑」訛作「攢」，均據公羊傳校改。

「及宋人盟于宿。」傳：「孰及之？內之微者也。」此不出衛人，嫌爲衛與狄盟爲內之微者，故不出名氏也。○注「言及」至「者卑」。○隱元年傳：「及，猶汲汲也。」衛本畏狄而遷，今侵衛復汲汲就狄盟，故知不得狄君也。衛稱人不出名氏，故知與盟者卑。宿盟書宋人，此狄不書人者，狄之也。

○冬，十有二月，己卯，晉侯重耳卒。【疏】包氏慎言云：「十二月無己卯，十一月之十日。」穀梁注云：「晉自莊公以前不書於春秋，又不言文公之入及鄭忽之殺，何乎？徐邈通之曰：『按，詩序及紀年、史記，晉昭公之後，大亂五世。又鄭忽之後，有子亹、子儀，且事出記傳而經所無殊多，誠當有不告故不書者。諸侯有朝聘之禮，赴告之命，所以敦其交好，通其憂虞。若鄰國相望而情志否隔，存亡禍福，不以相關，則它國之史〔一〕，無由得書，故告命之事絶，則記注之文闕，此蓋內外相與之常也。魯政雖陵遲，而典刑猶存，史策所録，不失常法，其文獻之實足徵，故孔子因而脩之，事仍本史，而辭有損益，所以成詳略之例，起褒貶之意。若夫可以寄微旨而通王道者，存乎精義窮理，不在記事少多，此蓋脩春秋之本旨。師資辨說，日用之常義，故穀梁子可不復發文，而體例自舉矣。』」按：公羊於莊公以前不書晉事無說，或亦如徐氏之旨與？

〔一〕「史」，原訛作「使」，叢書本同，據穀梁注疏校改。

○三十有三年，春，王二月，秦人入滑。【疏】穀梁傳：「滑，國也。」按：滑伯見於莊十六年「同盟于幽」。大事表云：「今河南府偃師縣南二十里有緱氏城，爲滑國地。爲秦所滅，尋屬晉。成十七年『鄭子駟侵晉虛、滑』，即此。」按：左傳成十三年：「吕相絶秦，曰：『殄滅我費滑。』」杜云：「滑國都於費。」則時已滅滑矣。隱二年傳：「入者何？得而不居也。」注：「已得其國，而不居，故云爾。」又云：「入例時，傷害多則月。」

○齊侯使國歸父來聘。

○夏，四月，辛巳，晉人及姜戎敗秦于殽。【疏】包氏慎言云：「四月無辛巳，五月之十五日。前年不置閏，而移閏於此年之正月，則經之月日悉合。然如此，則前年四月後中氣悉不在其月，而此年歲首冬至又在閏月矣，于曆法多所抵牾。据殽之戰傳言晉侯稱人，以背殯用兵危不得葬貶。詐戰不日，此以盡敵而日。文公之卒，在前年十二月，四月爲葬月，下書『丁巳，葬晉文公』，月之二十一日，經月必無誤。前年十二月有己酉、己未、己巳，此年四月有辛丑、辛亥、辛酉，未知係何月之誤。」杜云：「姜戎，姜姓之戎，居晉南鄙。戎子駒支之先也。」按：昭九年左傳：「允姓之戎居于瓜州。」杜云：「瓜州，今燉煌郡。」即范宣子所謂「迫逐乃祖吾離于瓜州」者，在今甘肅肅州西五百二十六里。僖二十二年「秦、晉遷陸渾之戎〔一〕于伊川」，即所謂陸渾之戎也。襄四年左傳「戎子駒支」，謂「晉人角之，諸戎掎之」，即此事。此年正義云「駒支自陳」，謂太岳之裔胄，「且此云姜戎，知是姜姓之戎也」。杜云：「四岳之後，皆姓姜，又别爲允姓。」錢氏大昕潛研堂答問云：「問：春秋世，戎人由瓜州遷中國者蓋有二種：一曰姜姓之戎，一曰允姓之戎。姜戎以殽之役見，春秋戎子駒支其後也。范宣子數駒支，稱『秦人迫逐乃祖吾離于瓜州』，『我先君惠公有不腆之田，與汝剖分而食之』。駒支亦云：『惠公蠲其大德，謂我諸戎，四岳之裔胄也，賜我南鄙之田。』是姜戎自瓜州徙晉南鄙，而附庸于晉者也。允姓之戎居陸渾，陸渾，瓜州地名也，故稱陸渾之戎，僖二十二年秦、晉遷之伊川。由是，伊川亦有陸渾之名，其後或居晉陰地，謂之陰戎，晉梁丙、張趯率陰戎伐潁，王使詹伯辭于晉，曰：『允姓之姦，居于瓜州。惠公歸自秦，而誘以來，入我郊甸。』伊川乃圻内地，故云郊甸，與姜戎之居晉南鄙者别。杜謂『四岳之後，皆姓姜，又别爲允姓』，蓋欲合二種而一之，竊有未安。曰：『春秋時，戎有姜姓、允姓、子姓、姬姓之别。允姓之徙伊川，在晉惠公時。晉猶未啓南陽，與伊川相去甚遠，何緣分南鄙以食之？且秦、晉同欲遷之，非秦人迫逐，而晉特裂土予之也。楚子嘗伐陸渾之戎矣，不聞其侵晉南鄙也，則陸渾之戎非姜姓矣。姜姓之别爲允，無文可據，杜氏以意度之。二戎族姓各殊，分地亦别，安得以其同出瓜州，同徙于惠公時，而遂混而一之乎？』」按：錢説極爲明晰。左傳作「敗秦師于殽」，有「師」字。按：穀梁傳云：「狄秦也。」是穀梁經亦無「師」字，今有者衍，左氏經誤也。杜

〔一〕「陸渾之戎」原脱，叢書本同，據左傳校補。

云：「殽在弘農澠池縣西。」亦曰二崤。大事表云：「二崤在今河南府永甯縣北〔一〕六十里，漢繩池之西界，自東崤至西崤長三十五里。」釋文：「殽，本又作肴。」左傳釋文：「本又作崤。」後漢書龐參傳：「孟明敗晉師于崤。」按：今澠池縣有土壕鎮，即土殽也。

其謂之秦何？【注】据敗者稱師，未得師稱人。【疏】注「据敗」至「稱人」。○桓十三年，「及齊侯、宋公、衛侯、燕人戰。齊師、宋師、衛師、燕師敗績」，是敗者稱師也。莊二十八年：「齊人伐衛。衛人及齊人戰。衛人敗績。」傳：「敗者稱師，衛何以不稱師？未得乎師也。」注：「未得成列爲師也。」是未得師稱人也。

夷狄之也。【疏】穀梁傳：「不言戰而言敗，何也？狄秦也。其狄之何也？秦越千里之險入虚國，進不能守，退敗其師，徒亂人子女之教，無男女之别。秦之爲狄，自殽之戰始也。」説苑君道云：「天之生人也，蓋非以爲君也；天之立君也，蓋非以爲位也。夫爲人君，行其私欲而不顧其人，是不承天意，忘其位之所以宜事也。如此者，春秋不予能君，而夷狄之。」

曷爲夷狄之？【注】据俱見敗。【疏】注「据俱見敗」。○謂敗者稱師、稱人，與此俱見敗也。

秦伯將襲鄭，【注】輕行疾至，不戒以入曰襲。【疏】注「輕行」至「曰襲」。○史記秦本紀曰：「鄭人有賣

〔一〕「北」字原脱，叢書本同，據春秋大事表校補。

鄭于秦曰：『我主其城門，鄭可襲也。』」上三十二年左傳：「杞子自鄭使告于秦，曰：『鄭人使我掌其北門之管，若潛師以來，國可得也。』」白虎通誅伐篇：「襲者何謂也？行不假途，掩人不備也。春秋傳曰：『其謂之秦何？夷狄之也。曷爲夷狄之？秦國將襲鄭。』入國掩人不備，行不假途，人銜枚，馬繮勒，晝伏夜行，爲襲也。」按：「曷爲夷狄之」以上皆公羊傳語，「秦伯」彼作「秦國」。「入國」以下三傳皆無，或班氏引經師説足之也。

百里子與蹇叔子諫曰：「千里而襲人，未有不亡者也。」【注】行疾不假途，變必生；道遠多險阻，遭變必亡。【疏】左傳曰：「穆公訪諸蹇叔，蹇叔曰：『勞師以襲遠，非所聞也。師勞力竭，遠主備之，無乃不可乎！師之所爲，鄭必知之，勤而無所，必有悖心，且行千里，其誰不知？』」秦本紀：「繆公問蹇叔、百里傒，對曰：『徑數國千里而襲人，希有得利者，且人賣鄭，庸知我國人不有以我情告鄭者乎？不可。』」穀梁傳曰：「秦伯將襲鄭，百里子與蹇叔子諫曰：『千里而襲人，未有不亡者也。』」按：左傳諫穆公勞師襲遠爲蹇叔語，此及穀梁、史記則蹇叔、百里奚同諫。左傳言蹇叔之子與師，哭而送之，此及穀梁、史記皆云蹇叔、百里同送其子而哭之。左傳載三帥之名爲：孟明視、西乞術、白乙丙，史記以孟明爲百里奚子，西乞術、白乙丙爲蹇叔子。左傳疏引世族譜同。則書秦誓所稱「古之謀人」，及「詢兹黄髮」，其即指百里奚、蹇叔二人與？○注「行疾」至「必亡」。○桓六年注：「諸侯相過，至竟必假途，入都必朝，所以崇禮讓，絶慢易，戒不虞。」行軍亦然。故晉獻伐虢假道于虞，晉文伐曹假道于衛是也。皆所以防變也。千里襲人，是道遠也。下云必於殽之嶔巖，是多險阻也。

秦伯怒曰：「若爾之年者，宰上之木拱矣！」【注】宰，冢也。拱，可以手對抱。【疏】左傳：「公使謂之曰：『爾何知？中壽，爾墓之木拱矣！』」穀梁傳：「秦伯曰：『子之冢木已拱矣，何知？』」注：「言其老無知。」杜云：「言其過老，悖不可用。」○注「宰，冢也」。○列子天瑞篇：「宰如也。」殷敬順釋文：「宰如，言如冢也。」荀子大略云：「望其壙，皋如也。」注：「皋當爲宰，宰，冢也。」小爾雅廣名云：「宰，冢也。」哀三年左傳「命宰人出禮書」，注：「宰人，冢人之屬。」方言：「冢，秦、晉之間謂之墳，或謂之培，或謂之采。」廣雅：「埰，冢也。」埰、采、宰，音義並通。梁氏玉繩瞥記云：「冢何以訓宰？晉書天文志：『虚二星，冢宰之官也。主死喪哭泣。』未免附會。示兒篇謂『冢宰字相近而譌』。錢詹事曰：『非譌也，二字聲相近，故可轉訓。』」禮緯含文嘉云：「天子墳高三仞，樹以松；諸侯半之，樹以柏；大夫八尺，樹以欒；士四尺，樹以槐；庶人無墳，樹以楊樹。」易繫辭傳説上古云「不封不樹」。○注「拱，可以手對抱」。○左傳注：「合手曰拱。」穀梁注：「拱，合抱。」書序：「伊陟相太戊，亳有祥，桑穀共生于朝。」史記注引鄭注云：「兩手搤之曰拱。」王氏鳴盛尚書後案云：「共與拱通。左傳『爾墓之木拱』，杜曰：『合手曰拱。』呂覽制樂篇載此事，高誘注亦云『滿兩手曰拱』，是也。」孟子告子上：「拱把之桐梓。」注：「拱，合〔一〕兩手也。」莊子人間世云「宋有荆氏者，宜楸、柏、桑。其拱把而上者」，釋文云：「拱，恭勇反。把，百雅反。司馬云：兩手曰拱，一手曰把。」兩手即以手對抱也。爾雅釋詁：「拱，執也。」注：「兩手持爲拱。」説文手部：「拱，斂手也。」義

〔一〕「合」字原脱，叢書本同，據孟子注疏校補。

皆合。

爾曷知？」【疏】新序五云：「詩曰：『老夫灌灌，小子蹻蹻。』言老夫欲盡其謀，而少者驕而不受也。秦穆所以敗其師，殷紂所以亡天下也。」繁露竹林云：「秦穆侮蹇叔而大敗，鄭文輕衆而喪師。春秋之敬賢重民如是。」

師出，百里子與蹇叔子送其子，【疏】呂覽先識篇：「蹇叔有子曰申與視。」高注：「申，白乙丙也；視，孟明視也。」按：杜云：「孟明，百里孟明。」則孟明宜爲百里子與？史記世族譜並同。秦本紀云：「繆公曰：『子不知也，吾已決矣。』遂發兵，使百里傒子孟明視、蹇叔子西乞術、白乙丙將兵，行日百里〔一〕。」是也。按：左傳：「蹇叔之子與師，哭而送之。」爲哭其子。上文蹇叔哭之，曰孟子，明孟明非蹇叔子，高注非也。左疏又云：「『蹇叔子與師』，言其在師中而已。若西乞術、白乙丙，則爲將帥，不得云『與』。」按：將帥稱與，行文亦無不可，孔氏可謂好立異矣。

而戒之曰：「爾即死，必於殽之嶔巖，是文王之所辟風雨者也。【注】其處險阻隘，勢一人可要百，故文王過之驅馳，常若辟風雨，襲鄭所當由也。【疏】校勘記云：「唐石經、諸本同。釋文：『嶔，本或作廞，同。』盧文弨曰：說文作『欽崟』。高誘注淮南墬形訓作『欽吟』。按，說文有『岑崟』，無『欽

〔一〕「行日百里」句脱奪嚴重，史記秦本紀爲：「行日，百里傒、蹇叔二人哭之。」

崟』，義與傳亦不同。」按：釋文：「嶔，苦銜反。鄒誕生、褚詮之音上林賦並同，徐音欽。韋昭漢書音義去瞻反。又本或作『廞』，同。巖，五銜反，韋音嚴。」閩、監、毛本作「廞」。盧云：「從注疏本作廞。」說文止有隂字，十行本釋文「巖」作「岩」。穀梁傳作「巖唫」。吳氏經說云：「穀梁釋文云：唫本又作崟，音吟，一音欽。」按：說文作「嶔」，「崟，山之岑崟也。」「巖，岸也。」「嵒，山巖也，讀若吟。」徐楚金於「崟」下引張協詩云：「周文走岑崟。」而李善注文選引公羊此傳，解云：「然則嶔乃俗字。」穀梁別本作崟，正字也。崟巖音義並同。按：說文厂部：「廞，崟也，一曰地名。」疑即此。文選上林賦「嶔巖倚傾」，郭注：「嶔巖，欹貌也。」後漢周燮傳注：「欽頤曲頷也。」欽嶔或通，同韻也。左傳曰：「晉人禦師必於殽。殽有二陵焉：其南陵夏后皋之墓也，其北陵文王之所辟風雨也。必死是間，余收爾骨焉。」水經注河水篇：「石崤水出石崤山。山有二陵，南陵，夏后皋之墓也；北陵，文王之所避風雨矣。言山徑委深，峯阜交蔭，故可避風雨也。」秦本紀：「二老退，謂其子曰：『汝軍即敗，必於殽阨矣。』」鹽鐵論險固云：「然困〔一〕於阻險，敵於金城。楚師之圍宋，秦師敗殽嶔巖，是也。」○注「其處」至「由也」。○左傳注云：「此道在二殽之間，南谷中谷深委曲，兩山相嶔，故可以辟風雨。」與何注異。按：嶔巖是山之貌，不得云兩山相嶔。此道見在，俗呼爲石殽、土殽。山高而險，亦不至兩山相接，雨所不及，杜説未可從也。范云：「其處險隘，一人可以要百人。」正取何義。通典云：「文王辟風雨處，在東崤山，在夏后皋墓北十里許。漢時移道於嶔崟山南，在夏

〔一〕「困」，原訛作「固」，叢書本同，據鹽鐵論校改。

后皋墓南可五里。曹操更開北道，即復春秋時舊路也。」元和志：「三崤山又名嶔崟山，在河南府永甯縣北二十八里。自東崤至西崤三十五里，東崤長坂數里，峻阜絶澗，車不得方軌。西崤全是石坂，十二里，嶮絶不異東崤。」明一統志：「在永甯縣北六十里。」按：今又移於澠池縣界，略較平易矣。經義述聞云：「謹案，注未得傳意，即猶若也。百里及蹇叔欲收其子尸，而恐失其處，故指地以示之，曰：『爾若死，必毋在他處，而在殽之嶔巖。吾將於此收爾之尸。』故下文云：『吾將尸爾焉。』」按：注云「即」字無説，無不得傳意處。

吾將尸爾焉！」【注】在牀曰尸，在棺曰柩。【疏】穀梁傳：「我將尸女於是。」注：「尸女者，收女尸。」呂覽先識篇：「蹇叔謂其子曰：女死，不於南方之岸，必於北方之岸，爲吾尸汝之易。」通義云：「將求爾之尸于是。」宣十二年左傳：「逢大夫與其二子乘，怒之，使下，指木曰：『尸女于是。』」言汝必戰死於是，不可在他處，死有定所，乃可收爾尸焉。左傳曰：「必死是間，余收爾骨焉。」注：「以其深險故。」經義述聞云：「杜意謂蹇叔以二殽深險，故料其子必死是間，非傳意也。」「必死是間，余收爾骨焉」，引此傳及穀梁傳、呂氏春秋語，又引逢大夫事云：「與此相類。」按：行軍遇敵，焉有擇地而死之理？百里、蹇叔第極形秦師之出之非，故料晉、鄭要秦，唯崤地最險，恐其敗死。故左氏云「晉人遇師必於殽」，以當時形勢斷之耳。逢大夫推子下車，因即謂其尸女於是，與此小殊。何、杜、范注均自了然，王氏强爲立異耳。○注「在牀」至「曰柩」。○禮記曲禮下文。尸，未殯通稱，引禮爲證，非謂當時必有牀載尸也。

子揖師而行。【注】揖其父於師中，介冑不拜，爲其拜如蹲。【疏】注「揖其」至「如蹲」。○周禮大祝：

「九曰肅拜。」先鄭注云：「介者不拜。故云『爲事，敢肅使者』。」此引左傳成十六年郤至事。禮記少儀云：「介者不拜。」注：「軍中之拜，肅拜。」段氏玉裁經韻樓集云：「肅與肅拜當爲二。左傳之肅，不言拜，則肅爲不拜，未嘗跪也。曲禮介者不拜，爲其不便於跪，故肅以爲禮。肅，如後世長揖。高帝紀：『酈食其不拜，長揖。』師古曰：『長揖，手自上而極下也。』證以左傳云：『閒蒙甲冑，不敢拜命，敢肅使者。』公羊：『揖師而行。』周勃傳：『天子至中營，亞夫揖曰：介冑之士不拜，請以軍禮見。』是其不跪。顯然郤至之肅與禮之肅拜，有跪不跪之殊。肅拜者，跪而舉頭下手也；揖者，立而舉頭推手也；肅者，立而低頭下手，如今人之揖也。司農稱左傳證周禮失之，韋昭注晉語云：『禮，軍事肅拜。肅拜下手至地也。』下手至地，最爲分明。惟肅下不當連拜耳。」按：禮經注云：「推手曰揖，引手曰厭。」推手者，拱其手於前也。周禮土揖、時揖、天揖，謂推手小下之，爲土揖；推手小舉之，爲天揖；推手平之，爲時揖也。引手斂手至於胸，如鄉飲酒禮「主人揖，先入」，此用推手也，所以爲讓也。故說文〔一〕「揖」下曰：「攘也。」「賓厭衆賓」，此用引手也，謙若不敢前也。說文又云：「一曰手箸胸曰揖。」手箸胸，即鄭所謂引手。此許從今文，厭皆作揖也。周禮疏作「推手曰揖，引手曰撎」，則又以厭作撎。左傳注：「肅，手至地，若今撎。」此撎字正揖之誤。今揖者，今人揖與古殊，古揖但有推手而已，今人則有長揖至地者。傳所謂肅者，正長揖也。然則揖者，推手之名，如今人拱手相讓然。厭者，引手箸胸。書大傳：「子夏葉拱而進。」家語：「師襄避席葉拱而對。」

〔一〕「說文」下原有一「云」字，則下不應有「下曰」二字，必刪去其一，此刪「云」字。

王注：「兩手薄其心。」若不敢當之，客若長揖，則如今人之揖矣。此揖師而行，蓋如今之長揖。經傳所稱之肅揖父於師，不得推手也。俞氏樾注：「揖其父於師中，而但曰『子揖師』，文不成義，殆非也，揖當讀爲輯。尚書堯典『輯五瑞』，五帝紀、郊祀志並作『揖五瑞』，是揖與輯古字通。輯猶集也。王莽傳『大衆方輯』，師古注：『輯與集字同。』又作楫，兒寬傳『統楫羣元』，注：『輯、楫與集，三字並同。』蓋古文聲近義通也。輯、揖並與集同，故揖亦與集同。『子揖師而行』，謂其子會集師徒而行也。若解作揖其父，義不可通矣。」按：俞義亦好異。周亞夫見帝曰：「介胄之士不拜。」故二子之子見父亦不拜也。介胄不拜二語見曲禮。今禮記〔一〕作「介者不拜，爲其拜而蓌拜」。賈子容經篇：「禮，介者不拜。」孔叢子問軍禮云：「介胄在身，執鋭在列，雖君父不拜。」經義雜記二十三云：「今禮記作蓌，釋文蓌拜，盧本作蹲，與何邵公合。蓌乃俗字，介者作介胄，蓋何氏以意言之，而如古通。此若從公羊注讀而爲如，拜而蓌拜，費解。据公羊注，則蓌拜之拜係衍文。」又二十七云：「曲禮注：『蓌則失容節，蓌猶詐也。』釋文：『蓌拜，子臥反，又側嫁反，詐也，挫也。沈祖稼反，又子猥反。』盧本作蹲。正義曰：『蓌，挫也。』『戎容暨暨』，著甲而屈拜，則挫損其戎威之容也。一云『蓌，詐也』，言著鎧而拜形儀不足，似詐也。按，蓌字不知所从。玉篇夊部作『夎』，云『亦作蓌』，引禮記『無蓌拜』。廣韻三十九過云：『夎，經典作蓌。』考夎、蓌，皆説文所無。徐鉉新附收夎字於夊部，以爲从夊坐聲。與篇韻合。又盧侍中本作蹲，説文足部：『蹲，踞也。从足尊聲。』拜而蹲拜者，以

〔一〕「禮記」，原脱「禮」字，叢書本同，以下引文出自禮記曲禮上，據補。

甲胄在身，不能折腰，故欲拜如夷踞然，與鄭注詐也一説合。𡕘蓋蹲之俗。説文：『夊，行遲曳夊夊，象人兩脛有所躧也。』此字从坐从夊，當爲會意字。欲拜而不能下，但兩足履地，其狀如坐然，故云猶詐也。」廣韻二十三魂云：「蹲，坐也。」蓋以𡕘釋蹲，蹲、𡕘一聲之轉。

百里子與蹇叔子從其子而哭之。秦伯怒曰：「爾曷爲哭吾師？」對曰：「臣非敢哭君師，哭臣之子也。」【注】言恐臣先死，子不見，臣故先哭之。【疏】左傳：「蹇叔哭之曰：孟子，吾見師之出，而不見其入也！」又曰：「蹇叔之子與師，哭而送之。」穀梁傳：「師行，百里子與蹇叔子隨其子而哭之。秦伯怒曰：『何爲哭吾師也？』二子曰：『非敢哭師也，哭吾子也。』」文選注引感精符云：「西秦東窺，謀襲鄭伯。晉戎同心，遮之殽谷，反呼老人，百里子哭，語之不知，泣血何益。」〇注「言恐」至「哭之」。〇穀梁傳述二子又曰：「我老矣，彼不死則我死矣。」注：「畏秦伯怒，故云彼我要有死者。」秦本紀：「百里傒、蹇叔二人哭之，繆公聞，怒曰：『孤發兵而子沮哭吾軍，何也？』二老曰：『臣非敢沮君軍。軍行，臣子與往，臣老，遲還恐不相見，故哭耳。』」通義云：「實哀師不得反，託言哭已老，恐不得見子。」

弦高者，鄭商也。【注】鄭商，賈人。【疏】左傳：「及滑，鄭商人弦高將市于周，遇之。」注：「商，行賈也。」周禮太宰職「以九職任萬民」，「六曰商賈阜通貨賄」，注：「行曰商，處曰賈。」對文異，散則通。書酒誥：「肇牽車牛，遠服賈。」是行亦稱賈。何云「鄭商，賈人」，通言之也。高士傳弦高傳云：「鄭繆公以存國之功賞高，高不受，以其屬徙東夷，終身不反。」按：又有奚施，見呂覽先識篇，淮南人間訓「奚施」又作「蹇施」。

遇之殽，矯以鄭伯之命，而犒師焉。【注】詐稱曰矯。犒，勞也。見其軍行非常，不似君子，恐見虜掠，故生意矯君命勞之。【疏】注「詐稱曰矯」。○國語周語曰：「其刑詐誣。」注：「以詐用法曰矯。」呂覽先識云：「乃矯鄭伯之命以勞之。」注：「擅稱君命曰矯。」漢書高后紀注：「矯，詐也。」武帝紀：「撟虔吏。」韋昭曰：「凡稱詐爲矯。」○注「犒，勞也」。○廣雅釋詁：「犒，勞也。」國語魯語曰：「展禽使乙喜以膏沐犒師。」注：「犒，勞也。」故呂覽云「矯鄭伯命以勞之」，即犒之。○注「見其」至「勞之」。○校勘記出「虜掠」，云：「鄂本掠作略。」按，釋文作虜掠〔一〕。」左傳説弦高事云：「以乘韋先、牛十二犒師，曰：『寡君聞吾子將步師出於敝邑，敢犒從者。不腆敝邑，爲從者之淹，居則具一日之積，行則備一夕之衛。』且使遽告于鄭。則束載、厲兵、秣馬矣。」秦本紀云：「至滑，鄭販賣賈人弦高，持十二牛將賣之周，見秦兵，恐死虜，因獻其牛，曰：『聞大國將誅鄭，鄭君謹修守禦備，使臣以牛十二勞軍士。』」是其恐見虜掠，矯命勞師事也。高士傳亦云：「弦高者，鄭人也。秦穆公使百里、西乞、白乙帥師襲鄭，過周，及滑，鄭人不知。時高將市于周，遇之，謂其友蹇他曰：『師行數千里，又數經諸侯之地，其勢必襲鄭。凡襲國者，以無備也。示以知其情也，必不敢進矣。』乃矯鄭伯之命以一十二牛犒秦師，且使人告鄭爲備。」按：「反滑」當作「及滑」。蹇他即淮南子之蹇施也。左傳曰：「秦師過周北門，左右免冑而下，超乘者三百人。王孫滿曰：『秦師輕而無禮，必敗。』」其軍行非常，不似君子可知。

〔一〕「掠」，原訛作「倞」，叢書本同，據公羊注疏校改。

或曰往矣，或曰反矣。【注】軍中語也。時以爲鄭實使弦高犒之，或以爲鄭伯已知將見襲，必設備，不如還。或曰既出，當遂往之。【疏】左傳：「孟明曰：『鄭有備矣，不可冀也。攻之不克，圍之不繼，吾其還也。』」秦本紀：「秦三將相謂曰：『將襲鄭，鄭今已覺之，往無及已。』」是皆「或曰反矣」事也。口衆不一，或曰往矣，亦所時有，其軍心不固，已可概見，所以敗也。經義述聞云：「往反當上下互易，何注曰：『或以爲鄭伯已知將見襲，必設備，不如還。或曰：既出，當遂往之。』注先釋反，後釋往。則傳之先言反，後言往可知，寫者錯亂耳，唐石經已誤。」○注「或曰」至「往之」。○校勘記出「或曰緒出，當遂往之」，云：「鄂本同，蓋誤。閩、監作既出，毛本誤既自。此本緒字剜改，當本作既也。」

然而晉人與姜戎要之殽而擊之，匹馬隻輪無反者。【注】然，然上議，猶豫留往〔一〕之頃也。匹馬，一馬也；隻，踦也，皆喻盡。【疏】説苑敬慎篇：「先軫興兵，要之殽而擊之，匹馬隻輪無脱者。」穀梁傳：「晉人與姜戎要而擊之殽，匹馬倚輪無反者。」○注「然然」至「頃也」。○校勘記出「留往」，云：「閩、監、毛本同，誤也。鄂本往作住，當据正。」經傳釋詞云：「然而者，詞之承上而轉者也，猶言如是而也。考工記：『材美工巧，然而不良則不時。』喪服傳：『故昆弟之義無分，然而有分者，則辟子之私也。』文王世子：『有父在則禮然。然而衆知父子之道矣。』三年問：『然而從之，則是鳥獸之不若也。』此傳『然而

〔一〕「往」當作「住」，説見下【疏】引阮元校勘記。

晉人與姜戎要之殽而擊之』，宣六年傳『然而宮衆甲鼓而起』，定八年傳『然而甲起於琴如』，以上言然者，皆謂如是而已。今人用然而二字，則與此異矣。」按：何休〔一〕謂「然上議」，亦即如是之義，「猶豫留住之頃」，解「然而」二字間之義精極。○注「隻，踦也」。○釋文：「隻輪，如字，一本作易輪。董仲舒云：『車皆不還，故不得易輪轍。』隻踦，居宜切，一本作易踦。」穀梁傳作「倚輪」，范云：「倚輪，一隻之輪。」釋文：「倚，居宜反，或於綺反。」漢書五行志中之下劉向説謂：「晉敗秦師，匹馬觭輪無反者。」服虔曰：「觭音奇偶之奇。」師古曰：「觭，隻也。言盡虜獲之。觭音居宜反。」經義雜記云：「按，作觭、作倚、作踦，皆奇字之通借。疑公羊傳本作『匹馬踦輪』，與穀梁及漢志同。何注作踦隻也，與范解及顔注同。今注疏本與釋文皆誤倒。若傳本作隻，則文義已明，反訓爲踦，義轉晦矣。釋文謂『隻輪，本作易輪』，亦誤，若作易輪，依董説爲車皆不還，不得易輪轍，則下文無反者三字可删矣。」校勘記云：「據釋文，則知傳一本作易輪，與董仲舒合，而何釋爲踦也。」經義述聞云：「謹案，隻，本字也；易，借字也。易古音神石反。釋文敍録曰：『徐仙民反，易爲神石。』是也。與隻聲相近，故借易爲隻。公羊古本蓋作易，何氏讀易爲隻，故云易踦也。踦與隻同義，易踦也者，正以易之爲隻也。董仲舒不知易爲隻之叚借，而以爲易輪轍，其説雖於文義未安，然即此可見古本之作易也。大抵叚借之字，不以本字讀之則義失其真，徑改本字則文非其舊，存其叚借之易，而讀以本義之隻，則兩得之矣。臧氏經義雜記乃謂『易爲誤字』，又謂『傳文當作踦輪，注當作踦

〔一〕「休」，原訛作「在」，叢書本同，據文意改。

隻也』，非是。」公羊問答云：「注隻踦也，此方言乎？曰：方言：『自關而西，秦晉之間，凡全物而體不具者謂之倚，梁楚之間謂之踦。』漢書五行志作『觭』，師古曰：『觭，隻也。』觭、倚、踦，皆奇之通借。服虔曰：『觭音奇偶之奇。』穀梁注：『倚輪，一隻之輪。』皆同公羊説。」按：董仲舒所見本，即釋文之「一本何訓爲踦」者。説文足部：「踦，一足也。」段注云：「管子：『偕〔一〕堯之時，一踦腓，一踦屨，而當死。』謂是一足刖，一足屨，當死罪也。引伸之，凡物單曰踦。方言：『倚、踦，奇也。自關而西，物全而體不具者謂之倚，梁楚間謂之踦，雍梁西郊，凡嘼支體不具者謂之踦。』公羊『匹馬隻輪無反』，此何注：『隻，踦也。』又『相與踦閭而語』，何云：『閉一扇，開一扇。一人在内，一人在外。』戰國策：『必有踦重者矣。』踦重，偏重也。」梁氏玉繩瞥記云：「穀梁倚輪，讀若奇偶之奇，與公羊隻輪同。方言：『倚、踦，奇也。』荀子修身云：『倚魁之行。』莊子天下篇：『南方有倚人。』漢五行志作『觭』。釋文『先音居宜切』者，是。」按：臧氏謂隻當作踦，注當作踦隻，似爲近之。公、穀多相近。公羊之踦，即穀梁之倚也，皆即奇字。奇者一也，易繫辭〔二〕所謂「歸奇于扐」是也。因之凡單數皆謂之奇。易繫辭〔三〕傳「陽數奇」，禮記郊特牲「鼎俎奇」，皆其引申也。奇韻與易韻通。古易韻轉平聲入支部，从奇之字在歌部。歌部與支部，古韻通轉也。○注「皆喻盡」。○秦本紀云：「襄公怒，發兵遮秦兵於殽，擊之，大破秦軍，無一人得脱者。」明其盡也。下傳云：「此何以

〔一〕「偕」，同「譽」，原訛作「借」，叢書本誤作「昔」，據説文段注校改。
〔二〕「繫辭」，原訛作「繫詞」，據周易校改。
〔三〕「繫辭」，原訛作「繫詞」，據周易校改。

日？盡也。」是其事也。

其言及姜戎何？【注】据秦人、白狄不言〔一〕，及吴子，主會也。【疏】注「据秦」至「會也」。○校勘記云：「閩、監、毛本同。鄂本疊吴子二字。」盧文弨曰：「『秦人、白狄伐晉』，在成九年。『及吴子』，在哀十三年。舊本『吴子』重，但脱一『及』字。按，疏中標注云『及吴子，主會也』，如今本。依疏疊及字，義可通矣。」又云：「按，此注當据『秦人、白狄不言及』句絶。下云『及吴子，吴子主會也』，謂如哀十三年言及吴子者，因吴子主會也。今姜戎非主會者，何以言及？」按：後説明顯。舊疏但引哀十三年經傳，殊不了。

姜戎微也。【注】故絶言及。【疏】注「故絶言及」。○顧氏炎武杜解補正云：「及者，殊夷狄之詞。」以杜注「晉人角之，諸戎掎之，不同陳，故言及」，故正之。凡數國同伐，未必皆同陳也。杜殊夢夢，然如「邢人、狄人伐衛」，狄亦夷狄，何以不殊？故知此爲其微書及也。

稱人，亦微者也，何言乎姜戎之微？【注】据邢人、狄人伐衛不言及。【疏】注「据邢」至「言及」。○見上十八年。明彼邢亦小國，小國無大夫，亦微者也，故不殊狄。

先軫也。【注】先軫，晉大夫也。言姜戎微，則知稱人者尊。【疏】注「先軫，晉大夫」。○上二十七年左傳「先軫」注：「先軫，下軍之佐，原軫也。」左傳：「晉原軫曰：『秦違蹇叔，而以貪勤民，天奉我也，必伐秦

〔一〕「不言」下脱「及」字。理據見下公羊義疏之説解。

師。』又曰：『秦不哀吾喪，而伐吾同姓，秦則無禮。吾聞之，一日縱敵，數世之患也。』遂發命。」是主兵者，先軫也。說苑敬慎篇：「羞小恥以搆大怨，貪小利以忘大衆。春秋有其戒，晉先軫是也。先軫欲要功獲名，則以秦不假道之故，請要秦師。襄公曰：『不可。』先軫曰：『先君薨而不弔贈，是無哀吾喪也；興師徑吾地而不假道，是弱吾孤也。』興師。卜曰：『大國師將至，請擊之。』則聽。大結怨搆禍於秦。接刃流血，伏尸暴骸，糜爛國家，十有餘年，卒喪其師衆，禍及大夫，憂累後世。」是即微先軫之義也。○注「言姜」至「者尊」。○通義云：「高閌曰：夷狄不分君臣，常在中國之下，若不加及，則嫌晉人爲未命之卿，例序于姜戎之上，故特加及，明以尊及卑。以晉人及姜戎，則所謂晉人者，非卑也。」

或曰襄公親之。【注】以既貶，又危文公葬。【疏】左傳：「子墨衰絰，梁弘〔一〕御戎，萊駒爲右。」注：「晉文公未葬，故襄公稱子，以凶服從戎，故墨之。」是左氏以爲襄公親之也。秦本紀曰：「是時晉文公喪尚未葬，太子襄公怒曰：『秦侮我孤，因喪破我滑。』遂墨衰絰，發兵。」與左傳同。穀梁傳：「晉人者，晉子也。」亦以爲襄公親之。○注「以既」至「公葬」。○下云「癸巳，葬晉文公」是也。以隱三年傳云：「當時而日，危不得葬也。」今此文公以去年十二月卒，至今年四月，適五月，當時而書日，明襄公有殯用師，故危不得葬也。因危文公葬故，知此稱人爲貶襄公也。

襄公親之，則其稱人何？【注】据桓十三年，衛侯背殯用兵，不稱人。【疏】注「据桓」至「稱人」。

〔一〕「梁弘」，晉國將領，原作「梁宏」，陳立避乾隆皇帝弘曆名諱，改弘爲宏，兹恢復本字。

○桓十三年，「二月，公會紀侯、鄭伯及齊侯、宋公、衛侯、燕人戰」，時衛侯晉卒於上年十一月，其年三月始葬衛惠，亦背殯用師，稱侯不稱人，故据以難。

貶。【疏】惠氏士奇春秋説云：「秦、晉搆兵始于殽之戰，其後兵連不息，報復無常。而秦遂合于楚，卒爲晉患。故春秋于殽之戰，狄秦而微晉，交譏之。與晉争中原者，楚也。秦、晉舅甥之國，城濮之戰，秦有功焉。合秦以敵楚，文公之善謀也。且晉不敗秦，何害於霸？而汲汲焉背殯而要秦於險，君子是以貶晉襄公。説者謂城濮之後，楚人帖息，而秦首爲亂階，不可以縱而弗擊，非也。秦本無志於中原，今忽焉千里襲鄭，無功而返，又焉能爲亂於天下哉！」

曷爲貶？【注】据俱背殯用兵。

君在乎殯而用師，危不得葬也。【注】與衛迫齊、宋異，故惡不子也。【疏】穀梁傳：「其曰人，何也？微之也。何爲微之？不正其釋殯而[一]主乎戰也。」沈氏欽韓云：「當從貶稱人之例。杜云：『晉侯背喪用兵，故通以賤者告。』杜亦知稱人爲貶，而必謂從赴告辭，可謂拂人之性矣。」○注「與衛」至「子也」。○桓十三年：「葬衛宣公。」注：「背殯用兵而月，不危之者，衛弱於齊、宋，不從亦有危，故量力不責也。」晉無所迫，故惡之。

〔一〕「而」，原訛作「言」，叢書本同，據穀梁傳校改。

詐戰不日，此何以日？【注】据不言敗績，外詐戰文也。詐，卒也。齊人語也。【疏】上二十二年傳：「偏戰者日。」隱六年注：「戰例時，偏戰日，詐戰月。」此日故解之。○注「据不」至「文也」。○春秋内不言戰，言戰乃敗。桓十年，「齊侯、衛侯、鄭伯來戰于郎」，又十三年，「戰于宋」，是也。内與外偏戰，則言敗某師，隱十年，「壬戌，公敗宋師于菅」之屬是也。外偏戰書敗績，上二十二年，「己巳，宋公及楚人戰于泓，宋師敗績」之屬是也。外詐戰則曰敗某師，此經是也，特狄秦，不言師耳。○注「詐卒」至「語也」。○穀梁上二十三年傳「以其不教民戰」，注：「詐戰，謂不期也。」不期，即倉卒之意。廣雅釋言云：「乍，暫也。」定八年左傳「桓子咋謂林楚」，注：「咋，暫也。」暫即倉卒之意。按：詐蓋乍之借，不結日而戰，亦近於詐期，故義可兼存焉。繁露竹林云：「春秋之書戰伐也，有惡有善也。惡詐擊，而善偏戰。」是也。

盡也。【注】惡晉不仁。【疏】注「惡晉不仁」。○校勘記出「惡者不仁」，云：「鄂本『者』作『晉』，此誤。」通義云：「春秋之義，愛民重衆而惡戰。秦乘危襲國，糜爛其師，則既狄之矣。彼自襲鄭，何與於晉？而晉徼利要殺至盡，故亦惡之甚，特加日以著其惡也。所以加日爲著其惡者，下經曰：『癸巳，葬晉文公。』諸侯之禮，遞朝五廟，先葬五日而啓。自辛巳以迨癸巳，十二日耳，則是時已當戒啓期矣，乃釋哀廢禮，佳兵造釁，不臣不子，孰此爲甚？是以詐戰不日，而詭例書日，以著見其惡焉爾。」漢書五行志：「釐公三十二年『十二月己卯，晉文公卒。庚辰，將殯于曲沃，出絳，柩有聲如牛』。劉向以爲近鼓妖也。喪，凶事，聲如牛，怒象也。將有急怒之謀，以生兵革之禍。是時，秦穆公遣兵襲鄭而不假道，還，晉大夫先軫謂襄公曰：『秦師過而不假塗，請擊之。』遂要崤阸，以敗秦師，匹馬觭輪無反者，操之急矣。晉不惟舊，而聽虐謀，結怨彊國，四被秦寇，禍流數世，凶惡之效。」是其義也。

○癸巳，葬晉文公。【疏】傳例曰：「當時而日，危不得葬也。」穀梁傳：「日葬，危不得葬也。」癸巳，於曆爲五月之廿七日。

○狄侵齊。

○公伐邾婁取叢。【注】取邑不致者，得意可知例。【疏】舊疏云：「叢，有作鄒字者。」校勘記云：「唐石經、諸本同。釋文作『取菆』，云：『才公反。二傳作取訾樓。』」按：今本左傳作「訾婁」，穀梁作「訾樓」。按：叢从取得聲，故史記建元以來王子侯者年表「叢」集解：「徐廣曰：一作取。」取與婁音近，合訾婁二音則爲取音。鄒从芻得聲，亦與婁字同部也。上十八年左傳「而後師于訾婁」，注：「訾婁，衛邑。」不知何時入邾婁也。大事表云：「彙纂：『訾婁，邾邑。』當在今濟甯州界。」○注「取邑」至「知例」。○莊六年注：「公與一國及獨出用兵，得意不致，不得意致伐。」取邑皆不致，明得意也。故不別，從可知例也。

○秋，公子遂率師伐邾婁。

○晉人敗狄于箕。【注】不月者，略微者與夷狄也。【疏】杜云：「太原陽邑縣南有箕城。」一統志：「箕城在太原府太谷縣東二十里。」大事表：「在今太谷縣東南三十五里。」水經注洞渦水篇：「蔣谷水出縣東南蔣谿。魏土地記曰：晉陽城東南一百一十里，至山，有蔣谷大道，度軒車嶺，通〔一〕於武鄉。水自蔣谿西北流，西逕箕城北。春秋敗狄于箕。釋地曰：城在陽邑南。水北即陽邑縣故城也。」顧氏炎武補正云：「陽邑在今之太谷縣。疑襄公時未爲晉境。」寰宇記：「在遼州榆社縣南三十里。」○注「不月」至「狄也」。○舊疏云：「以隱六年注云：『詐戰月。』今此不月，故解之。」左傳「郤缺獲白狄子」下云：「以一命命郤缺爲卿。」是此未爲卿也，故爲微者稱人，與夷狄同。不月，略之也。

○冬，十月，公如齊。【注】月者，善公念齊恩及子孫。【疏】注「月者」至「子孫」。○舊疏云：「正以朝聘例時，故如此解。」僖公本齊所立，今齊桓之卒已久，能復朝齊，故爲念齊恩及子孫也。繁露隨本消息云：「晉文之威，天子再致，先卒一年，魯僖公之心分而事齊。」按：晉文卒前一年，無魯君臣如齊之事，則此前當作後，意謂魯始事晉，即上公子遂兩如晉是也。晉文已故，即結好于齊，故春秋善之。繁露又云：

〔一〕「通」，原訛作「道」，叢書本同，據水經注校改。

「所事者不可不慎，亦存亡榮辱之要。」與何注合。按：上十年「公如齊」，十五年「公如齊」，皆書月，義與此同，所謂如齊、晉月，則安之，是也。

○十有二月，公至自齊。

○乙巳，公薨于小寢。

【疏】包氏慎言云：「十二月書乙巳，月之十三日。」按：當十二日。穀梁傳：「小寢，非正也。」注：「小寢，内寢，非路寢。」左傳：「即安也。」杜亦云：「内寢也。」又云：「夫人寢也。」按：此小寢，即君之燕寢。杜以爲夫人寢，非也。禮記玉藻：「君適路寢聽政，使人視大夫，大夫退，然後適小寢釋服。」注：「小寢，燕寢。」是小寢對路寢爲小寢明矣。范注穀梁是也。左氏以爲即安，而以成公薨于路寢爲道，明小寢非路寢，則燕寢矣。莊三十二年注：「諸侯正寢一，小寢二。妻從夫寢。」則進御必於小寢矣。喪大記云：「世婦卒于適寢。」注：「世婦以君下寢之上爲適寢。」皇氏以君爲女君，謂世婦以夫人下寢之上爲適寢。熊氏謂諸侯夫人、大夫妻及士之妻卒，皆夫之正寢，解此爲夫人卒于君之正寢，世婦卒于君之下寢之上者。禮疏引服虔注左傳與皇氏同。按：諸侯與夫人各有三寢，夫人以下惟進御始居君之寢，平時則各居于其寢。僖二十年傳：「夫人居中宫，左右媵居東西宫。」是其正居。公羊家無世婦以下名目。以春秋説禮經，則世婦以下死當在夫人内寢，所謂婦人不死男子之手也。何氏莊三十二年注：

「夫人居小寢。」亦謂夫人平時各居於其寢耳。

○霣霜，不殺草，李、梅實。【疏】左氏、穀梁「霣」作「隕」。穀梁傳：「隕霜，不殺草。未可殺而殺，舉重也；可殺而不殺，舉輕也。李、梅實，實之爲言猶實也。」

何以書？記異也。何異爾？不時也。【注】周之十二月，夏之十月也。易中孚記曰：「陰假陽威之應也。」早霣霜而不殺萬物，至當霣霜之時，根生之物復榮不死，斯陽假與陰威，陰威列索，故陽自霣霜而反不能殺也。此禄去公室，政在公子遂之應也。【疏】易林屯之師〔一〕云：「李、梅冬實，國多盜賊，擾亂並作，君不能息。」取應與此異。續漢志注引感精符云：「霜，殺伐之表，季秋霜始降，鷹隼擊，王者順天行誅，以成肅殺之威。若政令苛，則夏下霜；誅伐不行，則冬霜不殺草。」新語十一云：「十有二月，李、梅實，霣霜不殺菽，言寒暑之氣失其節也。」按：「不」字衍文。韓非子內儲説上：「哀公問於仲尼曰：『春秋之記曰：冬十二月霣霜，不殺菽。何爲記此？』仲尼曰：『此言可以殺而不殺也。夫宜殺而不殺，李、梅冬實，天失道，草木猶干犯之，況於人君乎？』」按：殺菽宜殺草之誤。○注「周之」至「月也」。○杜云：「周十一月，今九月。」彼疏：「杜以長曆較之，乙巳是十一月十二日。」謂經十二月誤，遂以此經四事皆

〔一〕「屯之師」，原誤記爲「豐之師」，叢書本同，據易林校改。

爲十一月。」案：新語、韓非、漢書五行志劉向等皆以爲周十二月，且亥月隕霜宜重，乃不殺草，所以爲異。○注「易中」至「應也」。○五行志中之下：「釐公三十三年『十二月，隕霜不殺草』。劉歆以爲，草妖也。劉向以爲，今十月，周十二月。於易，五爲天位，君位〔一〕九月陰氣至，五通于天位，其卦爲『剥』，剥落萬物，始大殺矣，明陰從陽命，臣從君令而後殺也。今十月隕霜而不能殺草，此君誅不行，舒緩之應也。是時，公子遂顓權，三桓始世官，天戒若曰：『自此之後，將皆爲亂矣。』文公不寤，其後遂殺子赤，三家逐昭公。董仲舒指略同。京房易傳曰：『臣有緩茲謂不順，厥異霜不殺也。』」志又云：「『李、梅實』，劉向以爲，周十二月，今十月也，李梅當剥落，今反華實，近草妖也。先華而後實，不書華，舉重者也。陰成陽事，象臣顓君作威福。一曰，冬當殺，反生，象驕臣當誅，不行其罰也，故冬華。華者，象臣邪謀有端而不成，至於實，則成矣。是時僖公死，公子遂顓權，文公不寤，後有子赤之變。一曰，君舒緩甚，奥氣不藏，則華實復生。董仲舒以爲，李梅實，臣下强也。記曰：『不當華而華，易大夫；不當實而實，易相室。』冬，水王，木相，故象大臣。劉歆以爲，庶徵皆以蟲爲孽，思心嬴蟲孽也。李梅實，屬草妖。」穀梁注引京房易傳曰：「君假與臣權，隕霜不殺草。」又曰：「從叛者茲謂不明，厥妖木冬實。」經義雜記二十七云：「何、范義與董、劉合。劉、何皆云周十二月，今夏十月。杜注左氏以長曆校經，十二月爲誤，云：『十一月，今九月。』與先儒異。」按：志又云：「釐公二年十月，隕霜不殺草，爲嗣君微，失秉事之象也。其後卒在臣下，則災爲之生

〔一〕「君位」上原衍一「爲」字，叢書本同，據漢書校删。

矣。異故言草，災故言菽，重殺穀。一曰，菽，草之難殺者也，言殺菽，則草皆死矣；言不殺草，則知菽亦不死也。董仲舒以爲，菽，草之强者，天戒若曰：加誅于强臣。言菽，以微見季氏之罰也。」按：釐二年十月無不殺草之文，亦當爲此經之誤，宜作釐公三十三年十二月也。穀梁傳之舉重舉輕，即志之言殺菽知草皆死，言不殺草知菽亦不死義也。通義云：「謹案，李、梅冬實，於洪範五行屬木，不曲直也。其傳曰『田獵不宿，飲食不享，出入不節，奪民農時，及有姦謀，則木不曲直』。」又引京氏易傳、董仲舒、韓非子語，取象率皆無異。御覽引考異郵曰：「魯僖公即位，隕霜不殺草，臣威强也。李、梅實，梅、李，大樹，比草爲貴，是君不能伐也。」按：僖當作文。漢書劉向傳曰：「李、梅冬實，七月霜降，草木不死。」師古曰：「僖三十三年經書『冬，隕霜，不殺草，李梅實』。未知在何月也。而此言李梅冬〔一〕實，又云七月霜降，草木不〔二〕死，與今春秋不同。」按：「七」當「十」之誤。又此經上明云「十有二月」，而顔氏謂「未知在何月」，何也？劉子政上封事，即本此經爲説，故五行志所載劉説與之同也。顧氏炎武杜解補正云：「九月十月之交，草木黄落之日而隕霜，不殺草，梅李實，此洪範所謂恒燠者也。」惠氏士奇春秋説云：「京房易傳曰：禄不遂行，兹謂欺，厥咎燠。其燠，雨雲四至而温。臣安禄逸樂，兹謂亂，燠而生蟲。知罪不誅，兹謂舒，其燠，夏則暑殺人，冬則物華實。吴建興元年，桃李華，是時諸葛恪輔政，息校官，原逋責，除關梁，崇寬厚，此舒緩

〔一〕「冬」字原脱，叢書本同，據漢書師古注校補。
〔二〕「不」字原脱，叢書本同，據漢書師古注校補。

之應。魏景元三年，桃李華，時文帝深樹恩德，事崇優緩。與建興同占。晉永和九年十二月，桃李華，時簡文輔政，事多弛略。其占亦同。春秋不志華而志實者，舉其重焉爾。十月爲陽，桃李華不足異也。僖三十三年十二月，乃夏十月，而李梅實，與晉永和同占。一則十二月而華，一則十月而實，説者謂臣下强也。記曰：不當華而華，易大夫；不當實而實，易相室。相室謂貴臣，言當〔一〕易而更之，不可使久輔政。魯三桓始盛于僖，而僖亦崇尚寬政，委任三桓及仲遂，故其末年有陰假陽威之應。雖隕霜而不能殺柔脆之草，根生之物復榮而實，此不當實而實者也。誠能抑而損之，其不可者易之，則政不在大夫矣。」按：易中孚記者，易緯篇名，卦氣起于中孚，故以名篇。陰假陽威，故陰威列索。列索者，舊疏云：「陰威列見，而散萬物矣。」論語季氏篇：「禄之去公室五世矣。」集解：「鄭曰：魯自東門襄仲殺文公之子赤而立宣公，於是政在大夫，爵禄不從君出，至定公爲五世矣。」按：昭二十五年〔二〕左傳：「樂祁曰：魯君喪政四公也矣。」彼自宣公數至昭也。然魯君失政，實自遂始。樂祁專言政在季氏，故數魯君失政自宣始。論語論禄去公室之始，故有五世，則當自文數也。漢書地理志〔三〕云：「魯自文公以後，禄去公室，政在大夫。」繁露

〔一〕「當」，原訛作「賞」，叢書本作不誤，據改。
〔二〕「二十五年」，原誤記爲「二十三年」，叢書本同，據左傳校改。
〔三〕「地理志」，原誤記爲「食貨志」，叢書本同，據漢書校改。

玉杯篇：「文公不能服喪，不時奉祭，例序〔一〕不以三年，又以喪取，取於大夫，以卑宗廟；亂其羣祖，以逆先公。小善無一，而大惡四五。故諸侯弗予盟，命大夫弗爲使，是惡惡之徵，不臣之效也。出侮於外，入奪於內，無位之君也。孔子曰：『政逮於大夫四世矣。』蓋自文公以來之謂也。」蓋遂之專擅，萌於僖世，肆於文世。文公没後，即肆行弑逆、奪適立庶。季文得所藉口，因之專魯，皆由文公階之厲也。

○晉人、陳人、鄭人伐許。

〔一〕「例序」，原訛作「倒序」，叢書本同，據春秋繁露義證校改。義證曰：「宫本作『例序不以三年』，云『他本無「例序」二字』。凌本同。」